现代社会调查方法（第六版）
MODERN SOCIAL SURVEY METHOD

 面向21世纪课程教材

 普通高等教育"十一五"国家级规划教材

 "十三五"江苏省高等学校重点教材

新编大学社会学教材 总主编 风笑天

现代社会调查方法(第六版)

风笑天 ◎ 著

华中科技大学出版社
http://press.hust.edu.cn
中国·武汉

内容简介

本书将社会调查方法的基本概念、基本内容与实际操作过程紧密结合,运用大量实例,通俗简明地介绍了各种资料收集与分析方法,使读者能很好地掌握从选择调查题目到完成调查报告的整个社会调查过程。作者还结合自己30多年学习、实践、讲授和研究社会调查方法的经验体会,介绍了许多专门的方法和技巧。全书体系科学规范,内容取舍恰当,语言简明易懂,适合作高等院校本科生的教材以及研究生、专科生的教学参考书,同时也十分便于实际调研部门人员和对社会调查感兴趣的其他读者自学及实践参考。

图书在版编目(CIP)数据

现代社会调查方法/风笑天著.—6版.—武汉:华中科技大学出版社,2021.1(2024.8重印)
新编大学社会学教材
ISBN 978-7-5680-6028-8

Ⅰ.①现… Ⅱ.①风… Ⅲ.①社会调查-调查方法-高等学校-教材 Ⅳ.①C915

中国版本图书馆 CIP 数据核字(2020)第 023693 号

现代社会调查方法(第六版) 风笑天 著

Xiandai Shehui Diaocha Fangfa(Diliuban)

策划编辑:	钱 坤 张馨芳
责任编辑:	钱 坤 张馨芳
封面设计:	悦景天成
责任校对:	李 琴
责任监印:	周治超
出版发行:	华中科技大学出版社(中国·武汉) 电话:(027)81321913
	武汉市东湖新技术开发区华工科技园 邮编:430223
录 排:	华中科技大学出版社美编室
印 刷:	武汉科源印刷设计有限公司
开 本:	787mm×1092mm 1/16
印 张:	19.5
字 数:	480 千字
版 次:	2024 年 8 月第 6 版第 10 次印刷
定 价:	49.80 元

本书若有印装质量问题,请向出版社营销中心调换
全国免费服务热线:400-6679-118 竭诚为您服务
版权所有 侵权必究

第六版序言

不知不觉，本书第五版已经走过了五年时间，我又一次投入到新版本的修订工作中。相比于前几版修订来说，这一版的修订既是改动最小的，同时又是改动最大的。

说改动最小，是因为全书除了第十一章（SPSS软件应用）因改用新的软件版本而几乎重写以外，其他章节无论是在整体结构上还是在具体内容上都基本没有改变；在第十一章中，我将所介绍的SPSS统计分析软件由原来的英文版11.5版本，改换成了相对较新且为中文显示的17.0版本。同时，为了方便学生选择阅读和参照使用，我依旧将第五版中所使用的英文版11.5版本的操作说明全部保留，以二维码方式附在该章后面。

而说改动最大，则主要体现在以下两个方面。

一方面，在本次修订中，我结合目前计算机、互联网以及智能手机广泛普及和普遍应用的现状，首次采用了以二维码方式来补充相关辅助材料的做法。这次所补充的新的辅助材料主要有两类。一类是与调查方法有关的论文或者是采用调查方法所做的研究论文。这类材料在每一章中分别补充了1~3篇（总共22篇），用以帮助学生进一步学习和理解章节内容及其在实际调查研究中的应用。学生可以结合课堂学习进行课外阅读，教师也可以将这些论文用作课堂讨论的例子。另一类是在每一章的结尾，除了书中原有的"思考与实践"栏目外，又补充了一个由10个基础知识的题目及其答案所组成的"小测验"栏目，同样以二维码形式附在每章最后。学生可以用这个小测验来测试自己对本章重点内容的掌握程度，教师也可以用这些题目选编成试卷对学生进行考核。由于这两类材料的补充都采用了二维码的方式，所以，既达到了补充和增加新内容的目的，同时又不至于增加教材的篇幅，也不过多增加读者的购书费用（补充的材料大约有25万多字，超过了目前教材内容一半的篇幅）。

说改动最大的另一个方面，则是本次修订所改动的地方又是最多的——甚至多到了连我自己都没料到的程度！在这次修订中，我采取的是一个认真学习的学生、一个第一次接触调查方法的读者，以及一个准备考研究生的学生那样的学习态度和方法：对全书从头到尾、一页一页、一字不漏地进行仔细阅读。同时，既从普通读者特别是初学者的角度，也从使用者特别是讲授这门课程的教师的角度，边阅读边思考，边思考边修改。这种阅读、思考和修改的过程前后持续了两个多月的时间（就连在北京首都机场5个多小时的候机中、在前往英国伦敦的10个多小时的飞行中，也在进行着这种阅读、思考和修改）。从整段整句的删除或者补充，到一个词、一个字的斟酌和挑选，我都反复推敲。比如，小到具体表述中是"借用"还是"套用"、是"相近"还是"相关"、是"培训"还是"训练"、是"单位"还是"元素"、是"推论"还是"推断"，等等，哪怕是一字之差，我也力求更加准确。正是通过这样的修订，不仅前一版中少量的遗漏和错误之处得到了弥补和纠正，同时全书中在相关内容的介绍、特别是在具体表述中所存在的大量不够清晰、不够准确、不够严密、不够恰当的地方也得到了全面的修订和完善。

修改一遍下来，一本崭新的书被改成了一本旧书。特别是回头一统计，全书大大小小的改动竟然达到了654处！全书252页正文中，做了改动的页面也竟然达到了174页（接近全书正文页数的70%）。看到满书中用红色钢笔画出的圈圈点点、删改和增加的各种文字、数字和符号，一方面我非常吃惊：真没想到书中还会有这么多不恰当、不准确、不完善的地方；另一方面我也十分欣慰：认真工作所付出的努力终于使得这一版教材在细节方面整体又上了一个新的台阶！

本书从第一版出版至今已过去了23年，而每年两三万册、总计接近60万册的发行量也让我深感责任重大。我始终不敢懈怠，也一直在不停地探索，努力做到精益求精。我希望通过一次次认真的修订，使得本教材日趋完善，以便让学习者更容易学，让讲授者更方便教，让使用者更容易用。希望经过修订后的第六版以新的面貌展现在读者面前，以更高的质量继续得到广大学生、教师和实际调查研究人员的厚爱，继续在人们学习、运用社会调查方法的过程中发挥更大的作用。

最后，我要感谢英国牛津大学社会学系Mean-Yee Kan教授热情邀请我到英国牛津大学进行学术访问。正是在这所有着900多年历史的世界上最古老的大学中，我安心地度过了近一个月的时间，完成了这一版书稿最后阶段的修订工作。牛津城的悠久、古老、恢弘、壮观，给我留下了深深的印象。而满城的学院、图书馆和浓厚的探究氛围也给了我的修订工作以有形的帮助和无形的激励！

风笑天

2019年6月于英国牛津大学

第五版序言

每当新一版的《现代社会调查方法》出版，新的修订工作也就开始了。

在这本教材第四版出版至今的四年间，我在自己的办公桌上一直放着一本专门用来修订用的教材样本，上面写着"修订本"几个字。每当我收到读者发来的邮件，指出教材中存在的问题、疏漏，或者提出的疑问，我都会随时翻开这本修订本，仔细核对，然后用红笔记下。不知不觉中，用红笔划过的地方，大大小小已经有二三十处之多。

在这几年中，我越来越感到，大学生读者，特别是那些正在复习、准备报考研究生的大学生读者，往往是最认真、最仔细同时也是最严格的读者。书中的许多细小的错误和疏漏正是他们发现的。而那些在高等院校中讲授"社会调查方法"课程的老师，则是这本教材最好的评价者和建设者。正是有了许多老师的使用体会和具有启发性的建议，才使得这本教材一次一次修订得越来越好。所以，我要在修订版序言的一开始，感谢热心的大学生读者，比如王进、莫莉莎等同学，也感谢热心的青年教师读者，特别是河南大学的朱磊老师、南京农业大学的王小璐老师、华中科技大学的刘成斌老师等，谢谢你们！

本次修订的主要内容体现在以下几个方面。

一是根据有些老师的建议，在"文献查阅与选题"一节中，除了完善文献查找环节的相关内容外，还专门补充了有关文献综述方法的介绍，比如文献综述的类型、要点、写法等内容，并在书后的附录中相应增加了文献综述的范文，以便于教师组织教学和学生进行学习和实践。

二是根据教学一线教师的建议，在"问卷设计"一章的开头，增加了"作为调查关键环节之一的问卷设计"一节，通过说明问卷设计与调查问题、调查设计特别是与概念测量和操作化等环节之间的关系，将问卷设计与这些环节"环环相扣"联系在一起。同时也让学生明白，在实际动手设计问卷之前，应该准备些什么。

三是根据读者提出的疑问，对"资料收集"一章中的内容进行了调整和修改。原来该章第一节中的一些内容在后面几节中也重复出现，加上每一节中的要点比较多，导致学生学习时非常容易混淆，抓不住核心的内容。本次修订中，一方面对大的结构进行了一定的调整，同时对小的要点也进行了一些删节，这样使得每一种具体资料收集方法的特点更加明确和突出。

四是从帮助学生实际掌握调查报告写作方法的角度，对"撰写调查报告"一章的内容进行了较大的补充，主要是列举了许多实际研究报告写作的例子，并穿插着对具体写作方法的提示和介绍，大大加强了这一部分的实用性。

五是进一步补充和完善了上一版中一些存在不足的章节的内容。比如在"测量"一章的最后，增加了有关测量信度与效度之间关系的介绍，这样可以帮助学生更好理解测量的质量及其衡量标准。同时，还用更新的、在结构上更为规范、更为典型的论文例子更换了附录中调查报告的例子，以便于学生学习和掌握调查研究报告的一般写作格式及其要求。

六是本着精益求精的思想,将修订的注意力同样放在各个细节上。对教材中许多不严谨、不科学、不恰当、不完善的内容和表述进行删改和补充;对大大小小的印刷疏漏进行校正等。可以说,本次修订是教材初版以来在细节上修订得最为仔细的一次。

笔者希望通过上述努力,进一步提高教材质量,更好地为广大读者服务,为教师的教学服务,更好地帮助大学生朋友掌握调查研究的方法。

最后,还是一如既往地欢迎广大读者对教材中的问题批评指正,也欢迎广大教师同行对教材提出新的建议。在此先谢谢大家!

风笑天

2013年9月20日于南京

第四版序言

当我在香港浸会大学社会学系访问学者的办公室,着手进行《现代社会调查方法》教材第四版的修订工作时,两年前的一幕浮现在眼前:那是 2006 年,我带着几个研究生到香港城市大学参加一个学术会议,同时参加这个会议的还有国内其他几所大学的学生。会议中间休息时,一名外校的同学看到我胸前牌子上的名字,十分激动地问道:"您就是风教授吗?"我回答道:"是的。"她立刻对我说:"风老师,我们上社会调查方法课就是用的您编写的教材。可以和您合影吗?"我点点头,一下子,她们班上的二十多个同学全部围了上来,大家簇拥着我,照了一张合影。这件事深深地触动了我:自己撰写的教材随时都在影响着使用这本教材的学生和读者。当时我就暗暗告诫自己,不能辜负学生们的期望,一定要把教材编写得更好,让同学们更容易地学习和掌握社会调查的方法和技能。

转眼间,又到了修订教材的时候了。我再一次认真地投入到相对枯燥的修订工作中。此次修订在保持本书前三版的结构和风格的同时,对大部分章节都进行了补充和修改,第一章、第三章和第十一章则几乎完全重写。修订中最主要的改动集中体现在以下两个大的方面。

一是增强了理论性。在"社会调查概述"这一章中,我补充了"社会研究的不同方式"一节,希望既告诉读者社会调查方法只是人们研究社会现象的途径和方式之一,同时也希望在与其他几种社会研究方式的比较中,突出社会调查方法的本质特征。在这一章中,我还从方法论的角度,列举了社会调查的三个基本要素,强调了社会调查一些基本特征。这些都可以提高读者对社会调查方法本质的理解。在"研究设计"这一章中,则加强了对几个关键概念的辨析,同时也从整体设计的角度重新安排了章节内容。在"资料收集"这一章中,专门增加了调查回收率的理论讨论。这在很大程度上得益于作者近期在学术刊物上进行的学术争鸣。

二是增强了实用性。在"调查设计"这一章中,不仅介绍了调查设计的整体框架,还专门增加了两个小节,突出强调了调查设计中有关抽样设计、概念操作化、问卷设计等主要内容;与此同时,又在"概念操作化"、"问卷设计"、"资料收集方法"等章节中增加了一些实际操作的例子;特别是在"概念操作化"一节中增加了城市居民生活质量调查的例子,很好地与书后附录中的问卷实例相互配合,读者可以很方便地将概念操作化的方法与实际调查问卷的设计结合起来学习。在"测量"这一章中,删减了部分不太实用的量表介绍。在"资料收集方法"这一章中,结合调查方法发展的现状,增加了对网络调查方法的介绍。此外,对"SPSS 基本应用"一章的内容则依据新的软件版本进行了完全改写,以适应学生实践练习的需要。"附录"中的调查报告实例也换成了近期发表的调查报告。同时,对书中存在的一些印刷错误也进行了订正。

除了上述改动和补充外,本次修订还有一个新的变化,这就是在绝大部分章中都增加了一个独立的新栏目:"拓展阅读"。在"拓展阅读"栏目中,列出了实际社会调查中的一些具体例子、具体的操作方法，或者是与教材的章节内容相关、相对更深入一些的资料，作为教材基本内容的一种拓展和延伸。希望这一变化既有利于授课教师举例讲解教材内容或是组织课堂讨论，也有利于他们根据学生的程度选择教学内容和要求。

本教材1996年初版至今，已走过12年的历程。12年中，它先后被列为"教育部面向21世纪课程教材"和"普通高等教育'十一五'国家级规划教材"，印刷次数达到22次，总印数超过了15万册，在普及社会调查方法知识方面作出了一定的贡献。但所有这些对我来说，不仅是一种鼓励，也更是一种责任。它使得我对教材的质量不敢有半点的马虎和松懈，而是不断地尽力去校正、修改和补充。我希望在广大教师、学生和读者的热心建议、批评和关注下，通过一次次的修订，使得本书的体系和内容不断完善，质量不断提高，更好地适应社会调查方法教学和实践的需要。

在这一版的修订过程中，华中科技大学社会学系张小山副教授、郝玉章副教授，贵州民族学院社会学系王晓晖博士，苏州科技学院社会学系唐利平博士，厦门大学社会学系唐美玲博士等给予了具体的帮助，他们所提供的有价值的资料、有新意的观点和建设性的意见，对本书这一版的质量改善提供了很好的保证。我的妻子张慧源也一直帮助我整理相关资料。我在这里对他们表示衷心的感谢！此外，我还要感谢香港浸会大学社会学系系主任黄何明雄教授以及阮丹青教授热情邀请我到该校访问，正是这里方便的工作环境，为我顺利地完成本书的修订工作创造了条件。

尽管通过一次次的修订，书中存在的错误和疏漏在逐步减少。但依然会有一些错误和疏漏之处我尚未意识到。真诚地希望读者随时来信对本书提出批评和建议，也特别希望使用本教材的教师来信谈谈你们的教学体会，谈谈你们对教材内容增补及修改的建议，以促使我把这本教材编写得更好，更便于教学。我的邮箱地址是：xtfeng54@163.com。我在这里先向大家表示谢意！

风笑天
2008年11月25日
于香港浸会大学社会学系

第三版序言

又是一个 4 年过去了。《现代社会调查方法》在这 4 年中重印了 8 次,总印刷次数已达到了 12 次,总印数也达到了 6 万多册。这些都说明,这本教材受到了越来越多的教师、学生以及调查研究人员的欢迎。笔者在备受鼓舞之余,更感责任的重大。

本次修订几乎每章都有改动,但较大的变化主要集中在以下几个方面。

一、"选择调查课题"一章中,根据实际教学和调查研究的实践,笔者增加了"课题类型"和"文献查阅与选题"两小节,前者介绍了理论性调查课题与应用性调查课题的区别;后者则介绍了文献查阅与选题之间的密切关系,并对文献查阅的方法也进行了比较详细的说明。这些将会对读者特别是初学者起到较大的帮助作用。

二、"调查设计"一章中,删去了"时间框架"一节。这是听取有关教师意见的一个结果。的确,社会调查通常指的就是一次性的、一个时间点上的"横向调查",它所测量的就是社会现状或社会事实的静态的横剖面;当然,在一个长期的、大型的社会研究项目中,研究者可在若干个不同时间点上作几次"横向调查",并以多个"横向调查"的资料构成一个"纵向研究"。但就每一次的调查来说,依然是一个时间点上的和横向的。

三、"抽样"一章中,笔者从几个方面进一步加强了实用性。一是对大规模调查常用的 PPS 抽样的内容进行了较大的改写,力图将 PPS 抽样的原理介绍得更清楚,更明白;二是在户内抽样的内容中增加了调查实践中常用的生日抽样法;三是在"样本规模与抽样误差"一节中,加进了笔者自己从实践经验中总结的样本规模类型。所有这些改变都将使得抽样一章的内容更加面向实践,面向实用。

四、"测量"一章中,笔者根据有关教师的建议,将"操作化"一节提到"量表"和"测量的信度与效度"两节的前面,这样的调整使得读者学习时在逻辑上会更加合理。本章讲的主要是社会调查中的概念测量,对于相对简单、相对具体的概念,可以只用一个或几个指标来测量;而对于复杂的、抽象的概念,以及人们的态度、意见这些内在的东西,很难用单一指标来测量,要采用量表测量。在某种意义上,量表也是概念操作化的一种方式和结果。

五、"资料收集"一章中,"电话访问"的一节几乎完全重写。这主要是因为近几年中,电话访问的方式开始出现在国内一些大的城市中,一些高校和科研机构、市场调查机构也开始采用电话访问的方式进行调查。笔者也曾实际进行过计算机辅助电话访问调查的工作,具有了一些实际的感受。同时,笔者也对这种资料收集方式所具有的特点进行了一定的思考。这种修改使得本教材在这方面能够跟上社会调查发展的要求。另外,这一章还增加了"调查过程管理与质量监控"一节,使得资料收集工作的内容更为完善。

六、"附录"部分也进行了一定改动。一方面,将调查方案的实例换成最近调查中实际运用的方案;另一方面,将全书各章出现的基本概念连同它们的定义集中到书后作为附录,以便于读者查阅和复习。

熟悉调查方法的读者可以看出,本次修改的几个部分正是调查研究中的关键点。笔者希望通过上述修改,使得这本教材在科学性、规范性、实用性、通俗性等方面更进一步,让教师觉得更好教、学生觉得更好学、研究者觉得更好用。

借修订再版的机会,我深深感谢几年中许多热心读者来信鼓励和批评指正;感谢我的学生王晓晖讲师把他用本书作教材进行教学时所发现的问题,包括他的修改建议写信详细告诉我,对我的修订工作有很好的帮助。我还要感谢美国阿拉巴马大学伯明翰校区(UAB)社会学系系主任 Ferris J. Ritchey 教授以及 Shen-shong Hwang 教授热情邀请我到该校访问,并为我提供良好的工作条件,使我能方便地利用学校的图书馆查找资料,顺利地完成本书的修订工作。

最后,我依然衷心地希望广大读者一如既往地对本书提出批评和建议,以便我将来进一步把这本书修订好。我的邮箱地址是:xtfeng54@163.com。

风笑天

2004 年 12 月

于美国阿拉巴马大学伯明翰校区

修订版序言

时间真快,4年一转眼就过去了。1996年11月,"全国第二届社会调查方法学术讨论会"在华中理工大学召开,本书的第一版正是在会议召开的前三天面世的。

此书酝酿10年有余,紧张写作整8个月,书稿送到出版社到见书仅105天。本书出版后,受到广大读者的厚爱,并很快被上海大学、中国人民大学、南开大学、武汉大学、云南大学、兰州大学、华中农业大学、华中理工大学等高校的社会学系选作教材或研究生入学考试参考书,4年中曾3次加印。后又被列为教育部"面向21世纪课程教材"中的一本。这些对作者来说都是非常大的鼓励。

本书初版出版以来,作者不断收到读者的来信,他们在对本书给予较高评价的同时,也指出了书中存在的一些错误和不足。借本书修订版出版的机会,我向广大的读者致以衷心的感谢!

本书的修订版主要在以下几方面作了较大的修改和补充。

一是在"资料收集"一章中,删去了实际上不应属于本书内容的"无结构式访问"一节,使得全书的内容与书中关于社会调查方法的定义更为一致,也使全书的内在逻辑结构较以前更为严密。同时,在该章中,相应地增加了资料收集过程中实用技巧的介绍。

二是在"抽样"一章中,增加了对抽样分布、"中心极限定理"、正态分布的特征等基础知识的介绍,这样做将更加有利于读者对概率抽样基本原理以及对后面统计分析方法的理解和掌握。同时,在这一章中,还增加了实际调查中常用的PPS抽样方法和户内抽样方法,使得抽样方法的实用性更为突出。

三是在"测量"一章中,对量表一节进行了补充和修订,特别是补充了选择量表项目的具体步骤、计算项目分辨力的方法等内容;同时增加了操作化的实际例子。这些同样有助于社会调查方法的实际应用。

四是在原书的第十章与第十一章之间,增加了"SPSS基本应用"一章新的内容。增加这一章的目的,是为读者利用计算机和统计软件对调查所得的问卷资料进行分析提供指导和帮助。本书初版中存在着这样一个不足的方面,即从问卷资料到统计分析的过程中缺少一个中间环节,读者学了调查的方法,得到了大量资料,但却又无法(不会)对这些资料进行处理,统计分析的原理和方法也无法进行运用。通过增加这一章,这一问题得到了解决。广大读者能够在本书的帮助下,顺利地完成从问卷资料到计算机辅助统计分析的全部工作。

五是书中对社会调查方法所涉及的基本概念全部给出了对应的英文名词,以帮助读者进一步阅读和理解英文著作;同时,在每一章的结尾,都增加了"基本概念"和"思考与实践"两个小栏目。"基本概念"栏目是将本章中所涉及的基本概念专门列出,以便于复习;"思考与实践"栏目中则列出了若干个与本章内容密切相关、主要用来考察对关键内容掌握情况、启发和训练综合思考能力、指导动手实践的思考题和练习题。

六是在书中的附录部分,增加了研究设计方案的实例,补充了必要的统计数表。同时,在全书的最后面,又按照学术著作的惯例,专门列出了本书的中英文主题索引,以便于读者检索和查阅。

我相信,通过以上改进,本书在科学性、规范性、实用性方面将得到进一步加强,它将更加适合作为高等院校本科"社会调查方法"课程的教材。在它的帮助下,广大读者将能更好地学习和掌握现代社会调查的基本概念、原理和方法,更好地联系实际开展社会调查实践活动。相信本书会受到越来越多的教师和学生的欢迎。

在本书修订版出版之际,我首先要向我的博士导师、北京大学社会学系原系主任袁方教授表达深深的谢意。1996年,他已是78岁高龄的老人,仍不顾体弱,不辞辛劳,从北京到武汉参加"全国第二届社会调查方法学术研讨会",并在《中国社会科学》上发表书评,对本书给予了很高的评价。

我还要向上海大学社会学系副主任仇立平教授、中国人民大学社会学系郝大海博士表示特别的谢意。仇教授不仅最先选用了本书作为教材,同时还毫无保留地将他在使用本书进行教学过程中所发现的问题,以及他自己多年从事社会学方法教学和编写方法教材的心得体会打印得清清楚楚寄给我;郝博士则专程借参加全国社会学年会的机会,千里迢迢从北京到武汉,当面向我细谈了他对进一步完善本书的"一揽子建议"。作为国内同一领域内的专家,他们可以说都是把本书当做自己的著作来给我提出修改建议的。而我在实际修订过程中,也确实主要参考了他们的建议。因而,在一定意义上,本书已不再是作者一人的成果,而是多位专家集体智慧的结晶。

最后,我还要感谢教育部高教司和高校社会学教学指导委员会对我的信任,将本书列入教育部"面向21世纪课程教材",并对本书的出版给予支持!对华中理工大学出版社领导和有关编辑在本书初版和再版过程中所给予的极大信任、积极支持和所付出的辛勤劳动,我同样表示衷心的感谢!

我知道,尽管我又一次作出了努力,但仍然无法避免书中存在各种疏漏和错误的可能。因此,我还是一如既往地真诚欢迎广大读者及时给予批评和指正,也欢迎大家对本书提出新的建议,我还会在将来重印和再版的过程中随时修订、补充,以不断完善和提高。

风笑天

2000年11月30日于武汉

目　录

导言 …………………………………………………………………………… (1)

第一章　社会调查概述 …………………………………………………… (3)
一、研究社会的不同方式 ……………………………………………… (3)
二、社会调查的定义和特征 …………………………………………… (5)
三、社会调查的类型和题材 …………………………………………… (9)
四、普遍调查与抽样调查 ……………………………………………… (10)
五、传统社会调查与现代社会调查 …………………………………… (13)
六、社会调查的一般程序 ……………………………………………… (15)

第二章　选择调查课题 …………………………………………………… (19)
一、调查课题的类型 …………………………………………………… (19)
二、选题的重要性 ……………………………………………………… (20)
三、选题的标准 ………………………………………………………… (23)
四、选题的途径和方法 ………………………………………………… (26)
五、调查课题的明确化 ………………………………………………… (30)
六、文献查阅与选题 …………………………………………………… (31)

第三章　调查设计 ………………………………………………………… (36)
一、明确调查目的 ……………………………………………………… (36)
二、确定分析单位 ……………………………………………………… (38)
三、设计抽样方案 ……………………………………………………… (42)
四、设计收集资料的工具与方法 ……………………………………… (44)
五、制订实施方案 ……………………………………………………… (45)

第四章　抽样 ……………………………………………………………… (49)
一、抽样的意义与作用 ………………………………………………… (49)
二、概率抽样的原理与程序 …………………………………………… (52)
三、概率抽样方法 ……………………………………………………… (59)
四、非概率抽样方法 …………………………………………………… (73)
五、样本规模与抽样误差 ……………………………………………… (76)

第五章　测量 ……………………………………………………………… (83)
一、测量的概念与特征 ………………………………………………… (83)
二、测量层次 …………………………………………………………… (85)
三、操作化 ……………………………………………………………… (87)

四、量表 ··· (95)
　　五、测量的信度与效度 ··· (99)

第六章　问卷设计 ··· (105)
　　一、作为社会调查重要环节之一的问卷设计 ······················ (105)
　　二、问卷的概念及其结构 ·· (107)
　　三、问卷设计的原则 ·· (111)
　　四、问卷设计的步骤 ·· (113)
　　五、题型及答案的设计 ··· (115)
　　六、问题的语言及提问方式 ··· (119)
　　七、问题的数量与顺序 ··· (120)
　　八、问卷设计中的常见错误 ··· (124)
　　九、如何提高问卷设计的质量 ·· (128)

第七章　资料收集 ··· (132)
　　一、资料收集方法的类型与特点 ····································· (132)
　　二、自填问卷法 ··· (133)
　　三、结构访问法 ··· (140)
　　四、资料收集要点提示 ··· (143)
　　五、调查的回收率 ··· (145)
　　六、调查员的挑选与培训 ·· (148)
　　七、调查过程管理与质量监控 ·· (151)

第八章　资料处理 ··· (154)
　　一、原始资料的审核与复查 ··· (154)
　　二、资料转换与录入 ·· (155)
　　三、数据清理 ·· (159)
　　四、统计表与统计图 ·· (163)

第九章　资料的统计分析（Ⅰ）——单变量分析 ························· (169)
　　一、单变量描述统计 ·· (169)
　　二、单变量推论统计 ·· (177)

第十章　资料的统计分析（Ⅱ）——双变量分析 ························· (182)
　　一、变量间的关系 ··· (182)
　　二、交互分类 ·· (186)
　　三、其他层次变量的相关测量与检验 ······························· (197)
　　四、回归分析 ·· (206)

第十一章　SPSS 软件基本应用 ·· (209)
　　一、单变量描述统计 ·· (209)

二、双变量交互分类统计与检验 ………………………………………… (213)
三、平均值比较与方差分析 ………………………………………………… (217)
四、数据调整与转化 ………………………………………………………… (221)
五、统计图制作 ……………………………………………………………… (223)

第十二章 撰写调查报告 ……………………………………………………… (230)
一、调查研究报告及其类型 ………………………………………………… (230)
二、调查报告的撰写步骤 …………………………………………………… (231)
三、应用性调查报告的结构与写作 ………………………………………… (233)
四、学术性调查报告的结构与写作 ………………………………………… (235)
五、撰写调查报告应注意的问题 …………………………………………… (249)

参考文献 ……………………………………………………………………… (252)

附录一 社会调查问卷实例 ………………………………………………… (254)

附录二 文献综述范例 ……………………………………………………… (262)

附录三 调查研究方案实例 ………………………………………………… (274)

附录四 常用数表 …………………………………………………………… (277)
1. 随机数表 ………………………………………………………………… (277)
2. χ^2 分布表 …………………………………………………………………… (279)
3. Z 检验表 ………………………………………………………………… (280)
4. F 分布表 ………………………………………………………………… (281)
5. t 分布表 ………………………………………………………………… (284)
6. 正态曲线下的面积 ……………………………………………………… (285)

附录五 基本概念 …………………………………………………………… (286)

后记 …………………………………………………………………………… (292)

与本书配套的二维码资源使用说明 ………………………………………… (293)

导　　言

提起社会调查,许多人并不陌生。不就是到现实社会中去了解情况,向有关的人们提出一些问题,再通过分析所了解到的情况,得出若干条结论吗？当我们翻开各种社会科学杂志,比如《中国社会科学》《社会学研究》《中国人口科学》《人口研究》《社会》《青年研究》等,经常可以读到有关各种社会现象、社会问题的调查报告;就是在一些非专业性的、以普通读者为对象的报刊上,甚至在许多通俗读物中,我们也能不时地看到"关于什么什么问题的调查报告""对什么什么现象的调查分析"这样的标题和文章。

然而,究竟什么是社会调查？作为一种科学研究活动的社会调查,又具有哪些不同于人们日常生活中一般认识活动的基本特征？对于这样的问题,人们又常常是难以用几句话说清楚的。特别是当需要亲自动手做一项社会调查时,许多人往往就是凭着头脑中对社会调查的那一点点感性认识——不管这种认识正确与否、科学与否、全面与否,就大胆地去干了。结果自然会有,其中不少结果还发表在各种报刊上,有的也送到了各级政府决策部门领导的办公桌上。可是,这些调查结果的质量究竟如何呢？它们究竟在多大程度上反映了客观社会的现实呢？它们会不会歪曲了现实、误解了现实呢？也许人们——包括调查者和调查结果的使用者——很少去认真思考这些问题,但是现实生活中存在这类问题的社会调查却随处可见。

有的社会调查在几千人的总体中,仅仅调查了十几个人,甚至只调查了几个人,就得出了一系列有关这个总体的结论。

有的社会调查虽然发出了上千份调查问卷,可收回的只有两三百份,但研究者仍然振振有词地用这两三百份问卷的结果来对社会现象进行分析和说明。

有的调查者认为,要使调查结果对总体有代表性,就要使用成千上万、尽可能多的被调查者,而不管具体的抽样程序是否符合随机原则。

有的大型社会调查做完后,调查者却只能在调查报告中遗憾地说:本调查结果不能反映总体的情况。有的调查者甚至直到写出调查报告时还说不清他所描述的总体是什么。

有的社会调查虽然得到了一大批资料,可是除了一些简单的百分比之外,调查者并不知道他究竟得到了什么;也有的调查者总是把表面上存在差别、而实际上并无差别的统计结果作为阐述变量间关系的依据。

还有的社会调查对被调查者提出了一些很不科学、很不恰当,甚至无法回答的问题,收回的只是一堆虚假的、无用的数字,可调查者却在电子计算机上用这些数字认真地统计出一个个"精确的"结果,得出一条条"有依据的"结论。

……

作为研究者认识社会、了解社会的一个重要工具和途径,社会调查有着与其他研究方法相同的科学原则,也有着一套成熟的程序和特定的方式、工具与技术。而所有这些并不能仅凭我们头脑中的想象、估计和猜测来认识,也不能靠我们有限的经历和经验去模仿。

不规范的、低质量的社会调查既会干扰人们对现实世界的认识,同时还会败坏科学的社会调查的声誉。因此,对社会调查的知识体系、方法技术具有某种虽然基本、但却是正确的认识和了解,既是动手去做一项社会调查的前提,更是做一项高质量的社会调查的前提。本书的目的正是向读者系统地介绍现代社会调查方法的基本知识,帮助读者掌握现代社会调查方法这一了解社会、研究社会、认识社会的有用工具,让社会调查这一有用的工具在我们认识社会、改造社会的实践中发挥更大的作用。

第一章

社会调查概述

一、研究社会的不同方式

人类社会是一个复杂的、奇妙的世界。多少年来,人们一直没有停止过对人类社会的探索和研究。而在人们对人类社会以及纷繁复杂的社会现象进行探索的过程中,形成和发展了各种各样的研究方式、方法和技术。从目前情况看,在社会科学领域中,最为常见的研究方式主要有以下几种:实验研究、调查研究、实地研究和文献研究。在这一节中,我们先对实验研究、实地研究和文献研究作一简要介绍,下一节再专门对调查研究进行介绍。

1. 实验研究

实验研究(experiment research)指的是一种经过精心的设计,并在高度控制的条件下,研究者通过操纵某些因素,来研究变量之间因果关系的方法。在实验过程中,研究者通过引入(或操纵)一个变量(即自变量),以观察和分析它对另一个变量(即因变量)所产生的效果。实验研究的方式起源于自然科学,同时,这种方式也更多的是在自然科学中应用。在社会研究中,实验的方法由于受到社会伦理、政治、道德等多方面条件的限制,应用起来相对困难。但是,实验研究的逻辑和思想却是社会研究中最重要的方法论基础之一。它是我们探讨现象之间因果关系最为有力的工具。

实验研究一般由三组基本要素构成。这三组要素分别是:实验组和对照组、自变量和因变量、前测和后测。标准的实验设计完全包含这三组要素,而准实验设计则是在上述几个方面中有所欠缺。在具体操作方法上,我们以标准实验设计中的经典实验设计为例来进行简要的说明。实验研究的第一步,是要建立实验组和对照组。研究者一般先采用随机化的方法,选择两组对象,并在给予实验刺激(即引入或操纵自变量)之前,先对两组对象的某种属性(即研究所关注的因变量)进行相同的测量(即前测);接着,对其中的一组对象给予实验刺激(这一组对象被称作实验组),而对另一组对象不给予实验刺激(这一组对象被称作对照组);然后,再次对两组对象进行相同的测量(即后测);最后,通过对两组对象的后测与前测之差进行比较,得出实验刺激对某种属性所具有的影响及其大小。图1-1是经典实验设计简图。

实验组: 前测————实验刺激————后测
对照组: 前测————————————后测

图 1-1 经典实验设计简图

这样　　实验刺激的效果＝（实验组后测－实验组前测）－（对照组后测－对照组前测）

实验的基本逻辑是，当我们要说明两种事物或现象之间存在因果联系，就要排除其他相关事物或现象造成因变量发生变化的可能性。最有可能的因素之一是前测本身就对因变量产生了影响，即在我们引入实验刺激之前，由于进行了前测，因变量就已经发生了变化，所以，即使实验刺激并没有效果，后测的结果也会与前测的结果不同。正是为了排除这种由前测造成的影响，我们需要一个对照组。如果前测有影响，那么通过对照组就可以找出这种影响。这就是为什么实验研究的分析逻辑中必须有实验组和对照组的原因。当然，如果两组对象本身就不一样，也会对实验结果带来影响。所以，实验研究中必须通过"随机化"的方法来获得两组基本一样的对象。

自然科学的实验大多在实验室进行，社会科学中，情况就有些不同。除了在实验室进行实验外，研究者常常需要在实地进行实验。而在实地开展实验则比在实验室进行实验要更为困难。因为在现实社会中，研究者无论是要控制实验的背景，还是要操纵和引入自变量，都面临更多的障碍和限制。此外，研究者还必须注意到重大事件、实验对象成熟、前后测环境不一致、前测与实验刺激之间交互效应等因素对实验研究结果的影响等。

2. 实地研究

实地研究（field research）是一种深入到研究对象的生活背景中，以参与观察和无结构访谈的方式收集资料，并通过对这些资料的定性分析来理解和解释社会现象的社会研究方式。这种来源于人类学并被人类学家用于研究非本族文化和相对原始的部落群体的研究方式，已被社会学家们用来研究本族文化和现代社会。早期西方社会学家用实地研究的方式来研究城市下层阶级居住区的生活，现在研究者们则运用这种方式研究社会中的各种个人、群体、组织和社区。比如，国内有学者用这种方式去研究个体工商户、研究一个村庄的发展变迁，也有学者用这种方式研究大都市里有外来农民所形成的"特殊的村庄"。

实地研究中最主要的资料收集方法是参与观察和无结构访问。参与观察是在实际参与研究对象的日常社会生活的过程中所进行的一种非结构性的观察。在参与观察中，研究者可以采取两种不同的角色：一种是公开的观察者，另一种是隐蔽的观察者。前者的真实身份（即研究者）对于所研究的对象来说是公开的，人们知道他是一个研究者，也知道这个研究者正在研究他们的生活。而后者的真实身份对研究对象来说则是隐蔽的，研究者将自己的真实身份隐藏起来，而以所研究的社区或群体中的一个实际成员的身份去参与其中并进行观察。比如美国有研究者将自己伪装成"精神病人"对精神病院的医患互动进行观察；也有的美国研究者将自己装扮成"流浪汉"，混迹于纽约街头的流浪者队伍，忍饥挨饿，露宿街头，通过大量的观察和亲身体验，写出了极其生动的研究报告。

无结构访问指的是研究者就他所关注的问题与研究背景中的人们自然地、深入地进行交谈和询问，了解和收集详细的资料。这种无结构访问既可以是比较正式的（事先联系和约定），也可以是完全非正式的（偶然遇到的）。

实地研究方式的基本特征是强调"实地"，即强调研究者一定要深入到他所研究的对象的社会生活环境中，且要在那里生活一段时间，与他所研究的对象长期接触，反复互动，通过各种场合的观察、询问以及交往，加上研究者个人的感受和领悟，去理解研究的对象，去解释研究对象的所作所为。在实地研究中，研究者进入研究的背景（现场）以及获得被研究对象的信任与接纳是十分关键的一环。而从最初参与实地生活的"融进去",到最后分析资料、得出结果时的"跳出来",也是这种研究方式的一个十分困难的方面。

3. 文献研究

文献研究(document research)是一种通过收集和分析现存的以文字、数字、符号、画面等信息形式出现的文献资料,来探讨和分析各种社会行为、社会关系及其他社会现象的研究方式。如同考古学家通过考察化石和文物来了解远古的社会形态、历史学家通过研究各种文字记录来了解过去的社会结构和历史事件一样,社会研究者也充分地利用各种形式的文献资料,来探讨和分析各种社会的结构、关系、群体、组织、文化、价值及其变迁。

根据研究的具体方法和所用文献类型的不同,文献研究又划分为若干不同的类型,其中,有对文献的定量研究与定性研究,而社会研究者最常用的对文献的定量研究有内容分析、二次分析和现存统计资料分析。这三种定量的文献研究方法的基本特征和内在逻辑都是相同或相似的,只是在具体应用上,它们各自的侧重点有所不同。内容分析是一种对报纸、杂志、广播、电视、网络等各种大众传媒的内容进行客观的、系统的、定量的描述和分析的方法,它通过对文献的抽样,对文献内容的编码、录入和统计分析,来揭示文献所反映的社会现实,探讨社会现象之间的相互关系;二次分析主要是对其他研究者先前所收集的原始调查数据进行的再次分析和研究;现存统计资料分析则主要集中于对那些由国家和各级政府部门所编制的统计数据进行分析。

实验研究、实地研究以及调查研究几种研究方式都具有一个共同的特点——它们都要接触研究对象,都要收集和使用直接从社会成员那里获得的第一手资料。而文献研究的方式则与它们有一个显著的不同——它不是直接从研究对象那里获取研究所需要的资料,即不与研究的对象直接打交道,而是去收集和分析现存的以文字、数字、图片、符号以及其他形式存在的第二手资料即文献资料来对研究对象展开研究,因此,它具有非常明显的间接性特征。正是这种间接性,带给了文献研究一个特别的优点,即无反应性。当然,由于需要利用现有的各种文献,因而资料的可得性和合适性是文献研究的主要挑战。

二、社会调查的定义和特征

1. 社会调查的定义

除了上述三种研究方式外,社会研究中最为常见同时也是运用最多的一种方式,就是本书将介绍的调查研究(survey research)。在我们国内,由于各方面的原因,调查研究这种方式更多地被称作社会调查(social survey)。本书也将二者作为同一概念使用。

在社会调查概念的具体定义上,不同学者之间的认识不尽相同。比如,有的在比较抽象的层次上把社会调查看作人们认识社会的一种实践活动;而有的则只在十分具体的层次上把它看作社会研究中的一种资料收集方法;有的从非常宽泛意义上把到社会中了解情况的各种不同形式的活动都统统冠以社会调查的名称;而有的则仅仅只在十分狭义的范围内把那种以自填问卷和结构式访问的方法、从一个随机样本那里收集资料的工作称作社会调查;

有的认为社会调查的全部工作任务只是收集资料；而有的则认为社会调查既包括收集资料的工作，也包括分析资料的工作……总而言之，从目前情况看，社会调查的概念无论是在外延上还是在内涵上都很不一致、很不统一。

本书所介绍的**社会调查**，指的是一种采用自填式问卷或结构式访问的方法，通过直接的询问，从一个取自总体的样本那里收集系统的、量化的资料，并通过对这些资料的统计分析来认识社会现象及其规律的社会研究方式。

根据上述定义，读者不难看出，本书的定义与目前的一些社会调查概念既有相似之处，同时又有明显的区别。它们都强调系统性、强调直接性等，这是它们相同的一面。但是在另一方面，本书的定义强调了从总体中抽取样本进行调查的特征，即强调了抽样调查，从而使它与普遍调查以及个案研究相互区分；本书的定义又强调了收集资料与分析资料的统一，即调查与研究的统一、感性认识活动与理性认识活动的统一，这就使它与那些仅把社会调查看作单纯的收集资料工作的认识区分开来；它还特别强调了自填式问卷与结构式访问方法的运用，强调了对被调查者的特定方式的直接询问，强调了对资料的统计分析，这就又把实验研究、实地研究以及文献研究等社会研究方式都严格地排除在社会调查概念的范围之外。

在这样一种基础上，我们进一步说明现代社会调查方法在整个社会研究方法体系中所处的位置，这就是：社会调查与实验研究、文献研究以及实地研究并列作为社会研究中的几种主要方式，它们各自有着自己独特的性质和特点，并分别适用于对不同领域、不同现象和不同问题的研究。因此，无论是那种把社会调查看成是唯一的或者是无所不能的社会研究方法的认识，还是那种把社会调查与实验研究、实地研究、文献研究混为一谈或合为一体的认识，都是不正确的。

2. 社会调查的基本要素

为了加深读者对社会调查这种社会研究方式的理解，我们特别强调社会调查所具有的三个基本要素。

社会调查的第一个基本要素是抽样。所谓社会调查，实际上指的就是抽样调查，即调查对象始终只是总体中的一个部分，或者说，是从总体中的一个样本（总体中的一部分个体）那里收集资料，通过对"样本"这个部分进行调查来达到了解总体的目标。因此，如何从我们所希望研究的总体中抽取出一部分有代表性的个案组成样本，就是每一项具体的社会调查所必须面对、必须认真解决的首要问题之一。正是在这种意义上我们说，抽样是社会调查中必不可少、同时也至关重要的一个环节，也是社会调查的基本要素和主要标志之一。正是抽样的使用，大大地提高了研究者探索和回答社会现实问题的能力，扩大了研究者研究社会问题和社会现象的范围。也正是由于抽样的使用，将社会调查与那种对总体中的每一个个体都进行调查的普遍调查区别开来。（尽管为了理解的方便，我们在书中依然对普遍调查进行了简单介绍。）另一方面，抽样这一基本要素也是现代社会调查区别于我国传统意义上（以无结构访问、座谈会和参与观察为主要方法）的社会调查的一个重要特征。（有关抽样的概念、抽样的具体方法等，将在第四章中详细介绍。）

社会调查的第二个基本要素是问卷。上述定义中指出，社会调查主要采用自填式问卷与结构式访问两种方法收集资料（有关这方面的内容，我们将在第七章中详细介绍），而问卷则是这两种资料收集方式中都必须采用的、至关重要的工具。正是问卷的使用,决定了社会调查主要依靠对被调查者进行特定方式的询问来收集资料的本质特征,也决定了社会调查所获得的资料是一种易于量化的资料的特征。而如何根据研究的目标和计划,设计出既符合研究内容要求、又适应调查对象特征的问卷,则是社会调查研究人员面临的第二个重要挑战(有关问卷设计的内容,我们将在第六章中详细介绍)。问卷的设计实际上是社会调查中为测量人们的行为、态度和特征而作的工具准备。这又使得设计者必须了解和具备相应的社会测量、特别是概念操作化的知识(有关这方面的内容,我们将在第五章中介绍)。总之,问卷既是社会调查在所用工具或手段上区别于其他几种社会研究方式的一个重要特征,同时,它也是现代社会调查区别于传统意义上的社会调查的一个重要特征。

社会调查的第三个基本要素是统计分析。无论是抽样的使用,还是问卷的方法,在一定意义上都是在为最终的资料分析做准备。而以统计学原理为基础的统计分析,则是社会调查在分析资料这个环节上的主要特征,也是社会调查作为一种定量的社会研究方式的重要标志。样本调查的结果要推论到总体,必须经过严格的统计分析与统计检验;利用问卷得到的大量调查资料,也必须首先转化成数字,并借助电子计算机和专门的统计分析软件才能进入分析过程,得出调查结果。正是依靠统计分析的帮助,社会调查才能够被用来描述总体的各种特征和分布,才能够被用来分析不同变量之间的关系。(有关问卷资料的转换、数据处理、统计分析方法以及计算机软件运用等方面的内容,我们将分别在第八章、第九章、第十章和第十一章中详细介绍。)

总之,社会调查实际上意味着抽样、问卷与统计分析三者之间存在某种必然的、内在的联系。或者说,社会调查意味着随机抽样、问卷测量、统计分析三者密不可分。抽样解决的是调查对象的问题,问卷是进行变量测量和资料收集的工具,而统计分析则是处理这种虽来自样本却要反映总体的、以问卷形式收集的大量资料的必由之路。作为一种完整的社会研究方式,社会调查必须同时包括这三者。

3. 社会调查的方法论特征

明白了社会调查的三个基本要素,我们进一步指出社会调查这种社会研究方式所具有的两个方法论特征。

首先,社会调查在本质上是一种定量的研究方式。这是从方法论角度看待社会调查时应该注意的一个最重要的特征。作为经验性的社会研究方式之一,社会调查已经具有一套相对成熟的研究程序和结构化、标准化的操作方式,它采用专门的工具来收集量化的资料,并运用社会统计学的原理和方法,在计算机软件的辅助下,完成对这种量化资料的处理和分析,得出以经验的、量化的数据为依据的研究结果。社会调查的这种定量特征,使得它特别适合于用来描述一个总体的概况,描述总体中各种不同部分的结构特点和变量分布。正如美国社会学家巴比所说:"一个认真抽取的概率样本,加上一个标准化的问卷,可以提供对某一学生群体、某个城市、某个国家或其他大总体的精确描述。"[1]与此同时,社会调查的这种定量特征也使得它能够十分方便地建立和分析不同变量之间的数量联系,并在社会统计方法的帮助下对相关的理论假设进行经验的验证。可以说,正是社会调查的这种定量特征,体

---

[1] [美]艾尔·巴比.社会研究方法(上)[M].8版.邱泽奇,译.北京:华夏出版社,2000:346.

现着明显的实证方法论背景。

其次,社会调查是一种横剖性的社会研究方式。这是社会调查在时间维度上的基本特征。所谓横剖性,指的是这种研究方式仅仅只在一个时间点上收集资料,并且资料主要用以描述调查对象在这一时间点上的状况及特征,或者探讨这一时间点上不同变量之间的关系。需要说明的是,这里所说的"一个时间点",并不是指1天,更不是指1分1秒,而是指调查在收集资料阶段所持续的相对比较短的一段(连续的)时间,比如说2个星期、1个月、3个月等。而与横剖性研究相对应的纵贯性研究则是在多个不同的时间点上收集资料,用以描述现象的发展变化过程,以及解释不同现象前后之间的因果联系。正是因为社会调查所具有的这种横剖性的特点,使得它更多地被用来探讨不同现象或变量之间相关关系,而其在探讨因果关系方面主要依靠的是统计控制而不是时间顺序,因而在这方面它往往不如实验研究和纵贯性研究那样有力。

拓展阅读:社会调查的一个例子

这是一个假设的例子,其目的是让读者从感性上认识社会调查的各个关键部分及其大致构成,获得一个关于社会调查的粗略印象。

假设你和你的调查小组的同学对自己所在的大学的学生在职业选择方面的态度很感兴趣,希望通过调查来了解和描述他们在这方面的总体状况及其分布特征。于是你们从全校1万多名学生中采用某种随机抽样的方法(详见后面相关章节的内容),抽取出300名(或更多一点)学生作为调查的样本。然后你们设计出一份与你们所关注的主题高度相关的调查问卷。这份调查问卷由若干个可以直接对样本中的每个学生进行询问和测量的具体问题所构成(问卷中的问题涉及学生的个人背景,比如性别、年级、专业等;学生的家庭背景,比如家庭所在地、家庭人口、父母职业、父母文化程度等;学生的择业意愿、态度等)。将问卷打印好后,你和调查小组的同学一起,采用面对面访问的方式,或者采用直接发到被调查同学手中让他们自己填写的方式,收集到被调查学生的各种特征、行为与态度等方面的问卷资料。

在问卷完成和回收后,你们将每个学生的答案进行编码,并按统一格式录入到计算机中,形成调查资料的数据文件。在专门的统计分析软件(例如SPSS)的帮助下,你们对这一数据文件中的资料进行整理、汇总和统计分析。于是,来自样本中300名学生的各种结果被一一推广到1万多名学生所构成的整个总体。你们可以成功地描述全校学生在职业选择方面的现状,描述全校不同专业、不同性别、不同年级的学生在职业选择方面所具有的不同特点,还可以进一步解释和说明家庭背景、价值观念、同辈群体等因素与大学生职业选择倾向之间的关系。最后,你们将研究结果用调查报告的形式加以总结、概括,并在有关刊物上发表或在有关会议上进行交流,从理论上或实践上为人们正确认识和处理这一现象提供新的材料和观点。

三、社会调查的类型和题材

1. 社会调查的分类

根据不同的标准,可以将社会调查划分为不同的类型。比如,根据调查对象的范围,可以分为普遍调查与抽样调查;根据收集资料的方法,可以分为自填问卷调查和访问调查;根据调查的目的或作用,可以分为描述性调查和解释性调查;根据社会调查的性质或应用领域,可以分为行政统计调查、生活状况调查、社会问题调查、市场调查、民意调查和研究性调查等。前三种分类的有关内容已在前一节或将在后面一些章节中详细探讨,因此,这里只对按社会调查的性质或应用领域划分出的几种类型作一简介。

(1)行政统计调查。它主要包括由国家和各级政府部门所进行的人口调查、资源调查、行业调查、社会概况调查等,其特点是多为宏观的、概况性的,这种调查通常采用普遍调查的形式进行。它们对于了解一个国家、一个地区或一个行业的基本情况有很重要的作用。行政统计调查的一个典型的例子就是全国人口普查。

(2)生活状况调查。通常是对某一时期、某一社区或某一社会群体的社会生活状况所进行的调查。与行政统计调查不同,它的着眼点主要放在了解人们日常社会生活各个方面的基本状况,以综合地反映一个时期、一个地区或一个群体中人们总的社会生活状况。比如对某市离退休老人生活状况的调查、对某市居民生活质量的调查等,就是这种调查的例子。

(3)社会问题调查。即针对社会中所存在的各种社会问题进行系统的调查、了解,找出问题的症结,为解决社会问题提供参考意见,就像医生给病人看病一样,对各种社会问题进行"社会诊断"。比如未成年人犯罪现象调查、离婚问题调查、老年社会保障问题调查、独生子女教育问题调查等,都是常见的社会问题调查。

(4)市场调查(market research)。即为拓展商品的销路,以便更好地为企业的生产和销售服务,而围绕某类产品或某种商品的市场占有率、顾客的购买情况、产品广告的宣传效果等所进行的调查。它是随着商品经济的发展而逐渐普及的。目前我国这类社会调查也开始多起来,比如化妆品市场调查、饮料市场调查、服装市场调查、家电市场调查等。

(5)民意调查(public opinion survey)。也称民意测验(poll)或舆论调查,即围绕某些社会舆论的热点问题对社会中民众的意见、态度、意识等主观意向进行的调查。比如,"非典"期间对社会中人们的心理、看法进行的调查,美国总统大选期间对选民进行的总统选举民意测验等,都是民意调查的例子。各种大众传播媒体对其读者和听众、观众进行的受众调查也都属于这一类调查。

(6)学术性调查。即广泛应用于社会学、政治学、人口学、教育学、传播学等社会科学学科领域中的学术性社会调查。其目标往往不是针对某一具体的社会现象和社会问题得出结论,而是针对某一学科中的学术问题,致力于对某类社会现象所具有的一般规律或普遍法则进行探索和研究。

2. 社会调查的题材

人类社会现象的丰富性和人们社会行为的多样性,决定了社会调查题材的丰富性和多样性。正如著名英国社会学家莫泽所说:世间的各种社会现象、人们的各种社会行为,"几乎没有哪一个方面不曾被社会调查者关注过"[①]。但概括地说,社会调查的题材主要可分为下述三大类。

(1) 某一人群的社会背景。即有关人们各种社会特征的资料,这些资料回答"他们是谁"的问题。这种资料既包括某些人口统计方面的内容,比如性别、年龄、职业、婚姻状况、文化程度等,也包括人们生活环境方面的内容,比如家庭构成、居住形式、社区特点等。这类题材客观性很强,在社会调查中收集这方面的资料往往比较容易,较少出现问题。并且,几乎所有的社会调查都或多或少地包括这一题材中的内容。

(2) 某一人群的社会行为和活动。即有关人们"做了些什么"以及他们"怎样做"等方面的资料。比如人们每天几点钟上班、每周看几次电影、在家中谁辅导孩子学习等。这类题材也是客观的、事实性的,它通常构成大部分社会调查的主体内容。

(3) 某一人群的意见和态度。即有关人们"想些什么""如何想的"或"有什么看法""持什么态度"等方面的资料。比如人们怎么看待离婚现象、人们对住房制度改革有什么意见、人们选择对象的标准是什么等。这类题材属于观念性、主观性的,是构成各种民意测验、舆论调查、社会心理调查的主要内容。在其他一些类型的社会调查中,它往往也是十分重要的一部分。

四、普遍调查与抽样调查

从本书关于社会调查的定义中可知,本书介绍的社会调查主要是抽样调查。但是,为了更好地了解和认识抽样调查,有必要先对普遍调查与抽样调查进行简要的介绍和比较。

1. 普遍调查概念与方式

普遍调查(entire population survey)通常简称为普查,指的是对构成总体的所有个体无一例外地逐个进行调查。一般来说,普遍调查的规模往往非常大,属于宏观的调查。例如全国范围的普查、全省普查、全市普查、全县普查或某一行业、系统的普查等。普遍调查最典型的例子是人口普查,如我国1953年、1964年、1982年、1990年、2000年、2010年和2020年进行的七次全国人口普查,就是对全国所有人口逐个进行调查。

由于普查资料是从总体中的所有个体那里收集的,因此,它是了解国情、省情、市情和大规模总体概况的最基本的资料,是各级政府部门制定各种政策的重要依据,也是各种科学研究尤其是社会科学研究的重要参考资料。拿人口普查资料来说,它集中反映了一个国家在一定时期内的人口数量、人口结构、人口发展变化趋势等,是有计划地进行社会经济建设,统筹安排人民物质文化生活,制定恰当的人口政策的基本依据。

---

① MOSER C A, KALTOR G. Survey Methods in Social Investigation[M]. Richard Clay Ltd.,1971:4.

普遍调查主要采取两种方式进行。一种称为统计报表，是由普查部门（通常是国家行政部门，如国家统计局等）制定普查表，由下级有关部门根据所掌握的资料进行填报。例如，国家统计局关于全国工农业总产值的数据，就是由涉及这一项目的每一个具体企业、乡村和单位根据统一的报表填报汇总得来的。另一种是建立专门的普查机构，组织专门的调查员，制定专门的调查表，对总体中的每一个成员进行直接的调查登记。例如全国人口普查、全国残疾人普查等，采取的就是这种方式。

2. 普遍调查的特点

由于普查涉及的对象多、范围广，所以这一调查方式有下列一些突出的特点。

(1) 工作量大，费时、费力、费钱。由于调查对象人数众多，并且他们的空间分布通常又十分宽广，因此，它一方面使得普查的工作量往往很大，无法在短期内把资料收集起来，也很难在短期内对大量数据进行汇总处理，得出结果。另一方面，进行普查所需要的人力、物力和资金也要比抽样调查方式所需要的多得多。如我国第三次人口普查，从1979年底国务院人口普查领导小组成立起，到1985年11月宣布正式结束止，历时共约6年。正式参加这次普查工作的人员总计有：518万名普查员，109万名普查指导员，13万名编码员，4 000多名电子计算机录入人员，1 000多名电子计算机工作人员，并得到1 000多万名基层干部群众、积极分子的配合和协助。这次普查共花费人民币约4亿元，另外联合国还资助了1 560万美元（参加普查工作人员的工资、劳务费等还尚未计入这些经费之中）。由于人力、资金、时间的消耗如此之大，一般个人和单位是无法实施普查的。普查只能作为一项重要工作由政府部门出面主持，组织专门调查班子，调拨专门经费，进行社会动员，由各部门通力合作才能完成。同时，由于普查所花的代价太大，不能频繁进行，一般是按一定周期、间隔较长的时间进行，以便通过对前后资料的对比，预测总的发展趋势。例如美国人口普查就定为10年一次，而每年都进行一次抽样调查来补充10年间的空白。我国的人口普查也是10年左右进行一次，如1953年、1964年、1982年、1990年、2000年、2010年和2020年（"文革"期间中断）。

(2) 需要高度集中的组织和高度统一的安排。由于普查的地域范围一般很广，整个调查过程的时间又相对较长，再加上参加调查的人员往往又很多，因此，必须有一个高度集中的组织系统和协调班子，以保证调查工作的一致性和条理性。同时对调查的时间、步骤、规划、内容等每一个细节都要做出统一明确的安排，以利普查能顺利进行，从而保证调查结果的质量。

(3) 调查项目不能多，只能了解某一方面必不可少的基本情况。在通常情况下，调查范围的大小、调查对象的多少，与调查项目的多少是呈反比关系的。它们互相制约，互相影响。如果范围较小，对象较少，则调查项目相对可以较多。反之，如果范围较大，对象较多，那么调查项目只能限制在一定的数目之内。由于普查具有范围广、对象多的特点，因此，普查的内容一般只限于了解最基本的情况，不可能作十分深入、十分全面的了解。比如我国第一次人口普查所了解的项目只有6项，1982年第三次全国人口普查所了解的项目也只有19项，主要包括姓名、性别、年龄、民族、文化程度、行业、职业、婚姻状况、妇女生育状况、不在业人口状况、住址、家庭人口等。

3. 抽样调查的概念

抽样调查(sampling survey)就是从所研究的总体中，按照一定的方式选取一部分个体进行调查，并将在这部分个体中所得到的调查结果推广到总体中去。简言之，就是调查部分以反映整体，这就是抽样调查的基本思想和逻辑。抽样调查是在 20 世纪初期，随着抽样理论、统计分析方法、问卷技术，以及计算机技术的发展、完善和普及而逐步发展起来的。抽样方法与问卷法、统计分析一起，成为现代社会调查方法的主要标志。由于抽样调查具有许多明显的优点，因而在现代社会调查研究中的应用越来越广泛。

一般来说，如果能对某个总体做全面的、普遍的调查，那么所得的结果应该说是最准确、最全面的。但是，在现实生活中，往往由于人力、财力、时间及其他客观条件的限制，不可能做全面调查，而只能作抽样调查。例如，要了解一批灯泡的寿命，就不可能把每只灯泡都进行试验，因为灯泡的寿命试验是将灯泡进行长期试验，直到灯丝烧断为止。所以，在这种情况下，只能通过科学地抽取少量样本进行试验，以达到了解全部产品质量的目的。

4. 抽样调查的优点

与普遍调查相比，抽样调查具有下列几个方面的突出优点。

(1) 抽样调查非常节省时间、人力和财力，这也许是抽样调查最突出的优点。由于抽样调查所涉及的对象远远少于普遍调查，因此整个调查的工作量要比普遍调查少得多。工作量的减少同时意味着调查所需要投入的人力、财力的减少，还意味着完成整个调查所需时间的减少。比如，进行一次全国人口抽样调查可以只用几个月的时间，而进行一次全国人口普查所需要的时间，则长达五六年。

(2) 抽样调查可以十分迅速地获得资料数据。由于工作量小，从调查的准备到调查的实施，从资料的输入到结果的分析，时间上都可以大大缩短。而在许多情况下，争取时间对于决策者来说往往十分重要。某些社会现象需要及时了解，许多社会信息需要随时掌握，如果进行普遍调查，等到结果出来时总体的情况可能已经发生了变化，即使可以按照调查的结果做出决策，可能也已经不适用了。比如前面曾介绍过的全国人口普查，通常需要花五六年的时间，因此，对于每年依据人口状况所做出的各种决策来说，显然是不能等待普查的结果的，而只有依靠每年进行的全国人口抽样调查的结果。所以，在迅速提供有关信息和掌握变动的社会现象方面，抽样调查具有很大的优越性。

(3) 抽样调查可以比较详细地收集信息，获得内容丰富的资料。在普遍调查中，由于调查所涉及的对象非常多，工作量非常大，因而对每一个调查对象来说，所提出的问题就不能多，这样，所获得的有关调查对象的信息就比较少，也比较粗略，不够深入。如前所述，我国 1953 年第一次人口普查仅调查 6 个项目，1982 年第三次人口普查也仅有 19 个项目，1990年的第四次全国人口普查也只有 23 个项目，并且多是一些行政统计的基本资料，很少有关于人们行为、态度意见方面的内容，无法对其进行深入的调查分析。抽样调查因调查对象的数目远比普查少，因此，可以设置较多和较复杂的调查项目，并能集中时间和精力作详细的分析。

(4) 抽样调查的应用范围十分广泛。由于上述几个方面的特点，抽样调查可以广泛地用于各个领域、各个部门和各种课题，比如说人口、经济、劳动、就业、教育、卫生、居民生活等众多领域,而不像普遍调查那样主要只用于行政统计调查,或只限于统计部门或政府部门进行。抽样调查的性质决定了它具有很大的方便性和灵活性。这样,从人口资源等行政统计调查、城乡居民生活状况调查到各种社会问题调查,从政治领域中的民意测验、经济领域中的市场调查到学术领域中的研究性调查,到处都是抽样调查大显身手的地方。

(5) 准确性高。调查结果的准确性,指的是它与现实世界之间差距的大小。从理论上说,普查由于调查了所有个体的情况,因而它对总体状况的反映应该是最准确的;抽样调查由于只调查了总体中的一部分个体,因而它对总体的反映在准确程度上不及普遍调查。然而,在实际调查过程中,抽样调查所必然存在的抽样误差只是影响调查结果准确性的一个原因,另一个在抽样调查和普遍调查中都会存在的非抽样误差却常常是更为主要的原因。抽样调查则可以使用少量素质较高的工作人员并对他们进行充分的培训,还可以在实地调查中给予更仔细的检查监督,调查资料的处理亦能较好地完成。而普查的实施则需要大批调查员,这些调查员有许多是缺乏经验和专业训练的,同时,普查的组织和管理也更为复杂,更为困难,这往往会降低调查质量,导致普查产生出比抽样调查大得多的非抽样误差。因此,与普查相比,抽样调查所得的资料常常更准确、更可靠。

五、传统社会调查与现代社会调查

无论是在中国还是在世界范围内,社会调查都有着十分古老而悠久的历史,但是,比较系统的社会调查则是从近代形成和发展起来的。如果对社会调查从传统与现代的角度进行区分,那么,通常的做法是依据时间的顺序:某个时期以前的属于"传统的",而某个时期以后的则属于"现代的"。在这一节中,我们先按这种方式简要地介绍社会调查的发展状况,然后再结合我国的实际,谈谈本书对传统社会调查与现代社会调查的区分和理解。

1. 社会调查发展简介

早期的社会调查在类型上,多以较大规模的行政统计调查为主。从数千年前古中国和古埃及以课税和征兵为目的的人口统计调查,到17世纪法国人柯尔柏主持的法国社会概况普查、法国制造业调查和不定期的人口状况调查,都是这种类型的调查。从19世纪开始,至20世纪初,社会调查所关注的现象逐渐从行政统计调查领域扩大到现实社会中人们的生活条件、生活状况等社会生活领域,以及诸如贫困问题、犯罪问题等社会问题领域上来。这一时期中,世界范围内出现了一大批著名的社会调查学者。比如,英国学者查尔斯·布思(Charles Booth)从1886年开始,苦心奋斗18年,对英国伦敦的市民生活和社会概况进行了深入的实地调查,写成了17卷本的《伦敦居民的生活和劳动》。1890年,美国社会学家芮斯对美国纽约的贫民窟做了大量的调查,写出了《其他一半如何生活》一书,接着又出版了《向贫民窟开战》,反映了美国工人阶级生活条件的恶劣情况。1909年,美国的施特文斯对美国7个大城市的公务员的腐败行为进行了调查,出版了《城市的耻辱》一书,引发了美国社会中调查和揭发可耻行为的运动。

从20世纪20年代开始,社会调查进入了一个新的发展时期。这种发展一方面体现在社会调查所涉及的领域进一步扩大上,另一方面也体现在新的调查方法和技术的出现和运用上。

从所涉及的领域来看,在原有的基础上又进一步向民意调查(也称民意测验或舆论调查)、市场调查和学术性调查等领域扩展和渗透。民意调查是随着西方社会的发展尤其是政治方面的需要而逐渐发展起来的。其最典型的应用是美国的总统选举投票预测,而其中最有代表性的民意测验机构当属乔治·盖洛普1935年创办的盖洛普民意测验所。在1936年的总统选举中,盖洛普民意测验所只调查了3 000人,就对投票结果做出了准确的预测。此后,其名声大振,逐渐发展成为一个世界性的民意调查机构,盖洛普的名字也成了"民意测验"的代名词。民意测验的方法除了用来进行总统选举预测外,还越来越多地用于社会热点问题的调查,听众、观众和读者调查以及其他舆论调查。盖洛普民意测验所等各国、各类民意测验机构,也常常定期或不定期地在各种大众传播媒介上发表调查结果。我国目前也有许多这样的机构在从事这类调查活动。

市场调查则主要适应了现代社会中经济发展的需要。由于现代化的大批量商品生产和不同厂家、不同商标的竞争不断强化,制造商和销售商往往希望更多地了解哪类人买或者不买他们的产品,这类人对他们的产品的质量、价格、包装、款式等方面的看法,以及他们的态度及购买行为如何改变,等等。因而许多大的企业已经有了专门的市场调查部门,而许多专门的调查研究机构也经常接受有关厂家、企业或公司的委托,调查各类顾客的购买习惯、各种产品广告的宣传效果。

与此同时,在社会学、政治学、管理学、人口学、教育学、心理学、传播学等社会科学领域中,社会调查的运用也越来越多。这些调查试图建立一种有关社会生活中各种人群的态度、意见和行为的概括性知识。这类调查多由社会科学研究人员进行,它们服务于理论与实践两种领域,同时兼顾社会科学各个学科的发展需要和社会各个实际部门的需要。

从调查方法和技术上看,20世纪40年代到70年代可以说是社会调查的数量化方法发展最为迅速的时期,也可以说是现代社会调查方法不断完善、逐渐走向成熟的时期。在这一时期中,社会调查的程序更加标准化,调查的方法也更加规范化。无论是抽样技术、测量技术、问卷设计技术、量表制作技术,还是统计分析技术、计算机应用技术等,都朝着越来越科学化、越来越精密化的方向发展,并逐渐成为各门社会科学和社会各个具体领域中广泛运用的研究方法和技术手段。

2. "传统的"社会调查和"现代的"社会调查

如果说上面的介绍主要涉及国外的情况、主要偏重于时间顺序的话,这里我们将主要讨论国内的情况,并且将偏重于调查方法的内涵区别。

近代中国的社会调查可以从20世纪初由外国传教士主持或指导的一些调查算起,如1914年由美国传教士伯吉斯主持的"北平305名洋车夫生活状况调查"等。1923年,清华大学陈达教授带领学生对北平海淀居民和清华校工所做的生活状况调查,则是这一时期最早由中国人所主持的社会调查。从20世纪20年代直到新中国成立前,国内主要有两类社会调查。一类是以老一辈社会学家陈达、李景汉、陶孟和、吴文藻、严景耀、史国衡,民族学和人类学家吴泽霖、费孝通、张之毅等为代表的学术界的社会调查;另一类是以毛泽东、张闻天等为代表的中国共产党人在革命斗争中所做的社会调查。从内容上看,两类调查都紧紧围绕着中国社会的现实状况;从方法上看,二者都以深入实地进行访问和观察为主,并且两类调查者还都从各自的实践中,总结出比较系统、同时又符合中国国情的调查研究方法。特别是毛泽东同志在长期的调查实践中,摸索和总结的"深入实地""开座谈会""典型调查""解剖麻雀"等方法,以及"没有调查,没有发言权""不做正确的调查同样没有发言权""实事求是""走群众路线"等观点,对我们今天学习和从事社会调查仍然有着重要的指导意义。

新中国成立后不久,随着高等学校院系调整和社会学学科被取消,学术界的社会调查基本中断,为各级政府制定政策提供依据和材料的社会调查则在原来的框架内继续进行。直到1979年,中国社会学恢复和重建后,学术界的社会调查才逐渐恢复和发展起来。纵观改革开放40多年来国内所进行的各类社会调查,可以看出,无论是在思想认识上,还是在具体方法上,国内学者都受到两个不同来源的影响:一个来源是以毛泽东农村社会调查和国内老一辈社会学家所作社会调查为代表的"传统的"社会调查方法,另一个来源则是以现代西方社会学的调查研究方法为代表的"现代的"社会调查方法。

之所以对上述两个来源作如此的区分(即传统的和现代的区分),除了时间上、空间上的原因外,更重要的是二者所具有的内在差别所致。这些差别比较突出地体现在以下几个方面。

(1)从调查对象的选取方式上看,前者往往选取少数几个个案或典型作为调查对象,并且这种选取所依据的也主要是研究者的主观分析和判断;而后者则往往采取从总体中随机抽样的方法,抽取相当数量的个案构成总体的一个样本作为调查对象,并且这种抽取所依据的也是某种客观的规则或程序。

(2)从调查资料的收集方法上看,前者往往采取无结构的自由访问、座谈会等方式;而后者则主要采取以封闭式问题为主的自填式问卷或者结构式访问的方式。

(3)从调查资料的分析方法上看,前者主要依靠定性分析的方法,即依靠主观的、思辨的、领悟的和归纳的方法;而后者则主要依靠定量分析的方法,即依靠客观的、实证的、统计的和演绎的方法。

从社会历史的角度看,可以说前者所适应的是以封闭性较强、同质性较高、流动性较小、变动速度较慢为特征的"传统"社会;而后者所适应的则是以开放性较强、异质性较高、流动性较大、变动速度较快为特征的"现代"社会。从方法论的角度来看,这两个有着不同来源的调查方法类型,则反映着社会学中人文主义与实证主义这两种不同的传统、不同的背景、不同的基础之间的区别。(事实上,传统的社会调查与我们在第一节所介绍的社会研究方法体系中实地研究的方式十分相似。甚至可以说,这种"传统的"社会调查方法就是现代社会调查研究方法体系中的实地研究方式。)明确了这种区分后,我们特别说明,在本书中所介绍的主要是"现代的"社会调查方法。

六、社会调查的一般程序

作为一种系统的、科学的认识活动,社会调查有着一种比较固定的程序,这种固定的程序可以说是社会调查自身所具有的内在逻辑结构的一种体现。从大的方面看,我们可以将社会调查的程序分为五个阶段,即选题阶段、设计阶段、实施阶段、分析阶段和总结阶段。

1. 选题阶段

选择一个合适的调查问题在初学者看来似乎并不困难,但实际上却并不是一件简单的事情。从程序上看,选择调查问题是一项社会调查活动的起点,是整个调查工作的第一步。调查问题一旦确定,整个调查活动的目标和方向也就随之确定。调查问题选择得如何,在一定程度上决定着整个调查工作的成败,决定调查成果的好坏优劣。因此,应当对选题阶段的工作给予高度的重视。选题阶段的主要任务包括两个方面:一是从现实社会大量的现象、问题和焦点中,恰当地选择出一个有价值的、有创新的和可行的调查问题;二是将比较含糊、比较笼统、比较宽泛的调查问题具体化和精确化,明确调查问题的范围,理清调查工作的思路。本书第二章主要介绍调查问题选择方面的内容。

2. 准备阶段

如果说选择调查问题的意义在于确定调查的目标,那么准备阶段的全部工作就可以理解成为实现调查目标而进行的道路选择和工具准备。所谓道路选择,指的是为达到调查的目标而进行的调查设计工作,它包括从思路、策略到方式、方法和具体技术的各个方面。就像实施一项工程之前必须进行工程设计一样,要保证一项社会调查工作的顺利进行,保证调查目标的完满实现,也必须进行周密的调查设计。有关调查设计的内容,我们将在第三章中详细介绍。而所谓的工具准备,则主要指的是调查所依赖的测量工具或信息收集工具——问卷的准备,当然,同时还包括调查信息的来源——调查对象的选取工作。有关这些方面的内容,我们将分别在第四章、第五章和第六章中做详细的介绍。

3. 实施阶段

实施阶段也称作收集资料阶段或调查方案的执行阶段。这个阶段的主要任务,就是具体贯彻调查设计中所确定的思路和策略,按照调查设计中所确定的方式、方法和技术进行资料的收集工作。在这个阶段,调查者往往要深入实地,接触被调查者;调查工作中所投入的人力也最多,遇到的实际问题也最多,因此,需要很好地组织和管理。另外需要注意的是,由于社会现象的复杂性,或者由于现实条件的变化,我们事先所考虑的调查设计往往会在某些方面与现实之间存在一定的距离或偏差,这就需要我们根据实际情况进行修正或弥补,发挥研究者的灵活性和主动性。有关这方面的内容我们将在第七章中详细介绍。

4. 分析阶段

分析阶段在有的书中也称为研究阶段。这一阶段的主要任务是:对实地调查所收集到的原始资料进行系统的审核、整理、统计、分析。就像农产品从地里收回后要经过很多道加工的工序,才能最终成为香甜可口的食品一样,从实地调查中所得到的众多信息和第一手问卷资料,也要经过调查研究者的多种"加工"和"处理",才能最终变成调查研究的结论。这里既有对原始问卷资料的清理、转换和录入到计算机中等工作,也有用各种统计方法对数据资料进行分析的工作。需要特别指出的是,由现代社会调查的特定方式、方法以及所收集的资料的性质所决定,这种加工和处理的方式及手段主要是计算机软件辅助下定量的统计分析。本书第八章至第十一章将分别介绍这些方面的内容。

5. 总结阶段

总结阶段的任务主要是:撰写调查报告,评估调查质量,应用调查成果。调查报告是一种以文字和图表将整个调查工作所得到的结果系统地、集中地、规范地反映出来的形式。它是社会调查成果的集中体现。而撰写调查报告也可以说是对整个社会调查工作进行全面的总结。从调查的目的、方式,到资料的收集、分析方法,再到调查得出的结论、调查成果的质量,都要在调查报告中进行总结和反映。同时,研究者还要将社会调查的成果以不同的形式应用到社会实践中去,真正发挥社会调查在认识社会现象、探索社会规律中的巨大作用。本书第十二章将主要介绍这一方面的内容。

图 1-2 所反映的就是社会调查从选择调查问题开始,直到报告调查结果为止的全部过程,以及这一过程的五个主要阶段和每一阶段的基本内容。

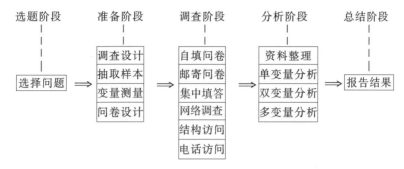

图 1-2　社会调查的基本过程和主要阶段

本书在结构上正是按照上述过程和阶段来安排的(多变量分析略去)。这样做既可以使读者了解整个社会调查知识体系的结构,明白每一部分的知识在整个社会调查知识体系中的位置;又可以使读者在学习社会调查具体知识的同时,熟悉和掌握社会调查的具体程序,便于联系实际动手操作,达到学以致用的目的。

基本概念

实验研究　　实地研究　　文献研究　　社会调查
普遍调查　　抽样调查　　市场调查　　民意调查

小测验(扫码做题)

阅读材料(扫码阅读)

概念探讨:《社会调查方法还是社会研究方法?——社会学方法问题探讨之一》。

思考与实践

1. 列举你所知道的社会调查的例子,并根据其性质或应用领域说明它们分别属于哪一类社会调查。

2. 找几篇发表在学术刊物上、通俗杂志上、一般报纸上的社会调查报告进行阅读,看看它们之间有什么异同。

3. 什么是抽样调查?为什么实际生活中抽样调查的应用远比普遍调查广泛?

4. 1979年我国社会学恢复以来,在社会调查方法上受到哪两个来源的影响?这二者之间有哪些主要差别?

5. 陈述社会调查的一般程序,并用图示法画出这一过程及其主要内容。

6. 研究社会的基本方式有哪四种?社会调查这种方式的基本要素包括哪几个方面?

第二章

选择调查课题

一项具体的社会调查往往开始于对调查课题的选择。因而,选题始终是社会调查的第一步。这里所说的调查"课题",也可以称之为调查题目,与通常所说的"社会问题"或"社会现象"既有些相关,又有所不同。社会调查的课题所涉及的常常是现实生活中的某种社会现象或某种社会问题,这是它们有些相关的原因;但社会调查的课题通常比某种社会现象或社会问题更为具体、更为集中,也更为明确,这是它们之间有所不同的地方。对于这一点,我们在学习有关选择调查课题的内容之前应该有所了解。

一、调查课题的类型

对于学习和从事社会调查的人来说,选题的任务是要寻找一个既值得做、同时也可以做的调查题目。在介绍选题方法之前,我们先从以下两方面对各种调查课题进行分类。

1. 理论性课题与应用性课题

各种调查课题都可以按其关注点或侧重点,分为理论性课题和应用性课题两大类。所谓理论性课题(theoretical problem),我们指的是那些侧重于发展有关社会世界基本知识,特别是侧重于建立或检验各种理论假设的课题。这类课题力图理解和解释社会世界的某一方面(或其中某一部分)是如何运转和相互联系、某一类社会事物或社会现象又是如何发生、发展和变化的。这类课题往往表现出十分明显的理论倾向,其关注点主要在于探索现象之间的因果关系,在于增加对具体社会现象所具有的内在规律的认识。这类课题的出发点和落脚点都是理论知识,或者说,其主要目标是要增加人们对社会现象的内在规律的理解,增加人们对社会事物的认识。

而所谓应用性课题(applied problem),则是指那些侧重于了解、描述和探讨某种社会现实问题或者针对某类具体社会现象的课题。这类课题的关注点通常比较集中地体现在迅速地了解现实状况,分析现象或社会问题形成的原因,并力图在此基础上有针对性地提供政策建议,以帮助解决社会问题,帮助制定社会政策,以及帮助评估社会后果等。概括地说,这一类课题侧重于通过调查来解决实际问题。与理论性课题相比,应用性课题的出发点和落脚点都是现实问题,从目前国内的情况看,在社会学以及相关社会科学的研究者中,从事这类课题研究的比例大于从事理论性课题研究的比例。同时,各级政府机构和上述各种实际工作部门所做的各种调查,还有各种类型的市场调查,也基本上都属于这一类调查课题。

对于同一种社会现象，或者说同一种研究题材，往往既可以找到理论性课题，也可以找到应用性课题。但两类课题的关注点是不同的。比如，同样是研究企业职工下岗和再就业的现象，理论性课题所关注的可能是诸如"下岗职工的社会资本、人力资本对其再就业的影响"，或者与下岗职工相关的"社会身份与职业地位获得""社会分层与职业流动"等问题；而应用性研究则可能更加关注"下岗职工具有哪些基本特征""下岗职工再就业的主要困难是什么""如何增加下岗职工再就业的途径"以及"如何提高下岗职工的素质和技能""如何有效解决下岗职工的再就业问题"等。概括地说，理论性课题更关注如何发展出某种一般性的社会认知，而应用性课题则更关注如何有效地解决现实社会问题。

2. 自选课题与委派课题

另外，从调查课题的来源上，我们也可以将各种社会调查课题区分为自选课题和委派课题两大类。

自选课题指的是研究者根据自己所从事的科研、教学或实际工作的需要，或者是根据自己的专业领域、研究方向或研究兴趣，并结合社会的某种需要，自己选定的课题。比如学生有为撰写毕业论文而进行一项社会调查的需要；研究人员有为验证某种理论而进行一项调查的需要，政府部门的调研人员有为解决某一社会问题而进行一项社会调查的需要，等等。这类课题的确定，主要取决于研究者本人，因而研究者具有很大的主动性和决定性。

委派课题指的则是那种由有关的机构、部门、单位或个人根据他们的某种需要所确定并委托或指派给研究者进行调查的课题。这种课题的来源常常是各级政府机构以及涉及社会各个具体领域的工作部门，比如人口管理、劳动就业、城市建设、公共交通、环境保护、区域发展、社会治安、文化教育、社会保障、公共卫生等。而课题研究的成果也主要应用于这些部门和领域。对于研究者来说，这类课题的确定基本上与他无关，或者说不存在选择的问题，他只需按照这些机构、部门、单位或个人的要求去完成这一课题。

不过，也有某些机构所提供的课题，如国家社会科学基金课题，以及省、市和科技部门的基金课题则介于二者之间，即既有一定的指导性和规定性，又有一定的自主性和灵活性。对于研究者来说，具体课题的确立，也有一定的自选性。

根据上述区分和说明，本章的大部分内容主要是针对自选课题的确定，其精神当然同样适用于带有一定指导性的自选课题。而对于提出委托课题或指派课题的有关机构、部门、单位和个人来说，本章中的内容也同样可以作为他们确定课题时的依据或参考。

二、选题的重要性

有一种古老而智慧的说法，叫作："选好了问题也就解决了一半。"这一说法正确地解释了提出问题与解决问题之间的辩证关系，很好地体现了提出问题对于解决问题的重要意义。如果把这句话用到社会调查课题的选择上，以说明选择一个合适的调查课题对于整个社会调查工作所具有的意义，也是同样适用的。

著名科学家爱因斯坦曾经说过："提出一个问题往往比解决一个问题更重要，因为解决一个问题也许仅是一个数学上或实验上的技术而已。而提出新的问题、新的可能性，从新的角度去看旧的问题,都需要有创造性的想象力,而且标志着科学的真正进步。"[①]爱因斯坦的看法虽然主要是针对自然科学研究而言的,但对于社会科学研究以及社会调查来说,同样也是适用的。

从上述两种说法的思路出发,我们可以从下列几个方面具体说明选择一个恰当的调查课题对于整个调查工作和调查过程所具有的意义或重要性。

1. 决定调查的方向

当我们打算动手做一项社会调查时,具体调查题目(调查课题)的选择就是我们首先面临的任务。社会调查作为人们了解社会现象、探索社会规律的一种认识活动,既不是笼统的和无所不包的,也不是盲目的和漫无边际的,而是十分具体、明确、有针对性的。现实生活中的每一项社会调查,每一项具体的调查课题,可以说都是针对某一社会生活领域中的某种特定社会现象或社会问题的。不同的调查课题涉及的领域不同,针对的现象或问题也不同。比如,一项有关老年人社会保障问题的调查课题,涉及的是社会生活中社会保障这一领域,针对的是老年人的老有所养、老有所医,以及生活质量等问题;一项关于某地区离婚状况的调查课题,涉及的是社会生活中的婚姻、家庭领域,针对的是离婚这一特定的婚姻家庭现象和问题;而一项关于老年人再婚现象的调查课题,虽然涉及的同样是婚姻、家庭领域,但它针对的却是老年人(而非其他人)再婚这一特定的现象(而非其他现象)。

社会生活包括众多的层次和方面,构成众多不同的领域,每个方面和领域中,都有许多值得做的调查课题。因而,对于一项具体的调查来说,它只能在众多的可能性面前进行选择。一项调查所要达到的主要目的或要完成的主要任务,就是研究者所要达到的目标。在某种意义上,我们可以说调查课题就是目标,而选择课题就如同确定我们所要达到的目标。目标一旦确定,方向也就确定,整个社会调查的基本道路也就随之确定。打个通俗的比喻:从事一项社会调查,犹如进行一次旅行,从同一个地点出发,可以走向不同的目的地。选择调查课题正是一项社会调查活动的出发点,从这一点出发,可以通向社会生活不同的领域,到达不同的目的地。究竟朝哪儿走、到哪儿去,正是由调查课题的性质和内容所决定的。所以说,选择调查课题所要解决的,是整个调查活动的基本方向问题。

2. 体现调查的水平

社会调查作为一种社会认识活动,当然会有层次深浅、质量高低等差别。这也就是说,有的社会调查能够在比较深入的层次上揭示社会现象的内在联系,而有的则只能在比较浅显的层次上一般地描述社会现象的表面特征;有的社会调查能够在比较高的层次上概括社会现象的整体状况、发展变化规律,而有的则只能在比较低的层次上简单列举社会现象的个别状况和具体表现;有的社会调查能够及时回答人们在社会中新遇到的、普遍关心的焦点问题,而有的则只能再次重复人们早已明了的事实、状况和结论。所有这些差别的形成,虽然有着多方面的原因,但是,课题选择的恰当与否,却往往是其中最重要的原因。可以说,课题选择上的"差之毫厘",常常会造成调查水平和质量上的"失之千里"。

之所以说课题的选择能体现调查的水平,这主要是因为,在选择和确定调查课题的过程

---

① A. 爱因斯坦,L. 英费尔德. 物理学的进化[M]. 周肇威,译. 上海:上海科学技术出版社,1962:66.

中,既需要用到研究者所掌握的专业理论知识、调查研究方法知识和各种操作技术,又需要研究者具有比较开阔的视野、比较敏锐的洞察力、比较强的判断能力,同时,还需要研究者具有一定的社会生活经验。一项具体调查课题从开始选择到最终确立,正是上述几方面因素共同作用的结果。而研究者在上述任何一个方面的欠缺或不足,都会在所选择的课题上留下"痕迹",都会直接影响到所选课题的水平和质量。

如果缺乏专业理论知识,所选择的课题在内涵上就可能不够深入,课题的立意也可能缺少理论依据;如果缺乏比较开阔的视野,看不到某一课题领域的基本概况和总的趋势,不了解这一领域已有的研究成果和存在的不足,那么,所选择的课题也许只具有个别性,而无普遍性,或者,所选课题只是在很低的层次上对已有研究的简单重复;如果缺乏比较敏锐的洞察力,常常会对社会生活中的许多重要现象"视而不见",白白放过许多既值得研究又能够研究的课题;而如果缺乏比较强的判断能力,那么,在众多表面看来都十分有价值、都值得研究,但实际上却"参差不齐"的课题面前,就会"不辨东西","不识好坏"。

3. 制约调查的过程

在日常生活中,一旦出发地和目的地都确定下来,那么,对于旅行者来说,剩下的问题就是在连接两地的许多条路线中选择最方便、最合适的一条。对于社会调查来说,调查课题的确立,也就意味着调查目标的确立和调查方向的选定,而这种目标和方向的确定,又同时意味着社会调查的"特定道路"的确定。不同的调查课题,对所走"道路"的要求不同。这种不同的要求,主要体现在社会调查过程中的对象选择、内容选择、方法选择、规模确定、方案设计等方面。

比如,对于下面三个不同的调查课题来说,它们通往目的地的"道路"受着怎样的影响和制约呢?

课题一:当前我国城市居民生活质量现状及其影响因素研究

课题二:北京大学应届毕业生择业倾向调查

课题三:武汉市城区老年人生活状况调查

对于第一个调查课题来说,它所要求的必须是在全国所有城市这一范围中进行的抽样,抽样的程序比较复杂,而且样本的规模也必须相当大。又由于生活质量所涉及的内容比较多,因而其调查问卷也相对会复杂一些。资料收集方法可能既包括自填问卷,也包括结构访问。这样,进行这一调查课题所需要的经费、人员、时间和管理等,也就相对比较多,即它所走的是一条"大规模、多内容、高投入"的道路。课题二则与课题一大不相同,它所要求的只是在一所大学中的小范围抽样,抽样程序相对简单,样本规模也要小得多。资料收集方法只需自填问卷,问卷内容也比较单一。因而,很少几个调查人员,在很短的时间内就能完成,花费也很小。课题三在规模、范围、内容复杂程度等方面,都介于前面二者之间,它所要求的资料收集方法也与课题二不同。由于课题所要求的调查对象是老年人,他们的文化程度相对较低,因而不能采用自填问卷的方法,而只能采用结构访问的方法。而这又意味着比较多的调查人员、比较长的调查时间、比较高的研究经费投入,以及比较复杂的组织管理。

4. 影响调查的质量

造成现实生活中一些社会调查质量较差的原因是多方面的,其中除了调查课题本身的层次比较低,调查人员的素质、技能比较差,或者调查工作进行得比较粗糙等原因以外,研究者所选择的调查课题本身就不恰当、不可行,也往往是一个十分重要的原因。而一些质量比较高的社会调查成功的一个重要原因,就是它们的调查课题对于研究者来说十分恰当、十分合适。这是因为,调查过程或道路的确定,从客观上规定了课题所应该具备的各种条件,如果这些条件不能满足,调查课题的进行必然会遇到较大的障碍,调查成果的质量自然就得不到保证。

调查课题影响到调查质量的一个很重要的方面,就是调查课题对于从事这一课题的研究者来说是否合适、是否可行。在同样的条件下,一个年轻的大学生研究者选择诸如"中年离婚者的心理冲突与调适"这样的调查课题,其调查结果的质量往往比他选择做一个"大学生择业倾向"方面的调查课题的质量要差。因为他对婚姻生活、对中年人的人生经历和体验的熟悉程度、对与这一课题有关的背景知识,以及他从事这一课题研究所具有的和可利用的资源、条件等,都不如后一课题。同样,一个只有很少一点研究经费的研究者,如果选择做"我国城市青年结婚消费状况及影响因素研究"这样大规模的调查课题,即使能够做下来,其质量也往往不如做一个类似"武汉市中学生课外阅读状况调查"这样的调查课题的质量高。

不合适、不可行的调查课题,从一开始就包含着调查成果质量不高的内在因素,包含着研究者难以克服的一些困难和障碍。因此,要提高社会调查成果的质量,首先就要慎重选择调查课题。

三、选题的标准

选择调查课题既然有着如此重要的意义,当然应该高度重视选题的工作。为了选好题、选准题,必须明确进行选题时应该依据的标准。在实践中,人们通常采用下列几条标准来作为选择调查课题的依据。这几条标准是:重要性,创造性,可行性,合适性。

1. 重要性

重要性(significance)即是指调查课题所具有的意义或价值。通俗地说,就是指一项调查课题所具有的用途或用处。我们所从事的任何一项调查课题,首先必须具有某种意义或价值,或者说,首先必须是"值得去做"的。当然,对于不同的调查课题来说,这种意义或价值会有大有小。同时,这种意义既可以是理论方面的,也可以是实践方面的,或者是理论与实践两方面兼而有之的。

理论方面的意义或价值,主要体现在调查课题对一门学科的发展、对某种理论的形成或检验、对社会规律的认识、对社会现象的解释等所能做出的贡献上;而实践方面的意义或价值,则主要体现在调查课题对现实社会生活所提出的各种具体问题能否进行科学的回答和能否提供合理的解决办法上。例如,调查课题"社会转型与职业流动的调查研究",其关注点主要在于探讨社会生活中的职业流动现象与整个社会的转型之间的关系,因而主要具有理论方面的价值;而调查课题"当前我国的吸毒现象及其防治对策研究",则主要针对现实社会生活中存在的具体社会问题,因而具有明显的实践意义。

在众多可供选择的调查课题面前,要思考或评价一项社会调查课题是否具有重要性,就等于先问问自己:做这项调查课题有没有用处?有什么用处?有多大的用处?无论是在提高人们对社会现象、社会过程、社会规律的认识和理解方面,还是在促进解决社会问题、改善社会管理、提出社会政策方面,越有用处的课题越是好课题,用处越多的课题越是好课题,用处越大的课题越是好课题,因而,也是越值得去做的课题。

2. 创造性

创造性(creativity or innovation)也可以称作创新性或独特性,它指的是调查课题应该具有某种新的东西,具有某种与众不同的地方,具有自己独特的特点。作为一种科学的认识活动,每一项具体调查必须能够在某些方面增加人们对现实世界的认识,能够为人们了解和理解现实社会生活中的各种现象、各种问题、各种规律提供新的东西,而不能总是在同一领域、同一范围、同一层次上重复别人的研究,重提已有的结论。

最具创造性的课题当然是那种全新的、前人从没有做过的课题,这也就是人们常说的属于"填补空白"的课题。然而,要找到一个这样的课题也最为困难。因为无论在哪个领域中,完全无人涉足的现象或问题已几乎不存在,学术领域中已基本没有那种"尚未开垦的处女地"。所以,对于大多数研究者来说,一项课题具有创造性,更经常地是指该课题在研究的思路或者研究的角度、依据的理论、调查的对象、采用的方法、调查的内容等方面或某几方面,与前人的调查有所不同,有自己独到的、新颖的地方。

例如,一个对青年人的婚姻家庭问题感兴趣的研究者,在他看到前人做过"大城市青年结婚消费问题调查"的课题后,选择做一项"中小城市青年结婚消费问题调查"的课题,或者选择做一项"农村青年结婚消费问题调查"的课题,这就在调查的对象上有了创新性;如果他选择做一项"大城市青年结婚仪式选择调查"的课题,或者"大城市青年恋爱结识方式调查"的课题,这就在调查的内容上有了创新性。如果前人的课题所调查的是某一特定时期的现象或问题,比如"20 世纪 80 年代青年人的生育观念调查",那么,我们可以选择同一主题、同一内容、同一对象但不同时期的这一现象或问题进行调查,即可以选择"21 世纪 20 年代青年人的生育观念调查",以反映这一现象 40 年中所发生的社会变迁。当然,选择课题时的这种"与众不同"要有明确的目的,要根据理论上或实践上的价值和需要,而不能单纯地为不同而不同。

3. 可行性

可行性(feasibility)指的是研究者是否具备进行或完成某一调查课题的主、客观条件。换句话说,就是指研究者在现有的主、客观条件下去从事这项调查课题行不行得通。在许多情况下,越是具有重要价值和创新性的调查课题,它所受到的主、客观限制往往也越多,这也就是说,它的可行性往往也越差。要进行或完成这样的课题常常十分困难,有时甚至是完全不可能进行。

主观限制是指研究者自身条件方面的限制。它包括调查者在生活经历、知识结构、研究经验、组织能力、操作技术等方面的限制,甚至还包括调查者的性别、年龄、语言、体力等纯粹个体因素方面的限制。例如,一个年轻的男性大学生研究者如果选择"离婚妇女的心理冲突与调适研究"这样的调查课题,那么,从可行性方面来考察,我们就会发现,这一课题对于这个大学生研究者来说是不太可行的。因为无论是从他的年龄、性别、社会生活经历等个体因素来看,还是从他对这一领域的相关背景知识的熟悉程度来看,都与这一调查课题的特点和要求相差较大,往往很难圆满地完成这一课题。同样的道理,一个不懂少数民族语言和风俗习惯的研究者,如果选择一个以少数民族成员为调查对象的调查课题,显然也是不太可行的。

客观限制是指研究者在进行一项调查课题时所受到的外在环境或条件的限制。比如调查时间不够,调查经费不足,有关文献资料不能取得,所涉及的对象、单位和部门不能给予必要的支持和合作,调查课题违反国家有关政策法令,或者违反社会伦理道德,或者与被调查者的生活习俗、宗教信仰相违背等,都是导致一项调查课题无法进行的客观障碍。比如,"青少年初次犯罪原因研究"这一调查课题无论从重要性,还是从独特性来看,都是值得去做的课题。然而,如果研究者无法取得公安局、监狱、少管所等部门的准许、支持和配合,无法接近调查对象,课题就难以进行。再比如,要进行"私营企业劳资关系状况调查研究"的课题,如果得不到有关的私营企业主的支持与配合,恐怕研究者连私营企业的厂门都进不了,收集资料就更不用谈了。

因此,选择调查课题时,仅考虑前面两条标准是远远不够的,我们还必须把可行性这条标准放到非常重要的地位。一项不具备可行性的调查课题,无论其多么有价值,多么有新意,最多也只能是一项"伟大的空想"。

4. 合适性

合适性指的是所选择的调查课题最适合研究者的个人特点。这种个人特点主要包括研究者对该调查课题的兴趣、研究者对与调查课题相关的社会生活领域的熟悉程度、研究者与所调查的对象之间的相似性程度,以及研究者所具有的各种资源、条件与该课题的要求相符合的程度等。

合适性与可行性不同,可行性所解决的是进行课题调查的"可能性"问题,而合适性所涉及的则是进行课题调查的"最佳性"问题。这也即是说,可行性是关于这项调查课题"能不能做"的问题,而合适性则是关于这项调查课题对于研究者来说"是不是最好"的问题。具有了可行性的课题也许会有很多,但对于某个具体的研究者来说,最适合他的课题则往往只有一个。也可以说,可行的课题不一定是合适的课题,而合适的课题首先必须是可行的课题。

个人兴趣虽然不应该是影响课题选择的决定因素,但我们却可以说它是帮助和促使研究者做好课题的一个重要因素。在其他条件相同的情况下,研究者应该首先选择自己最感兴趣的课题。同样,研究者对与可行的课题相关的社会生活领域的熟悉程度,也是影响到调查课题能否顺利进行的一个重要因素。在可能的条件下,研究者应该尽量选择与自己所熟悉的社会生活领域相关的调查课题,而不要选择自己比较陌生的领域中的课题。对于调查者与调查对象的相似性(或同质性)问题,虽然有不同的看法,但是,在大多数情况下,二者之间的相似程度越高,越利于调查的进行,也利于调查者对调查资料的分析和理解。比如,同样是研究青年人的婚姻恋爱问题,作为大学生研究者来说,选择"目前大学生的婚姻观"这样的课题,可能比选择"目前青年工人的婚姻观"或"目前青年军人的婚姻观"等课题更为合适。

以上我们介绍了选择调查课题时人们通常采用的四条标准,需要进一步指出的是,这四条标准之间存在着某种层次上的联系:重要性是最基本的标准;独特性则是在它的基础上提出的新的标准;可行性在某种意义上可以说是课题选择中的决定性标准;而合适性则是在前三条标准的基础上提出的更进一步的标准。这四条标准层层深入,从几个不同的侧面,将一个理想的调查课题从最初众多不成熟的想法、思路和课题雏形中,逐渐分离出来。

四、选题的途径和方法

掌握了选题的标准,并不能保证我们就一定能选择到一个恰当的调查课题,就像有了渔网和船并不一定就能打到鱼一样,我们还需要解决"哪儿有鱼""到哪里才能打到鱼"的问题。对于选择调查课题来说,就是要解决"到哪里去找课题",以及"用什么方法去找课题"的问题。这就是调查课题的来源问题,以及选择调查课题的途径问题、方法问题。

尽管在现实社会生活中存在着大量的尚未解决的一般性问题,但是,要从中选择出一个有着明显研究需要和较大研究价值的特定的问题,也并不总是一件容易的事情。正如美国政治学者齐斯克所说:"依靠丰富的想象创立并发展一个可行的研究课题是研究工作中最为困难的一部分。"[①]特别是对于初次独立进行一项社会调查的人来说,他常常会有这样一种感觉,那就是,要找到一个合适的调查研究课题似乎比实际去做这个课题还要困难。

这主要是因为,要选择一个有价值的、有新意的、可行的并且适合个人情况的调查课题,并没有普遍适用的方法。有的课题可能主要来源于研究者的某种好奇;有的课题则可能起源于研究者偶然碰到的一件事情;有的课题可能来自研究者与朋友的一次聚会或交谈;还有的课题则来源于研究者无意之中读到的一篇文章、一本杂志或一部著作……当然,应当指出的是,我们不能总是寄希望于这种碰运气似的机会,或者总是期待着某种突发的"灵感"。与此相反,我们应该主要依靠自己所掌握的理论知识,所熟悉的生活经验,所面对的社会现实,所具有的观察、分析能力,以及对选择调查课题过程中的某些带规律性的方法和常见的选题途径的熟悉和了解。

为了找到一个符合前述几条标准的合适的调查课题,我们可以从下面几种具体途径或来源进行考虑。

1. 从现实社会生活中寻找

我们每个调查者始终生活在现实的社会中,而千姿百态、形形色色的社会生活又总是各种社会调查课题最丰富、最经常的来源,关键是我们要善于观察、勤于思考。在日常生活中,我们要养成对各种社会现象、社会行为、社会心理、社会问题经常问"是什么"和"为什么"的习惯。这样做往往可以使我们从纷繁复杂的生活大潮中、从变化无穷的社会现象中,抽出值得研究和探讨的调查课题来。对于这一点,我们可以套用一句格言来概括,这就是:处处留心皆"课题"。

实际上,可作为调查研究课题的各种社会现象、各种社会问题、各种社会事件总是客观地存在于我们的周围。之所以难以被我们发现,主要是由于我们每时每刻都生活在它们中间,对它们早已"司空见惯",因此常常对它们"熟视无睹"的缘故。比如,生活在城市社区中的人们居住在单元楼房,安个防盗门,出门锁门,回家关门,邻里之间很少串门,这都是很普遍、很一般的现象。然而,当我们从认识和理解城市居民生活方式以及城市社区邻里关系这

---

① [美]贝蒂·H.齐斯克. 政治学研究方法举隅[M]. 沈明明,贺和风,杨明,译.北京:中国社会科学出版社,1985:34.

一目的出发,向自己提出一些"是什么"和"为什么"的时候,就会从这种很普遍、很一般的现象中,抽出诸如"城市居民居住方式与邻里关系的现状和特征研究""城乡社区邻里关系比较研究"这样一些值得探讨的社会调查课题来。

一项好的调查研究课题的发现,也和作家写小说一样,既需要"深入生活",也需要"灵感和火花"。这里所说的"深入生活",主要指的是广泛地接触社会,而"灵感和火花"则指的是那些可以发展成为调查课题的最初的想法和思路。应该指出的是,没有广泛地与现实社会生活的密切接触,这种"灵感和火花"也就成了无本之木、无源之水。

2. 从个人经历中寻找

个人经历和经验是人们观察各种事物、理解各种现象的基本视角和出发点,因此,以观察和理解社会现象为目的的社会调查,同样也离不开个人经历和经验的帮助。

我们每一个人总是生活在社会的某个特定的角落,所走过的也往往是一条特定的人生道路。不同的人们对现实社会的认识不同,对社会生活的具体感受也不同。一种现象在有些人看来也许是理所当然、司空见惯,但在另一些人看来也许会大感不解、十分新奇。这是因为,每个人特定的人生经历为他观察现实世界、观察社会生活提供了一种特定的视角,人们从这种特定的视角里所看到的世界并不完全一样。因此,我们自己在社会生活中的各种经历、各种体验、各种观察、各种感受,常常是众多合适的调查课题的最初来源。许多有价值的、有创造的、并且切实可行的调查课题,正是从研究者个人的经历和经验中,特别是从个人特定的生活环境、特定的生活感受中发现和发展起来的。

比如,一对中年夫妇离婚了,一个完整的家庭破碎了。对于与之关系不密切的一般人来说,他们可能会无动于衷,或者只是作为一种闲聊的话题。因为现实社会生活中这种事情、这种现象并不稀奇,"城外的人想冲进去,城里的人想逃出来"嘛。但是,如果这件事发生在一个社会学研究人员的周围环境中,比如说他的邻居,或他的好朋友,或他的姐姐、姐夫离婚了,他也许会从另一个角度来看待这种现象,也许会从身边发生的具体现象入手,去问一些"是什么""如何""什么样"或"为什么"的问题,如"当前社会中哪些人最容易产生离婚行为""为什么城市中年知识分子离婚的比较多""有哪些主要原因会导致人们选择离婚""中年人离婚所带来的主要后果是什么"等,从而促使他选择一项"城市中年知识分子离婚的特点、原因和后果研究"的调查课题。

此外,对于社会调查研究人员来说,他身边所发生的一件事情、他与朋友进行的一次交谈、他所参加的一次活动,都有可能成为导致一个调查课题产生的最初的火花。从某种意义上说,这种从个人自身经历中寻找课题的方式,是一种十分简单实用的方法。它常常是以"坐在椅子上空想"的方式,去静静地思考个人的经历、经验、观察和体会。千万不要小看这种方式,在许多情况下,它常常可以帮助我们找到既十分有趣又值得探讨的调查课题。

3. 从各种文献中寻找

可作为调查研究课题的想法、灵感和火花,常常可以从学术著作、教科书以及学术期刊的内容中,从各种大众传播媒介所报道和介绍的内容中采摘到。我们的许多调查课题正是在此基础上得以形成的。

各种社会科学期刊,比如《中国社会科学》《社会学研究》《经济研究》《政治学研究》《法学研究》《人口研究》《教育研究》《青年研究》等,可供我们去发现和探索特定的调查课题。就是从一些非专业的、综合性的,甚至是大众性、通俗性的文献中,有时也能发现这样的火花,找到合适的调查课题。

显然,从文献中寻找调查课题所需要的是另一种留心和思考。根据笔者的体会,我们可以采用以下两种方法。

方法之一,是在阅读各种文献时,始终带着审视的、提问的、评论的眼光,不要过于恭敬地、崇拜地和盲目地接受书上、文章中所说的一切。由于眼光不同了,我们对同样的文献、同样的内容、同样的材料的看法就会有所不同,就会产生一些新的疑问,就会产生一些新的思索,就会迸发出一些新的火花。而从这些新的疑问、思索和火花中,往往能够找到值得调查、也能够调查的课题。

比如,当我们读到一篇文章,其中谈到独生子女具有许多不同于非独生子女的特点,并得出二者之间存在明显差别的结论,但文章所提供的证据主要是几个十分特别的个案资料时,只要我们的头脑中对这种证据多保留几个疑问,对这种结论多打几个问号,就可能会产生或形成一个与此相关的调查课题:"独生子女与非独生子女行为特点的比较研究",以此来检验这篇文章的结论,揭示现实生活中的实际状况。

方法之二,是在阅读文献时,要进行广泛的联想。我们可以从纵向与横向、形式与内容、对象与方法、时间与空间等不同角度、不同侧面、不同层次,对所阅读的文献展开广泛的联想,由此及彼,往往也能碰撞出一些新的火花和思路,并在此基础上进一步提炼出切实可行的新的调查课题来。

比如,当我们在文献中读到了有关市场经济大潮对目前大学生的择业趋向产生了重大影响的调查报告或其他材料时,我们就可以进一步展开联想:市场经济大潮对目前大学生的学习态度、价值观念、消费行为、人际交往等方面是否也产生了同样的影响呢?从另一个角度还可以问:既然市场经济大潮对大学生的择业趋向产生了重大影响,那么,它对青年工人、青年农民、青年军人、青年科技人员等的职业选择、职业流动和职业评价,又是否产生了影响(或者产生了什么方面的影响)呢?显然,这些都是同样值得去做的调查研究课题。

以上我们分别从几个大的方面介绍了调查课题的主要来源和寻找方法。当然,在实际生活中,一项调查课题的选定,常常是各种不同来源共同作用的结果,而不单单是哪一个来源的产物。比如说,也许最先是因为现实生活中的某种现象引起了我们的注意,使我们对这一现象产生了某种好奇;同时,这一现象又使我们联想起自己生活经历中的某些感受、体会或认识,使我们对这一现象的产生、后果、这一现象与其他现象的关系等有了一定的推测、判断或估计;而这种推测、判断或估计又使我们联想起自己曾经读过、看过、学习过的某些知识、理论或观点,并将自己的判断与阅读过的结论进行比较,一旦比较出现了分歧,便会导致一个新的调查课题的诞生,用以检验"谁是谁非"。有时我们会在比较时发现,现有的知识尚未涉及我们所思考的问题,或没有专门探讨我们所思考的问题,即现有的答案不足以回答我们的疑问,这也会导致一个新的调查课题的诞生,用以探索新的结论。

拓展阅读：一个青年研究者的选题经历

下面是一个青年研究者给本书作者的来信摘抄。信中谈到了他的一次选题经历，对初学者有一定的参考意义。信后所附的是该青年研究者发表的论文的摘录。

尊敬的风老师：您好！

我是安徽师范大学社会学院的青年教师王杰。从2002年以来，我们一直使用您的《现代社会调查方法》一书作为本科生教材。……

另外，我还要向您表示感谢！感谢您在学术研究上的方向性引导。2006年的早些时候，我在《人口研究》2006年第1期上看到了您的《农村外出打工青年的婚姻与家庭：一个值得重视的研究领域》这篇文章，我对您提出的这个主题和五个议题很感兴趣。我来自农村，有着城乡两种生活经历，对农村的变化很熟悉，也有着一种关注和思考的热情，本科毕业论文写的就是这个主题。您的观点激发和支持了我的研究冲动，于是在结合前期资料和多次调查的基础上，我写了一篇关于农民工婚姻的小文章，很幸运地被《青年研究》（2007年11期）采用了。回首这个过程，如果没有您的学术引导，也许我没有勇气和眼光去做这方面的研究，所以请接受一个求知路上的青年人的由衷敬意！

祝：暑假凉爽，工作顺利！

晚辈：王杰 敬上
2008.8.13

同村婚姻：青年农民工婚姻新模式的诠释——以辛村为例

王 杰

内容提要：本研究以皖北辛村为研究个案，通过深度访谈和问卷调查的方法，描述了同村婚姻的历史和现状，分析和解释了同村婚姻呈上升趋势的原因和弊端。

一、概念界定和研究方法

1. 概念界定。本文所指的青年农民工是指跨地区外出进城务工人员，是广义上的农民工,不包括在当地的务工者。本文所指的同村婚姻是指婚姻当事双方的户口所在地相同,而且双方在婚前和婚后长期生活在同一个农村社区(自然村)的婚姻。这里的同村婚姻是一种合法婚姻,并不包括近亲婚姻等非法婚姻形式。

2. 研究方法。在对周围村庄前期观察的基础上,我们以P乡的辛村为个案开展研究,主要采用深度访谈并辅以问卷法和观察法来收集资料。问卷分为家长卷和青年农民工卷两种。由于笔者是P乡人,加上使用的是访问问卷,确保了问卷的回收率和有效性。本调查共发放家长问卷382份,青年农民工问卷467份,回收问卷849份,有效问卷832份。深度访谈的对象为16人(个案编号:1—6为家长,9—13为女性青年农民工,7、8、14、15、16为男性青年农民工)。调查时间为2006年5月17日至6月3日(农历四月二十日至五月八日)、9月27日至10月11日(农历八月六日至二十日)和2007年2月8日至3月7日(农历新年前后的十二月二十一日至正月十八日)。

二、同村婚姻的历史与现状(略)

三、同村婚姻呈上升趋势的原因(略)

四、同村婚姻的不利影响(略)

摘自:王杰.同村婚姻:青年农民工婚姻新模式的诠释——以辛村为例[J].青年研究,2007(11):36-42.

五、调查课题的明确化

在实际选择一项调查课题时,初学者或缺乏经验的研究者经常犯的一个毛病,就是往往会选择一个比较宽泛的或者是比较笼统的问题领域,甚至是某一类社会现象或社会问题,而不是一个明确的、具体的调查课题。

比如,某班学生在学习了《现代社会调查方法》一书中的"选择调查课题"一章后,按老师的要求做了一次选择调查课题的练习。我们从他们所选择的调查课题中,挑出以下几个作为例子,进行分析和说明。

学生甲所选择的调查课题是:"我国社会中的青少年犯罪问题调查研究"。

学生乙所选择的调查课题是:"农村青年的价值观研究"。

学生丙所选择的调查课题是:"当前我国社会中的家庭问题调查研究"。

用前面第二节中的标准来衡量,不难发现,这几个课题都具有很重要的意义,但是,在可行性上它们都比较欠缺。而造成这种欠缺的一个重要原因,就是他们所选择的调查课题在内涵上过于广泛,过于一般。无论是青少年犯罪问题,还是农村青年价值观问题,或是我国社会中的家庭问题,都包括许多具体的方面和内容,比如初次犯罪的原因、群体犯罪的心理、农村经济发展程度与青年价值观之间的关系、家庭结构对家庭养老的影响等。同样的道理,如果光说我想研究农民工的现象,或者说我打算做一个有关农民工的调查课题,这都是很不够的。因为这种调查课题的内涵不够确切,焦点不够集中,你还应该进一步将你的课题具体化、清晰化。你应该仔细问问自己:我究竟是想了解农民工的规模、农民工流出地的分布、农民外出打工的主要原因、农民外出打工的后果及影响,还是其他内容? 我所感兴趣的又是哪一种类型的农民工现象或是哪一个时期的农民工现象?

我们应该认识到,从前面第四节所讨论的几种来源中产生出的各种兴趣、想法、思路和问题,通常还不是我们所说的调查课题。要把这种最初的、粗略的一般性问题转变成为焦点集中的、切实可行的调查课题,必须使调查课题明确化。

所谓课题的明确化(focus the problem),指的是通过对调查课题进行某种界定,给予明确的陈述,将最初比较含糊的想法变成清楚明确的调查问题,将最初比较笼统、比较宽泛的研究范围或领域变成特定领域中的特定现象或特定问题。

对于初学者来说,要清楚地陈述所要调查的课题,可以采取先将宽泛的问题转化为狭窄的问题、将一般性问题转化为特定的问题的做法。同时,在对调查课题进行界定、陈述和明确化的过程中,最好能用变量的语言来对调查课题进行陈述。比如,学生甲的课题"青少年犯罪问题"是一个十分宽泛的领域,其内涵并不具体明确,也不是某一个具体的社会调查所能包含得下的。一项具体的社会调查,通常只能选择其中的一个方面进行研究。我们可以采取限制和缩小课题内容范围的方法,将其转化为诸如"青少年犯罪的原因研究"或"青少年犯罪的特点研究"等类似课题。当然,更好的调查课题是进一步缩小问题的范围,突出基本的研究变量后得到的诸如"家庭关系与青少年犯罪""青少年初次犯罪的原因研究"这样的课题。又如,学生乙所选择的调查课题"农村青年的价值观研究"内容也十分宽泛,我们可以通过限制和缩小其内容范围的方法,将其转化为诸如"某省青年农民的生育观研究"或"家庭结构与农村青年的生育意愿"这样一些比较具体、比较确切的调查课题。同样,我们也可以对学生丙所选择的调查课题进行界定,缩小其内容范围,分别转化为诸如"城市家庭中的代际关系研究""家庭结构对家庭关系的影响研究""当前城乡家庭生活方式比较研究"等课题。

在清楚、明确地定义调查课题之前,就匆匆忙忙地去收集资料,这种做法尽管是可行的,但却不是有效的。因为这样做的结果常常是:你所收集的资料中,许多是无用的,许多是错误的,许多又是残缺的。因此,每一个调查研究人员在具体从事一项社会调查课题时,都应该养成首先将课题内涵明确化的好习惯。

如果我们运用上述知识,选择到一个有价值、有新意、切实可行、自己也很感兴趣的调查课题,同时,对这一调查课题又进行了明确的界定和清楚的表述,那么,这项社会调查的质量和水平,以及整个社会调查过程的顺利进行,从一开始就有了基本的保证。

六、文献查阅与选题

1. 文献查阅的作用

在选择调查课题时,需要特别提到文献查阅所具有的重要作用。有经验的调查研究人员在选题时无疑会系统地查阅相关文献。一般来说,文献回顾与选择课题两者之间往往有着如图 2-1 所示的交互作用和过程。

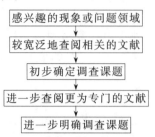

图 2-1　文献回顾与选择课题的交互作用和过程示意图

这一过程表明,查阅相关的文献,与研究问题的选择以及与研究问题的明确化都有着密切的关系。在某种程度上,我们可以说正是查阅文献帮助研究者一步一步地走向最终的调查课题。除了在选择调查课题方面的重要作用外,查阅文献对于一项具体的社会调查还具有以下两个方面的作用。

第一,帮助研究者熟悉和了解本领域中已有的研究成果。通过系统的文献查阅,我们将会比较全面地了解本领域中的研究状况,特别是已取得的研究成果。这种了解对于帮助我们选择和确定自己的调查课题具有十分重要的作用。它将我们自己的研究放到现有研究的背景中去,便于我们确立自己的研究在该领域中的位置,认识到自己的工作对增加人们的认识、对学科理论的发展或对实际问题的解决所具有的意义和贡献(哪怕只是一点小小的贡献)。

第二,为研究者提供一些可供参考的研究思路和方法。通过文献查阅,我们可以了解到以前的研究者在探索该问题时所采取的各种不同的研究角度和研究策略,以及各种具体的研究方法。这些角度、策略和方法无论其成功与否,都为我们在自己的研究中进行调查设计、资料收集和资料分析提供了一种借鉴和参考的具体框架。文献查阅的结果还可以帮助研究者发现和利用现有研究中对某些关键变量的操作化方法和测量指标。

2. 查阅文献的过程和方法

文献查阅的过程通常包括三项任务:一是查找相关的文献,二是对文献进行选择,三是实际阅读和分析文献。

首先是查找文献。查找文献主要集中在三个方面:一是相关的著作,二是相关的论文,三是相关的统计资料和档案材料。著作的查找主要在图书馆进行。查找方法是通过专门的计算机检索工具,按照"书名""作者""主题词""索书号"等进行检索和查询。各种统计资料、统计年鉴、资料手册、档案材料也主要在图书馆进行查找。而相关论文的查找是文献查找中最重要的内容。英文的论文可以从 *Social Science Index*(社会科学索引,简称 SSI)上查找。这一索引收录了全世界最重要的英文社会科学期刊上所发表的论文题目。此外,各门社会科学学科还有专门的索引或具有类似索引功能的论文摘要期刊。比如人口学中的 *Population Index*(人口索引),社会学中的 *Sociological Abstracts*(社会学摘要),政治学中的 *Political Science Abstracts*(政治学摘要),以及更广泛的 *Social Science Abstracts*(社会科学摘要),*Social Science Citation Index*(社会科学引文索引,简称 SSCI)等。

中文的论文在1994年以前可以从《全国报刊资料索引(哲学社会科学版)》上查找。该期刊每月一本,收集了全国几千种报纸杂志上所发表的各种文章的目录,并分类排列。研究者可以从中查到相关的论文题目、作者、发表的期刊、期号等。目前,该索引已有光盘版,在有些大学或研究机构的局域网中,研究者可以通过与局域网相连接的计算机上网进行查阅。

1994年开始,中国学术期刊网(CNKI)也已逐渐成为中文论文检索的重要工具。在计算机和互联网(Internet)的辅助下,我们可以十分方便地上网进行论文查找的工作。目前CNKI中已经收录了国内绝大部分学术期刊所发表的论文。其中,大部分期刊论文收录的起始时间为1994年,少数期刊的论文收录可回溯到更早的时间。其检索途径分为按作者、篇名、主题、关键词等多种方式进行,十分便捷。

比如,如果我们想查找研究大学生就业问题的论文,就可以在CNKI的搜索栏中,键入"大学生就业"一词,并按"篇名"方式进行搜索,计算机就会立即显示出几百篇包含"大学生就业"一词的论文题目及发表的刊物和时间的表格,我们只要点击其中希望阅读的论文题目,这篇论文的详细资料就会展现出来。当然,我们也可以以"主题"方式进行搜索,此时所搜集到的论文题目中不一定包含"大学生就业"这几个字,但其论文的研究内容一定是涉及大学生就业的主题的。因此,按主题搜索往往比按篇名进行搜索得到的论文目录更广泛,数量更大一些。

CNKI提供了两种格式(即PDF格式和CAJ格式)的原文文件。如果我们的计算机已安装了阅读这两种格式的软件,我们就可以在计算机上直接打开进行阅读。当然,我们也可以将它们通过打印机打印出来进行阅读,还可以根据需要将它们下载下来保存在自己的计算机中。

需要说明的是,我们这里所说的相关文献,通常并不包括各种大众传播媒介如报纸、通俗杂志中的文章或者电视、网络上的评论,哪怕这些文章也涉及同样的社会内容。因为,记者们的工作属于另一个不同的领域。无论是他们收集资料的方式,还是他们分析资料、表达结果的方式,都与社会调查的方式是大不相同的。他们的工作最多只能作为启发我们思路的某种基础。

其次是选择文献。当我们查找到相关的文献后,还必须解决对这些文献进行选择的问题。因为有时某一个领域中已有的文献数量很多,通过检索和查找,我们可能会收集到上百篇甚至好几百篇相关的论文。要全部阅读这些文献不仅常常不可能,实际上也不必要。通常我们必须决定:在所查找到的这些文献中,哪些是必须详细阅读的,哪些是可以大致浏览的,哪些是不用阅读的。那么,如何确定哪些是必须重点阅读的文献呢?或者说,如何判断哪些是对自己的研究最为重要的文献呢?可以考虑下列几个方面的因素。

(1)根据文献与调查课题的相似性来选择。即文献中所研究的变量、所涉及的主要内容、所使用的样本类型、所依据的理论框架与自己的调查越相似越重要,相似的方面越多越重要。

(2)根据发表的时间来选择。同等条件下应选择近期的文献。这种选择近期文献的原则来源于科学的累积性质。一般来说,在其他方面的情况差不多时,时间越近的文献越有用。因为从理论上说,这些研究应该是已经考虑了比其更早一些的研究成果。

(3)根据研究者在该领域中的学术影响以及权威性来选择。这是因为,在每一领域中,总有一些研究者具有一定的知名度,并且已树立了一定的学术声望。这种声望和知名度常常使得他们的研究比那些知名度相对较低的研究者所进行的研究显得更为重要。

但是,这种考虑实际上也存在着一定的偏见,因为所有知名学者也都是从不知名走过来的。

最后是阅读文献。对相关文献的阅读是一项既需要时间、耐心和细致,同时也需要敏锐和效率的工作。阅读文献时,应对如下几个方面的内容特别注意:一是每项研究的理论框架和研究背景,它们是从哪一点出发的,它们各自的目标是什么;二是该研究的方法,包括研究对象、研究方式、抽样设计、样本特征、资料分析方法等;三是该研究的主要结果,包括它在讨论部分所提出的观点、所做的推论等。在查阅文献的时候,对某些重要内容要画上记号,并随手做一些简要的评论,这样做将十分有助于文献查阅后期的整理和总结工作。如果有时间,还可适当做些摘录,摘录的原文要注明出处。

3. 文献综述

文献综述(literature review)有时也称为文献回顾,就是对文献查阅和分析的结果进行归纳、综合、整理,并以恰当的方式表达出来。在调查报告中,往往会有这样一个文献综述的部分。本书第十二章《撰写调查报告》中,就专门介绍了文献综述部分的写作要求和方法。此外,对某一研究领域或某一研究主题的文献综述还可以成为一篇单独的论文。本书的附录二就是一篇单独成篇的文献综述。

如何撰写文献综述呢?关键是要抓住研究的主题来组织。作为调查研究报告一部分的文献综述的写法,读者可参见第十二章中的内容,这里仅对单独成篇的文献综述的写作方法略做介绍。一般来说,单独成篇的文献综述常常分为"述"和"评"两个大的部分(因此有的文献综述论文的标题往往直接写成"某某问题的研究述评")。在这种文献综述中,既要介绍该领域的研究状况,又要在此基础上进行评价和议论。其中,"述"的部分是要通过对众多文献的系统阅读和分析,将该领域中的整体研究状况进行分类整理,或按时期、或按主要的专题或分支进行综合介绍,同时还要适当展现出每一时期或每一专题及分支中最为重要的研究结果。由于这种文献综述所涉及的内容往往较多,因此,写作中往往还需要进一步将文献整体内容细分为"次主题"的方式进行表述。而文献综述中的"评"的部分,则是要在归纳整体研究状况的基础上,指出现有研究中存在的主要不足,特别是要对若干重要的、目前研究尚未充分讨论的问题提出来进行探讨,或者提出一些新的研究方向。至于"述"和"评"两部分的侧重或比例问题,一般来说,"述"的部分比重和篇幅相对较大。当然,也有的文献综述相反,提出来的问题和讨论部分相对较大。

基本概念

理论性课题	应用性课题	课题的重要性	课题的创造性
课题的可行性	课题的明确化	文献综述	

小测验(扫码做题)

阅读材料(扫码阅读)

1. 拓展阅读:《论社会研究中的文献回顾》。
2. 文献综述例:《青少年社会化:理论探讨与经验研究述评》。

思考与实践

1. 从各种社会科学期刊中选取若干社会调查报告,用本章所介绍的选题标准对它们进行评价。
2. 分析上述社会调查课题的来源,并评价它们的课题明确化工作。
3. 选择一个恰当的调查课题,对于整个社会调查工作来说,具有什么样的意义?
4. 调查课题的可行性是什么意思?调查课题的可行性与重要性、创新性之间有什么样的关系?
5. 什么是调查课题的明确化?为什么要对调查课题进行明确化的工作?
6. 运用本章所学的知识,选择一个合适的调查课题作为进一步开展实践的例子。

第三章

调查设计

调查课题的确立,实际上是对整个调查研究工作提出了所要达到的目标。然而如何去达到这一目标,则是研究设计及其实施这一设计所要完成的任务。就像任何一项生产建设工程在正式动工之前必须先进行严格的、周密的、切实可行的设计一样,在社会调查中,当调查课题确定后,接下来的工作并不是马上深入到社会生活实际中去收集资料,而是要为顺利完成调查课题所确立的目标进行认真、周密的规划和设计工作。对于一项调查课题来说,研究者在这一阶段所需要思考的问题最多。这一阶段的工作对整个调查的结果及其质量影响也非常大,所以,研究者应非常重视这一阶段的工作。

调查设计(survey design)就是根据调查目标,对整个调查研究工作的内容、方法、程序等进行规划,包括制定探讨和回答调查问题的策略,确定调查的最佳途径,选择恰当的资料收集与分析方法,以及制订具体的操作步骤和实施方案等。具体来说,调查设计主要包括以下五个方面的工作:第一,明确调查目的;第二,确定分析单位;第三,设计抽样方案;第四,设计收集资料的工具与方法;第五,制订实施方案。

一、明确调查目的

研究者在对各种特定现象进行调查时,会有着各不相同的目的。这正如美国社会学家艾尔·巴比所说:"也许社会中有多少种调查,就会有多少种具体的调查目的。"[①]然而,所有这些调查的更一般的目的,都可以归结到以下两种之一,这就是描述和解释。当调查的目的不同时,整个社会调查就会在设计的要求、调查对象和调查方法的选择,以及在具体操作程序上都有所不同。这也是调查设计中必须认真考虑调查目的的主要原因。需要说明的是,一方面,对调查目的所做的这种划分并不是绝对的,而只是相对的;另一方面,现实生活中的每一项具体社会调查往往只是表现为相对侧重于某一种目的,它同时还可能包含另一方面的目的在内。

1. 描述性调查

了解和描述社会现象的状况,是人们深入认识这一现象的基础。因此,社会调查最经常地被用于对某个总体或某种现象进行描述的目的。这种描述性调查通常是要发现总体在某些特征上的分布状况。描述性调查(descriptive surveys)所关注的焦点通常在于回答总体

---

① BABBIE E. Survey Research Methods[M]. 2nd ed. Wadsworth Publishing Company,1990:51.

的各种结构和分布是怎样的,即它回答的主要是人们的特征、行为或态度"是什么"(what),或者研究现象的特点、分布以及趋势"是什么"的问题,而不在于回答为什么会存在这样的结构或分布。

比如,研究者开展一项对当前中学生课余生活特别是他们在课余生活中接触和利用大众传媒的状况的调查,就是这种描述性调查的一个例子。研究者在调查中所关注的是中学生在这方面的基本状况和特征,比如中学生接触和利用得最多的大众传媒是什么,他们课余生活中接触这些大众传媒的频率如何,从各种不同的大众传媒中他们所选择和利用的媒介内容有什么不同,男生和女生、高中生与初中生在上述这些方面又表现出什么样的特点和差别等。正是通过这样的描述性调查,我们能够很好地从总体上认识和了解中学生与媒介接触的整体状况,为广大教师、家长以及相关部门有针对性地开展有利于中学生成长的活动和教育提供很好的参考依据。

再比如,要深入认识当前我国社会中的离婚现象,就必须首先对目前社会中离婚现象的状况有一个客观的、整体的了解,必须先弄清离婚现象普遍到什么程度、离婚者有哪些个人及家庭背景特征、离婚现象在总体上具有一些什么样的特点等。而通过进行一项社会调查,我们就可以较为准确地描述出离婚现象在各个不同时期中的普遍程度,在城乡两种社区之间的差别,离婚者的年龄分布、文化程度分布、职业分布以及结婚时间长短的分布等基本情况。这种客观的、精确的并且是多方面综合的描述,能为我们进一步从多种因素、多种现象的相互关系中,找出最主要的原因打下良好的基础。

其他如美国总统选举的民意测验、针对社会热点问题的民意调查、有关某类商品的市场调查、有关某些社会热点问题的舆论调查,以及有关婚姻家庭、老年保障、生活方式、职业流动、社会心理等内容的描述性调查,其关注点基本上也都是放在各种特征的分布状况上,都是力图反映出总体中不同部分的分布特点。

描述性调查在方法上要求做到系统性和全面性。描述性调查不仅需要采取随机抽样方法来选择调查对象,并且调查样本的规模往往要求比较大,这是因为其调查所得到的众多结果都需要推论到所调查的总体,即要用来自样本的资料去描绘总体的面貌。

对社会现象的描述应当注意两个方面:一是描述的准确性,二是描述的概括性。准确性要求指的是对社会现象的分布状况、基本特征等都要做出定量的和精确的描述与说明。概括性的要求则是指调查结果所描述的不应当是个别的或片面的,而应当是能反映出总体及各个组成部分一般状况的普遍现象,或者说,根据样本调查的结果,应能够反映出总体的水平和趋势。总之,描述性调查可以说是一种对现象的全面的"清查"和系统的反映;形象地说,描述性调查所得到的是有关这一现象的"整体照片",或者说是一幅缩小了的"总体模型"。

2. 解释性调查

人们对事物和现象的认识不会只停留在全面了解其状况的层次上。在认识到现象"是什么"以及其状况"怎么样"的基础上,人们还需要明白事物和现象"为什么"(why)会是这样。

比如,在调查大学生的择业倾向时,我们除了想知道目前的大学生在选择职业时是怎样考虑的,以及他们的择业倾向表现出什么样的特点以外,我们常常还希望知道他们为什么会表现出这样的择业倾向,为什么他们中的一些人愿意选择某些职业,而另一些人却不愿意选择这些职业等。因此,社会调查同样常常被用于回答社会生活中许多的"为什么",常常用来说明社会调查现象发生的原因,常常用来解释社会现象之间的关系。这样一类社会调查,我们称之为解释性调查(explanatory surveys)。现实生活中,像探讨青少年犯罪原因的社会调查、探讨现代化程度与人们生育意愿之间关系的社会调查,以及探讨为什么青年人比老年人更喜欢流行歌曲的社会调查等,都是解释性调查的例子。

由于解释性调查的目标是回答"为什么",是解释原因,是说明关系,因而它的理论色彩往往更强。它通常是从理论假设出发,经过实地调查,收集经验材料,并通过对资料的分析来检验假设,最后达到对社会现象进行理论解释的目的。也正因为如此,解释性调查在调查方案的设计上,除了与描述性调查一样,具有系统性和周密性以外,它还比描述性调查显得更为严谨,针对性也更强。它更接近于社会研究方法中的实验设计。解释性调查在内容上不要求具有广泛性,不要求面面俱到,但是,它特别注重调查内容的适用性和针对性,它往往要求调查内容必须紧紧围绕所要验证的理论假设。

例如,对青少年初次犯罪原因的解释性调查,它在内容上就不用像描述性调查那样,对青少年初次犯罪的概况,比如年龄、特点、类型等做全面而详细的了解,只需要将调查的焦点集中在对各种可能的原因和解释进行检验、分析、探讨与说明上。又例如,探讨现代化程度与人们生育意愿之间关系的调查,它在设计上就不是为着收集一般性的、以反映总体状况为目标的资料,而是要完全依据研究的主题,依据研究的两个关键变量——"现代化程度"和"生育意愿"——来进行构思。这一调查无论是对调查对象和调查方式的选择,还是对资料的收集和分析,都必须以有利于发现和揭示二者之间关系的规律为标准,都必须紧紧围绕检验二者间关系的理论的目标。这样,在调查过程中,有关调查对象的职业分布状况、收入水平、对老年保障的看法、生活质量状况等众多内容,研究者可以"不屑一顾";但是,对与现代化程度和生育意愿的操作化指标有关的各种测量,则必须尽可能详尽,一点也不能少。

在分析方法上,解释性调查往往要求进行双变量和多变量的统计分析。比如,对于大学生的不同择业倾向,就可以通过性别、专业、家庭背景、价值取向等变量或因素来进行分析和解释。一旦研究者详细考察了这些变量或因素与大学生所希望选择的职业之间的关系,他就能够尝试着解释为什么某些大学生希望选择这些职业,而另一些大学生却希望选择另一些职业。

二、确定分析单位

一项社会调查中所研究的对象(注意,并非调查对象,也不是研究内容或研究主题),我们称之为分析单位(units of analysis)。比如,社会中的个人就常常是我们所从事的各种社会调查的分析单位。当然,社会调查中的分析单位不仅仅限于个人,它还有一些其他的类型,比如家庭、学校、公司、企业、城镇等。分析单位的选择和确定,也是调查设计中的一项重要内容。

在社会调查中,主要有四种类型的分析单位,这就是:①个人;②群体;③组织;④社区。无论是哪一种类型的分析单位,都具有以下两个特点。

首先，调查所收集的资料直接描述分析单位中的每一个个体。比如，如果分析单位是个人，则调查资料直接描述每一个人的年龄、性别、职业、文化程度、行为方式以及对某些现象的看法等；如果分析单位是家庭，则调查资料直接描述每一个家庭的规模、结构、人均收入等。

其次，将这些对个体的描述聚合起来，可以描述由这些个体所组成的群体（调查的样本），以及由这一群体所代表的更大的群体（总体），或者用这种描述的聚合去解释某种社会现象。

例如，在一项有关顾客对不同品牌彩电的购买倾向的调查中，顾客就是我们的分析单位，调查资料首先是直接描述这一个个顾客（比如描述他们每一个人的年龄、性别、职业、收入，他们每人对不同品牌的彩电的价格、质量、外观、功能等方面的看法，等等），然后，这些对每个顾客的描述被以平均数、百分比等形式聚合起来，用以描述所调查的顾客样本及其这一样本所代表的顾客总体的有关特征和对不同品牌彩电的购买倾向。

在理解分析单位时，需要将其与调查对象和研究内容或主题进行区分。分析单位是一项社会调查中所研究的对象；调查对象则是研究者收集资料时所直接询问的对象；研究的内容或主题则是分析单位所具有的属性或特征。例如，我们做一项家庭代际关系问题的社会调查，我们的分析单位是"家庭"，研究的内容或主题是"代际关系"，而我们的调查对象则是每一个家庭中的"户主"或家庭成员。

需要说明的是，分析单位与调查对象有时可能会由同一种对象承担着。这种情况比较多地发生在以个人作为分析单位的调查中，比如前面所列举的顾客对不同品牌彩电购买倾向的调查中，分析单位和调查对象都是顾客。当然，分析单位与调查对象不一致的情形也许更多。我们应该仔细区分。下面，我们先对社会调查中的四类分析单位逐一进行介绍，然后指出与分析单位有关的一种错误。

1. 个人

对于社会调查来说，也许没有哪一种分析单位的类型比个人这种分析单位类型用得更多。可以说，社会调查方法自身的性质和特征，就在很大程度上决定了它所用的分析单位最经常的是社会中的个人。这种个人在具体的调查中是不一样的。他（她）既可能是大学生、中学生，也可能是工人、农民、军人、个体经营者，或者是城市居民、老人、女职工等。正是通过对个人进行描述，并将这些描述进行聚合和处理，我们能够描述和解释由个人所组成的各种群体，以及由个人的行为和态度所构成的丰富多彩的社会生活现象。

比如，在一项有关某城市就业问题的社会调查中，该城市中的每一个合格的劳动力（假设为年龄在18～60岁的健康居民）就是我们的分析单位。我们可以用在业、待业、失业等来描述他们中每一个人的状况，用年龄、性别、文化程度等来描述他们每个人的特征。然后，将这些对单个劳动力就业状况的描述聚合成"就业率""待业率"或"失业率"，去描述该市整个劳动力总体的就业状况；用待业者的平均年龄、男女比例、文化程度分布等，去描述该市劳动力总体的结构特征，并可以去分析和解释与这种就业状况和特征相关的各种原因和结果。

以个人作为分析单位的描述性研究一般旨在描述由那些个人所组成的总体，而那些以个人为分析单位的解释性研究则是为了发现存在于该总体中的社会动力。作为分析单位的个人可以用他（她）所隶属的社会群体来指示其特征。因此，一个人可以被描述为"出生于干部家庭"或者"出生于工人家庭",也可以被描述为"受过高等教育的"或者"受过中等教育的"。我们也许会在一项社会调查中,考察是否出生于干部家庭的人比出生于工人家庭的人更倾向于接受高等教育,或者受过高等教育的人是否比只受过中等教育的人更倾向于选择公务员的职业。在这两种情形中,分析单位始终都是个人,而不是家庭出身或者受教育程度。

2. 群体

由若干个人所组成的各种社会群体本身,也可以成为社会调查中的分析单位。比如,由若干个有着姻缘关系或血缘关系的个人所组成的家庭、由若干个居住在一起的居民家庭所组成的邻里、由若干名学生所组成的班级、由若干个有着共同兴趣和爱好的人所组成的朋友群体、由若干个长期共同从事盗窃犯罪的人所组成的团伙等,都可以成为社会调查中的分析单位。

以各种社会群体为分析单位的调查与那些以个人为分析单位的调查,在描述的对象上有所不同。假如我们打算调查青少年盗窃团伙的成员,以了解他们的盗窃动机和盗窃方式,那么,盗窃团伙的成员就是我们的分析单位。但是,如果我们打算调查某个城市中所有的青少年盗窃团伙,以了解它们(这些团伙)相互之间的各种差别,比如大团伙与小团伙之间的差别、专门偷车的团伙与专门偷钱包的团伙之间的差别、东城区的盗窃团伙与西城区的盗窃团伙之间的差别等,那么,我们的分析单位就不再是团伙的成员,而是团伙本身。

当以社会群体作为分析单位时,它们的特征有时与群体中个人的特征有关,比如家庭的收入就与个人的收入有关。有时群体的特征可以从其成员的特征中抽取,比如我们可以用家长的收入、职业或文化程度来描述家庭的特征(经济条件好的家庭、社会地位低的家庭、教育条件好的家庭等)。但在更多的情况下,这种群体的特征则不同于个人的特征。例如,以家庭做分析单位时,我们可以用家庭的规模、结构、代际关系、高档家电拥有量等特征来描述家庭,但却不能用同样的特征去描述家庭中的个人。应当记住的是,当我们以社会群体做分析单位时,我们的研究和分析就不能下滑到群体层次之下(即不能下滑到个人的层次),我们所研究的群体就是资料集合中的最小单位。

3. 组织

各种正式的社会组织,比如工厂、公司、机关、学校、商店、医院等,同样可以成为社会调查中的分析单位。假设我们希望对全国高校中的社会学系进行一项调查,那么,每一个社会学系都可以用"教授所占的比例""每年发表的论文数""每年招收的研究生人数""每年毕业的本科生人数"等特征来进行描述,并与其他的社会学系进行比较。我们也许会发现,规模比较大的系每年所发表的论文数比规模比较小的系要多,每年所获得的科研课题也比规模比较小的系多,但本科学生的实践机会却比规模小的系要少。同样,我们也能在以组织为分析单位的社会调查中,通过对组织的各种特征进行分析来解释和说明某些社会现象。

由于组织与群体一样,都是由若干个个人组成的,因而作为分析单位的组织所具有的某些特征,往往也在一定程度上与组成它的个人有关。有时,对同一现象的研究,会依据调查的侧重点的不同而使用不同的分析单位,这样就大大地增加了分析单位的复杂性。如果我们研究那些教授比例大的社会学系是否比教授比例小的社会学系更有可能多招研究生,那么,我们的分析单位就是社会学系;如果我们研究的是各个社会学系中,那些带有较多研究生的教授是否比那些带有较少研究生的教授发表的论文更多,那么,我们的分析单位就是教授;如果我们研究的是那些教授比例比较大的社会学系中的研究生是否比教授比例比较小的社会学系中的研究生更有可能参与科研课题,那么,我们的分析单位则是研究生。

4. 社区

社区作为一定地域中人们的生活共同体,也可以作为调查中的分析单位。无论是乡村、城市,还是街道、集镇,我们都可以用社区的人口规模、社区异质性程度、社区习俗特点、社区的空间范围等特征对它们进行描述,也可以通过分析社区不同特征之间的关系来解释和说明某些社会现象。比如,我们可以探讨社区规模与社区流动人口之间的关系,或者探讨社区流动人口的多少对社区异质性程度的影响等。在这样的社会调查中,社区就是我们的分析单位。如同以个人为分析单位的社会调查中的个人那样,从每一个具体的社区中所收集的资料,既用来描述和反映这一社区自身的具体特征,又作为若干个具体社区的集合中的一个个案,参与到描述整个社区的集合的特征以及解释某些特定的社区现象中去。

5. 层次谬误

层次谬误(ecological fallacy)又称为区群谬误、生态谬误或体系错误,它是一种与分析单位有关的错误。它指的是在社会调查中,研究者用一种比较大的集群分析单位做研究,而用另一种比较小的或非集群分析单位做结论的现象。或者说,研究者在一个比较大的集群的分析单位上收集资料,而在一个比较小的或非集群分析单位上来下结论的现象。比如,当一个研究者所收集的是有关某种大的集群(例如城市、公司或工厂)的资料,然后,从这些资料中抽出有关个人行为的结论时,他就犯了层次谬误。下面是两个层次谬误的例子。

例1 在以城市为分析单位调查犯罪现象时,研究者发现,流动人口多的城市的犯罪率大大高于流动人口少的城市,呈现出"城市的流动人口越多,城市的犯罪率越高"的趋势。如果研究者根据这一现象得出结论说"流动人口比非流动人口的犯罪率高",那么,他就犯了层次谬误。因为他的调查资料是以城市(分析单位是社区)为单位收集来的,所得出的也只能是有关城市的结论,而不能是有关流动人口和非流动人口(分析单位是群体)的结论。如果要得出有关群体的结论,或者说要用群体的特征来解释犯罪率,那么,就应该用群体作为分析单位来进行调查,收集有关群体的资料。例如,分别在流动人口和非流动人口中调查犯罪的情况,统计两者的犯罪率,再通过比较来得出结论。

例2 研究者在两个规模相当的小城镇做调查,发现甲城镇高收入居民家庭的比例大大高于乙城镇的比例,同时还发现甲城镇中居民家庭拥有摩托车的比例也大大高于乙城镇中的比例。如果在这些资料的基础上,研究者得出结论说,"收入高的居民家庭拥有摩托车的比例更高",或者得出结论说,"居民家庭收入与拥有摩托车之间存在正相关",那么,他就同样犯了层次谬误。因为我们并不知道这两个城镇中的哪些居民家庭收入较高,也不知道哪些居民家庭拥有摩托车,我们所知道的只是对于城镇总体来说的收入分布和摩托车拥有量,也许是甲城镇中的那些中等收入和低收入的居民家庭而非高收入的居民家庭更多地拥有摩托车(因为高收入的居民家庭都买轿车了)。要想做出有关居民家庭收入水平与居民家庭拥有摩托车之间关系的结论,研究者就必须以居民家庭而不是以城镇作为分析单位,来收集有关的资料。

类似的例子还有很多。比如,当调查发现越穷的村庄生育率越高时,我们不能立即推论为越穷的农民生的孩子越多。因为可能是穷村中的较富裕的农民生的孩子多,才使得整个村庄的生育率提高。又如,当调查发现黑人多的城市比黑人少的城市犯罪率高,我们并不能因此做出黑人犯罪多的结论。因为也许是黑人多的城市中的白人犯罪的多,而使得整个城市中的犯罪率提高。

三、设计抽样方案

从第一章中关于社会调查的定义可知,我们所说的调查始终指的是抽样调查,因此,抽样方案的设计对于所有的调查者来说都是一项必须首先完成的工作任务。抽样方案设计主要解决的是从调查总体中选择合适的调查对象的问题。这一任务完成得好坏,对整个调查工作的进展和调查结果的质量都有着十分重要的影响。抽样设计的目标就是要在研究者现有条件下,设计出一种既符合调查目的和要求、又便于抽取到有代表性的被调查者样本的方案。为了达到这一目标,研究者需要认真了解调查总体的现状和结构,了解收集被调查总体相关信息或接触被调查对象时所存在的困难和局限,分析自身所具有的各种现实条件(包括经费、时间、人力、关系等),并从这三个方面尽量协调和平衡的思路出发,来选择和确定抽取样本的方案。

1. 调查对象、研究对象与抽样对象

在调查设计的这一部分,有必要先对调查过程中所涉及的三个既有一定联系但又不相同的概念进行界定和区分。这三个概念分别是:研究对象、调查对象和抽样对象。

研究对象就是上一节中所介绍的分析单位,它是我们在社会调查中所要描述和分析的对象。一般情况下,研究对象往往是与我们的调查所要探索和回答的问题有关。比如,如果我们的调查想要探讨和回答"当前大学生的择业倾向是什么"、"影响他们择业意愿的因素是什么"的问题时,我们关注的或者说我们研究的是"大学生"。所以我们这项调查的研究对象是大学生。

调查对象(respondent)即回答者,指的是我们在调查中(通过自填问卷或结构访问的方式)所询问的对象。他们是我们所收集的调查资料的提供者。尽管不同的调查的研究对象(即分析单位)各不相同,但所有社会调查的调查对象都是且只能是社会中各种类型的个人。调查对象往往只与我们所询问的人有关。比如,在上例中,如果我们通过询问大学生来收集调查资料,那么我们的调查对象就是大学生;但是,如果我们不是通过询问大学生而是通过询问大学的教师来收集有关大学生择业倾向的资料,那么此时的调查对象就不是大学生,而是大学的教师了。而研究对象依旧是大学生。

抽样对象也称为抽样单位(sampling unit),指的是一次直接抽样时所采用的对象或单位。(有关抽样的知识,我们将在第四章介绍。)与研究对象类似,抽样单位既可能是社会中的个人,比如大学生、老人、农民工等,也可能是其他的对象,比如家庭、居委会、街道、学校、工厂等。抽样对象仅仅只与样本抽取过程以及构成总体的元素有关。但大多数情况下最终的抽样对象往往与调查对象相一致,比如,上例中,如果直接从学校中抽取大学生,那么抽样单位就是大学生;此时的调查对象、研究对象、抽样对象是一致的,都是大学生。当我们的调查对象不是大学生,而是大学教师时,那么,如果此时我们直接从大学中抽取教师,那么抽样对象和调查对象是一致的,都是教师,但研究对象是大学生。如果此时采用整群抽样的方法(详见第四章的介绍)抽取几个院系的全部教师作为样本进行调查,那么,抽样单位就是院系,而不是教师。这种情况下,抽样对象(院系)、调查对象(教师)和研究对象(大学生)就都不一样了。

弄清楚上述三者的联系和区别,便于我们在调查设计中恰当选择调查对象、研究对象和抽样对象。

2. 抽样设计

正是由于所有社会调查的调查对象都是社会中的个人,因此,抽取一定规模同时对总体又具有很好代表性的一部分个人,就成为整个社会调查过程中一项至关重要的工作任务。调查资料的收集工作,即调查的询问正是在组成样本的这些调查对象身上完成的,而样本的代表性程度又决定了调查结果推广到总体的可靠性和准确性。为了保证抽取到有代表性的样本,调查设计阶段的一个重要内容就是进行抽样设计。

抽样设计的首要任务是明确调查的对象和调查的总体,并根据总体的结构以及研究者所具有的资源、条件等因素选择和决定合适的抽样方法。在第四章中我们将会看到,抽样方法不仅可以分为概率抽样和非概率抽样两大类,同时,在每一类抽样中又都可以进一步分为不同的抽样方法,而每一种不同的抽样方法所适应的总体状况、所要求的前提条件和操作程序、所抽取的样本效果等也都互不相同。研究者的任务就是要根据调查研究的目标要求,以及研究者所面对的社会现实条件,设计恰当的抽样方法和程序,获得有最大代表性的样本。

一般来说,当分析单位(即研究对象)是某类个人时,调查对象就是确定的,即调查对象就是分析单位。比如上面关于大学生择业倾向调查的例子中,分析单位是大学生,同时调查对象也是大学生。但是当分析单位不是个人时,比如,我们要调查不同大学的校园环境建设,或者不同大学的学习风气时,分析单位就是大学,而不是个人。此时,调查对象就是不确定的,我们就要首先确定调查对象,即要确定是将大学生作为我们的调查对象,还是将大学教师作为我们的调查对象。因为以大学生作为调查对象时,我们所面对的就是由全校学生所构成的总体,这个总体可能有12 000人,分布在30个院系的四个不同年级中,并住在学校40幢学生宿舍里等。而如果以学校教师作为调查对象,我们所面对的就是由全校3 000名分布在各个院系,具有助教、讲师、副教授、教授不同职称,住在校外各个地方、平时除了上课很少来学校的专职教师这样一个总体。调查对象不同、总体的构成不同,抽样设计方法和难易程度就会有所差别。实际调查过程中,收集资料阶段的方法和难度也会有所不同。

抽样设计的另一个任务是决定样本规模。影响到这种考虑的主要因素通常包括以下几个方面。一是用样本统计值推论总体参数值时的精确程度,即抽样误差的大小。在其他条件不变的情况下,它和样本规模成正比,即精确程度越高(抽样误差越小),所要求的样本规模越大。二是推论的把握性程度(即置信度的大小)在其他条件不变的情况下,所要求的这种把握性程度越高,则所需要的样本规模也越大。三是研究者所拥有的人力、物力和时间。这是决定样本规模的更为客观的条件。有关这方面的详细内容,我们将在第四章中介绍。

四、设计收集资料的工具与方法

社会调查要从具体的个人那里收集量化的资料,一个重要的前提,是要有一种特殊的工具,以及应用这种工具的方法来对社会现实中各种各样的人们的特征、行为以及态度等进行系统的、客观的、精确的测量。因此,研究概念的操作化、测量指标的选择、调查问卷的设计、资料收集方法的制订等,就构成了调查设计工作中另一块重要内容。

1. 基本变量确定及其操作化

虽然不同的社会调查在具体内容上可能会千差万别,但有一点却是共同的。这就是它们都依赖于变量的语言。无论是以描述为目标的调查,还是以解释为目标的调查,它们在具体内容上都可以归结为两个大的方面:一是描述某些变量的特征,二是探讨某些变量相互之间的关系。因此,在调查中确定基本的研究变量、选择测量这些变量的指标、设计用于这种测量的特殊工具,也就成了调查研究的中心环节之一。

在调查设计阶段,研究者一方面要依据调查研究的目标确立最基本的研究变量,包括研究者最为关注的因变量,也包括作为解释变量的各种自变量;另一方面,研究者还要对这些基本变量进行操作化,即研究者既要构建起一套需要进行测量的变量体系,以满足调查研究目的的需要,又要将这些变量操作化为一系列更为具体的测量指标,以便于在调查中收集相应的资料。前一方面的工作与调查的总目标密切相关,与调查的基本内容相关,而后一方面的工作则是为调查设计中的下一项具体任务——问卷设计——提供指引。有关概念的操作化及其测量的问题,我们将在第五章中介绍。

2. 设计调查问卷

问卷是调查研究中用来收集资料主要工具。无论是采用自填问卷的方式,还是采用结构访问的方式,都离不开问卷的使用。因而问卷的设计始终是调查设计中一项既相对独立、同时又与调查目标特别是与概念操作化紧密相连的工作。问卷设计的实质是以书面的形式将研究者希望了解的信息、希望收集的资料、希望询问的问题编制成一份询问表,以便于系统地、客观地并且是定量地收集所有被调查者的情况,为探讨和回答研究问题收集所需的经验材料和依据。

调查问卷的设计可以看成是前面研究变量操作化的后续工作。它在内容上与变量操作化具有一致性。研究者应该依据前面所确定的变量框架和操作化指标,并遵循问卷设计的基本原则和方法技巧,将这些变量和测量指标转化为适合被调查对象回答的具体问题。在此基础上,最终合成一份与调查方式相配合的调查问卷。有关问卷设计的具体方法和技术,我们将在第六章中介绍。

3. 设计资料的收集方法

社会调查中的资料收集方法有多种不同的形式（详见第七章），每一种具体的资料收集方法都有其特定的优点和不足，它们分别适用于各种不同的条件和场合。研究者的任务，就是要根据自己所从事的调查课题的具体情况，从中进行选择，以达到最好的调查效果。从大的方面看，研究者要考虑是采用自填的方式还是采用结构访问的方式；从更具体的方面看，则又要进一步在个别发送、集中填答、邮寄调查、网络调查、当面访问、电话访问等多种不同方法中进行选择。为此，研究者在调查设计阶段，必须依据多种因素综合进行考虑。这些因素包括调查总体及其调查对象的性质、调查样本规模的大小、调查内容的敏感性程度、调查的目标和重点、调查课题完成的时间要求、调查者拥有的人力和物力是否充足等。研究者要在调查正式实施之前，全面地分析和考虑上述各项因素，做出恰当的选择，并做好相应的计划和安排。

与资料收集方法的选择有关的另一个问题是对调查的过程以及调查的组织与实施安排进行考虑，包括调查人员的组织、培训、管理，经费的使用，时间的安排等。特别的，研究者在设计阶段要对所选择的资料收集方法在实施过程中所可能遇到的各种困难、所面临的各种障碍有一定的分析，并提前准备好对应的措施和处理的方法。

在对上述抽样设计、概念测量、资料收集方法等问题进行认真周密的思考并确定具体操作方法后，研究者还要将这些内容写成调查实施方案（也可以称为调查研究计划书），以便在实际调查中遵循实施。制订调查方案的具体内容，详见下一节的介绍。

五、制订实施方案

调查设计的最终成果往往是一份详尽的调查实施方案，更一般的说法，即一份研究计划书（research proposal）。它是以文字的形式将调查研究设计的各种考虑和细节安排有条理地总结出来。这种研究计划书有两种功能：一是作为研究者开展调查研究的行动指南和整个调查研究过程的备忘录，二是向他人说明调查研究的目标、内容以及研究的方法及其可行性。实际上，高等院校里本科生、研究生的毕业论文开题报告，还有实际研究者向各种研究基金会提交的课题申请书，都属于这种研究计划书的性质。

一份规范的调查研究计划书通常包括哪些内容呢？大体上，它既包含带有目标性、策略性、思路性的内容，也包括相对具体一些的方面，比如整个调查工作的步骤、手段、方法、工具、对象、经费、时间等。研究计划书的内容应该涉及从调查题目确定开始，直到资料收集、分析、报告撰写为止的整个调查研究过程。正是依靠这样一份完整的、周密的、切实可行的研究计划书，社会调查的工作才会处于一种有序的状况，社会调查的目标也才能圆满实现。具体地说，研究计划书的大致内容包括下述几个方面。

1. 说明调查课题的目的和意义

在研究计划书中应说明为什么要进行这项调查研究，从事这项调查研究在理论上或在实践上有什么样的价值。当然,要对这些方面进行清楚说明的前提条件是,调查研究者必须首先对自己的调查课题有一个清楚明确的认识。这种认识既包括对调查课题本身含义的理解,即该调查究竟要探讨和回答什么问题,也包括对调查课题在人们认识社会、改造社会中所具有的作用的理解。

这种在调查方案设计中对调查课题的目的和意义的说明,表面上看起来与实际调查中的操作过程并不相关,但事实上,它既是对调查者选择这一课题的动机、意图、方向、价值等是否明确的一种检验;同时也是进一步地帮助调查者强化和突出这一课题的总目标,加强这一目标对整个调查研究过程的影响。如果调查者本人对调查课题的目标和意义都说不清楚,那么,这一课题是否值得去做,以及是否能够真正做好,显然是值得怀疑的了。

2. 说明调查的内容

调查内容是对调查目的的具体分解和细化。在调查设计中,详细说明调查的内容,是落实调查目标的十分重要的一环。如前所述,调查课题的确定只是指出了我们所研究现象的大致范围或基本方向,至于在这个题目下究竟应该调查研究哪些具体现象,则是在调查设计中所要解决的问题,所应完成的工作任务。比如,假设我们所确定的调查课题是"北京市城区交通状况及存在的问题",那么,在调查方案设计中,就可以将城区的交通状况分解为交通车辆状况、道路建设状况、交通管理状况及人员流量状况等几个大的方面,然后再在每一个大的方面中,根据课题目标的要求和现有的条件,对调查内容进一步细化。比如说,将交通车辆状况细化为机动车与非机动车、客车与货车、大车与小车等更为具体的调查内容。这样就可以为调查问卷的设计、调查指标的选择等打下较好的基础。

3. 说明调查范围、调查对象和分析单位

调查范围的界定,有助于明确调查结果所推论的总体;调查对象的确定,有助于选择合适的调查方法和测量工具;指明调查课题的分析单位,则可以帮助研究者有针对性地收集研究所需的资料,同时也可以使研究者避免犯层次谬误。

4. 说明调查的理论假设

尽管不是每一类调查都必须有理论假设,但对于那些必须有理论假设的解释性调查来说,则应该在调查方案中对理论假设进行一番陈述和说明。一般来说,描述性调查的主要目的是全面描述某种社会现象的状况和特点,为进一步分析和探讨不同现象之间的联系打下基础,因此,它一般不需要建立明确的理论假设。只有在解释性调查中,才必须事先建立起明确的理论假设。所以,在解释性调查的具体方案中,不能缺少对理论假设的陈述和说明。

5. 说明调查方案

这一部分主要用来说明调查过程中所面临的具体技术问题。它包括调查对象的抽取(即总体与抽样方法)、变量测量(从概念操作化到问卷设计)、资料收集方法以及资料分析方法等几个大的方面。在方案中需要对这些方面逐一进行简明扼要的说明。(在课题申请计划中,这一部分也是十分重要的环节,评审者主要依据这一部分的内容来评估申

请者所申报课题及研究方案的可行性与合适性。)比如,在调查对象抽取方面,需要说明调查的总体是什么,研究者将采用什么样的抽样方法和程序,样本规模如何确定及其依据等。同样的,对于调查研究中的基本变量要进行界定和操作化的说明,对所使用的资料收集方法、实施步骤以及资料分析技术也都要做出既符合研究目标同时也符合研究者所拥有的条件的说明。

6. 说明调查人员的组成、组织结构及培训安排

要完成一项较大规模的调查课题,往往需要很多研究者的共同努力,同时还会涉及挑选、培训调查员的问题。因此,在调查方案设计中,必须对调查课题的组成人员及其在调查中所承担的任务进行全盘考虑,明确分工,制定相应的组织管理办法。对调查员的挑选、培训工作也要事先进行规划,制订出切实可行的培训方案,以保证调查工作的顺利进行。有关这方面的具体操作要求和操作方法,我们将在第七章详细介绍。

7. 确定调查的时间进度和经费使用计划

一项社会调查从定下题目到完成报告,往往有时间上的限定或要求。为了在规定的时间范围内保质保量地完成调查任务,顺利达到预定的调查目标,研究者应该在课题研究开始之前,对整个调查工作的时间分配和进度进行安排。每一阶段所分配的时间要合适,还要留有一点余地。特别要注意给调查研究的设计和准备阶段多安排一些时间,不要匆匆忙忙开始收集资料。此外,对于调查课题的经费使用,也应有一个大致的考虑和合适的分配,以保证调查的各个阶段工作都能顺利进行。

为便于读者掌握调查方案的具体内容和撰写方法,我们在书后的附录中附有一个调查方案的实例,供读者参考。

基本概念

调查设计	描述性调查	解释性调查
分析单位	层次谬误	研究计划书

小测验(扫码做题)

阅读材料(扫码阅读)

1. 问题讨论:《应该调查谁?生育意愿调查的对象选择及其影响》。
2. 调查实例:《从两个到一个:城市两代父母生育意愿的变迁》。

思考与实践

1. 描述性调查关注的焦点是什么?列举两例常见的描述性调查的例子。

2. 试述描述性调查、解释性调查二者的特点及其关系。

3. 举例说明社会调查中的分析单位、调查对象,并讨论二者之间的关系。

4. 从社会科学刊物中找出几篇社会调查报告,分析和说明它们各自的分析单位是什么?

5. 确定第二章你所选定的调查课题中的分析单位,并为这一课题设计一套具体方案。

第四章

抽　　样

从本书关于社会调查的定义可知,我们所说的"社会调查",实际上指的是"抽样调查",即对取之于某个总体的一部分个体所进行的调查。我们所希望得到的,也不仅仅是这一部分个体的情况,而是渗透、折射、体现在这一部分个体身上的总体的情况。现代社会调查方法优于传统社会调查方法的方面之一,就是它借助了在现代统计学和概率论基础上发展起来的抽样理论与方法,使自己更能适应现代社会高异质性、高流动性、高变动性的现实。在本章中,我们将对抽样的基本概念、原理和方法进行介绍。

一、抽样的意义与作用

社会调查这种特定的社会研究方式,一方面决定了它所依赖、所需要、所利用的资料必须直接来自调查对象,特别是来自现实社会中那些接受调查的个体;另一方面也决定了它通常不能从总体中的所有个体那里收集资料,而只能从总体中的一部分个体那里进行收集。因此,对于一项具体的社会调查来说,选择能够代表调查总体的一部分调查对象,是它必须解决的主要问题之一。这就是本章所要介绍的抽样问题。

1. 抽样的概念

为了更好地理解抽样的概念,我们将其与其他一些相关的概念一同进行介绍。

(1) 总体(population)。总体通常与构成它的元素共同定义:总体是构成它的所有元素的集合,而元素(element)则是构成总体的最基本单位。在社会调查中,最常见的总体是由社会中的个体组成的,这些个体便是构成总体的元素。比如,当我们做一项有关某省大学生择业倾向的社会调查时,该省的每一个在校大学生便是构成总体的元素,而该省所有在校大学生的集合就是调查的总体。一个总体中所包含的元素数目常用大写字母 N 表示。

(2) 样本(sample)。样本就是从总体中按一定方式抽取出的一部分元素的集合。比如,从某省总数为 12.8 万人的大学生总体中,按一定方式抽取出 1 000 名大学生进行调查,这 1 000 名大学生就构成该总体的一个样本。(当然,从一个总体中可以抽取出若干个不同的样本。)在社会调查中,资料的收集工作或者说调查的实施正是在样本中完成的。样本中的元素数目通常用小写字母 n 表示。

(3) 抽样(sampling)。明白了总体和样本的概念,再来理解抽样的概念就十分容易了。所谓抽样,指的是从组成总体的所有元素的集合中,按一定的方式选择或抽取一部分元素(总体的一个子集)的过程,或者说,抽样是按一定方式从总体中选择或抽取样本的过程。比如,从 3 000 名工人所构成的总体中按一定方式抽取 200 名工人的过程,或者从 1 000 户家庭构成的总体中按一定方式抽取一个由 100 户家庭构成的样本的过程,都是抽样。

(4) 抽样单位(sampling unit)。抽样单位就是一次直接抽样时所使用的基本单位。抽样单位与构成总体的元素有时是相同的,有时又是不同的。比如,上面所举的例子中,单个的大学生既是构成某省 12.8 万名大学生这一总体的元素,又是我们从总体中一次直接抽取出 1 000 名大学生的样本时所用的抽样单位。但是,当我们从这一总体中一次直接抽取出 40 个班级,而以这 40 个班级中的全部学生(假定正好 1 000 名)作为我们的调查样本时,抽样单位(班级)与构成总体的元素(学生)就不是一样的了。

(5) 抽样框(sampling frame)。抽样框又称作抽样范围,指的是一次直接抽样时总体中所有元素的名单。比如,从一所中学的全体学生中直接抽取 200 名学生作为调查的样本,那么,这所中学全体学生的名单就是这次抽样的抽样框;如果是从这所中学的所有班级中抽取部分班级的全体学生作为调查的样本,那么,此时的抽样框就不再是全校学生的名单,而是全校所有班级的名单了。因为此时的抽样单位已不再是单个的学生,而是单个的班级了。

(6) 参数值(parameter)。参数值也称为总体值,它是关于总体中某一变量的综合描述,或者说是总体中所有元素的某种特征的综合数量表现。简单地说,是某一变量的总体值。在统计中,最常见的参数值是总体某一变量的平均数(即均值),比如,某市待业青年的平均年龄、某厂工人的平均收入等,它们分别是关于某市待业青年这一总体在年龄这一变量上的综合描述,以及某厂工人这一总体在收入这一变量上的综合描述。需要说明的是,参数值只有对总体中的每一个元素都进行调查或测量才能得到。

(7) 统计值(statistic)。统计值也称为样本值,它是关于样本中某一变量的综合描述,或者说是样本中所有元素的某种特征的综合数量表现。统计值是从样本中计算出来的,它是相应的参数值的估计量。比如,样本平均数是通过调查样本中的每一个元素后计算出来的,它是总体平均数的估计量,二者是一一对应的。按照习惯,参数值通常以希腊字母表示,而统计值通常以罗马字母表示,如总体平均数用 μ 表示,而样本平均数则用 $\overline{X}$ 表示;又如总体标准差用 σ 表示,而样本标准差则用 S 表示。参数值和统计值之间有一个重要的区别:参数值是确定不变的、唯一的,并且通常是未知的;而统计值则是变化的,即对于同一个总体来说,不同样本所得的统计值是有差别的;同时,对于任一特定的样本来说,统计值是已知的,或者说是可以通过计算得到的。从样本的统计值来推论总体的参数值,正是社会调查的一项重要内容。

(8) 置信水平(confidence level)。置信水平又称为置信度,它指的是总体参数值落在样本统计值某一区间内的概率,或者说,是总体参数值落在样本统计值某一区间中的可能性程度。它反映的是抽样的可靠性程度。也是我们从统计值推断参数值时的把握性程度。比如,置信水平为 95%,指的是总体参数值落在样本统计值某一区间的概率为 95%,或者说,我们有 95% 的把握认为总体参数值将落在样本统计值周围的某一区间内。

(9) 置信区间(confidence interval)。上面介绍置信水平时所说的"某一区间",就是置信区间。它是指在一定的置信水平下,样本统计值与总体参数值之间的误差范围。置信区间反映的是抽样的精确性程度。置信区间越大,即误差范围越大,抽样的精确性程度就越低;反之,置信区间越小,即误差范围越小,抽样的精确性程度就越高。

2. 抽样的作用

从抽样的定义中不难看出,抽样主要涉及总体与部分之间的关系问题。抽样作为人们从部分认识整体这一过程的关键环节,其基本作用是向人们提供一种实现"由部分认识总体"这一目标的途径和手段。实际上,抽样早就在人们的认识活动中发挥着这种作用,即抽样的基本思想或基本逻辑早就被人们自觉或不自觉地运用着。在日常生活中,人们同样经常用到抽样的方法。比如厨师在做菜时,常常从一大锅汤中舀一勺汤尝一尝,便知道整锅汤的味道如何;顾客在买米时,往往先从一大袋米中随手抓一把看看,便知道这批米的质量好不好;医生只要从病人身上抽取很少的一点血液进行检查,便可以了解到病人全部血液的各种情况。当然,抽样方法也广泛地应用在各种形式的社会科学研究、自然科学研究,以及生产、销售等经济活动中。例如,对社会热点问题进行民意测验,对不同水稻品种的产量进行估计,对各种商品的质量进行检验或评比,都少不了抽样方法的运用和帮助。需要说明的是,在前面所举的日常生活中同质性极高的例子里,只需要很少的元素(如一勺汤、一把米、一滴血),就能很好地代表总体、反映总体。但对于研究社会现象来说,情况就大不相同,其中一个重要的原因,就是社会现象的研究往往与人有关,并且常常是以人为对象的,而任何一个总体中的个人相互之间在许多方面都存在着很大的差异。

在社会调查中,抽样主要解决的是调查对象的选取问题,即如何从总体中选出一部分对象作为总体的代表的问题。一项社会调查若能对总体中的全部个体都进行调查(即采取普查的方式),那么,它所得到的资料显然是最为全面、最为理想的。但是,从前面我们关于普查的优缺点的介绍中可以知道,这种做法往往并不可行。广大调查研究人员常常会在时间、经费、人力等方面遇到难题,甚至陷入困境,从而不得不在庞大的总体与有限的时间、人力、经费这两者之间的矛盾中寻求新的途径。以现代统计学和概率论为基础的现代抽样理论,以及不断发展、不断完善的各种抽样方法,正好适应了现代社会调查发展和应用的需要,成为社会调查知识体系中必不可少的一部分内容。可以说,抽样方法是架在研究者十分有限的人力、财力和时间与庞杂、广泛、纷繁、多变的社会现象之间的一座桥梁。有了它的帮助,研究者可以方便地从较小的部分到达很大的整体。

为了综合地说明抽样所具有的神话般的作用,我们来看一个实际的例子。

1984年11月,罗纳得·里根以59%比41%的优势当选为美国新一任总统。正式投票选举的前夕,一些政治民意测验机构就已根据它们抽样调查的结果预言了里根的胜利。表4-1就是美国的一些全国性的民意测验机构在1984年10月底或11月初所做出的预测与实际投票结果的比较。

从表4-1中可以看出,尽管各种民意测验的结果互不相同,但是,一方面,它们都正确地预言了谁将获胜;另一方面,它们所预言的结果基本上都是紧紧围绕在实际投票结果的周围。那么,在将近1亿美国选民中,它们究竟调查了多少人才得到这种结果的呢?它们的调查对象还不到2 000人!

这就是抽样所具有的力量和效率。

表 4-1　1984 年美国总统选举预测与实际结果比较[①]　　　（%）

测验机构	里根	蒙代尔
《时代》/《扬基拉维齐》	64	36
《今日美国》/《黑蛇发女怪》	63	37
哥伦比亚广播公司/《纽约时代周刊》	61	39
盖洛普民意测验	59	41
实际投票结果	59	41
盖洛普民意测验/《新闻周刊》	59	41
美国广播公司/《华盛顿邮报》	57	43
哈里斯民意测验	56	44
罗珀民意测验	55	45

3. 抽样的类型

根据抽取对象的具体方式，我们把抽样分为各种不同的类型。从大的方面看，各种抽样都可以归为概率抽样与非概率抽样两大类。这是两种有着本质区别的抽样类型。概率抽样是依据概率论的基本原理，按照等概率原则进行的抽样，因而它能够避免抽样过程中的人为误差，保证样本的代表性；而非概率抽样则主要是依据研究者的主观意愿、判断或是否方便等因素来抽取对象，它不考虑抽样中的等概率原则，因而往往产生较大的误差，难以保证样本的代表性。本章的大部分内容将主要涉及概率抽样的方法，因为它是目前用得最多、也是最有用处的抽样类型，而对于非概率抽样方法的介绍只占很小的篇幅。

在概率抽样与非概率抽样这两大类中，我们还可细分出若干不同的形式。具体情况如图 4-1 所示。

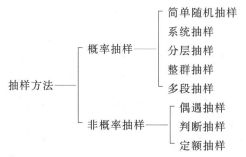

图 4-1　基本抽样方法分类图

二、概率抽样的原理与程序

1. 概率抽样的基本原理

为了理解概率抽样的原理或逻辑，我们需要对社会群体的同质性与异质性做一点探讨。

---

① BABBIE E. The Practice of Social Research[M]. 4th ed. Wadsworth Publishing Company, 1986: 137.

社会中由不同的个人所组成的各种各样的群体、组织、阶层等等,经常构成社会调查中所研究的总体。如果某个总体中的每一个成员在所有方面都相同,那么,我们说这个总体具有百分之百的同质性,在这种情况下,抽样也就没有必要了。因为只要了解了一个个体,就可以了解到整个总体的情况。实际上,现实社会中的绝大多数群体通常都存在着程度不同的异质性,即它们所包含的个体相互之间总是存在着这样或那样的差别。"世上没有两片完全相同的树叶",现实社会中也没有两个完全相同的人。在社会各种总体都普遍存在异质性的现实面前,严格的概率抽样程序与方法就必不可少。而概率样本所要反映的正是总体所具有的那种内在的异质性。

抽样的最终目的在于通过对样本统计值的描述来勾画出总体的面貌,概率抽样的方法可以帮助我们实现这一目标,并且可以对这种勾画的准确程度做出估计。在概率抽样的过程中,我们总是要求保证总体中的每一个个体都有同等的机会入选样本,而且,任何一个个体的入选与否,与其他个体毫不相关,互不影响。或者说,每一个个体的抽取都是相互独立的,是一种随机事件。而要解释事件的随机性与事件发生的概率的关系,最好的例子也许是投掷硬币。

对于投掷硬币的结果来说,只有正面和反面两种可能。每次投掷硬币相当于一次抽样过程(从两种可能性中抽取一种),这种抽样是随机的(两种可能性都可能出现,且出现的机会均等)。尽管一次具体的随机抽样(一次投掷)只会有一种结果,即出现某一种情况(正面或反面)的概率为100%;但是若干次不同的抽样的结果,却总是趋向于两种情况出现的次数各为50%——即趋向于两种不同结果本身所具有的概率,或者说趋向于总体内在结构中所蕴含的随机事件的概率。这个例子告诉我们,在各种随机事件的背后,存在着事件发生的客观概率,正是这种概率决定着随机事件的发展和变化规律。概率抽样之所以能够保证样本对总体的代表性,其原理就在于它能够很好地按总体内在结构中所蕴含的各种随机事件的概率来构成样本,使样本成为总体的缩影。

在讨论概率抽样的问题时,应对有关放回抽样与不放回抽样的问题略做说明。严格地说,由于研究者在实际抽样中所做的基本上都是不放回抽样,因而并没有完全满足抽样的独立性要求。这种独立性要求指的是:任何一个元素的抽取都不会影响到其他元素被抽取的概率(这一要求是本书后面几章中讨论的统计检验所必须依据的假定)。但不放回抽样中,每抽出一个元素,总体就减少了一个元素,其他元素被抽到的概率就会增加。然而,只要总体相对于样本来说要大得多,我们就可以忽略这种不放回抽样所产生的微小改变。因为事实上对于一个相当大的总体来说,缺少一个元素可以说基本上并不改变总体中其他众多元素被抽中的概率,同样的,即使将抽中的元素放回总体中,它也基本上不会有第二次被抽中的机会。

2. 抽样分布

为了更好地理解概率抽样的原理,有必要对抽样分布作一简要介绍(更为详细的介绍可参见有关概率统计教材)。抽样分布是根据概率的原则而成立的理论分布,它显示出:从一个总体中不断抽取样本时,各种可能出现的样本统计值的分布情况。

我们先来看一个总体为10个个案的平均数抽样分布。假如这10个人受教育的年限分别为6、7、8、9、10、11、12、13、14、15年,那么这一总体中的成员平均受教育年限为10.5年。

如果我们从总体中随机抽取一个人作为样本来估计总体受教育年限的平均数,那么这种样本的估计值可能是 6 年到 15 年。全部可能的 10 个"样本"所得到的总体平均数的估计值可用图 4-2 表示(图中小点代表具体的样本估计值),即样本容量为 1 的抽样分布。

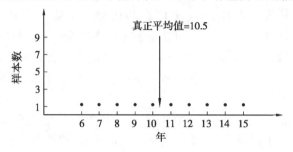

图 4-2　容量为 1 的样本的抽样分布(总数=10)

当样本容量为 2 时,即从总体中抽 2 个人作为样本,我们总共可以抽取 45 个不同的样本(根据组合公式计算 $C_{10}^2 = \frac{10 \times 9}{2 \times 1} = 45$)。这些样本的平均数范围是从 6.5 年到 14.5 年,其中会产生一些相同的平均数。比如 6 年和 14 年、7 年和 13 年、8 年和 12 年、9 年和 11 年这四个样本的平均数都是 10 年。图 4-3 中,10 年那一列的 4 个点即是这 4 个样本的平均数。这 45 个样本的平均数分布如图 4-3 所示。

当样本容量增至 3 时,我们就会得到 120 个样本($C_{10}^3 = \frac{10 \times 9 \times 8}{3 \times 2 \times 1} = 120$)。这些样本的平均数范围是从 7 年到 14 年,其中相同的平均数更多。全部样本的平均数分布如图 4-4 所示。

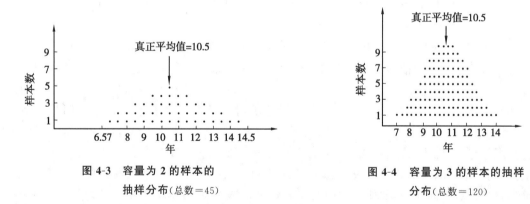

图 4-3　容量为 2 的样本的抽样分布(总数=45)

图 4-4　容量为 3 的样本的抽样分布(总数=120)

当样本容量继续增大(越来越接近总体的 1/2 时),样本平均数的分布会进一步发生变化。这种变化趋势是:平均数的范围将逐步缩小(即分布图的底部越来越窄);相同的平均数会相应增多;全部平均数的分布向总体平均数集中的趋势也会越来越明显。从图 4-5、图 4-6 中,我们可以很清楚地看到这种变化(它们分别是样本容量为 4 和 5 时的分布)。

在概率统计中,有一个对抽样分布十分有用的"中心极限定理"。这一定理指出:在一个含有 N 个元素且平均数为 μ,标准差为 σ 的总体中,抽取所有可能的含有 n 个元素的样本。

（根据组合公式计算，全部可能的样本数目为 $m = C_N^n = \dfrac{N!}{(N-n)!\,n!}$）若用 $\overline{X}_1, \overline{X}_2, \cdots, \overline{X}_m$ 来分别表示这 m 个样本的平均数，那么，样本平均数 $\overline{X}_i$ 的分布将是一个随 n 愈大而愈趋于具有平均数 μ 和标准差 $\dfrac{\sigma}{\sqrt{n}}$ 的正态分布。

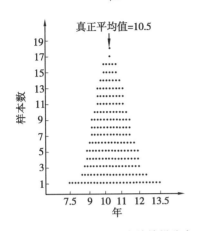

图 4-5　容量为 4 的样本的抽样分布
（总数＝210）

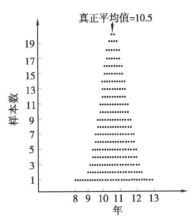

图 4-6　容量为 5 的样本的抽样分布
（总数＝252）

这一定理说明：当 n 足够大时（通常假定大于 30），无论总体的分布如何，其样本平均数所构成的分布都趋于正态分布。它的形状如图 4-7 所示。

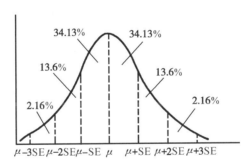

图 4-7　正态分布图

这种抽样分布具有单峰和对称的特点，因而其平均数、众数和中位数都相同。这即是说，图 4-7 中的 μ 既是抽样分布的平均数，也是次数最多的值（众数），而且其两边的样本数相同（即中位数）。还可以证明，全部样本平均数的平均数正好等于总体的平均数，即有 $\dfrac{\sum_{i=1}^{m}\overline{X}_i}{m} = \mu$；而全部样本平均数的标准差（称为标准误差，记为 SE）则等于总体标准差除以 $\sqrt{n}$，即 $\mathrm{SE} = \sqrt{\dfrac{\sum_{i=1}^{m}(\overline{X}_i - \mu)^2}{m}} = \dfrac{\sigma}{\sqrt{n}}$。（证明从略，详细的证明可参阅有关概率与统计方面的著作。）

更为重要的是,由于平均数的抽样分布是正态分布,其平均数的次数,即分布图中小点的数目就是正态曲线下的面积。而根据概率统计理论,正态分布曲线下的任何部分的面积是可以用数学方法推算的。因此,任何两个数值之间的样本平均数次数所占的比例是可以求得的。如图4-7所示,约有68.26%的样本平均数在"$\mu \pm SE$"这两个数值的范围内。类似地,大约有95.46%的样本统计值落在总体参数值正负两个标准差范围内,即 $\mu \pm 2SE$;99.76%的样本统计值将落在总体参数值正负3个标准差范围内,即 $\mu \pm 3SE$。在实际应用中,人们更多的是采用下列几个数字:

有90%落在 $\mu \pm 1.65\ SE$ 之间;

有95%落在 $\mu \pm 1.96\ SE$ 之间;

有98%落在 $\mu \pm 2.33\ SE$ 之间;

有99%落在 $\mu \pm 2.58\ SE$ 之间。

从反面来考虑这一结论,我们就会有以下推论:对于任何一次随机抽样来说,其样本的统计值落在总体参数值正负1.65个标准差之间的概率是90%;落在总体参数值正负1.96个标准差之间的概率是95%;落在总体参数值正负2.58个标准差之间的概率是99%。我们正是在这种意义上来说明置信水平(90%、95%、99%)与置信区间之间的关系,即置信水平越高,对应的置信区间越大(推断的精确性越差)。而统计推论也是根据抽样分布的原理来进行的。只要我们采用的是随机抽样方法,就可以根据抽样分布,用样本的数值来推断总体的情况。

3. 抽样的一般程序

虽然不同的抽样方法具有不同的操作要求,但从大的程序看,它们通常都要经历以下几个步骤。

(1) 界定总体。界定总体就是在具体抽样前,首先对从中抽取样本的总体范围与界限作明确的界定。这一方面是由抽样调查的目的所决定的,因为抽样调查虽然只对总体中的一部分个体实施调查,但其目的却是为了描述和认识总体的状况与特征,所以必须事先明确总体的范围;另一方面,界定总体也是达到良好的抽样效果的前提条件。如果不清楚明确地界定总体的范围与界限,那么,即使采用严格的抽样方法,也可能抽出对总体严重缺乏代表性的样本来。

在这方面最为著名的例子是1936年美国总统大选的民意测验。总统选举投票前,《文学文摘》杂志寄出1 000万张询问投票倾向的明信片,然后依据收回的200万份调查结果极其自信地预测共和党候选人兰登将以领先15%的得票率战胜民主党候选人罗斯福而当选总统。然而,选举结果使预测者们大失所望:获胜者不是兰登,而是罗斯福。并且其得票率反而超过兰登20%!《文学文摘》杂志的声誉一扫而光,不久就因此而关了门。

是什么原因导致《文学文摘》杂志的预测失败了呢?除了抽样方法以及邮寄方式上的原因外,对抽取样本的总体缺乏清楚的认识和明确的界定也是极为重要的原因。因为它当时抽样所依据的并不是美国全体已登记的选民名单,而是依据电话号码簿和汽车登记簿来编制抽样范围,再从这些号码中进行抽取的。这样一来,那些没有家庭电话和私人汽车的选民就被排除在抽样的总体之外了。而在当时,由于1933年开始的美国经济大萧条的影响,一方面大量人口滑落到下等阶层,另一方面,此时的劳动阶层选民希望选个民主党人当总统,因而很多人出来投票。结果,这些未被抽到民意测验中的较穷的选民压倒多数地投了罗斯福的票,使《文学文摘》杂志的预测遭到惨败。

这一实例告诉我们,要有效地进行抽样,必须事先了解和掌握总体的结构及各方面的情况,并依据研究的目的明确地界定总体的范围。样本必须取自明确界定后的总体,样本中所得的结果,也只能推广到这种最初已做出明确界定的总体范围中。

(2) 制定抽样框。这一步骤的任务就是依据已经明确界定的总体范围,收集总体中全部抽样单位的名单,并通过对名单进行统一编号来建立起供抽样使用的抽样框。比如,我们要在某大学进行一项该校大学生职业观的抽样调查,那么,第一步就要先对总体进行界定。比如说:本次调查的总体是该大学所有在读的中国籍本科生,那么,该校的研究生、进修生以及其他一些不符合上述界定的学生(比如交换生、留学生等)就被排除在总体之外。而制定抽样框这一步的工作,就是要收集全校各系所有在读本科生和研究生的花名册,并按一定的顺序将全部花名册上的名单统一编号,形成一份完整的、既无重复又无遗漏的总体成员名单,即抽样框,从而为下一步抽取样本打下基础。

需要注意的是,当抽样是分几个阶段、在几个不同的抽样层次上进行时,则要分别建立起几个不同的抽样框。比如,为了调查某市小学生的学习情况,需要从全市50所小学中抽取10所小学,再从抽中的每所小学中抽取3个班级,最后从抽中的每个班级中抽取10名小学生。那么,就要分别收集并排列全市50所小学的名单、抽中的每所小学中所有班级的名单,以及抽中的每个班级中所有学生的名单,形成3个不同层次的抽样框。

(3) 决定抽样方案。从前面有关抽样类型的介绍中,我们已经了解到具体的抽样方法有好几种,而从后面几节对这些方法的介绍中我们将会看到,各种不同的抽样方法都有自身的特点和适用范围。因此,对于具有不同研究目的、不同调查范围、不同调查对象和不同客观条件的社会调查来说,所适用的抽样方法也不一样。这就需要我们在具体实施抽样之前,依据研究的目的和要求,依据各种抽样方法的特点和其他有关因素来决定具体采用哪种抽样方法。除了抽样方法的确定以外,还要根据调查的要求确定样本的规模和主要目标量的精确程度。

(4) 实际抽取样本。实际抽取样本的工作就是在上述几个步骤的基础上,严格按照所选定的抽样方法,从抽样框中抽取一个个的抽样单位,构成调查样本。依据抽样方法的不同,以及依据抽样框是否可以事先得到等因素,实际的抽样工作既可能在实地调查前就完成,也可能需要到实地后才能完成。即既可能先抽好样本,再下去直接对预先抽好的调查对象进行调查;也可能一边抽取样本,一边就开始调查。

比如,在一所大学中抽取200名学生进行调查,若这所学校学生总数不是很大,且很容易弄到全校学生的花名册,那么就可以事先从这份花名册中(即抽样框中)抽取出200名学生的名单;然后等其他准备工作均已做好,正式开始调查时,再按照事先已抽好的名单找到这200名学生进行调查。有时调查的总体规模较大,且抽样是采取多阶段方式进行的,就得边抽样边调查了。比如前述的调查某市小学生学习情况的课题项目。虽然50所小学中全体学生的名单并非完全不能弄到,但其数量实在太大,实际抽样也十分麻烦。这时往往采取多阶段抽样的方法。那么,从50所小学中抽取10所小学的工作可以事先完成,而从抽中的每所小学中抽取3个班级,以及从抽中的每个班级中抽取10名小学生的工作,则往往是到了实地(即具体小学)后再进行的。

到实地进行抽样时,往往是直接由调查员按预先制定好的操作方式或具体方法执行。比如,要抽取居民家庭时,往往是先抽好居委会,然后制定出具体操作方式:"楼房按单元抽,一个单元抽一户;平房按排抽,一排抽一户;两种抽样都采取简单随机抽样的方法,每个调查员将20张写好号码的小纸片随身装在口袋中,摸到什么号码就调查所对应的家庭。"这样,调查员就可以一边抽样一边调查了。

(5) 评估样本质量。完整的抽样过程还应包括样本抽出后对样本进行评估的工作。所谓样本评估,就是对样本的质量、代表性、偏差等进行初步的检验和衡量,其目的是防止由于样本的偏差过大而导致调查的失误。评估样本的基本方法是:对研究者实际抽取样本的具体方法和程序进行分析与检查,看其是否保证了(做到了)总体中的每一个个体都有已知且相等的概率被选入样本。同时,也可以辅之以比较的方法,将可得到的、反映总体中某些重要特征及其分布的资料与样本中的同类指标的资料进行对比。若二者之间的差别很小,则我们对样本的代表性就有较大的信心;反之,若二者之间的差别十分明显,那么样本的质量和代表性就一定不会很高。举例来说,如果我们从一所有 4 000 名学生的大学中抽取 200 名学生作为样本,同时,我们从学校有关部门那里得到下列统计资料:全校男生占学生总数的 78%,女生占 22%;本省学生占 64%,外省学生占 36%,那么,我们可以对抽出的 200 名学生进行这两方面分布情况的统计。假定样本得到的结果为:男生占 76%,女生占 24%;本省学生占 67%,外省学生占 33%。两相对比,不难发现两者之间的差距很小,它在一定程度上说明,样本的质量和代表性比较高。从这样的样本中得到的结果就能较好地反映和体现总体的情况。一般来说,用来进行比较的总体结构指标越多越好,各种指标对比的结果越接近越好。

4. 抽样设计的原则

在进行抽样设计时,应遵循一定的原则。美国著名的抽样专家科什(Kish)教授在其名著《调查抽样》中提出了一个优秀的抽样设计所应该满足的四条标准,即目的性、可测性、可行性、经济性[①]。这四条标准也可以说是进行抽样设计时所应遵循的四条原则。

目的性原则是指在进行抽样方案设计时,要以课题研究的总体方案和研究的目标为依据,以研究的问题为出发点,从最有利于研究资料的获取以及最符合研究的目的等因素来考虑抽样方案和抽样方法的设计。

可测性原则指的是抽样设计能够从样本自身计算出有效的估计值或者抽样变动的近似值。在研究中通常用标准差来表示。这是统计推断必需的基础,是样本结果与未知的总体值之间客观、科学的桥梁。通常,只有概率样本在客观上才是可测的,即概率样本可以计算出有效的估计值或抽样变动的近似值。

可行性原则是指研究者所设计的抽样方案必须在实践上切实可行。它意味着研究者所设计的方案能够预料实际抽样过程中所可能出现的各种问题,并设计了处理这些问题的方法。由于在理论上设计抽样方案和在实际中执行这一方案是两码事,因而可行性是抽样设计的一条重要标准。

经济性原则主要指的是抽样方案的设计要与研究的可得资源相适应。这种资源主要包

---

① [美]L.基什.抽样调查[M].倪加勋,主译.北京:中国统计出版社,1997:25-28.

括研究的经费、时间、人力等。

由于这四条标准相互之间存在着一定的制约关系，甚至会相互冲突，因而在实际设计中，常常存在这样的情况，即研究者很难设计出一个在上述四个原则上同时达到最大值的抽样方案。在更多的情况下，实际的抽样设计就成为研究者在这四条标准中进行取舍和保持平衡的过程。比如说，如果要加强抽样方案的可测性，研究者就应该尽可能加大样本的容量；然而在这样做的时候，同时又意味着增加抽样所需的资源，这就使得抽样设计的经济性原则进一步减弱。相对而言，这四条标准中，目的性原则和可行性原则是首要的。抽样设计要服务于研究的目标，这是设计的出发点和基本目的。而可行性则是设计方案得以实现的前提和保证。研究者应该在优先考虑这两条标准的基础上，去进一步增加方案的可测性，同时减少方案所需的资源。

三、概率抽样方法

概率抽样是按照概率原理进行的，它要求样本的抽取具有随机性。所谓随机性，就是总体中的每一个成员都具有同等的被抽中的可能性。或者说，总体中的每一个成员被抽中的概率相等（被抽中的机会相等）。前面已经提到，概率抽样有若干种不同的形式，而每一种具体的形式有着各自不同的特点。并且，对它们的选择涉及调查问题的性质、良好的抽样框的获得、调查研究经费的多少、样本精确性的要求，以及调查资料的收集方法等因素。下面我们就结合这些因素对几种基本的概率抽样方法逐一进行介绍。

1. 简单随机抽样

简单随机抽样（simple random sampling）又称纯随机抽样，是概率抽样的最基本形式。它是按等概率原则直接从含有 N 个元素的总体中抽取 n 个元素组成样本（$N>n$）。常用的办法是抽签。即把总体的每一个元素都编号，将这些号码写在一张张小纸条上，然后放入一容器如纸盒、口袋中，搅拌均匀后，从中任意抽取，直到抽够预定的样本数目。这样，由抽中的号码所代表的元素组成的就是一个随机样本。

比如，某系共有学生 360 人，系学生会打算采用简单随机抽样的办法，从中抽取出 60 人进行调查。为了保证抽样的科学性，他们先从系办公室那里得到一份全系学生的名单，然后给名单中的所有学生都编上一个号（从 001 到 360）。抽样框编好后，他们又用 360 张小纸条分别写上 001，002，…，360 的号码。他们把这 360 张写好不同号码的小纸条放在一个盒子里，搅乱掺混后，随意地摸出 60 张写有不同号码的小纸条。然后，他们按这 60 张小纸条上的号码找到总体名单上所对应的 60 位同学。这 60 位同学就构成了他们本次调查的样本。这种方法简便易学。但当总体单位很多时，写号码的工作量就很大，搅拌均匀也不容易，因而此法往往在总体单位较少时使用。

对于总体单位很多的情形，我们则采用随机数表来抽样。本书后就附有一张随机数表，表中的数码和排列都是随机形成的，没有任何一点规律性，故也称为乱数表。利用随机数表进行抽样的具体步骤是：

① 先取得一份调查总体所有元素的名单（即抽样框）；

② 将总体中所有元素一一按顺序编号；
③ 根据总体规模是几位数来确定从随机数表中选几位数码；
④ 闭着眼睛用铅笔点中随机数表中的一个数字，以此处作为选择数码的起点；
⑤ 以总体的规模为标准，对随机数表中的数码逐一进行衡量并决定取舍；
⑥ 根据样本规模的要求选择出足够的数码个数；
⑦ 依据从随机数表中选出的数码，到抽样框中去找出它所对应的元素。

按上述步骤选择出来的元素的集合，就是所需要的样本。举例来说，某总体共 3 000 人（4 位数），需要从中抽取 100 人作为样本进行调查。首先，我们要得到一份总体成员的名单，然后对总体中的每一个人从 1 到 3 000 进行编号，再根据总体的规模，确定从随机数表中选择 4 位数。接着闭着眼睛用铅笔来点。假定我们的铅笔点中书后附录四随机数表中间第二个大方块的第一行的第七个数字 6（见表 4-2），就从 6170 这四位数字开始，逐一往下查。并以 3 000 为标准对随机数表中的数码进行取舍，凡小于或等于 3 000 的数码就选出来，凡大于 3 000 的数码以及已经选出的数码则不要，显然，表 4-2 中符合要求的数码有 2 614、558、78、2 374、210 这五个。在书后附录四随机数表中，顺着数表按这样的方法一直往下选，如果到了数表的末尾，还没有选够 100 个符合条件的号码，就将四位数码往前（或往后）移一位，即从 3 617 开始，照上述方法继续选。这样，表 4-2 中就又可以选到 892、2 237、21 这三个号码。若还不够，再往前移一位，继续按上述方法选，直到选够 100 个号码为止。最后按照所抽取的号码，从总体名单中找到它们所对应的 100 个成员。这 100 个成员就构成一个调查的样本。

表 4-2　随机数表节选

36	69	73	61	70
35	30	34	26	14
68	66	57	48	18
90	55	35	75	48
35	80	83	42	82
22	10	94	05	58
50	72	56	32	48
13	74	67	00	78
36	76	66	79	51
91	82	60	89	28
58	04	77	69	74
45	31	32	23	74
43	23	60	02	10
36	93	68	72	03
46	42	75	67	88

2. 系统抽样

系统抽样（systematic sampling）又称等距抽样或间隔抽样。它是把总体的元素进行编号排序后，再计算出某种间隔，然后按这一固定的间隔抽取元素来组成样本的方法。它和简单抽样一样，需要有完整的抽样框，样本的抽取也是直接从总体中抽取元素，而无其他中间环节。

系统抽样的具体步骤如下。

（1）给总体中的每一个元素按顺序编上号码，即制定出抽样框，这与简单随机抽样的做法一样。

（2）计算出抽样间距，方法是用总体的规模除以样本的规模。假设总体规模为 N，样本规模为 n，那么抽样间距 K 就由下列公式求得：

$$K(抽样间隔) = \frac{N(总体规模)}{n(样本规模)}$$

（3）在最前面的 K 个元素中，采用简单随机抽样的方法抽取一个元素，记下这个元素的编号（假设所抽取的这个元素的编号为 A），它称为随机的起点。

（4）在抽样框中，自 A 开始，每隔 K 个元素抽取一个元素，即所抽取元素的编号分别为 $A, A+K, A+2K, \cdots, A+(n-1)K$。

（5）将这 n 个元素合起来，就构成了该总体的一个样本。

例如，要在某大学总共 3 000 名学生中，抽取一个容量为 100 的大学生样本。我们先将 3 000 名学生的名单依次编上号码，然后按上述公式可求得抽样间距为

$$K = \frac{3\,000}{100} = 30$$

即每隔 30 名抽一名。为此，我们先在 1～30 的数码中，采用简单随机抽样的方法抽取一个数字，假如抽到的是 12，那么就以 12 为第一个号码，每隔 30 名再抽一个。这样，我们便可得到 12, 42, $\cdots$, 2 982 总共 100 个号码。我们再根据这 100 个号码，从总体名单中一一对应地找出 100 名学生，这 100 名学生就构成本次调查的一个样本。

从上面的过程中我们不难看出，系统抽样较之于简单随机抽样来说，显然简便易行多了，尤其是当总体及样本的规模都较大时更是如此。这也正是社会调查较少采用简单随机抽样而较多采用系统抽样的原因。

值得注意的是，系统抽样的一个十分重要的前提条件，是总体中元素的排列，相对于研究的变量来说，应是随机的，即不存在某种与研究变量相关的规则分布。否则，系统抽样的结果将可能产生极大的偏差。因此，我们在使用系统抽样方法时，一定要注意抽样框的编制方法。特别要注意下列两种情况。

一是在总体名单中，元素的排列具有某种次序上的先后、等级上的高低的情况。比如，我们要从总体为 2 000 户家庭的社区中，抽出一个 50 户家庭的样本进行消费状况调查，而这 2 000 户家庭的名单是按每个家庭总收入的多少，由高到低顺序排列的。根据系统抽样的方法，我们可算出抽样间距为

$$K = \frac{2\,000}{50} = 40$$

这样，如果有两个研究者都采取系统抽样的方法从这个总体中进行抽样，一个抽到的初始号为 3，另一个抽到的初始号为 38。那么，从前一个研究者所抽样本中算出的家庭平均收入，一定大大高于后者所抽样本中算出的家庭平均收入。因为第一个样本中的每一个家庭都要比第二个样本中的每一个家庭在收入等级中靠前 35 个位置，即前者中的每一个家庭都比后者中的每一个家庭在总收入上高出 35 个家庭。如果我们事先注意到这种情况，就可以采取措施，采用中位数系统抽样法，即从抽样间距 K 的中间位置所对应的元素抽起。这样所得

到的样本就能避免上述偏差,具有较好的代表性。比如上例中我们从中间位置,即从第20个家庭抽起,每隔40个家庭抽一户。由于在每一个抽样间隔中,我们所抽到的都是处在中间位置的家庭,因此,它们就能较好地代表总体的平均水平。

二是在总体名单中,元素的排列上有与抽样间隔相对应的周期性分布的情况。比如,前面关于大学生调查一例中,我们计算出间距为30。如果此时总体名单是按教学班排列,每班正好也是30个学生,并且每班的名单都是按学生学习成绩高低排列,或是按班干部、一般学生、较差学生的顺序排列的,那么,当所抽的初始号靠前时,比如抽到的是2号,样本就由各班上成绩优秀的学生组成,或是全由各班的班干部组成;而当所抽的初始号靠后时,比如说抽到的是25号,样本就会由各班中成绩较差的学生或是各方面表现较差的学生组成。显然,无论是哪种情况,都不符合总体的全面情况,都是一个有着严重偏差的样本。此时,就应打乱原来的总体排列顺序,比如说按姓名的汉语拼音顺序来排列。

3. 分层抽样

分层抽样(stratified sampling)又称类型抽样,它是先将总体中的所有元素按某种特征或标志(如性别、年龄、职业或地域等)划分成若干类型或层次,然后再在各个类型或层次中采用简单随机抽样或系统抽样的办法抽取一个子样本,最后,将这些子样本合起来构成总体的样本。

例如,在一所大学抽取学生进行调查时,我们可以先把总体分为男生和女生两大类;然后,采用简单随机抽样或系统抽样的方法,分别从男生和女生中各抽取100名学生;这样,由这200名学生所构成的就是一个由分层抽样所得到的样本。当然我们还可以按年级、按系或者按专业来对总体进行分层。

分层抽样方法的一个优点,就是在不增加样本规模的前提下降低抽样误差,提高抽样的精度。前面我们曾经指出,总体的同质性程度越高,样本就越容易反映和代表总体的特征和面貌;而总体的异质性程度越高,样本对总体的反映和代表就越困难,对抽样的要求也越高。采用分层抽样的基本目的,正是在于把异质性较强的总体分成一个个同质性较强的子总体,以便提高抽样的效率,达到更好的抽样效果。

分层抽样方法的另一个优点,就是非常便于了解总体内不同层次的情况,便于对总体中不同的层次或类别进行单独研究,或者进行比较。比如,在《中国妇女社会地位调查》中,研究者"为了能分析比较城乡差别,提高抽样精度,并能保证城乡分析具有足够的样本容量",他们采取了各个调查省在省内进一步按城乡分域(实际上是作为研究域的层)分别进行抽样的做法,并使城乡两域的样本规模相等。这表明,该调查采用的是不按比例的分层抽样方式。

在实际运用分层抽样的方法时,研究者需要考虑下列两个方面的问题。

一是分层的标准问题。同一个总体可以按照不同的标准进行分层,或者说,根据不同的标准可以将一个总体分成不同的类别或层次。那么,在实际抽样中究竟应该按什么标准来分层呢?通常采用的原则如下。

(1)以调查所要分析和研究的主要变量或相关的变量作为分层的标准。比如,若要调查研究居民的消费状况和消费趋向,可以以居民家庭人均收入作为分层标准;又如,要调查了解社会中不同职业的人员对社会经济改革的看法,就可以以人们的职业作为分层的标准。

（2）以保证各层内部同质性强和各层之间异质性强、突出总体内在结构的变量作为分层变量。比如在工厂进行调查，可以以工作性质作为分层标准，将全厂职工分为干部、工人、技术人员、勤杂人员等几类来进行抽样。

（3）以那些已有明显层次区分的变量作为分层变量。比如在社会调查中，性别、年龄（当然是分段以后，如老、中、青）、文化程度、职业等，就经常被用作分层的标准。其他如学生按年级、专业、学校分层，城市按规模分层等。

二是分层的比例问题。分层抽样中有按比例分层和不按比例分层两种方法。

按比例分层抽样是指按总体中各种类型或层次的比例来抽取子样本的方法。比如，某厂有工人 600 人，按性别分层有男工 500 人、女工 100 人，总体中两类工人人数的比例为 5：1。因此，若要抽 60 人作样本，那么，按比例的抽法就是根据上述比例，从 500 名男工中随机抽取 50 人，而从 100 名女工中随机抽取 10 人。这样，样本中男女工人之比与总体中男女工人之比完全相同，均为 5：1。可以说，样本的性别结构是总体中性别结构的一种缩影。

采取按比例分层抽样的方法，可以确保得到一个在某种特征上与总体结构完全一样的样本。但是，在有些情况下，又不宜采用这种方法。例如，有时总体中有的类型或层次的单位数目太少，若以按比例分层的方法抽样，则有的层次在样本中个案太少，不便于了解各个层次的情况，也不利于进行不同层次之间的比较，这时往往要采取不按比例抽样的方法。如上例中，我们可以在 500 名男工中抽 30 人，在 100 名女工中也抽 30 人。这样，样本就能很好地反映出男女两类工人的一般状况，我们也能很好地对男女两类工人的情况进行比较和分析。

但需要注意的是，我们采用不按比例分层抽样的方法，主要是便于对不同层次的子总体进行专门研究或进行相互比较，但若要用样本资料推断总体时，则需要先对各层的数据资料进行加权处理，即通过调整样本中各层的比例，使数据资料恢复到总体中各层实际的比例结构。比如上例中，若要用 30 个男工、30 个女工的收入资料去推断全厂工人的平均收入时，就需要在男工的收入后乘以 5/3，而在女工的收入后乘以 1/3，再加总平均，否则就会导致推断的偏差。

4. 整群抽样

整群抽样(cluster sampling)是从总体中随机抽取一些小的群体，然后由所抽出的这些小群体内的所有元素构成调查的样本的方法。整群抽样与前几种抽样的最大差别在于，它的抽样单位不是单个的元素，而是成群的元素。这种小的群体可以是居民家庭、学校中的班级，也可以是工厂中的车间班组，还可以是城市中的社区，等等。当构成总体的这些小群体的规模相同或者相差不大时，整群抽样的方法特别适用。整群抽样中对小群体的抽取可采用简单随机抽样、系统抽样或分层抽样的方法。

举例来说，假设某大学共有 100 个班级，每班都是 30 名学生，总共有 3 000 名学生。现要抽 300 名学生作为样本进行调查。如果我们采用整群抽样的方法，就不是直接去抽一个一个的学生，而是从全校 100 个班级中，采取简单随机抽样的方法（或是系统抽样、分层抽样的方法）抽取 10 个班级，然后由这 10 个班级的全部学生构成调查的样本。

采取整群抽样的方法，不仅可以简化抽样的过程，更重要的是它可以降低调查中收集资料的费用，同时还能相对地扩大抽样的应用范围。在简单随机抽样和系统抽样中，都要求有一份总体所有成员的名单,即抽样框。但在实际调查过程中,这样的名单往往难以获得。有时即使可以获得,真正运用起来也十分麻烦,因此,上述两种抽样方法的应用范围受到一定限制。例如,要在一个有 10 万户家庭的城市中抽取 1 000 户家庭进行调查,若按上述两种方法,就必须首先弄到一份这 10 万户家庭的排列名单。而在实际调查中,这样的名单往往是很难弄到的。这时,如果采用整群抽样的方法,就可以省去这种麻烦,使抽样变得简单易行。比如说,我们可以按居委会来编制抽样框,假设全市共有 200 个居委会,每个居委会有 500 户左右的家庭,那么我们只需弄到一份 200 个居委会的名单,并按上述两种方法之一,从中抽取两个居委会,然后将这两个被抽中的居委会中的所有家庭户作为我们调查的样本就行了。从这一事例中,我们不难看出整群抽样所具有的优点。许多较大规模的社会调查往往从节省经费、人力,以及从调查的可行性等方面考虑,而采用整群抽样的方法。例如 20 世纪 80 年代中期,中国社会科学院社会学研究所等单位组织进行的"五城市婚姻家庭调查",就是采用这种整群抽样的方法,从 5 个调查城市中抽取了 8 个居民点,以这 8 个居民点所包括的总共 4 385 户家庭作为样本进行的。

但是,应该看到,整群抽样所具有的简便易行、节省费用的优点,是以其样本的分布面不广、样本对总体的代表性相对较差等缺点为代价的。由于整群抽样所抽样本中的个体相对集中,而涉及面相对缩小,故在许多情况下会导致样本的代表性不足,使得调查结果的偏差较大。拿上面的例子来说,由 200 个居委会中任何两个居委会所包含的 1 000 户家庭,显然受着具体的地理、职业等社区条件和环境的限制,往往难以体现出整个城市的不同地段、不同职业区、不同生活区居民家庭的特点。这 1 000 户家庭对全市家庭的代表性,比起用简单随机抽样,或者系统抽样和分层抽样的方法,从全市 10 万户家庭中直接抽取的 1 000 户家庭来说,往往要差一些。

为了更好地理解整群抽样的特点,我们可以将整群抽样与前述几种抽样方法特别是分层抽样方法做些比较。假设我们调查的总体是全国所有城市(除港、澳、台地区外)的集合,我们要抽取一个规模为 40 个城市的样本。若按简单随机抽样或系统抽样的方法,则首先需要弄到一份全国城市的名单,然后根据随机数表或通过计算抽样间距,直接从抽样框中抽取城市;若按分层抽样的方法,则可以先按城市规模将总体分为特大城市、大城市、中等城市和小城市四类,然后分别从每一类中抽取若干城市,并将这些城市合起来构成样本;而如果采用整群抽样的方法,则可以省(自治区、直辖市)为抽样单位,从 31 个省(自治区、直辖市)中随机抽取 3~5 个省(自治区、直辖市),再以所抽中的这些省(自治区、直辖市)中所包含的全部城市的集合作为调查的样本。

整群抽样方法的运用,尤其要与分层抽样的方法相区别。当某个总体是由若干个有着自然界限和区分的子群(或类别、层次)所组成,同时,不同子群相互之间差别很大而每个子群内部的差异不大时,则适合于分层抽样的方法;反之,当不同子群相互之间差别不大而每个子群内部的异质性程度比较大时,则特别适合于采用整群抽样的方法。

5. 多段抽样

多段抽样(multistage sampling)又称多级抽样或分段抽样,它是按抽样元素的隶属关系或层次关系,把抽样过程分为几个阶段进行。在社会调查中,当总体的规模特别大,或者总体分布的范围特别广时,研究者一般采取多段抽样的方法来抽取样本。多段抽样的具体做法是：先从总体中随机抽取若干大群(组)，然后再从这几个大群(组)内抽取几个小群(组)，这样一层层抽下来，直至抽到最基本的抽样元素为止。

比如，为了调查某市青年工人的状况，需要从全市青年工人这一总体中抽取样本。我们可以把抽样过程分为下述几个阶段进行。首先，以企业为单位抽样，即以全市所有企业为抽样框，从中随机抽取一部分企业；然后在抽中的企业里，以车间为抽样单位抽样，即从全部车间中抽取若干个车间；最后，再在抽中的车间内抽取青年工人。需要说明的是，在上述每个阶段的抽样中，都要采用简单随机抽样或等距抽样或分层抽样的方法进行。

在运用多段抽样方法时，有一点要注意，就是要在类别和个体之间保持平衡，或者说，保持合适的比例。比如说，要抽1 000名工人作调查样本，那么，我们既可以抽20个工厂，每个工厂抽50名工人；也可以只抽5个工厂，每个工厂抽200名工人。如何确定每一级抽样的单位数目呢？主要考虑的因素有三个方面：一是各个抽样阶段中的子总体同质性程度，二是各层子总体的个体数，三是研究者的所拥有的人力和经费。一般来说，抽取的类别相对较多、每一类中抽取的个体相对较少的做法样本代表性较好。当然，此种抽样所得样本在调查时的代价则相对较大。

多段抽样适用于范围大、总体对象多的社会调查。由于它不需要总体的全部名单，各阶段的抽样单位数一般较少，因而抽样比较容易进行。但由于每级抽样时都会产生误差，故这种抽样方法的误差较大，这是它的主要不足。在同等条件下减少多段抽样误差的方法是：相对增加开头阶段的样本数而适当减少最后阶段的样本数。

拓展阅读：抽样方法例

上海外来人口(农民工)与本市居民抽样调查说明

为了把握上海外来人口现状，搞好对外来人口的服务和管理工作，受上海市农委委托并资助，复旦大学人口研究所于2006年9月对上海外来人口和本市居民进行了抽样调查。这次调查的特点，一是对外来人口和本市居民进行了同步调查；二是涉及问题多，外来人口调查问卷涉及137个问题(或指标)，本市居民调查问卷涉及61个问题。这次调查获得了丰富的第一手资料，为进行上海外来人口服务和管理研究提供了很好的数据基础。

1　外来人口调查

1.1　调查地区与样本规模

由于上海外来人口主要分布在郊区，2005年分布在郊区的外来人口已接近全市的80%。据此，本次抽样调查将调查地区确定为上海郊区10区县。

考虑样本的代表性、调查经费的限制以及调查操作的可行性，本次抽样调查确定外来人口样本为1 000人。

1.2　抽样方法

根据外来人口的特点，本次抽样调查采用了分类(层)、分组、等量随机抽样调查法。

(1) 分类（层）确定调查样本

根据外来人口工作的稳定性和流动性，将其大致划分为两类人：一类是在企业工作、比较稳定的，一类是主要在劳务市场寻找工作、流动性较强的。这两类外来人口在数量上差不多，因此确定在企业调查500人，对流动性比较强的外来人口调查500人。

(2) 分组等量调查

因为每个区县的外来人口规模都很大，所以确定对在企业工作、比较稳定的500人在10个区县等量调查，每区县调查50人。同样道理，上海市劳动部门分别在闵行、松江两区建立了2个大型劳务市场，大量的流动性比较强的人都在这里寻找工作，所以由此确定在两个大型劳务市场分别调查200个流动性比较强的人。为了尽可能使调查样本分布均衡，郊区10区县每个区县再调查10个流动性较强的外来人口。

(3) 样本的选取调查

每个区县50个在企业工作、比较稳定的外来人口的调查方法是：首先把雇用外来人口较多的企业汇总排队，在其中随机抽取10家企业，每家企业再随机抽取5人进行调查。

在两大劳务市场调查的外来人口由于流动性比较强，所以均采用随机抽样调查的方法。各区县调查的10个流动性较强的外来人口，也同样做随机抽样调查。

2　本市居民调查

2.1 调查地区与样本分布

对应于外来人口调查样本的分布，在郊区10区县调查600人，每个区县等量调查60人。另外，分别在市级党政机关、群众组织的管理人员和高等院校及科研院所的研究人员中调查50人。

2.2 抽样方法

各区县对本市居民的调查，采用分层、等量随机抽样调查方法。首先，各区县随机抽取3个街道或乡镇；其次，每个街道或乡镇随机抽取2个居委会；最后，每个居委会再随机抽取10名成人居民进行调查。

其他50名城市居民，按党政机关15名、群众团体（工、青、妇）15名、高等院校10名、科研院所10名的比例分配，并分别根据随机抽样方法确定对象进行调查。

另外，需要说明的是，本次抽样调查最后的汇总问卷，都比以上调查的样本问卷数量多20份左右，这是因为在汇总问卷中，也包括了具有同样质量的对外来人口和本市居民的试调查问卷。

摘自：王桂新，沈建法，刘建波.中国城市农民工市民化研究——以上海为例[J].人口与发展，2008(1)：3-23.

6. PPS 抽样

前述多段抽样中,其实暗含了一个假定,即每一个阶段抽样时,其元素的规模是相同的。比如第一阶段抽取街道时,暗含了每个街道的规模相同。第二阶段从街道抽取居委会时,也是暗含了每个居委会的规模相同。在这样的假定下,采取前述几种随机抽样的方法,最终每户居民被抽中的概率相等。但现在的问题是,现实生活中,不仅每一个街道包含的居委会数不同,而且每一个居委会中所包含的居民户数也不同,因而按照上述多段抽样的方法来抽取样本时,最终每户居民被抽中的概率实际上是不同的。

为了简单说明这种情况,我们以两阶段抽样为例。第一阶段从全市所有居委会中抽一部分居委会,第二阶段再从抽中的居委会中抽取一部分居民户。假设一个城市有10万户居民,分属200个居委会。如果要从总体中抽取1 000户居民构成样本,我们可能会先从200个居委会中随机抽取20个居委会(这里实际暗含了每个居委会规模一样大);然后,在所抽取的20个居委会中,每个居委会随机抽取50户居民。这样,我们总共抽到1 000户居民。

当居委会的规模大小不一时,情况就会发生变化。比如说,甲居委会比较大,有800户居民,乙居委会比较小,有200户居民。那么,当它们在第一阶段都被抽中后,第二阶段分别从它们中抽取50户居民时,甲居委会中居民户被抽中的概率为20/200×50/800=1/160,而乙居委会中居民户被抽中的概率则为20/200×50/200=1/40。乙居委会中居民户被抽中的概率是甲居委会中居民户的4倍。

再比如,要从全市100家不同规模的企业(总共20万名职工)中抽取1 000名职工进行调查。我们采取多段抽样的方法,先从100家企业中随机抽取若干家企业,比如说抽取20家;然后再从这20家企业中分别抽取50名职工构成样本(50×20=1 000)。需要注意的是,这100家企业的规模是不同的:最大的企业多达16 000名职工,而最小的企业则只有200名职工。如果这样的两个企业都入选第一阶段的样本(即都进入20家企业的样本),那么它们在第一阶段的入选概率是相同的,即都为20÷100=20%;但第二阶段从每家企业中抽取职工时,这两家企业中每个职工被抽中的概率却大不一样:前者的概率为50÷16 000=0.312 5%,而后者的概率则为50÷200=25%。这样,规模大的企业中每个职工被抽中的概率则为(20/100)×3 125/1 000 000=0.062 5%,而规模小的企业中每个职工被抽中的概率为(20/100)×25/100=5%;规模大的企业中的职工相对于规模小的企业中的职工来说,他们被抽中的概率要小得多(后者是前者的80倍)。

为了避免这种情况,在社会调查中,学者们常常采用一种叫作"概率与元素的规模大小成比例的抽样"(sampling with probability proportional to size,简称 PPS 抽样)的不等概率抽样方法。PPS 抽样的方法正是为了解决上述问题而设计的。其原理可以通俗地理解成以阶段性的(或暂时的)不等概率换取最终的、总体的等概率。其做法是:在第一阶段,每个群按照其规模(其所含元素的数量)被给予大小不等的抽取概率(群越大,其被抽中的概率也越大)。但到了抽样的第二阶段,从每个抽中的群中都抽取同样多的元素(实际上也是不等概率的)。正是通过这样两个阶段上的不等概率抽样,使得总体中的每一个元素最终都具有同样的被抽中的概率。其实质是:在第一个阶段中,大的群被抽中的概率大,而小的群被抽中的概率小;到了第二阶段,被抽中的大的群中的元素被抽中的概率小,而被抽中的小的群中的元素被抽中的概率大。正是这一大一小,平衡了由于群的规模的不同带来的概率差异。

我们可以用下列公式来说明 PPS 抽样的这种原理：

$$\text{每一个元素被抽中的概率} = \text{所抽取的群数} \times \frac{\text{群的规模}}{\text{总体的规模}} \times \frac{\text{平均每个群中所要抽取的元素}}{\text{群的规模}}$$

比如，前述例子中甲居委会包含 800 户居民，那么，它在第一阶段被抽中的概率是：800/100 000＝1/125。

而乙居委会比较小，只有 200 户居民，那么它在第一阶段被抽中的概率是：200/100 000＝1/500。

在第一阶段，两个居委会中的居民被抽中的概率是不同的，甲居委会的居民被抽中的概率更大；但是到了第二阶段，甲居委会中每一户居民被抽中的概率是：50/800＝1/16。而乙居委会中每一户居民被抽中的概率是：50/200＝1/4。两个居委会中的居民被抽中的概率也是不同的，甲居委会的居民被抽中的概率变小了，乙居委会的居民被抽中的概率变大了。最终，这两个居委会中每一户居民被抽中的概率分别是：

甲居委会中居民被抽中的概率＝20（所选择的居委会数目）×1/125×1/16
＝1/100

乙居委会中居民被抽中的概率＝20（所选择的居委会数目）×1/500×1/4
＝1/100

这里我们可以看到，无论一个居委会的规模是大是小，每一户居民最终都具有同样大的被抽中的概率。读者也可以用同样的方法计算一下前面第二个例子的结果。其实，从上述公式中也可以看到，PPS 抽样的做法已经排除了群的规模这一因素的影响——第一个分子与第二个分母相互约掉了，每一个元素的被选概率变成了所抽取的群数乘以从每个群中所抽取的元素数目，再除以总体的规模。这实际上就是样本规模除以总体规模。这就是总体中每个元素被抽中的概率。

PPS 抽样的方法可以扩展到多阶段的情形，只要在中间的每一个阶段都同样依据概率与规模成比例的原则，除了最后一个阶段以外。比如，下面是以先抽街道、再抽居委会、最后抽居民户的三阶段抽样为例的公式：

$$\text{每一户居民被抽中的概率} = \text{所选择的街道数} \times \frac{\text{街道的规模}}{\text{总体的规模}} \times \text{每个街道所选择的居委会数} \times \frac{\text{居委会的规模}}{\text{街道的规模}} \times \frac{\text{每个居委会中所要抽取的户数}}{\text{居委会的规模}}$$

明白了 PPS 抽样的原理，再来看看它的具体操作方法。我们可以用前面的例 2 来说明。

先将各个元素（即企业）排列起来，然后写出它们的规模，计算它们的规模在总体规模中所占的比例，将它们的比例累计起来，并根据比例的累计数依次写出每一元素所对应的选择号码范围（该范围的大小等于元素规模所占的比例。详见表 4-3 第一、二、三、四、五列）。然后采用随机数表的方法或系统抽样的方法选择号码，号码所对应的元素入选第一阶段样本（见表 4-3 第六、七列）。最后再从所选样本中进行第二阶段抽样（即从每个被抽中的元素中抽取 50 名职工）。由于规模大的企业所对应的选择号码范围也大，而选择号码范围大时，被抽中的概率也大（有些特别大的企业还可能抽到不止一个号码。比如企业 3 就抽到两个号码，那么在第二阶段抽样中,就要从企业3中抽取50×2＝100名职工)。由于规模大的企业在第一阶段抽样时被抽中的概率大于规模小的企业,这样就补偿了第二阶段抽样时规模大的企业中每个职工被抽中的概率小的不足,使得无论是在规模大还是在规模小的企业中,每个职工总的被抽中的概率都是相等的。所以,这种方法最终抽出的样本对总体的代表性也大。

表 4-3 用 PPS 方法抽取第一阶段样本举例

序号	规模	所占比例	累计	选择号码范围	所选号码	入样元素
企业 1	3 000	15‰	15‰	000～014	012	元素 1
企业 2	2 000	10‰	25‰	015～024		
企业 3	16 000	80‰	105‰	025～104	048、095	元素 2、3
企业 4	200	1‰	106‰	105		
企业 5	1 200	6‰	112‰	106～111		
企业 6	6 000	30‰	142‰	112～141	133	元素 4
企业 7	800	4‰	146‰	142～145		
企业 8	600	3‰	149‰	146～148	148	元素 5
企业 9	1 400	7‰	156‰	149～155		
企业 10	4 200	21‰	177‰	156～176	171	元素 6
⋮	⋮	⋮	⋮	⋮		
企业 98	400	2‰	988‰	986～987		
企业 99	1 800	9‰	997‰	988～996	995	元素 20
企业 100	600	3‰	1 000‰	997～999		

当然,从实践上看,由于 PPS 抽样需要知道每一个群的规模,所以做起来并不十分容易。如果我们无法知道每一个街道的居民户数以及每一个居委会的居民户数,或者无法得到总体中所有企业各自的职工人数,我们就无法运用 PPS 抽样。

7. 户内抽样

在介绍多段抽样时,有必要对社会调查中一种常用的"户内抽样"[①]方法略做说明。

举例来说,当研究者以家庭作为分析单位,以入户进行结构式访谈的方法收集资料,试图研究城乡家庭的结构、关系、生活方式或其他内容时,他们往往采用多段抽样的方法:从某一市(县)中抽取镇(乡),再从镇(乡)中抽取村(街),从村(街)中抽取居委会(居民组),然后从居委会(居民组)中抽取家庭户,最后从家庭户中抽取一位成年人作为调查对象。从这些调查对象那里得到的有关其家庭的资料,被用来描述这些家庭的特征和类型。在这种研究中,我们不仅需要抽出家庭户的样本,同时还要进行户内抽样(sampling within household)——从所抽中的每户家庭中抽取一个成年人,以构成访谈对象的样本。在抽取家庭中的成年人之前的每个抽样阶段中,我们可以采用前面所介绍的某种方法来操作。而这最后一个阶段的抽样则可以采取一种被称作"Kish 选择法"的方式进行。根据这种方法,每户家庭中所有的成年人(比如说 18 岁以上者)都具有同等的被选中的概率(机会)。

---

① [美]L.基什.抽样调查[M].倪加勋,主译.北京:中国统计出版社,1997:448-449.

Kish 选择法的具体做法是:研究者先将调查问卷分为(编号为)A、B1、B2、C、D、E1、E2、F 八种,每种的数目分别占调查问卷总数的 1/6、1/12、1/12、1/6、1/6、1/12、1/12、1/6。同时,印制若干套(1 套 8 种)"选择卡"发给调查员,每人 1 套。"选择卡"的形式如表 4-4 所示。

表 4-4 Kish 选择卡形式

A 式选择卡

如果家庭户中 18 岁以上人口数为	被抽选人的序号为
1	1
2	1
3	1
4	1
5	1
6 人以上	1

B1 式选择卡

如果家庭户中 18 岁以上人口数为	被抽选人的序号为
1	1
2	1
3	1
4	1
5	2
6 人以上	2

B2 式选择卡

如果家庭户中 18 岁以上人口数为	被抽选人的序号为
1	1
2	1
3	1
4	2
5	2
6 人以上	2

C 式选择卡

如果家庭户中 18 岁以上人口数为	被抽选人的序号为
1	1
2	1
3	2
4	2
5	3
6 人以上	3

D 式选择卡

如果家庭户中 18 岁以上人口数为	被抽选人的序号为
1	1
2	2
3	2
4	3
5	4
6 人以上	4

E1 式选择卡

如果家庭户中 18 岁以上人口数为	被抽选人的序号为
1	1
2	2
3	3
4	3
5	3
6 人以上	5

E2 式选择卡

如果家庭户中 18 岁以上人口数为	被抽选人的序号为
1	1
2	2
3	3
4	4
5	5
6 人以上	5

F 式选择卡

如果家庭户中 18 岁以上人口数为	被抽选人的序号为
1	1
2	2
3	3
4	4
5	5
6 人以上	6

调查员首先要对每户家庭中的成年人进行排序和编号,排序的方法是男性在前,女性在后;年纪大的在前,年纪小的在后。即最年长的男性排第一,次年长的男性排第二,以此类推;最年长的女性排在最年幼的男性后面,其他女性也按年纪从大到小接着排列。如表4-5所示。

表 4-5 家庭内成年人排序表

序号	年龄和性别特征
1	最年长的男性
2	次年长的男性
⋮	⋮
n	最年幼的男性
$n+1$	最年长的女性
$n+2$	次年长的女性
⋮	⋮
$n+m$	最年幼的女性

调查时,调查员随机地选择一种调查问卷,并按照调查问卷上的编号找出编号相同的那种"选择卡";根据家庭人口数目从"选择卡"中查出应选个体的序号,最后对这一序号所对应的那个家庭成员进行访谈。比如,某家庭18岁以上的成年人共有4人:祖母、父亲、母亲、儿子,其排序则为:①父亲;②儿子;③祖母;④母亲。若调查问卷为 D 类,则根据 D 式选择卡,应抽取祖母;若调查问卷为 F 类时,则根据 F 式选择卡,就抽取母亲。

按这种方法抽取被访对象的另两个好处是,它不仅可以使研究者收集到样本家庭的资料,同时也可以收集到由这些被访者所构成的个人样本的资料,这种资料可以用来描述这一地区所有成年人所构成的总体。因为由按这种方法抽出来的人所组成的样本,在年龄、性别、文化程度等方面的分布与总体的分布往往十分接近。当然,这种方法也存在一定局限,有关这种局限的详细说明见下面的"拓展阅读"。

在实际调查中,研究者也经常采用另两种十分简便的户内随机抽人的方法。一种是掷骰子的方法。此种方法有一个限定条件,就是家庭中合格的被调查数目(比如18岁以上的成年人数)不能多于6人。采用这种方法时,调查员先要将家庭中合格对象进行编号(比如:1.父亲 2.母亲 3.儿子 4.女儿),然后通过掷骰子,并根据骰子朝上的那个数字来决定被调查的对象是谁。另一种方法是生日法。这种方法的具体操作步骤如下。第一步,随机确定一年中的某一天为标准日期。为便于计算,通常抽取某个月的第一天,比如说6月1日或者7月1日等。第二步,需要了解所抽中的户中18岁以上的人口数,以及每人的生日是几月几号。第三步,计算出每人的生日距离标准日期的天数。第四步,从中选出生日距离标准日期最近的人(当然也可以选最远的人)作为调查对象。比如,一项调查确定的标准日期是8月1日,所抽中的某户家庭共有5口人,老年夫妇两人,青年夫妇两人,一个上小学的儿童。那么,就询问4个成年人的生日,假设分别为老头子2月9日、老太太9月27日、年轻丈夫6月18日、年轻妻子5月6日。那么,4个人的生日距离标准日期的时间分别为172天、57天、43天、86天。因此,就应该抽取年轻丈夫作为调查对象。由于每一户家庭中人们出生的日期是随机分布的,标准日期也是随机确定的,因而这种按生日抽取个人的方法也具有随机性,其所抽取的个人样本也能够用来推断总体的情况。

拓展阅读：Kish 抽样

家庭中每名合格者被选中的概率如表 4 所示。从表 4 中可以看出，在不同的家庭中，每个合格者被选中的概率都是相等的（合格成员数为 5 的家庭除外）。

从本质上说，Kish Grid 是一种分层抽样的方法，即按合格成员数将所有被调查家庭分为若干层，在每一层内，对每个家庭中的成人进行等概率抽样，其抽样概率是家庭成人数的倒数。

在运用 Kish Grid 抽样方法时要注意以下一些问题。

一是从整个人群来考虑，在家庭是按等概率进行抽样的情况下，每个成年人被抽中的概率是不相等的，即家庭的成人数少的成人被抽中的概率大。设每个家庭被抽中的概率为 P，家庭中成人的抽样概率为 $1/i$（i 为该户家庭的成人数），这时，各家庭中成年人被抽中的概率等于 P/i。如果 2 个成年人的家庭多由老年人组成，而 3 个成年人的家庭多由年纪较轻的人组成，则老年人被抽中的概率就要大于年轻人。因此，从 Kish Grid 抽样设计本身来说，就存在着抽样偏倚。不过，在家庭规模相对集中的情况下，这种抽样设计本身存在的不足所造成的偏倚是可以忽略不计的。

表 4　各家庭成员被抽中的概率

Tab4　Probability of each house hold member being selected

Number of eligible members	Interviewed person number	Probability
1	1	$P=P_A+P_{B1}+P_{B2}+P_C+P_D+P_{E1}+P_{E2}+P_F=1$
2	1	$P=P_A+P_{B1}+P_{B2}+P_C=1/6+1/12+1/12+1/6=1/2$
	2	$P=P_D+P_{E1}+P_{E2}+P_F=1/6+1/12+1/12+1/6=1/2$
3	1	$P=P_A+P_{B1}+P_{B2}=1/6+1/12+1/12=1/3$
	2	$P=P_C+P_D=1/6+1/6=1/3$
	3	$P=P_{E1}+P_{E2}+P_F=1/12+1/12+1/6=1/3$
4	1	$P=P_A+P_{B1}=1/6+1/12=1/4$
	2	$P=P_{B2}+P_C=1/12+1/6=1/4$
	3	$P=P_D+P_{E1}=1/6+1/12=1/4$
	4	$P=P_{E2}+P_F=1/12+1/6=1/4$
5	1	$P=P_A=1/6$
	2	$P=P_{B1}+P_{B2}=1/12+1/12=1/6$
	3	$P=P_C+P_{E1}=1/6+1/12=1/4$
	4	$P=P_D=1/6$
	5	$P=P_{E2}+P_F=1/12+1/6=1/4$
6 or more	1	$P=P_A=1/6$
	2	$P=P_{B1}+P_{B2}=1/12+1/12=1/6$
	3	$P=P_C=1/6$
	4	$P=P_D=1/6$
	5	$P=P_{E1}+P_{E2}=1/12+1/12=1/6$
	6	$P=P_F=1/6$

> 二是对于成人数为 5 人的家庭,每个家庭成员被抽中的概率是不相等的,从表 4 中可以看出,第 3 人和第 5 人被抽中的概率要大些。
>
> 三是对于成人数多于 6 人的家庭,第 7、8、9…个成人永远不可能被选中,而这些人主要是年轻女性。
>
> 摘自:曹阳,陈洁,曹建文,等. Kish Grid 抽样在世界健康调查(中国调查)中的应用[J]. 复旦学报(医学版),2004(3):307-310.

四、非概率抽样方法

在实际调查中,人们有时还采用非概率抽样的办法来选取样本。非概率抽样不是按照概率均等的原则,而是根据人们的主观经验或其他条件来抽取样本。因而,其样本的代表性往往较小,误差有时相当大,而且这种误差又无法估计。所以,在正式调查中,一般很少用非概率抽样,常常只是在探索性研究中采用。常用的非随机抽样有以下几种。

1. 偶遇抽样

偶遇抽样(accidental or convenience sampling)又称作方便抽样或自然抽样,是指研究者根据现实情况,以自己方便的形式抽取偶然遇到的人作为调查对象,或者仅仅选择那些离得最近的、最容易找到的人作为调查对象。比如为了调查某市的交通情况,研究者到离他们最近的公共汽车站,把当时正在那里等车的人选作调查对象。其他类似的偶遇抽样还有:在街头路口拦住过往行人进行调查;在图书馆阅览室对当时正在阅览的读者进行调查;在商店门口、展览大厅、电影院等公共场所向进出往来的顾客、观众进行调查;利用报刊向读者进行调查;老师以他所教的班级的学生作为调查样本进行调查;等等。

这种碰到谁就选谁的简单方法往往被有些人误认为就是随机抽样,仅从表面上看,二者的确有些相似,都排除了主观因素的影响,纯粹依靠客观机遇来抽取对象。但二者有一个根本的差别,这就是偶遇抽样没有保证使总体中的每一个成员都具有同等的被抽中的概率。那些最先被碰到的、最容易见到的、最方便找到的对象具有比其他对象大得多的机会被抽中。正是这一点使我们不能依赖偶遇抽样得到的样本来推论总体。

2. 判断抽样

判断抽样(judgmental or purposive sampling)又称为立意抽样(或目的抽样),它是调查者根据研究的目标和自己主观的分析来选择和确定调查对象的方法。这种抽样首先要确定抽样标准。由于标准的确定带有较大的主观性,所以,此法的运用结果如何往往与研究者的理论修养、实际经验以及对调查对象的熟悉程度有很大关系。

判断抽样的主要优点在于可以充分发挥研究人员的主观能动作用,特别是当研究者对研究的总体情况比较熟悉,研究者的分析判断能力较强、研究方法与技术十分熟练、研究的经验比较丰富时,采用这种方法往往十分方便。但是由于它仍然属于一种非概率抽样,所以,其所得样本的代表性往往难以判断。

3. 定额抽样

定额抽样(quota sampling)又称为配额抽样,它是一种比偶遇抽样复杂一些的非概率抽样方法。进行定额抽样时,研究者要尽可能地依据那些有可能影响研究变量的各种因素来对总体分类,并找出具有各种不同特征的成员在总体中所占的比例,然后依据这种划分以及各类成员的比例,采用偶遇抽样或判断抽样的方法去选择调查对象,使样本中的成员在上述各种因素、各种特征方面的比例尽量接近总体情形。如果把各种因素或各种特征看作不同的变量的话,那么,定额抽样实际上就是依据这些变量的组合。下面,我们以性别、年级和专业3个因素来解释这种变量的组合及其定额抽样的实施办法。

假设某高校有2 000名学生,其中男生占60%,女生占40%;文科学生和理科学生各占50%;一年级学生占40%、二年级、三年级、四年级学生分别占30%、20%和10%。现要用定额抽样方法依上述3个变量抽取一个规模为100人的样本。依据总体的构成和样本规模,我们可得到下列定额表(见表4-6)。

表4-6   100个人的定额样本分布表

	男生(60人)		女生(40人)	
	文科(30人)	理科(30人)	文科(20人)	理科(20人)
年级	一 二 三 四	一 二 三 四	一 二 三 四	一 二 三 四
人数	12 9 6 3	12 9 6 3	8 6 4 2	8 6 4 2

表4-6的最下面一行就是样本中具有各种特征的学生数目。这一数目是依据总体中的结构分配的,它使得样本在这几个方面与总体保持了一致。可以想象,如果所依据的类似特征(即变量)越多,样本中成员的分类也将越细,与总体的结构也将越接近。同时我们也可以看出,每增加一个分类特征,这种分布的复杂性就会增加一层,抽样的步骤就会增加一步。

定额抽样方法的两个主要不足在于:一方面,研究者总是只能对少数几个方便控制的特征进行分类和定额,而无法对许多同样影响着、体现着总体特征的其他因素进行分类和定额。另一方面,由于定额抽样中调查员可以在保证各种类型定额的情况下自由地选取自己方便获得的调查对象,这种自由度很大的选择方式同样极易造成样本与总体之间的偏差。

表面上看起来,定额抽样与分层抽样十分相似,实际上,二者却有本质上的差别。二者虽然都根据某些特征对总体进行分层或分类,但抽样方法不同。定额抽样是通过主观的分析或依据方便性来确定和选择组成这种模拟物的成员。也就是说,定额抽样注重的是样本与总体在结构比例上的表面一致性。而分层抽样的方法则是完全依据概率原则,排除主观因素,客观地、等概率地在各层中进行抽样,这与定额抽样中那种"按事先规定的条件,采用偶遇方式和主观判断方式来寻找样本成员"的做法是完全不同的。

拓展阅读:不科学抽样例

关于调查的样本与推论的总体　一般来说,进行抽样调查的目的,不只是为了描述所抽取的样本的情况,而总是希望把在这种规模小、花费少、时间短的调查中所得出的结果推广到更大范围的总体中去。但是,并非所有的抽样调查结果都能推广到总体,亦即并非所有的抽样调查都能较好地反映总体的情况。能够推广到总体的是那些抽样方式科学、抽样范畴充分因而样本对总体具有较高代表性的调查。如果样本不具备这种代表性,就会发生调查结论和实际状况不相符合的情形,从而大大降低抽样调查的实际价值。

例如有一调查所要描述的是某一地区"中年知识分子"的状况,该调查选择的对象是该地区的"大专院校、科研单位、工厂、机关、中学共18个单位",其"调查的重点放在教育系统,兼顾科学技术界,新闻界,行政工作、政治思想工作部门;而在教育系统中又把重点放在大专院校,兼顾中学。"那么,由此得到的实际上是一个什么样的样本呢? 让我用下图来说明:

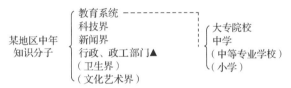

该调查所抽样本为图中未打括号部分。应该说,这是一次不全面、不充分的抽样。实际样本的情况也证明了这一点。比如在有效样本514人中,党员占240人,百分比高达47%,这一比例显然大大高于"中年知识分子"这一总体中党员的比例。造成这一误差的原因是由于样本中包括了并不属于"知识分子"的机关行政、政工人员(图中▲号部分)。另外,样本中的男、女性分别为407人和107人,百分比分别为79%与21%,这一比例也与实际情况相差较大。据1982年人口普查10%抽样资料表明,各类专业技术人员中,男、女性分别占62%和38%。造成这一误差的原因则是由于女性知识分子比例较大的小学、卫生界、文化艺术界(图中打括号的部分)等,均被排斥在抽样之外。

之所以会造成这种失误,主要原因是抽样前对总体界定不够准确,文中只对"中年"作了界定,但对"知识分子"未做界定,即没有指明什么人是"知识分子"。因此,在抽样前无形中就已排除了其推论总体中的某些部分,却增加了不属于总体的另一些部分。由于样本对总体的代表性较低,所以,借助这一调查结果来了解该地区中年知识分子的状况,必然是不全面的,按调查结果提出的建议来制定相应的政策,也不可能十分有效地解决该地区中年知识分子的问题。

摘自:风笑天.浅谈当前抽样调查中若干失误[J].天津社会科学,1987(3):47-51.

五、样本规模与抽样误差

1. 样本规模

样本规模(sample size)又称为样本容量,它指的是样本中所含个案的多少。确定样本规模也是每一项具体的社会调查所必须解决的问题之一。统计学中通常以 30 为界,把样本分为大样本(30 个个案及以上)和小样本(30 个个案以下)。之所以这样区分,是因为当样本规模大于 30 时,无论总体的分布如何,其平均数的抽样分布将接近于正态分布,从而许多统计学的公式就可以运用,也可以用样本的资料对总体进行推断。但是,需要注意的是,30 个个案的样本对于社会调查来说却常常是不够的。统计学中的大样本与社会调查中的大样本并不是一回事。

根据一些社会调查专家的看法,社会调查中的样本规模至少不能少于 100 个个案。这是因为,在社会调查中,研究者不仅仅需要以样本整体为单位来计算平均数、标准差、相关系数等统计量,同时,他们更经常地需要将样本中的个案按不同的指标划分为不同的类别,进而分析不同类别之间的差别,分析不同变量之间的关系。因此,要保证所划分出的每个子类别中都有一定数量的个案,就必须扩大整个样本的规模。比如,要推断某企业职工的平均收入,也许大于 30 个个案的样本就可以了;但是,如果要进一步推断不同年龄的职工群体(青年工人、中年工人、老年工人)或不同岗位职工群体(干部、技术人员、工人、后勤人员等)的平均收入,那么,30 个个案的样本显然就不能满足统计的需要了。如果将总体中的个案按性别和年龄进一步划分为"青年男性、中年男性、老年男性和青年女性、中年女性、老年女性"六类,或者按性别和岗位进一步划分为男女干部、男女技术人员、男女工人、男女后勤人员等八类,那么,推断每一类的平均数、标准差所需的样本规模就更要成倍地增加了。

许多书中都给出了样本规模的计算公式。例如,简单随机抽样中推论总体平均数的样本规模计算公式为

$$n = \frac{t^2 \times \sigma^2}{e^2}$$

其中,t 为置信水平所对应的临界值;σ 为总体的标准差;e 为容许的抽样误差。

而推论总体百分比的样本规模计算公式为

$$n = \frac{t^2 \times p(1-p)}{e^2}$$

其中,p 为总体的百分比;t、e 含义同上。

在上述计算公式中,由于置信水平是研究者事先确定的,所以其临界值 t 可从标准正态分布表中查出,e 也是研究者根据需要事先确定的,但是总体的标准差、百分比却往往是难以得到的。因此,在实际抽样过程中,研究者往往无法直接运用上述公式计算所需的样本规模,而只能采取某些变通的办法。比如,利用前人所做的关于同一总体的普查或抽样调查资料,来计算或估计总体方差,由此得出推论总体均值的样本规模。在计算推论总体百分比的

样本规模时,我们注意到,$p(1-p)$在$p=\frac{1}{2}$时达到最大值。因此,即使我们对p一无所知,也可以采取比较保险的办法,取$p=0.5$,这样,上式变为

$$n=\frac{t^2}{4e^2}$$

表4-7中所列的样本规模就是根据上面的公式,在95%的置信水平($t=1.96$)条件下计算出的最小样本规模。(表中为计算简便,取$t=2$。)

表4-7 95%置信水平下不同抽样误差所要求的样本规模[①]

容许的抽样误差比例/(%)	样本规模	容许的抽样误差比例/(%)	样本规模
1.0	10 000	5.5	330
1.5	4 500	6.0	277
2.0	2 500	6.5	237
2.5	1 600	7.0	204
3.0	1 100	7.5	178
3.5	816	8.0	156
4.0	625	8.5	138
4.5	494	9.0	123
5.0	400	9.5	110
		10.0	100

2. 影响样本规模确定的因素

一般情况下,社会调查中样本规模的确定主要受到以下四个方面因素的影响,即:①总体的规模;②估计的把握性与精确性要求;③总体的异质性程度;④调查者所拥有的经费、人力和时间。

(1) 总体的规模。样本规模与总体规模有关,这不难理解。按一般的想法,总体规模越大时,则样本规模也要越大,这样才能保证一定的精确度。但是,这种想法只在一定的程度上是正确的。当总体规模大到一定程度时,样本规模的增加与它并不保持同等的增长速度。图4-8表明,在其他有关因素一定时,样本规模的增加速度大大低于总体规模的增加速度。换句话说,当总体规模达到一定程度时,样本规模的改变量是很小的。

(2) 推断的把握性与精确性。抽样的目的往往是要从样本去推论总体。影响样本规模确定的第二个因素,就与这种推论的可靠性和精确性密切相关。在社会调查中,我们用置信水平与置信区间这两个概念来说明样本规模与抽样的可靠性及精确性之间的关系。一般来说,在其他条件一定的情况下,置信水平越高,即推论的可靠性越大,则所要求的样本规模就越大。比如说,在同样的条件下,99%的置信水平所要求的样本规模,就比95%的置信水平所要求的样本规模要大。另外,在其他条件一定的情况下,置信区间越小,即样本统计值与总体参数值之间的误差范围越小,则所要求的样本规模就越大。比如,当置信水平为95%时,若要求置信区间为±5%,需要377个回答者;若要求置信区间为±4%,则需要583个回答者;而当要求置信区间为±1%时,则需要6 849个回答者。

(3) 总体的异质性程度。总体的异质性程度对所需样本规模的影响也十分明显。总体

---

① DE VAUS D A. Surveys in Social Research[M]. George Allen & Unwin Ltd.,1986:63.

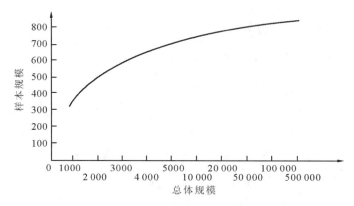

图 4-8　不同的总体规模所需要的样本量

(相对于 95% 的置信水平、±3% 的置信区间和总体参数值以 50% 对 50% 比例均分的假定而言)

中成员相互之间不存在差别时,只要了解其中之一就行了。这当然是极端的情况。一般来说,要达到同样的精确性,在同质程度高的总体中抽样时,所需要的样本规模就小一些;而在异质程度高的总体中抽样时,所需要的样本规模就大一些。其主要原因是,同质性越高,表明总体在各种变量上的分布越集中,波动性越小,同样规模的样本对总体的反映就越准确。而异质性程度越高,表明总体在各种变量上的分布越分散,波动性越大,同样规模的样本对总体的反映就会越差。比如,当总体中的个体在收入上的差别比较小,或者说分布比较集中时,所抽取的样本中人均收入值的随机波动就很小,因而抽样误差也就会很小,抽样的精度就会比较高。

与总体异质性程度有关的另一个因素是,当总体中的大部分成员对某个问题的回答或选择与小部分成员的回答或选择不同时,比如 70% 的成员选择甲,30% 的成员选择乙,则所需要的样本规模要小一些;而当选择两种不同回答的成员比例相差无几时,比如说选择甲、乙的比例都为 50% 左右时,则所需要的样本规模为最大。下面的表 4-8 反映的就是这种差别。

表 4-8　根据总体同质性程度和精确性要求所需要的样本规模[①]

容许的抽样 误差比例/(%)	所期望的给予特定回答的总体比例/(%)					
	5 或 95	10 或 90	20 或 80	30 或 70	40 或 60	50/50
1	1 900	3 600	6 400	8 400	9 600	10 000
2	479	900	1 600	2 100	2 400	2 500
3	211	400	711	933	1 066	1 100
4	119	225	400	525	600	625
5	76	144	256	336	370	400
6	—	100	178	233	267	277
7	—	73	131	171	192	204
8	—	—	100	131	150	156
9	—	—	79	104	117	123
10	—	—	—	84	96	100

注:①置信水平为 95%;

②样本规模小于表中短横线上的数字时,难以进行有意义的分析。

---

① DE VAUS D A. Surveys in Social Research[M]. George Allen & Unwin Ltd., 1986:64.

(4) 研究者所拥有的经费、人力和时间。除了以上几种因素外，研究者所拥有的经费、人力和时间，也对样本规模的大小产生影响。从样本的代表性、抽样的精确性考虑，样本规模当然是越大越好。但抽样所得到的样本是要用来进行调查的，样本规模越大，同时也意味着调查所需要投入的人力、物力和时间越多，意味着调查所可能受到的限制和障碍也越多。因此，从调查的可行性、简便性考虑，样本规模又是越小越好。究竟选择多大规模的样本，调查者往往需要做出选择。而这种选择的一个重要砝码，就是研究者所拥有的经费、人力和时间。

总之，样本规模的确定需要综合考虑各方面因素，没有一成不变的规定。考虑到初学者实践的需要，笔者在这里根据自己多年的观察与实践，将现实中各种调查的样本规模进行归类，提出下列常见样本规模的类别。从事各种不同的社会调查项目的读者也可以参考这一标准来确定自己的样本规模：

小型调查类，样本规模在 100～300 之间；
中型调查类，样本规模在 300～3 000 之间；
大型调查类，样本规模在 3 000～10 000 之间。

小型调查通常用于非正式的或要求不高的、总体规模较小的情况。比如，大学生上调查方法课需要做调查实践时，或者硕士研究生采用调查方法收集论文资料时，或者在一所中学做调查时。正式的调查研究一般要达到中型调查类的样本规模。这也是目前实践中采用最多的一类样本规模。在一般情况下，它兼顾到了样本的误差大小、研究者的人力、财力、时间，以及调查的组织和实施等多方面因素。而大型调查的样本规模则主要用于全国性的调查项目中。当然，这种归纳和划分只是笔者个人的看法，并且只是对于一般情况而言，如果你的调查项目十分特殊，那么就另当别论了。

3. 样本规模与抽样误差

抽样误差(sampling error)就是样本的统计值与总体的参数值之间的误差。它是由于抽样本身的随机性所引起的误差。无论采取什么样的抽样方式，这种误差都是不可避免的。但是，在另一方面，抽样误差的大小是可以在样本设计中事先限定的。除了抽样误差以外，抽样调查中还存在另一种误差，即度量误差，也称为非抽样误差，它是指在调查、测量、询问、记录、填答、汇总等工作中所出现的误差。

抽样误差主要取决于总体的分布方差和抽样规模，这两个因素都可以导致抽样误差的增加或减少。当样本规模增加时，样本统计量的随机波动程度就会降低，从而使抽样误差也减少。在简单随机抽样中，人们正是以扩大样本规模的方式来达到减少抽样误差的目的的。而分层抽样则是着眼于缩小总体的异质性程度或分布的方差。即通过将总体划分为不同的类别或层次，既使得这些不同类别或层次在样本中都有代表，又使得抽样误差中不存在层间变差成分，而只存在层内变差成分，其效果相当于降低了总体分布的方差，从而降低了样本统计量的随机波动程度，提高了样本统计量估计总体参数的精确度。

有关抽样规模与抽样误差之间的关系问题，我们还应该注意两点。一是对于比较小的样本来说，样本规模上的很小的一点增加，便会带来精确性方面很明显的增加。在前面表 4-7 中，当样本规模从 100 增加到 156 时(仅仅增加了 56 个个案)，抽样误差就由 10% 下降到 8%。对于比较大的样本来说，同样增加这么多个个案，却收效甚微。比如，要使抽样误差从 2% 下降到 1.5%，则需要增加 2 000 个个案。因此，许多调查公司通常将他们的样本规模限制在 2 000 之内,因为当样本规模超过了这一点时,花费在所增加的样本规模上的人力、物力,相对于增加估计的精确性来说,就有些得不偿失。二是扩大样本规模虽然可以减少抽样误差,但同时它又会增加非抽样误差。所以,并非样本越大调查结果就肯定会越精确。

拓展阅读:随机性——样本抽取的挑战

社会调查这种特定社会研究方式的内在逻辑结构,一方面决定了它所依赖、所需要、所利用的资料必须直接来自调查对象,或者说,来自现实社会中那些接受调查的个人;另一方面,也决定了它不是从总体中的所有个体那里收集资料,而只是从总体中的一部分个体那里进行收集。因此,选择能够代表总体的一部分调查对象(一个样本),既是体现社会调查基本特征和优越性的前提之一,也是一项具体的社会调查必须解决的首要问题。

要达到从总体中抽取出一部分能够代表总体的个体的目的,调查者所要遵循的主要原则是:保证抽样的随机性。更确切地说,保证总体中的每一个个体都有同等的被抽中的概率(或机会)。理解这种随机性原则也许并不十分困难,但是,要在实际社会调查的过程中切实贯彻这一原则,在抽样的操作程序和步骤中具体体现这一原则,却也并不十分容易。在这方面,研究者所遭遇的挑战集中体现在下列两个方面。

其一,理论原则与现实条件之间的矛盾。随机抽样的科学原则及其严格的程序要求,具有很强的理想化色彩。而抽样的实际过程又是处于各种现实条件的限制之中的,科学原则与现实条件之间充满了矛盾。从理论上看,要达到抽样的"随机性"要求,必须具备一系列的前提条件。一旦缺乏这些前提条件,抽样的"随机性"就不复存在,社会调查的科学性也就大大降低。然而,现实社会调查中所缺乏的恰恰是其中的某些条件。举例来说,简单随机抽样和系统随机抽样的前提条件之一,是需要有一个清楚明确的抽样框(即一份构成总体的所有个体的名单)。而在实践中,对于一项以某城市全体居民为总体的社会调查来说,抽样框这一前提条件就是无法满足的。因为理论上虽然存在这样的名单,但现实中研究者却往往不可能获得这样一份包含全市所有居民的名单。正因为这一前提条件不能满足,研究者必须采用其他形式的抽样方法。

其二,规模与效率之间的矛盾。概率论对抽样代表性的保证,还基于另一个基本前提:具有一定数量的样本规模。样本规模可以看作是随机抽样方法在量的方面的规定性。不具备一定的规模,即便研究者所采取的是完全随机的抽样程序与方法,也可能产生出偏差很大的样本。

样本规模的确定,基本的标准是统计的需要。在社会调查中,依据样本资料对总体状况进行推断时,所依靠的是统计学的帮助。然而,仅仅满足统计学对样本规模的要求并不成为主要的问题。在大多数情况下,社会调查内在的特征,特别是调查的目标、资料分析的方式等,对样本规模的要求往往大大超过单纯统计学的要求。并且,在其他方面的条件不变的情况下,社会调查的精确性对样本规模的要求也是越大越好。

　　可是,从实践上看,社会调查在通往扩大样本规模以获得更高准确性的道路上每向前一步,同时也意味着研究者为此所付出的代价(包括时间、人力、经费等)都将增加一分。而后者却又恰恰是调查研究人员所不愿意看到的。众多的对抽样方法的改进、改变以及对样本规模的压缩,往往都是出于可行性方面的考虑,出于对抽样或调查的效率的考虑,而较少出于随机性或科学性方面的考虑。正是众多客观条件的限制,使我们在实际社会调查的抽样中,常常不可能向随机性的目标走得足够远。

　　即使样本规模是确定的,精确性与可行性之间仍然存在竞争,研究者仍然需要在二者之间进行权衡。一个简单但却典型的例子是,多段随机抽样过程中,精确性和代表性的要求是:尽可能地扩大初级抽样阶段(或称初始阶段)的样本规模,而相对缩小次级特别是末级抽样阶段(或称终极阶段)的样本规模。但可行性和高效性的要求则恰恰相反:尽量缩小初级阶段的样本规模,而相对扩大末级阶段的样本规模。何去何从,研究者将面临多种选择。

　　摘自:风笑天.论社会调查方法面临的挑战——社会学方法问题探讨[M]//中国社会科学院社会学研究所.中国社会学年鉴(1995.7—1998).北京:社会科学文献出版社,1999:176-187.

基本概念

总体	样本	抽样	抽样框	抽样单位	参数值
统计值	置信水平	置信区间	简单随机抽样	系统抽样	
分层抽样	整群抽样	多阶段抽样	PPS抽样	偶遇抽样	
判断抽样	定额抽样	雪球抽样	样本规模	抽样误差	

小测验(扫码做题)

阅读材料(扫码阅读)

1. 抽样问题:《浅谈当前抽样调查中的若干失误》。

2. 调查实例：《家安何处：当代城市青年的居住理想与居住现实》。

思考与实践

1. 什么是抽样中的随机性？为什么概率抽样的方法能够保证样本对总体的代表性？

2. 分层抽样与整群抽样的具体操作方法是怎样的？二者之间有何异同？什么情况下应选用分层抽样？什么情况下则应选用整群抽样？

3. 如果条件允许，多段抽样中应尽可能扩大哪一级样本的规模？为什么？

4. 在实际社会调查中，有哪些因素影响到研究者对样本规模的确定？

5. 某市有 30 所小学，共 6 000 名学生。这些小学分布在全市 5 个行政区中。其中重点小学有 3 所，一般小学有 24 所，较差的小学有 3 所。现要从全市小学生中抽取 600 名学生进行调查，以了解全市小学生的学习情况。请设计一种抽样方案。

6. 从社会科学期刊中选择几篇调查研究报告，分析并评价这些调查研究中所采用的抽样方法。

7. 有人说，调查的样本规模越大，调查结果对总体的代表性就越大。你怎么看待这种观点？

8. 简单随机抽样推断总体平均数时，样本规模的计算公式为：$n = \dfrac{t^2 \times \sigma^2}{e^2}$。从这一公式中，你认识到了什么？

第五章

测　　量

作为认识社会现象的活动,社会调查必然会涉及对社会现象进行测量的问题。与抽样一样,测量也是社会调查中最为关键的步骤和内容之一。社会调查的资料以及社会调查成果质量,都直接与测量的质量紧密相连。因此,每一个社会调查研究人员必须高度重视测量的工作。在本章中,我们将对测量的概念与指标、操作化过程、测量的层次、测量的信度与效度等内容进行介绍。

一、测量的概念与特征

1. 什么是测量

在日常生活中,我们对于测量并不陌生。比如,人们总是在用人体自身的各种器官去对外部世界进行测量:眼睛在测量物体的大小、颜色、形状、空间距离,耳朵在测量各种声音的高低、方向、含义,鼻子在测量各种气体的味道,皮肤在测量周围的温度等。由于人体器官的测量能力十分有限,而且测量的结果往往也不够精确,因而人们在科学研究中发明了许多专门的测量仪器,规定了各种测量的特定程序,创造了许多规范的测量方法,极大地提高了测量的水平和效果。人们不仅有了米尺、磅秤等这样一些基本的测量物体长短、高低、大小、轻重的工具,还发明了温度计来精确测量大气的温度、水的温度和人体的温度,发明了望远镜来测量宇宙中不同行星之间的距离,发明了显微镜来测量人眼所无法看到的血液中的红白细胞的数目等。

在社会调查中,人们也进行着另外一些形式的测量。比如,用人口登记的方法来测量一个国家的人口数量和人口结构,用电话访问的方法来测量人们对不同政党候选人的支持率,用自填问卷的方法来测量大学生们所具有的择业倾向等。虽然各种各样的测量在所测量的内容、方式等具体方面千差万别,但它们在一些最本质的方面却完全一致。这些最本质的方面,就是测量所具有的科学的内涵。

那么,究竟什么是测量呢?

美国学者史蒂文斯(S. S. Stevens)认为:"测量就是依据某种法则给物体安排数字。"这一定义被一些社会科学研究人员所采用[1]。本书中用下述定义来进一步解释测量的含义:所谓测量(measurement),就是根据一定的法则,将某种物体或现象所具有的属性或特

---

[1] GUY R F. Social Research Methods[M]. Allyn and Bacon Inc., 1987:138.

征用数字或符号表示出来的过程。

测量的主要作用,在于确定一个特定分析单位的特定属性的类别或水平。它不仅可以对事物的属性作定量的说明(即确定特定属性的水平),同时,它也能对事物的属性作定性的说明(即确定特定属性的类别)。而在社会调查中,研究者所进行的大部分测量往往都是这种定性的测量。

2. 测量的四个要素

为了更好地理解测量的概念,有必要对构成上述测量定义的四个必不可少的要素进行专门的说明。这四个要素是:测量客体,测量内容,测量法则,数字和符号。

(1)测量客体,即测量的对象。它是客观世界中所存在的事物或现象,是我们要用数字或符号来进行表达、解释和说明的对象。比如,我们测量一张桌子的高度时,这张桌子就是我们测量的客体或对象。在社会调查中,最常见的测量客体是各种各样的个人,以及由若干个个人所组成的各种社会群体、社会组织、社区等。在测量的四个要素中,测量客体所对应的是"测量谁"的问题。

(2)测量内容,即测量客体的某种属性或特征。实际上,在任何一种测量中,我们所测量的对象虽然是某一客体,但所测量的内容却并不是客体本身,而是这一客体的特征或属性。比如,桌子是我们的测量客体,而桌子本身我们却无法测量,只有桌子的各种特征,比如它的高度、宽度、重量、颜色等,才能构成我们测量的内容。同样的道理,社会中的个人、群体、组织,以及社区等是我们的测量客体,是社会调查中的测量对象,但我们所测量的却并不是这些个人、群体、组织、社区本身,而是他们的各种特征或属性。比如测量个人的行为、态度和社会背景;测量群体和组织的规模、结构和管理模式;测量社区的范围、人口密度和人际关系等。只有这些特征或属性才是我们的测量内容。在测量的四个基本要素中,测量内容所对应的是"测量什么"的问题。

(3)测量法则,即用数字和符号表达事物各种属性或特征的操作规则。也可以说,它是某种具体的操作程序和区分不同特征或属性的标准。比如,"将桌子放置在水平的地面,然后用直尺从地面垂直地靠近桌面的边缘,桌面所对应的直尺上的刻度即是桌子的高度",这句话所陈述的就是测量桌子高度的规则。又比如,在社会调查中,我们要测量人们的收入状况,那么,"将被调查者工资单上的应发金额数加上每月奖金发放统计表上他所得的奖金数额"就是一种测量法则。在测量的四个基本要素中,测量法则所对应的是"怎么测"的问题。这是测量内涵中最关键的部分。

(4)数字和符号,即用来表示测量结果的工具。比如,120 cm、110 cm 等就是测量桌子高度所得的结果;2 350 元、2 460 元等就是测量人们收入的结果。在社会调查中,研究者进行测量的结果,许多是用数字来表示的。比如被调查者的年龄、收入、上下班路途所需时间、被调查家庭的人口数、用于购置大件家电商品的费用,被调查组织的规模等。但是,同样也有许多是用文字来表示的。比如,被调查者的性别(用男、女)、婚姻状况(用未婚、已婚、离异、丧偶),被调查者对住房购买政策的态度(用赞成、反对)等。尽管许多用文字表达的测量结果在统计分析时都转换成了数字(见第八章),但这种数字并不能像算术中的数字那样进行加、减、乘、除运算,最多只能作为不同类别的代号进行频数统计。在测量的四个基本要素中,数字和符号所对应的是"如何表示"的问题。

3. 社会现象的测量

测量在自然科学的研究中应用十分广泛、十分普遍，也十分成熟。相比之下，社会科学中对测量的应用就显得比较落后一些。形成这种状况的原因是多方面的。除了其他因素外，社会现象的特殊性、社会测量的特殊性无疑是其中十分重要的原因。

各种社会现象都是建立在人及其活动的基础上。人及其社会行为作为测量的对象，具有与自然现象十分不同的特点。

首先，人一方面作为测量的客体或对象，而另一方面，人又作为测量过程的主体，因而给社会现象的测量带来了无法回避的主客观矛盾。无论是作为测量主体的人，还是作为测量客体的人，都具有主观意识、思想感情、思维能力和价值观念，都会对测量的过程和方式作出种种反应；人与人之间还存在着各种各样、错综复杂的社会关系，这些都使得社会现象的测量在很大程度上取决于人们的认识水平和价值取向，带有明显的主观色彩。

其次，社会测量的内容常常是社会中人们的行为和态度，以及由人们的行为和态度所构成的各种社会现象。然而，与此同时，人们对各种社会现象所进行测量的活动本身，也是一种社会行为，也是一种社会现象。二者相互联系，也相互影响，就像自然科学中的"测不准原理"那样，给实际的测量工作带来了难以克服的困难。

最后，在自然科学中，由于测量的对象相对单一和稳定，因而测量的可重复性强、量化程度比较高。特别是这种测量常常可以建立起某种公认的、通用的单位标准，比如，长度用厘米、分米、米为单位来量度，时间用小时、分、秒为单位来量度，重量用克、千克作单位来量度等。但是，在社会科学中，由于测量的对象和内容十分复杂，因而测量的量化的程度比较低，可重复性也比较差。对许多的社会现象，比如人的态度、社会群体的凝聚力、社会职业的声望等，社会科学家还没能（或者根本就不可能）建立起某种公认的、适合于多种不同情况的测量单位和测量标准，以及与之相应的测量工具和测量方法。

二、测 量 层 次

由于社会调查研究中所涉及的现象具有各种不同的性质和特征，因而对它们的测量也就具有不同的层次。史蒂文斯1951年创立了被广泛采用的测量层次（levels of measurement）分类法，他将测量层次分为四种，即定类测量、定序测量、定距测量和定比测量。不同层次的测量方法所对应的测量对象则分别称为定类变量、定序变量、定距变量和定比变量。

1. 定类测量

定类测量（nominal measures）也称为类别测量或定名测量，它是测量层次中最低的一种。定类测量在本质上是一种分类体系。即将调查对象的不同属性或特征加以区分，标以不同的名称或符号，以确定其类别。定类测量的数学特征主要是"属于"与"不属于"（或者"等于"与"不等于"）。我们前面谈到的定性测量实际上都是在定类层次上的测量。在社会调查中，对诸如人们的性别、职业、婚姻状况、宗教信仰等特征的测量，都是常见的定类测量的例子。它们分别将被调查者划分成"男性与女性","工人、农民、教师、商人……"或者"未婚者、已婚者、离异者……""信佛教、信天主教……不信教"等各种不同的群体或类别,而每一个被调查者则分别属于或者不属于其中某一类别。

由于定类层次的测量实质上是一种分类体系,因而必须注意所分的类别既要具有穷尽性,又要具有互斥性。即所分的类别既要相互排斥、互不交叉重叠,又对各种可能的情况包罗无遗。这样,我们所测量的每一个对象都会在我们的分类体系中占据一个类别,且只会占据一个类别。比如,将性别分为"男性"和"女性"两类,将职业分为"工人""农民""干部""专业人员""商人""其他"六类等。

定类测量具有两种属性:对称性和传递性。所谓对称性,是指甲对乙的关系也就是乙对甲的关系。如果甲与乙同类,则乙也一定与甲同类。反之,如果甲与乙不同类,则乙也一定不会与甲同类。所谓传递性,指的是如果甲与乙同类,而乙与丙同类,那么,甲一定与丙也同类。

由于对任何一门科学来说,分类都是基础,其他的几种层次的测量,也都把分类作为其最基本的测量内容。或者说,其他几种层次的测量中,都无一例外地包含着定类测量的分类功能。特别是在社会现象的测量中,大量的变量又都是定类变量,分类更是最基本的目标和最经常性的操作。因此,运用好定类测量,发挥其应有的作用,是调查研究人员的一项重要任务。

2. 定序测量

定序测量(ordinal measures)也称为等级测量或顺序测量。定序测量的取值可以按照某种逻辑顺序将调查对象排列出高低或大小,确定其等级及次序。比如测量人们的文化程度,可以将它们分为文盲、半文盲、小学、初中、高中、大专、大学及以上等,这是一种由低到高的等级排列;测量城市的规模,可以将它们分为特大城市、大城市、中等城市、小城市等,这是一种由大到小的等级排列。在社会调查中,研究者可用定序测量对人们的社会地位、生活水平、住房条件、工作能力等特征进行类似的等级排列。

定序测量不仅能够像定类测量一样,将不同的事物区分为不同的类别,而且还能反映出事物或现象在高低、大小、先后、强弱等等级序列上的差异。它的数学特征是大于($>$)或小于($<$),它比定类测量的数学特征高一个层次。定序测量所得到的信息比定类测量更多。同时,定序测量除了具备定类测量的对称性(即区分同类与不同类)以外,还具备不对称性。这种不对称性指的是甲对乙具有某种关系时,并不等于乙对甲也具有这种关系。比如,大于的关系(或小于的关系)就是不对称的,甲$>$乙时,就不会有乙$>$甲。但此时传递性依然成立:如果甲$>$乙,乙$>$丙,那么,一定有甲$>$丙。

3. 定距测量

定距测量(interval measures)也称为间距测量或区间测量。它不仅能够将社会现象或事物区分为不同的类别、不同的等级,而且可以确定它们相互之间的间隔距离和数量差别。比如,测量人的智商和测量自然界中的温度就是定距测量的典型例子。在定距测量中,我们不仅可以说明哪一类别的等级较高,而且还能说明这一等级比那一等级高出多少单位。这也即是说,定距测量所测出来的结果相互之间可以进行加减运算。如果测得张三的智商为125,李四的智商为110,那么,125$-$110$=$15,由此可以说张三的智商比李四的智商高15。同样的道理,我们分别测量北京与武汉的温度,结果发现北京的温度为20℃,武汉的温度为

30℃。从这一测量中,我们不仅可以了解到北京与武汉的气温不同(定类测量的测量结果),了解到武汉的气温比北京的气温高(定序测量的测量结果),而且还了解到武汉的气温比北京的气温高出10℃(定距测量的测量结果)。

需要注意的是,定距测量所得的值虽然可以为0,但这个0却不具备数学中我们所熟悉的0的含义。比如,在冬天,我们可以测得北京的气温为0℃,但它却并不是表示北京"没有温度",而只是代表北京的气温达到了水的"冰点温度"。从测量的角度看,此时的0只不过是一个特定的数字而已,它是人们主观认定和选取的。因为在另一种温度量表中(华氏温度计中),0度则是冰点下32度。

4. 定比测量

定比测量(ratio measures)也称为等比测量或比例测量。定比测量除了具有上述3种层次测量的全部性质之外,还具有一个绝对的0点(有实际意义的0点)。所以,它测量所得到的数据既能进行加减运算,又能进行乘除运算。比如,对人们的收入、年龄,以及某一地区的出生率、性别比等所进行的测量,都是定比层次的测量。它们的测量结果都能进行乘除运算。如测得张三的收入为4 800元,李四为2 400元,那么,4 800÷2 400=2。由此我们可以说,张三的收入是李四收入的2倍(或李四的收入是张三收入的一半)。应该注意,是否有一个具有实际意义的零点(绝对零点)存在,是定比测量与定距测量的唯一区别。

5. 测量层次小结

上述四种测量的层次由低到高,逐渐上升。高层次的测量具有低层次测量的所有功能,即它既可以测量低层次测量可以测量的内容,也可以测量低层次测量所无法测量的内容,同时,高层次的测量还可以作为低层次测量处理。比如,定序测量具有定类测量的分类功能,且可以作为定类测量使用;同样,定距测量具有定序测量的排序功能与定类测量的分类功能,也可以作为这两种测量使用,但反过来则不行。为了进一步清楚地说明这四种测量层次的差别,我们将它们各自的数学特性总结在下面的表 5-1 中。

表 5-1 四种测量层次的数学特性总结

测量层次	定类测量	定序测量	定距测量	定比测量
类别区分(=、≠)	有	有	有	有
次序区分(>、<)		有	有	有
距离区分(+、-)			有	有
比例区分(×、÷)				有

明确不同的测量层次所具有的不同的数学性质,这一点在社会调查中十分重要。因为在对调查资料进行整理和统计分析过程中,我们需要根据不同层次测量所具有的不同数学特性来选用不同的统计分析方法(详见第九、第十章)。

三、操 作 化

操作化既是社会调查中常用的概念,同时,它也是社会调查过程中最为困难、最为关键的步骤之一。因此,我们这里专门用一小节来介绍操作化的含义和有关内容。

1. 概念、变量和指标

为了更好地理解操作化的概念与方法,有必要先对概念、变量和指标作一简要的说明。

(1) 概念(concepts)。概念是对现象的抽象,它是一类事物的属性在人们主观上的反映。比如,"椅子"是一个很简单的概念,当说到椅子时,不同的人头脑中会出现各种不同的特定的椅子:有的是木制的,有的是钢制的;有的是方的,有的是圆的;有的是黄色的,有的是棕色的……尽管这些椅子不完全一样,但是它们却具有某些共同的特征:有若干条腿支撑着一个供人坐的平面。椅子的概念正是对这些具体的、各不相同的椅子的抽象。

由于现实世界中事物和现象的类型、结构不同,复杂程度不同,所以,概念的抽象程度也有高有低。比如,"事业心""责任感""生活方式"这样的概念,其抽象层次就比"苹果""椅子""书"这类概念的抽象层次要高。抽象层次高的概念往往包含多个抽象层次低的概念,并且它往往是难以直接观察和描述的。这是因为概念的抽象层次越高,其涵盖的面就越大,特征也就越含糊。相反,一个概念的抽象层次越低,其涵盖面也就越小,特征也越明确。这一点可通过图5-1来简单说明。

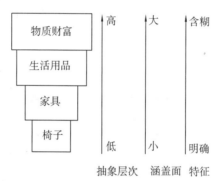

图 5-1 概念及其特征示意图

概念的抽象性对于理论有着重要的作用,从牛顿发现万有引力的事例中,我们可以看到这一点。许多世纪以来,人们经常看到苹果从树上掉下来,但却不能真正理解这一现象发生的原因,直到抽象的"重力"概念的提出,人们才找到答案。同时,它还使许多类似的现象在重力概念的范围内得到了说明。由于概念是命题的建筑材料,而命题则是理论的建筑材料,所以,有的社会学家把概念称为建筑理论大厦的砖石。

(2) 变量(variable)。许多概念往往包括若干个范畴、值或亚概念,比如"性别"这一概念就包括男性和女性两个范畴或取值;"职业"这一概念就包括工人、农民、干部、教师、医生等多个范畴或取值。正是因为概念具有这种多值的特性,因此,在社会调查中,人们借用了一个数学术语,把所研究的概念称为"变量"。所谓变量,就是指具有一个以上取值的概念,或者说,就是包括一个以上范畴的概念;而那些只有一个固定不变的值的概念,则叫作常量。

变量具有两个重要的性质。首先,构成变量的各个值必须是穷尽的,即每个被调查者的情况都应能归于某个取值中。如果职业这一变量中只设工人、农民、军人三个取值,那么,这个变量就不是穷尽的。因为它没有涵盖所有的人在职业方面的全部属性,比如,教师、医生、商人等都不能归于这三类中的某一类,它们被漏掉了。其次,构成变量的取值必须是互斥的。即每个被调查者的情况仅属于一个取值,而不能同时属于两个或多个取值。比如,职业这一变量的取值中,如果既有工人,又有司机、车工等,那么,它的取值就不是互斥的,而是相互包含的了。根据变量取值的性质不同,又可以分为定类变量、定序变量、定距变量和定比变量。

(3) 指标(indicators)。表示一个概念或变量含义的一组可观察到的事物,称作这一概念或变量的一组指标。概念或变量是抽象的,而指标则是具体的;概念或变量是人们的主观印象,而指标则是客观存在的事物。因此,概念或变量只能想象,而指标则可以观察和辨认。比如,"社会阶级"是一个抽象概念,通过操作化,我们可以用一组指标来测量它,这组指标包括职业、收入、文化程度等。由于指标是概念或变量在经验层次上的一种体现,因而它同样具有变量的特征。这也即是说,一个指标也会有若干个不同的取值。比如,我们说"职业"是变量"社会阶级"的一个测量指标,它就有工人、农民、军人、教师等多个不同的取值;同样,"文化程度"也是"社会阶级"的一个测量指标,它也有文盲、半文盲、小学、初中、高中、大学等不同取值。

对于社会调查中所使用的"概念""变量""指标"这几个既相互联系又有所不同的概念之间的关系,我们可以用图 5-2 作一粗略的区分。

图 5-2　概念、变量、指标和取值关系图

2. 操作化的含义与作用

所谓操作化(operationlization),就是将抽象的概念转化为可观察的具体指标的过程,或者说,是对那些抽象层次较高的概念进行具体测量时所采用的程序、步骤、方法、手段的详细说明。比如,将抽象概念"同情心"转化为"主动帮助盲人过街"和"主动给乞讨者钱物",就是操作化的一个例子;而"将学生的语文、数学、外语三门课程的成绩按 3、2、1 的权重分别加权,然后相加并计算出平均值",就是对抽象概念"智力水平"进行操作化的一个例子。

我们为什么要在"测量"这一章中介绍操作化的概念和方法呢?这是因为操作化是社会调查中测量社会现象的关键一环,在社会调查中有着极为重要的作用,可以说,它是社会调查中由理论到实际、由抽象到具体这一过程的"瓶颈"。从理论思维的天空到经验调查的大地,有着相当的距离,而这种操作化过程,就是沟通抽象的理论概念与具体的经验事实的一座桥梁,它为我们在社会调查中实际地测量抽象概念提供了关键的手段。例如,前面提到的"同情心"的概念。什么是"同情心"呢?尽管我们确实常常谈到它,也能体会到它,但是,这个东西在现实中却并不存在。因为我们既不知道它的形状、大小、颜色,也没有摸到过它。不过,当我们将它操作化为"主动帮助盲人过街""主动给乞讨者钱物""主动为灾区捐款"时,我们就会在现实生活中看到它,并可以测量它了。操作化的作用正是让那些通常只存在于我们头脑中的抽象概念,最终在我们所熟悉、所生活的现实世界中"现出原形",让那些本来只能靠我们的思维去理解、去体验的东西,"变成"我们在现实社会生活中看得见、摸得着的东西,变成我们可以实际测量的东西。

3. 操作化的方法

从大的方面看,操作化过程主要包括以下两个方面的工作:一是界定概念,二是发展指标。界定概念的必要性是,如果不同的人用同一个概念(词语)来表达不同的含义,那么,这样的概念也就没有用了。除非人们用同样的词语来表达同样的事物,否则交流就是不可能的。界定概念的过程可以分为以下几个步骤。

(1) 要弄清概念定义的范围。在采用或给出某个具体的定义之前,可以先看看其他的研究者对这一概念所下的定义是怎样的。当我们通过收集和查询,了解到有关这一概念的各种不同的定义,从而对定义的大致范围有所理解以后,便可对这些定义进行分类。比如,对于"社区"的概念,有的社会学研究人员曾列举出 94 种不同的关于社区的定义,社会学家贝尔和纽拜则通过分析和分类,发现这些定义中绝大部分都包含这样三项基本的元素:①地域;②共同的纽带;③社会互动。[①] 这种方式可以帮助研究者形成对这一概念范围的总的理解和把握。

(2) 决定一个定义。列出了有关这一概念的各种类型的定义,或者总结出各种定义中最具共同性的元素后,就该我们决定采取哪一种定义方式了。我们面临各种不同的选择:既可以直接采用一个现成的定义(即从现有的各种定义中确定一个自认为比较科学、比较确切的),也可以在现有定义的基础上自己创造出一个新的定义。采用现成的定义时,既可以用一个十分经典的定义,也可以用一个比较现代一些的定义。需要特别注意的是,这种选择应该以研究者进行具体社会调查的需要为标准,哪种定义方式最适合调查的目的,就应该重点考虑这种定义方式。

(3) 列出概念的维度。正如前面所介绍的,许多比较抽象的概念往往具有若干不同的方面或维度,因此,我们在界定概念的定义的同时,指出概念所具有的不同维度,对于概念的操作化,对于概念的测量指标的选择,以及对综合的理论思考与分析,都是十分有用的。比如,社会地位就是这种具有多个不同维度的概念的一个例子。要测量社会中某一群体的社会地位,往往是先将这一概念的主要维度列举出来。全国妇联曾于 1990 年在全国进行过一项大规模的"中国妇女社会地位调查",在这个调查方案中,就是将社会地位的含义区分为政治地位、经济地位、法律地位、教育地位和家庭地位几个不同的维度。[②]

(4) 确定发展指标。对于有些概念来说,发展指标是简单的,比如,人们的"文化程度""婚姻状况"这样的概念就是如此;但是,对于其他一些比较复杂、比较抽象的概念来说,发展指标就不是一件容易的事。通常,我们可以采取下面两种方式来发展概念的指标。

第一种方式是寻找和利用前人已有的指标,尤其是一些测量人格、态度方面的量表,往往经过不同的研究者在不同的研究中多次的运用和修改,常常可以成为我们可用的指标。当然许多前人的指标不一定完全适合我们的概念,需要做一定的修改和补充。用前人的指标具有可与其他统计结果进行比较的优点,同时,这种做法比每个研究者都发展一套自己特

[①] DE VAUS D A. Surveys in Social Research[M]. George Allen & Unwin Ltd.,1986:41.
[②] 陶春芳,蒋永萍.中国妇女社会地位概观[M].北京:中国妇女出版社,1993:3-5.

定的指标的做法,更有利于社会知识的积累和形成。

第二种方式是研究者先进行一段时间的探索性调查,采用实地观察和无结构式访问的方式,进行资料收集的初步工作,尤其是与被调查者中的关键人物进行比较深入的交谈,从这些人那里获得符合实际的答案。这样做可以帮助研究者从被调查者的角度、用被调查者的眼光来看待事物,了解被调查者的所思所想,以及他们考虑问题的方式。所有这些都会对研究者发展出测量概念的指标提供极大的帮助。

需要说明的是,对抽象概念进行操作化的处理,往往会存在多种不同的方式,或者说,对同一个概念进行测量时,可能会产生出不同的测量指标。另外,对于有些抽象概念来说,往往很难甚至不可能在具体现象中找到其所对应的指标。因此,无论是在操作化的具体方法方面,还是在具体的测量指标方面,都可能会出现种种的差别和不同。

4. 操作化的三个例子

例1　父母投资

陈皆明在有关父母投资与子女赡养关系的研究中[①],将"父母投资"定义为"父母为子女所做的各种帮助",并操作化为"早期给予的帮助"、"较近期给予的帮助"和目前"正在给予的帮助"三个大的方面,以及一系列具体的指标。其基本的操作化框架如图 5-3 所示。

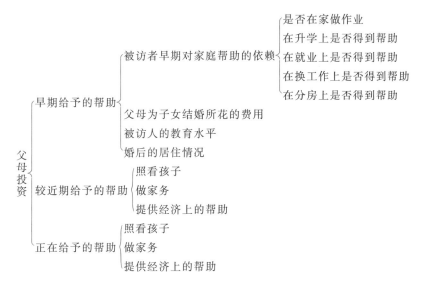

图 5-3　父母投资操作化实例

例2　妇女社会地位

中国妇女社会地位调查的指标体系[②]是依据我国社会经济发展现状,参照联合国及亚太地区监测妇女地位的指标而设置的。它包括八个方面的内容:(1)法律权利;(2)生育与健康;(3)教育;(4)劳动就业;(5)社会参与与政治参与;(6)婚姻家庭;(7)自我认知与社会认同;(8)生活方式。各项内容的主要指标如下。

---

① 陈皆明.投资与赡养——关于城市居民代际交换的因果分析[J].中国社会科学,1998(6):131-145.
② 陶春芳,蒋永萍.中国妇女社会地位概观[M].北京:中国妇女出版社,1993:18-19.

(1) 法律权利

① 是否设有协调和保护妇女权益的立法机构；

② 在现行法律法规中有无歧视性条款；

③ 是否有保护妇女权益的专门性法律法规或专门条款；

④ 公民对妇女法律权益的认识与态度。

(2) 生育与健康

① 分城乡、分年龄人口性别比；

② 男女儿童与成人的营养、健康与寿命；

③ 各类妇女的生育胎次、生育意愿、孕产保健和节育状况；

④ 对待男婴女婴的态度。

(3) 教育

① 女性人口的识字率、平均学龄和文化构成；

② 各级各类学校女性在校生、毕业生、流失生人数和比重；

③ 职业和高等院校分学科女生人数和毕业生分配情况；

④ 男女接受成人教育情况。

(4) 劳动就业

① 妇女劳动力资源利用率；

② 非农业劳动者占女性就业人口的比重；

③ 女性就业人口的行业、职业构成；

④ 女性在业者的劳动报酬和社会保障；

⑤ 妇女就业意愿途径和职业流动。

(5) 社会参与与政治参与

① 妇女政治权利的享有和被尊重程度；

② 女性在国家及社会事务管理中的比例和幅度；

③ 妇女组织在国家政治生活中的地位、作用；

④ 女性的社会参与意识和参与方式。

(6) 婚姻家庭

① 平均初婚年龄；

② 女性自主择偶程度和婚姻决定权；

③ 家庭事务的决定与参与；

④ 夫妻家庭关系中的性别倾向。

(7) 自我认识与社会认同

① 女性个人价值取向与自我认知能力；

② 男女公民对性别角色的期待与认识；

③ 性别对机会、权利的影响；

④ 两性作用、地位评价。

(8) 生活方式

① 社会交往的内容与结构；

② 时间的分配与利用；

③ 消费的需求与层次。

实际上,这一指标体系的内容十分庞大,也十分复杂。上面提纲所列出的指标中,大部分还不是真正意义上的指标,许多还只能算是维度或子维度,在它们的下面,还存在(因而还应该继续操作化为)更为具体、更为明确的指标。比如,对上述提纲中第六方面的第三点(家庭事务的决定与参与),我们就可以进一步将其操作化为在"家用支出""子女教育""住房选择""贵重物品购买""请客送礼""旅游休闲活动""子女嫁娶"等方面的决定与参与情况等一系列具体指标。

例3 城市居民生活质量

笔者1995年承担了一项研究课题,题目是:武汉市经济社会发展中的居民生活质量问题。这一课题的最主要目标,是描述武汉市居民生活质量的基本状况。研究中的一个关键环节就是对居民生活质量的概念进行操作化。通过阅读文献,笔者对生活质量的概念有了相对清楚的认识,在研究中采用的是下列定义:"生活质量是对一个社会中人们总体生活水平的综合描述。"从这一定义出发,笔者列出了这一概念所包含的主要维度,详见图5-4。

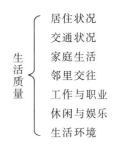

图 5-4 城市居民生活质量概念的主要维度

然后,在每一个主要维度中,笔者都将其进一步操作化为"客观方面"与"主观方面"两个子维度。在此基础上,又在每一个维度下面进一步发展出具体的测量指标。整个操作化的指标框架详见表5-2。

从上面的操作化框架和测量指标中可以看出,笔者将居民的生活质量操作化为居住、交通、休闲、工作、家庭生活、邻里关系、环境等多个不同的维度,同时,每一个维度中都包含了测量居民生活质量的客观指标和主观指标。有了这样的操作化结果,到调查问卷设计的时候就十分容易设计具体的调查问题了。

表 5-2 城市居民生活质量的主要维度及测量指标①

主要维度	子维度	具 体 指 标
居住情况	(客观)	房屋类型 住房间数 住房面积 居住年限 厨房情况 厕所情况 自来水 燃料 有无典型困难情况
	(主观)	感觉宽敞或拥挤 横向比较的相对等级 对住房的自我评价

---

① 风笑天.社会调查中的问卷设计[M].2版.天津:天津人民出版社,2002:222-230.

续表

主要维度	子维度	具 体 指 标
交通情况	（客观）	上下班交通方式 上下班交通所需时间 日常生活交通时间 乘坐出租车情况
	（主观）	对出租车方便的评价 对出租车价格的评价 对公交车拥挤的评价 对交通秩序的评价 对交通方便的评价 对存在问题的评价
家庭生活	（客观）	食物消费 大件家电数量 已婚者的婚龄 是否为钱争吵 家务是谁做 大事谁做主
	（主观）	对家庭生活水平等级的评价 生活变化的纵向比较 家庭生活的满意程度 夫妻间理解的评价 对婚姻生活的总体评价 家庭人际关系的评价
休闲娱乐	（客观）	订报刊数量 平常看电视时间 周末或节假日看电视时间 主要的娱乐活动 主要的闲暇活动 做家务的时间 主要的交往对象
	（主观）	周末两天的感受 生活的感受 紧张感
邻里关系	（客观）	对邻里的了解情况 与邻里交往情况 找邻里借东西情况 向邻里寻求帮助情况 发生矛盾情况 是否受到邻里关心
	（主观）	对邻里关系的评价
工作和职业	（客观）	工作单位类型 调动单位次数
	（主观）	对职业的满意度 对不同职业的评价 对单位的满意度 对工作环境、待遇等各方面的评价

续表

主要维度	子维度	具体指标
生活环境	（客观）	是否经常停电 是否经常停水
	（主观）	对城市环境污染的评价 对城市社会治安的评价 对城市建设的评价 对市场物价的评价 对城市商业服务的评价 对城市经济发展的评价 对城市教育事业的评价 对市政府工作的评价

四、量　　表

在社会调查中，研究者常常需要测量人们的态度、看法、意见、性格等主观性较强的内容。这些主观性的内容一方面具有潜在性的特征，另一方面其构成也比较复杂，一般很难用单一的指标进行测量。因此，为了达到这种测量的目的，研究者常常需要借助于各种量表（scales）。量表在心理学和社会心理学的研究中运用比较普遍，在社会调查以及其他社会研究中，则更多的是运用量表来测量人们的态度。从许多社会调查（特别是民意调查）所用的问卷中，我们常常可以看到各种形式的态度量表。在这一小节中，我们主要介绍社会调查中常用的总加量表、李克特量表、语义分化量表（有关量表的更为全面、更为详细的介绍可参见专门的心理学、社会心理学书籍）。

1. 总加量表

总加量表（summated rating scales）也称为总和量表或总合评量，它由一组反映人们对事物的态度或看法的陈述构成，回答者分别对这些陈述发表意见，根据回答者同意或不同意分别计分，然后将回答者在全部陈述上的得分加起来，就得到了该回答者对这一事物或现象的态度的得分。这个分数是其态度的量化结果，它的高低就代表了个人在态度量表上的位置。表 5-3 就是总加量表的一个例子。

表 5-3 测量的是人们对生育子女所持的态度。它由在同一方向（强调生育）的 10 个陈述句构成，每一陈述句后都有两种答案。凡回答"同意"者，记 1 分；回答"不同意"者，记 0 分。这样，将一个回答者对这 10 个陈述的得分相加，就得到他在这一问题上的态度的总得分。在此例中，总分最高者为 10 分，它表明被调查者对生育孩子有强烈的义务感；总分最低者为 0 分，它表明被调查者感到没有义务生孩子。需要说明的是，一方面，总加量表的回答类别可以是 2 个（如上例），也可以是 3 个、4 个或者更多；另一方面，要注意每个陈述所表达的态度方向，如果上例中出现了与这 10 个态度陈述的方向相反的陈述，比如"只生一个孩子是最明智的选择"，则此时对它记分方法应与其他 10 句相反，即"同意"者记 0 分，"不同意"者记 1 分，以保持整个态度量表测量方向的一致性。

表 5-3　贝利生育量表[①]

序号	态度	同意	不同意
①	结婚的主要原因之一是要生孩子。	1	0
②	只生一个孩子是错误的,因为独生子女是在孤独中成长,且由于无兄弟姐妹而忧郁。	1	0
③	生育孩子是一个妇女所能具有的最深刻的经历之一。	1	0
④	两种性别的孩子至少都有一个比仅有一种性别的孩子好。	1	0
⑤	没有孩子的妇女决不会感到完全的满足。	1	0
⑥	男人直到他业已证明自己成为孩子的父亲时,才算是"真正的男人"。	1	0
⑦	(由于生育控制、绝育或年老等因素)不能导致怀孕的性活动是不道德的。	1	0
⑧	未结婚的或者结了婚而没有孩子的男人可能是同性恋者。	1	0
⑨	妇女的首要职责是做母亲,只有在不影响其母亲职责时,才谈得上她的事业。	1	0
⑩	没有孩子的夫妇实在可怜。	1	0

上述这样的总加量表有一个潜在的假设或前提:每一个态度陈述都具有同等的效果,即它们在反映人们的态度方面是"等值的",不同的陈述之间不存在数量的差别(它们的"分值"都一样)。只有在这样的假定下,我们才能说,那些总得分为 2 的回答者具有同样程度的不主张生育的态度;同样,也只有在这样的假定下,我们才能分辨出同意其中 8 条陈述的回答者比同意其中 2 条陈述的回答者有更强烈的生育义务感。

然而,我们在实际应用中却有一个很大的困难,这就是指标(即表中的陈述)的测量效度问题(详见下节)。我们想测量人们对生育孩子的态度,但却往往难以保证用来进行这种测量的所有指标(本例中的 10 条陈述)都是在完全地测量着同一事物。比如,第五条陈述和第九条陈述所测量的或许是人们对"女性角色"的态度,第六条和第八条所测量的或许是人们对"男性角色"的态度,而第二条和第四条则可能是在测量人们对孩子"社会化"的态度,因而,对于同样的 2 分,这一量表所实际测量的并不一定是同样的态度和在这种态度上完全一样的程度。

2. 李克特量表

李克特量表(Likert scaling)是总加量表的一种特定形式,也是社会调查问卷中用得最多的一种量表形式。它是由美国社会心理学家李克特(R. A. Likert)于 1932 年在原有的总加量表基础上改进而成。李克特量表也由一组对某事物的态度或看法的陈述组成,与前述总加量表所不同的是,回答者对这些陈述的回答不是被简单地分成"同意"和"不同意"两类,而是被分成"非常同意、同意、不知道、不同意、非常不同意"五类,或者"赞成、比较赞成、无所谓、比较反对、反对"五类。由于答案类型的增多,人们在态度上的差别就能更清楚地反映出来。表 5-4 就是李克特量表的一个例子。

表 5-4 中,四条陈述所代表的态度倾向是不同的,可按下列方式计分:对于赞同节俭办婚事的看法,我们按 1＝非常同意、2＝同意、3＝无所谓、4＝不同意、5＝很不同意来赋值;而对赞同婚事大操大办的看法,我们则按 5＝非常同意、4＝同意、3＝无所谓、2＝不同意、1＝很不同意来赋值。这样,表 5-4 中四种看法的具体赋值情况就如表 5-5 所示。

---

① BAILY K D. Methods of Social Research[M]. 3rd ed. Free Press,1987:344.

表 5-4　请你对下列看法发表意见(请在每一行选一个方框打"√")

序号	看法	非常同意	同意	无所谓	不同意	很不同意
①	婚事应该尽量办得简单一些。	□	□	□	□	□
②	结婚是人生一件大事,婚事应该办得隆重、热闹,花再多钱也值得。	□	□	□	□	□
③	就是有钱,婚事也不应大操大办。	□	□	□	□	□
④	为了不让别人笑话,就是借钱也要把婚事办得像个样子。	□	□	□	□	□

表 5-5　四种看法的赋值

看法	非常同意	同意	无所谓	不同意	很不同意
①	1	2	3	4	5
②	5	4	3	2	1
③	1	2	3	4	5
④	5	4	3	2	1

每一个回答者在这一量表上的四个得分(每行一个答案所对应的码值)加起来,就构成他对婚事操办方式的态度得分。按我们上述赋值方式,一个回答者在该量表上的得分越高,表明他的态度越倾向于婚事大操大办。

李克特不仅改进了总加量表的形式,更重要的是他还提出了一种帮助研究者从量表中消除有问题的项目(即陈述)的方法。这种方法成为研究者设计总加量表时确定量表项目的主要依据,其基本程序如下。

① 围绕要测量的态度或主题,以赞成或反对的方式写出与之相关的看法或陈述若干条(一般为20～30条)。对每一陈述都给予5个答案:非常同意、同意、无所谓、不同意、很不同意,并根据赞成或反对的方向分别赋以 1、2、3、4、5 分。

② 在所要测量的总体中,选择一部分对象(一般不能少于 20 人)进行试测。

③ 统计每位受测者在每条陈述上的得分以及每人在全部陈述上的总分。

④ 计算每一条陈述的分辨力,删除分辨力不高的陈述,保留分辨力高的陈述,形成正式的量表。

分辨力的计算方法是:先根据受测对象全体的总分排序;然后取出总分最高的 25% 的人和总分最低的 25% 的人,并计算这两部分人在每一条陈述上的平均分;将这两个平均分相减,所得出的就是这一条陈述的分辨力系数。该系数的绝对值越大,说明这一陈述的分辨力越高。表 5-6 是计算分辨力的一个例子[①]。

从表 5-6 最下面一行结果中可以看出,(11)(12)陈述的分辨力很小,故在制作正式的量表时,应将这两条陈述删除。

---

① 袁方.社会研究方法教程[M].北京:北京大学出版社,1997:302.

表 5-6 分辨力的计算

被调查者		(1)	(2)	(3)	(4)	(5)	(6)	(7)	(8)	(9)	(10)	(11)	(12)	个人总分
总分高的 25% 的人	工人 1	4	5	5	4	3	5	4	4	3	5	2	5	49
	工人 2	5	4	4	5	4	3	2	3	5	4	1	4	46
	工人 3	5	4	3	3	4	5	4	3	4	4	2	5	45
	工人 4	4	4	4	4	5	3	4	3	4	5	1	4	45
	工人 5	5	5	3	3	2	4	3	4	5	2	2	4	43
	工人 6	4	3	5	4	5	4	4	2	3	1	2	5	42
	工人 7	4	4	4	4	2	3	3	4	4	3	2	4	41
	工人 8	3	3	4	4	2	3	5	4	2	3	2	5	40
	⋮	⋮	⋮	⋮	⋮	⋮	⋮	⋮	⋮	⋮	⋮	⋮	⋮	⋮
	工人 14	2	3	2	3	3	2	3	3	4	4	3	4	36
	工人 15	2	4	2	3	2	2	3	5	4	3	1	4	34
总分低的 25% 的人	工人 16	2	2	2	3	3	2	1	4	2	2	2	5	32
	工人 17	2	2	2	3	4	2	4	1	3	2	2	4	32
	工人 18	1	3	2	4	1	3	3	2	1	2	2	5	29
	工人 19	1	1	3	2	2	2	2	2	3	4	1	4	26
	工人 20	1	1	2	1	2	1	2	2	3	2	2	3	21
总分高的 25% 的人的平均分		23/5=4.6	4.4	3.8	3.6	4.2	4.2	3.4	3.2	4.2	4.0	1.6	4.4	
总分低的 25% 的人的平均分		7/5=1.4	1.8	2.2	2.6	2.2	2.6	2.4	1.8	3.0	2.0	1.8	4.2	
分辨力系数		3.2	2.6	1.6	1.0	2.0	1.6	1.0	1.4	1.2	2.0	−0.2	0.2	

3. 语义差异量表

语义差异量表(semantic differential)也称为语义分化量表,主要用来研究概念对于不同的人所具有的不同含义。这种量表最初是美国心理学家 C. 奥斯古德等人在他们的研究中使用的。它"在研究小政治群体、态度或更一般性的政治问题时特别有用[①]"。在社会学、社会心理学和心理学研究中,语义差异量表主要用于文化的比较研究、个人及群体间差异的比较研究,以及人们对周围环境或事物的态度、看法的研究等。

语义差异量表的形式由处于两端的两组意义相反的形容词构成,每一对反义形容词中间分为七个等级,每一等级的分数从左至右分别为 7、6、5、4、3、2、1,也可以计为 +3、+2、+1、0、−1、−2、−3。被测量的概念或事物(比如某一群体、某种问题、某个国家等)放在量表的顶端,调查时要求被调查者根据自己的感觉在每一对反义形容词构成的量尺中的适当位置画记号,比如画×号。研究者通过对这些记号所代表的分数的统计和计算,来研究人们对某一概念或事物的看法或态度,或者进行个人或团体间的比较分析。比如,要了解人们对女性角色的理解或看法,可用语义差异量表对若干反映女性角色的概念,如母亲、妻子、姐妹、女儿、女朋友、女强人等进行测量。表 5-7 就是这种测量中的示例。

---

① [美]贝蒂·H.齐斯克.政治学研究方法举隅[M].沈明明,贺和风,杨明,译.北京:中国社会科学出版社,1985:321.

表 5-7 语义差异量表示例

姐 妹	
热情的：___：___：___：___：___：___：___	冷漠的
主动的：___：___：___：___：___：___：___	被动的
强 的：___：___：___：___：___：___：___	弱 的
快 的：___：___：___：___：___：___：___	慢 的
大 的：___：___：___：___：___：___：___	小 的
慈善的：___：___：___：___：___：___：___	残忍的

语义差异量表所采用的数对形容词要能够考察被调查者对研究对象的感觉和态度的各种要素或各种维度。许多研究者认为，这种形容词中通常包括三个一般的维度：即评价（比如好与坏、善良与残酷、重要与不重要等）、力量（比如强与弱、硬与软、刚与柔等）和行动（比如主动与被动、快与慢等）。

对于社会调查中经常需要了解的态度问题，比如"你认为……是否重要"、"你觉得……如何"等，通常的做法是列出"非常重要、比较重要、一般、不大重要、很不重要"或"非常赞成、比较赞成、一般、不大赞成、很不赞成"这样的答案来进行测量。如果改用语义差异量表来测量，其效果是一样的，而且往往会显得十分经济。奥斯古德等人在其研究报告中还指出，这种方法具有很高的再测信度和表面效度。

五、测量的信度与效度

对于任何一种测量工具或测量手段来说，必然会涉及这样一些基本问题：测量所得的数据或资料是否与研究者感兴趣的特征有关？测量所得的结果是否正是研究者所希望测量的东西？当这种测量的时间、地点、操作者发生改变时，测量的结果是否也会发生改变？这些都涉及测量的信度和效度问题。

1. 测量的信度

测量的信度（reliability）即可靠性，它指的是采取同样的方法对同一对象重复进行测量时，其所得结果相一致的程度。换句话说，测量的信度是指测量结果的一致性或稳定性，即测量工具能否稳定地测量所测的事物或变量。

比如，用同一台磅秤去称某一物体的重量，如果称了几次都得到相同的结果，则可以说这台磅秤的信度很高；如果几次测量的结果互不相同，则可以说它的信度很低，或者说这一测量工具是不可信的。

大部分信度指标都以相关系数 r 来表示，具体的类型主要有以下三种。

（1）再测信度（test-retest reliability）。对同一群对象采用同一种测量，在不同的时间点先后测量两次，根据两次测量的结果计算出相关系数，这种相关系数就叫作再测信度。使用这种方法时，两次测量所采用的方法、所使用的工具是完全一样的。再测信度的缺点是容易受到时间因素的影响，即在前后两次测量之间的某些事件、活动的影响，以及第一次测量本身的影响,会导致后一次测量的结果客观上发生改变,使两次结果的相关系数不能很好地反映两次测量的实际情况。由于社会调查通常是一次性的,所以在研究中实际上也很少采用。

(2) 复本信度(parallel-forms reliability)。复本信度采取的是另一种思路:如果一套测量可以有两个以上的复本,则可以根据同一群研究对象同时接受这两个复本测量所得的分数来计算其相关系数。比如,在社会调查中,研究人员可以设计两份调查问卷,每份使用不同的项目,但都用来测量同一个概念或事物,对同一群对象同时用这两份问卷进行测量,然后根据两份问卷所得的分数计算其复本信度。复本信度虽然可以避免上述再测信度的缺点。但是,它要求所使用的复本在形式、内容等方面都完全一致。然而,在实际调查中,要使调查问卷或其他类似的测量工具达到这种要求往往是一件十分困难的事情。让被调查者同时接受两份相似问卷的调查在实践中也不太现实,所以,这种方法也很少采用。

(3) 折半信度(split-half reliability)。将研究对象在一次测量中所得的结果,按测量项目的单双号分为两组,计算这两组分数之间的相关系数,这种相关系数就叫作折半信度。比如一个态度测量包括 30 个项目,若采用折半法技术来了解其内在一致性,则可以将这 30 个项目分为相等的两部分,再求其相关系数。通常,研究者为了采用折半信度来检验测量的一致性,需要在他的测量表中增加一倍的测量项目。这些项目与另一半项目在内容上是重复的,只是表面形式不同而已。如果被调查者在前后两部分项目上的得分之间高度相关,则可以认为这次测量是可信的。这种方法与复本信度的情况类似,它要求前后两个部分的项目的确是在测量同一个事物或概念。一旦二者所测量的并不是同一个事物或概念,那么,研究者就无法用它来评价测量的信度了。

2. 效度

测量的效度(validity)也称为测量的有效度或准确度。它是指测量工具或测量手段能够准确测出所要测量的变量的程度,或者说能够准确、真实地度量事物属性的程度。结合前面所介绍的有关概念,我们也可以说,效度指的是测量标准或所用的指标能够如实反映某一概念真正含义的程度。当一项测量所测的正是它所希望测量的事物时,我们就说这一测量具有效度,或者说它是一项有效的测量。反之,则称为无效的测量或者测量不具有效度。

比如我们打算测量某个样本中的大学生的智商分布情况。我们采用一份标准的智商测验量表对他们进行测验,并用他们每个人在测验中所得的分数来表示他们的智商,那么,这一测量是有效的。但是,如果我们采用的是一份英文的智商测验量表,那么,当我们同样用所得到的分数来表示他们的智商时,我们的测量就不具有效度。因为此时我们所测量的并不是大学生们的智商,而在一定程度上测量的是他们的英文水平了(所测量到的并不是我们所希望测量的东西)。

测量的效度具有三种不同的类型,即表面效度、准则效度和构造效度,它们分别从不同的方面反映测量的准确程度。

(1) 表面效度(face validity)。表面效度指的是测量内容或测量指标与测量目标之间的适合性和逻辑相符性。也可以说是指测量所选择的项目在内容上是否"看起来"符合测量目的和要求。评价一种测量是否具有表面效度,首先必须知道所测量的概念是如何定义的,其次需要知道这种测量所收集的信息是否和该概念密切相关,然后评价者才能尽其判断能力之所及，做出这一测量是否具有表面效度的结论。比如，用问卷去测量人们的消费观念，那么，首先要弄清"消费观念"的定义，然后看问卷中的问题是否都与人们的消费观念有关。如果问卷中的问题明显是有关其他方面的，则这种测量就不具有表面效度。如果发现问卷中的问题所涉及的都是有关消费观念方面的内容，而看不出它们是在测量与消费观念无关的其他观念时，则可以说这一测量具有表面效度。

（2）准则效度（criterion validity）。准则效度也称为实用效度、预测效度或共变效度，指的是用一种不同以往的测量方式或指标对同一事物或变量进行测量时，将原有的一种测量方式或指标作为准则，用新的方式或指标所得到的测量结果与原有准则的测量结果做比较，如果新的测量方式或指标与原有的作为准则的测量方式或指标具有相同的效果，那么，我们就说这种新的测量方式或指标具有准则效度。

（3）建构效度。建构效度涉及一个理论的关系结构中其他概念（或变量）的测量。比如我们设计了一种测量方法，来测量人们的"婚姻满意度"，为了评价这种测量方法的效度，我们需要用到与婚姻满意度有关的理论命题或假设中的其他变量。假定我们有下列与婚姻满意度有关的理论假设：婚姻满意度与主动做家务的行为有关，且婚姻满意度越高，越是主动承担家务，那么，如果我们的测量在婚姻满意度与承担家务方面的结果具有上述一致性，则称我们的测量具有结构效度；如果婚姻满意度不同的对象在承担家务方面的行为都是一样的，那么，我们测量的结构效度就面临挑战。

最后需要特别注意的是，测量的效度与信度都是一种相对量，而不是一种绝对量，即它们都是一种"程度事物"。对于同一种对象，人们常常会采用各种不同的测量方法和各种不同的测量指标。也许这些方法和指标都没有错，但它们相互之间一定会在效度与信度这两方面存在程度上的差别。我们对它们进行评价和选择的标准则是：越是在准确性和一致性上程度更高的方法和指标，就越是好的测量方法，就越是高质量的测量指标。

3. 信度与效度之间的关系

测量的信度与效度之间存在着一定的关系。这种关系主要体现为三种情形。

有效度的测量一定是有信度的测量。简单地说，就是有效必可信。这一点从信度和效度的定义中很容易理解，当我们每次测量所得到的正是我们想要测量的概念或事物时，这种测量同时也一定是稳定的。"如果一种测量是有效的，则它将在任何时候都是正确的，从而也必定是可信的。"[①]

有信度的测量既可能是有效度的，也可能是无效度的。因为一种测量是可信的，只说明它具有稳定性，即多次重复测量的结果的一致性程度很高。但这种可信度并不涉及所测量的对象的准确性问题。当它所测量的的确是研究者所希望测量的对象时，它同时也是有效的。但当它所测量的并不是研究者所希望测量的对象时，它就是无效的。

无信度的测量一定也是无效度的。这个道理很简单，如果一种测量工具或手段的多次测量结果之间互不相同（即可信度很低），显然就无法保证这每一次的测量都准确地测出了同一个对象。

如果用打靶来形象地比喻测量，则可信度与有效度的这三种情形可以用图 5-5 表示。

---

① [美]肯尼思·D.贝利.现代社会研究方法[M].许真,译.上海：上海人民出版社,1986:92.

有效且可信的测量
靶心图

可信但无效的测量
偏靶图

不可信且无效的测量
散靶图

图 5-5　测量信度与效度关系示意图

拓展阅读：社会调查中测量有效度的挑战

美国社会学家艾尔·巴比指出："调查研究的一般特征是有效度（validity）较低而可信度（reliablity）较高。"（Babbie，1986：233）社会调查的这种有效度较低的特征，主要来自它对社会现象进行测量的方式和效果。有效度较低的实质是，许多社会调查中的测量并不总是在测量它所真正想要测量的东西。可以说，这是社会调查所面临的最为严重的挑战之一。

社会调查与实地研究中的观察不同，它不具备那种研究者"亲眼所见"的特征。从这种意义上说，它对社会现象的测量是间接的——通过询问被调查者而获得。由于有了中介物，由于需要询问（书面的或口头的），交流就不可缺少，概念、语言也就成为必需品，各种挑战也就由此而生。

我们知道，在日常生活中，人们交流时不必对所使用的每一个概念都进行十分明确的定义。比如说，当谈到"社会地位""同情心""正义感""疏远"这样一些抽象的概念时，尽管没有十分明确、十分严格的定义，人们却照样可以理解其含义，照样用它们进行交流。可是，在社会调查中（实际上在所有社会研究中），研究者不但必须对这样的概念进行界定，同时，还必须对它们进行操作化处理。否则，他将无法对它们进行测量，调查资料的收集和分析也就无法实现。

而一旦涉及概念的操作化，便会产生出一系列与之相关的问题。操作化是社会调查过程中最为困难也最为关键的步骤之一。它是调查者从抽象概念走到具体指标这样一条必经之路的"瓶颈"。只有经过了操作化的处理，他对社会现象的探讨才能够从"理论的天空"最终站到"现实的大地"。

通常，研究者需要将经过界定的概念（或变量）操作化为一组可观测的指标，并将指标转化为问卷中的具体问题。一般情况下，一个抽象概念往往具有多个不同的维度，其中每一个维度代表着概念内涵中的一个特定的侧面；而每一个维度往往又可以有多个不同的具体指标，每一个具体的指标体现着概念在这一侧面中的特定内涵。因此，从概念操作化的角度看，一个概念可能会有相当多的测量指标。如何选择一组最为全面、最为充分同时又最为合适、最为经济的测量指标,使它们对概念的测量具有很高的有效度,这对每一个调查者来说都是一种严峻的考验。

考验主要来自三个方面的问题。

其一,各种不同的概念在本质上是否能完全充分地被测量的问题,或者说,各种变量究竟能够在多大的程度上被测量的问题。对于有些概念,我们能够比较容易地并且是充分地进行测量,比如对人们的性别、职业、文化程度等概念(也可以说,这些概念的测量能够达到比较高的效度);但是,对许多更为抽象的概念我们却难以进行充分、完全的测量,比如对人们的社会地位、价值观、同情心、正义感等概念(这些概念的测量很难达到比较高的有效度)。这启示我们:社会调查中的许多测量往往只具有相对的效度,即都只是对某一概念的一定程度上的测量。或者说,都只是测量了这一概念的一部分内涵。

其二,社会调查中的各种测量是否真的在测量研究者所要测量的概念的问题。这是测量效度的本质体现,也是实际社会调查中存在问题最多的方面。举一个实际社会调查中出现的十分简单但却说明问题的例子。同样是要了解小学生的"身体健康状况",有的调查中采用的是"身高、体重"两项指标;有的则用"体育项目达标数量"来测量,也有的用"请病假次数"来测量,还有的用"老师的评价"为指标……我们能说这些指标不是在测量"身体健康状况"吗?可我们又真的能说它们都是在测量"身体健康状况"吗?

这些指标都与所测量的概念有关,这是事实。但是,"身高、体重"所反映的也许主要是学生身体的"发育状况",而非"健康状况";"体育项目达标数量"也许反映的主要是学生的"体育运动的能力和水平"。这两种指标所实际测量的并非调查者所希望测量的——这是效度较低的一种情况。"请病假次数"的确反映的是学生的"健康状况",一般情况下,身体越健康的学生,请病假次数越少;反之则越多。这一指标具有较高的表面效度。但是,在实际测量中,对于那些实际上生了病,但怕掉了功课却并没有请病假的情况,以及那些虽请了病假但实际上却并没有生病(而是因其他事情推托为病假)的情况,这一指标又没有能够真正测量出它所应该测量的——这是效度较低的另一种情况。至于"老师的评价"这一指标,不过是将调查者所应操作化的工作转嫁到老师身上,对于这一"指标",我们只需问一个进一步的问题:老师依据什么来评价?

其三,社会调查在测量上对信度的要求,也在某种程度上加剧了测量所面临的低效度的挑战。信度强调的是测量的稳定性、标准性。为了达到这种要求,调查研究者往往需要尽可能将原本十分复杂、十分深入、十分丰富并且是相互联系在一起的测量内容,人为地转化为过于简单的、表面化的、粗浅的、零散的和有限的具体指标。正是在这种转化的过程中,测量的效度被一点点瓦解。比如,参与到学生的学习活动中,通过观察、交谈来"测量"

学生的学习态度,往往具有比较高的效度。但当我们把这种测量变为让学生在问卷表上填答诸如"你上课是否记笔记?""你每周去几次图书馆?"之类的问题时,测量的有效度自然就大大降低了——我们所得到的这一组答案也许离我们实际想要测量的"学习态度"相去甚远!

参考文献:

BABBIE E. The Practice of Social Research[M]. 4th ed. Wadsworth Publishing Company, 1986.

摘自:风笑天.论社会调查方法面临的挑战——社会学方法问题探讨[M]//中国社会科学院社会学研究所.中国社会学年鉴(1995.7—1998).北京:社会科学文献出版社,1999:176-187.

基本概念

测量	定类测量	定序测量	定距测量	定比测量
量表	总加量表	李克特量表	语义差异量表	信度
再测信度	复本信度	折半信度	效度	表面效度
准则效度	操作化	概念	变量	指标

小测验(扫码做题)

阅读材料(扫码阅读)

1. 测量问题:《社会调查中不同收入测量方法的特点及其应用》。
2. 操作化例:《中国第一代城市独生子女的社会适应》。
3. 问题探讨:《当代中国人的生育意愿:我们实际上知道多少?》。

思考与实践

1. 对人们的"婚姻状况""受教育年限""学术水平"的测量,分别属于哪一层次的测量?
2. 量表主要是用来测量什么的?请设计一份用来测量人们对夫妻家庭角色看法的李克特量表。
3. 概念的抽象层次、涵盖面及其特征三者之间有何关系?试举例说明。
4. 试简要说明概念、变量、指标三者之间的联系与区别。
5. 请举例说明操作化在社会调查中的地位和作用。
6. 试将概念"越轨行为""上进心""媒介接触""生育意愿"操作化为一组测量指标。
7. 仔细分析前几章练习中你所找到的几篇调查报告中的基本变量及其操作化方法,看看你可否对其做一些改进或补充。
8. 试对"妇女社会地位"操作化指标一例中的指标进行分析和评价,并尝试对其中一些方面设计出更具体的测量指标。

第六章

问卷设计

社会调查的结论来自对真实反映社会现象的资料的科学分析,而问卷设计则是在收集这种"真实反映社会现象的资料"的过程中具有重大影响的关键环节之一,同时,它也是整个社会调查过程的难点之一。这是因为,社会调查方法与实验、观察、文献等方法的一个主要区别,就在于研究所需要的资料既不是靠研究者亲自耳闻目睹得到,也不是靠查阅文献资料获得,而是靠研究者以问卷作为工具从被调查者那里获得。所以,作为社会调查活动中一种中介物的问卷,其质量好坏,将直接影响到问卷的回收率,影响到调查资料的真实性、适用性,进而影响到整个调查的结果。另外,由于社会调查中的资料收集工作往往具有"一次性"的特点,一切问题都必须在正式调查前考虑好,一旦问卷发出,就难以更改和补救。所以,问卷设计在社会调查过程中占有十分重要的地位。在本章中,我们将详细地介绍问卷设计的原则、步骤、方法和具体的技术。

有关问卷设计方法的更为详细的介绍,读者可参看笔者的另一本专门著作。[①]

一、作为社会调查重要环节之一的问卷设计

本书第一章关于社会调查的定义中,十分突出地说明了研究者在社会调查中用来收集资料的主要工具就是问卷。在具体介绍问卷及其设计方法之前,有必要对问卷设计工作在整个调查研究过程中所处的位置、问卷设计与调查目标、抽样设计、概念操作化及其测量之间的关系进行说明,以便读者能在实际动手设计问卷之前,在逻辑上对问卷设计的工作有一个明确的思路。

1. 问卷设计与调查目标

各种不同的社会调查在目标上大体都可以分为描述性为主,或者解释性为主。正是由于调查总的目标的不同,问卷设计的思路上也有所不同。相对来说,描述性为主的调查对人们的行为、态度和特征等方面资料的收集更看重系统性和全面性,涉及的面往往很宽;而以解释性为主要目标的调查尽管也要去收集有关人们的行为、态度和特征方面的资料,但这种收集往往更多地受制于研究者的理论假设,在有些方面可能相当详细,在另一些方面则可能相对简单,还有些方面甚至完全忽略。因此,作为问卷的设计者,首先应该对调查的目标有明确的认识,学会从调查的目标来考虑问卷的设计工作。

---

① 风笑天.社会调查中的问卷设计[M].3版.北京:中国人民大学出版社,2014.

比如前面第五章例3中所提到的城市居民生活质量调查课题,其主要目标是:(1)通过实地调查,收集定量的资料,详细描述武汉市城区居民家庭生活质量的基本状况;(2)分析影响城市居民家庭生活质量的各种相关因素;(3)对测量居民家庭生活质量的主客观指标及其结构进行一定的理论探讨。其中,武汉市居民生活质量基本状况的描述是该项目最主要的目标。正是根据这一研究目标,研究者设计了比较系统的、用来测量城市居民生活质量各个不同方面的上百个问题,可以说是面面俱到。

2. 问卷设计与概念操作化

本章的问卷设计与前面一章中有关概念的测量和操作化的介绍有着更为密切的联系。社会调查中,研究者所关注的理论命题往往是由抽象的概念构成的。而作为经验研究方式的社会调查所面对和处理的则只能是经验的材料。因此,研究者在研究过程中的一项重要工作就是将抽象概念转化为经验事实。在这一过程中,操作化是关键的一环,其目标就是为在社会调查中构造出能够反映概念内涵的测量指标及其具体的测量工具做好准备。

研究者在调查的实施阶段正是依据概念操作化阶段所得到的测量指标和测量工具,来收集有关概念和命题的资料的。因而,在一定程度上,我们可以把概念的操作化看作是进行问卷设计的"指南""思路""依据""提纲"。而研究者所进行的问卷设计工作,则可以看成是这种概念操作化结果的更为具体体现和在实际实施过程中的落实。因此,我们也可以说,问卷设计工作是在概念操作化的"引导"和"指示"下进行的。二者之间的这种联系,可以用图6-1来表示。

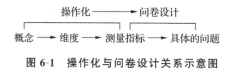

图 6-1 操作化与问卷设计关系示意图

3. 实际问卷设计过程的例子

这里以前面第五章例3中的城市居民生活质量调查为例子,简要说明问卷设计与调查目标,特别是与概念测量与操作化之间的关系。

在具体设计问卷之前,笔者就根据该项课题的基本目标和现有的条件,确定了调查问卷的基本要求和设计目标。这一点对于整个问卷设计工作来说起着某种"制定方针政策"的作用。由于课题的基本目标是详细描述武汉市居民生活质量的现状,同时,课题经费不是十分的充足,而调查的样本又不能太小,并且是最好尽量大一点。因此,测量主要维度的选择、特定指标的选取,都要尽量以全面描述现状为主,涉及的方面(即维度)当然越多越好。但同时问卷中的问题数目又要尽可能少一点,因为问卷中的问题多了,就会给实际调查工作带来很大的困难。特别是在调查样本比较大、调查经费十分有限的情况下,问卷中的问题一多,问卷的内容一长,调查的质量、调查所得资料的质量就会受到很大影响。

为了有针对性地设计出研究所需要的问卷,笔者首先查阅了若干有关生活质量的文献。查阅文献的目的,一是要弄清楚本研究的核心概念——生活质量的含义;二是要对前人已有的经验研究结果进行了解和借鉴。通过查阅,笔者了解到,从1985年以来,国内外的社会学者对我国城市居民的生活质量进行过几次较大规模的研究。其中比较重要的有美国社会学家林南教授与天津、上海两地社会学者合作进行的两项研究[①],北京大学社会学系在北京、西安、扬州三地的研究[②]以及北京经济学院的学者所做的中国人口生活质量的研究等[③]。特别有帮助的是,笔者还设法得到了天津、上海、北京三项调查所用的问卷。

通过阅读上述文献,笔者不仅对生活质量的概念有了更清楚的认识,而且也了解到这一概念所包含的各种维度和具体的测量指标。比如,笔者了解到,居民的生活质量涉及人们的居住、环境、工作、财产与消费、家庭生活、闲暇、健康、邻里关系、社会交往等众多不同的维度,同时也了解到,测量居民的生活质量既需要客观的指标,又需要主观的指标。查阅相关文献的工作为笔者的概念测量和操作化工作奠定了基础,形成了比较系统的操作化指标体系,也就是前面第五章例3的结果。

然后,研究者根据对生活质量概念操作化的结果,围绕每一个操作化指标,按照本章下面将介绍的有关问题的形式、问题的语言、提问的方式、答案的类型等设计的具体要求进行了设计。并按问卷设计中问题排列的原则将问题组合成一份调查问卷。通过将问卷初稿进行试调查,并根据试调查发现的问题,笔者又对问卷进行了修改,形成了最终用于正式调查的问卷。为便于读者对照学习,笔者将该问卷作为附录一放在了书后,读者可以参考。

二、问卷的概念及其结构

1. 什么是问卷

问卷(questionnaires)是社会调查中用来收集资料的一种工具,一种类似于体温表、测力器、磅秤、米尺那样的工具。只不过与这些工具不同的是,问卷在形式上是一份精心设计的问题表格,而其用途则是用来测量人们的行为、态度和社会特征,它所收集的是有关社会现象和人们社会行为的各种资料。

根据社会调查中使用问卷的方法,我们把问卷划分为两种不同的类型:一种称为自填式问卷,即由调查员发给(或邮寄给)被调查者,由被调查者自己填写的问卷;另一种称为访问式问卷,即由调查员按照问卷向被调查者提问,并根据被调查者的回答进行填写的问卷。这两种类型的问卷在设计程序、设计原则、内容与结构等方面都是相同或相似的,只是在设计方法与使用方法上有一定差别。

2. 问卷的一般结构

尽管实际调查中所用的问卷各不相同,但是它们往往都包含这样几个部分:封面信、指导语、问题、答案、编码等。下面我们逐一介绍。

(1)封面信,即一封致被调查者的短信。它的作用在于向被调查者介绍和说明调查的目

---

① 林南,王玲,潘允康,等.生活质量的结构与指标——1985年天津千户户卷调查资料分析[J].社会学研究,1987(6):73-89;林南,卢汉龙.社会指标与生活质量的结构模型探讨——关于上海城市居民生活的一项研究[J].中国社会科学,1989(4):75-97.

② 卢淑华,韦鲁英.生活质量主客观指标作用机制研究[J].中国社会科学,1992(1):121-136.

③ 冯立天.中国人口生活质量研究[M].北京:北京经济学院出版社,1992.

的、调查单位或调查者的身份、调查的大概内容、调查对象的选取方法和对结果保密的措施等。封面信的语言要简明、中肯,篇幅宜小不宜大,短短两三百字最好。虽然封面信的篇幅短小,但在问卷调查过程中却有着特殊的作用。研究者能否让被调查者接受调查并认真地填写问卷,在很大程度上取决于封面信的质量。特别是对于采用邮寄问卷的方式进行的社会调查来说,封面信的好坏影响就更大。因为有关调查的一切情况,都得靠封面信来说明和解释。

在封面信中,我们应该说明哪些方面的内容呢?

首先,要说明调查者的身份,即说明"我是谁"。比如"我们是武汉市委政策研究室的工作人员,为了……"当然,调查者的身份也可以通过落款来说明,比如落款为:天津市委政策研究室物价问题调查组。但是,如果落款只写"婚姻家庭调查组""物价问题调查组",而不注明具体单位,是不妥的。因为被调查者看到这样的署名,仍不知你们是哪里的,是些什么人,这样就会增加他们的疑虑和戒备心理。所以,在这方面,调查者应该"襟怀坦白",大大方方,让被调查者越清楚越好。除了写清单位、组织外,最好还能附上单位的地址、电话号码和联系人的姓名等,以便消除被调查者的疑虑,体现调查的正式性。本书附录中所附问卷的封面上,就印上了调查单位的地址、电话、邮政编码和负责人姓名。

其次,要说明调查的大致内容,即"调查什么"。但要注意的是,一方面,对调查内容的介绍不能欺骗被调查者,不能在封面信中说调查甲类问题,而问卷中却调查乙类问题。另一方面,我们对调查内容的说明,既不能含含糊糊,甚至完全不谈,也不能过于详细地去谈,通常的做法是用一两句话概括地、笼统地指出其内容的大致范围就行了。比如,"我们正在我市居民中进行物价改革方面的调查",或者"我们这次调查主要想了解全市人民对我市交通问题的看法"等。

再次,要说明调查的主要目的,即"为什么调查"。对于调查的目的,应尽可能说明其对于整个社会,尤其是对于包括被调查者在内的人民群众的实际意义,而不能只谈"为了进行科学研究"等。比如,"我们这次调查的目的,是要摸清我市目前市场物价的现状和存在的问题,以便为市政府制定物价改革的有关政策提供科学的依据,为进一步改善我市居民的生活服务"。

最后,要说明调查对象的选取方法和对调查结果保密的措施。对于来访和调查,一般人或多或少总存在一定的戒心。为了消除被调查者的这种戒心,应该在封面信中简明扼要地作点说明。比如,"我们按照科学的方法挑选了一部分居民作为全市居民的代表,您是其中的一位。本调查以不记名方式进行,并且,根据国家的统计法,我们将对统计资料保密,所有个人资料均以统计方式出现。"另外,还应该明确地说明"本次调查不用填写姓名和单位,答案无对错之分,请你不必有任何顾虑。"

在信的结尾处,一定要真诚地感谢被调查者的合作与帮助等。

下面是一份实际调查问卷的封面信。

中国儿童发展研究(CCS——1990)

家长调查表

学生编号□□□□□□□□

亲爱的家长:　　您好!

首先请原谅打扰了您的工作和休息!

儿童是祖国的未来,儿童的成长和教育是家长们十分关心的问题。为了探索儿童成长和教育的规律,我们在北京、湖南、安徽、甘肃等地开展了这项调查,希望得到家长们的支持和帮助。

本调查表不用填写姓名和工作单位,各种答案没有正确、错误之分。家长们只需按自己的实际情况在合适的答案上打"√",或者在____中填上适当内容。请您在百忙之中抽出一点时间填写这份调查表。

为了表示对您的谢意,我们为您的孩子准备了一份小小的礼物,作为这项调查活动的纪念。

祝您的孩子健康成长!

北京大学社会学系"儿童发展研究"课题组
1990 年 3 月

(2)指导语。指导语即用来指导被调查者填答问卷的各种解释和说明,其作用和仪器的使用说明相似。有些问卷的填答方法比较简单,指导语很少,常常只在封面信中用一两句话说明即可。比如,"请根据自己的实际情况在合适的答案号码上画圈或者在空白处直接填写。"有些指导语则集中在封面信之后,并标有"填表说明"的标题,其作用是对填表的方法、要求、注意事项等做一个总的说明。

下面是一份社会调查的"填表说明"。

填 表 说 明

① 请在每一个问题后适合自己情况的答案号码上画圈,或者在____处填上适当的内容。
② 问卷每页右边的数码及短横线是上计算机用的,您不必填写。
③ 若无特殊说明,每一个问题只能选择一个答案。
④ 填写问卷时,请不要与他人商量。

另外,有些指导语则分散在某些较复杂的调查问题后,以便对填答要求、方式和方法进行说明。

(3)问题及答案。这是问卷的主体,也是问卷设计的主要内容。问卷中的问题从形式上看,可分为开放式与封闭式两大类。所谓开放式问题(open-ended question),就是那种只提出问题,但不为回答者提供具体答案,由回答者根据自己的情况自由填答的问题。而封闭式问题(closed-ended question)则是在提出问题的同时,还给出若干个答案,要求回答者根据实际情况进行选择。比如,"你最喜欢看哪类电视节目"就是一个开放式问题。但是,当我们在这个问题下面列出了若干个答案,要求回答者选择其一作为回答时,就变成了封闭式问题。比如:

你最喜欢看哪类电视节目?
①新闻节目　②体育节目　③文艺节目　④其他节目

开放式问题的主要优点是允许回答者充分自由地发表自己的意见,因而,所得资料丰富生动。其缺点是资料难以编码和统计分析,对回答者的知识水平和文字表达能力有一定要求,填答所花费的时间和精力较多,还可能产生一些无用的资料。

封闭式问题的优点是填答方便,省时省力,资料易于做统计分析。其缺点是资料失去了自发性和表现力,回答中的一些偏误也不易发现。

根据开放式问题与封闭式问题的不同特点,研究人员常常把他们用于不同的调查中。比如在探索性调查中,常常用开放式问题构成的问卷;而在大规模的正式调查中,则主要采用以封闭式问题构成的问卷。

(4) 编码及其他资料。在较大规模的调查中,研究者常常采用以封闭式问题为主的问卷。为了将被调查者的回答转换成数字,以便输入计算机进行处理和定量分析,往往需要对回答结果进行编码。所谓编码(coding),就是赋予每一个问题及其答案一个数字作为它的代码。下面就是问卷编码的一个例子。

A1 您的性别: ①男　②女
A2 您的年龄: _____ 周岁
A3 您的文化程度: ①小学及以下　②初中　③高中或中专　④大专以上
A4 您的职业属于下列哪一类: ①生产运输工人和有关人员　②商业人员
　　③党政企事业单位负责人　④服务业人员　⑤党政企事业单位一般工作人员
　　⑥个体经营人员　⑦各类专业技术人员　⑧离退休人员
　　⑨其他职业人员(请写明)
A5 您的婚姻状况: ①未婚　②已婚　③离异　④丧偶　⑤其他
A6 请问您有几个孩子? _____ 个

上例中,问题的代码分别为 A1,A2,A3,…,A6,而每个问题中的每个答案也都被赋予一个阿拉伯数字作为代号,比如 A1 中,男性被赋予数字 1,而女性被赋予数字 2;A3 中的小学及以下文化程度被赋予数字 1,大专以上文化程度则被赋予数字 4,如此等等。

根据问卷中问题形式的不同,代码的赋予形式也略有不同。对于填空形式的问题,比如上例中的 A2 和 A6,问卷中没有标出具体答案,而是给被调查者留了一个空白位置,让其根据自己的情况,直接将数字填入空白位置。因此,我们就用回答者所填写的数字作为其回答答案的代码值。比如,甲回答年龄为 36 岁,他在空白中填下 36,这个数字就是他在 A2 这一问题所给予的答案的代码值。

对于选择回答的问题(这是问卷中使用最多的一种问题形式),我们一般直接用 1、2、3、4、5 等数字作为问题的答案的代码值。值得提醒的是,这些代码值虽然都是我们在算术中所使用的阿拉伯数字,但它们此时却不能作为那种数字来进行各种运算。它们此时仅仅只能作为各种不同答案类别的一个代号或一种记号。

编码既可以在问卷设计的同时就设计好,也可以等调查资料收集完成后再进行。前者称为预编码(precoding),后者称为后编码(postcoding)。在实际调查中,研究者大多采用预编码,因此,编码也就成了问卷中的一个部分。预编码除了给每个问题和答案分派数字以外,还会为调查后的资料转换和数据录入作一定的准备。即在问卷上设计好资料转换栏。资料转换栏一般放在问卷每一页的最右边,有时还可用一条竖线将它与问题及答案部分分开。下面就是资料转换栏的一个例子。

①您的年龄: _____ 岁　　　　　　　　　　　　　　　　　1~2 ____
②您的性别:①男　　　　　　　　　　　　　　　　　　　　3 ____
　　　　　②女

③ 您的文化程度：①小学以下　　　　　　　　　　4 ____
　　　　　　　②初中
　　　　　　　③高中或中专
　　　　　　　④大专以上
④ 您每月的收入为多少？_____元　　　　　　　5~8 ____

对于第一个问题来说，一般人们的年龄往往在100岁以内，故编码中给出两栏，序号为1~2(对于极个别大于99岁的人往往记为99岁)。第二、第三个问题都只可能选择一个答案，且答案数目小于10，故分别只给一栏。第四个问题的答案往往处于10 000之内，故给四栏。

除了编码以外，有些访问问卷还需要在封面印上访问员姓名、访问日期、审核员姓名、被调查者住地等有关资料。

三、问卷设计的原则

在实际动手设计问卷之前，我们的头脑中应该牢记下面的几条基本原则。这些原则虽然并不直接涉及问卷设计的具体方法和技术，但在某种意义上说，它的重要性也许并不亚于具体方法的介绍。

1. 要明确问卷设计的出发点

问卷作为调查者用来收集资料的工具，对其进行设计时，自然要考虑调查者的需要，这一点是不容置疑的。也就是说，问卷设计要紧紧围绕所研究的问题和所要测量的变量来进行，要尽可能做到所收集的正是所需要的资料，不多也不少。即既不漏掉一些必需的资料，也不包含一些无关的资料。但是，如果光从研究者的需要来考虑，而不考虑到被调查者的实际情况，那么所设计的问卷往往会存在一些不妥的地方。比如，有些问卷长达40页，问题数目多达几百个；有些问卷中的问题设计得过于复杂，一个问题中包含着156个子问题；有些问卷中的问题还需要回答者进行难度较大的回忆和计算；等等[①]。这些情况都是设计时没有为回答者着想，没有从回答者的角度进行考虑的结果。

我们知道，社会调查实质上是调查者通过问卷向被调查者了解情况的过程，这一过程可以简单表示为：调查者—问卷—被调查者。"调查者—问卷"这一环节，指的是调查者按照研究的目的和意图设计出问卷。如果仅从这一点考虑，问卷设计的出发点当然就是调查者，即问卷设计时要一切为着调查者的需要。但是，问题还有另外的一半。在"问卷—被调查者"这一环节中，问卷则会对众多被调查者产生影响。尤其应该认识到，我们所调查的对象不是机器，而是具体的人，不同质量、不同形式的问卷，对被调查者提出的要求和产生的影响也各不相同。因此，要使我们的调查取得好的效果，设计问卷时不能只把注意力放在编制什么问题上，还要注意问卷调查过程中人的因素。要多为回答者着想，多从回答者的角度考虑，尽

---

① 风笑天.社会调查中的问卷设计[M].3版.北京：中国人民大学出版社，2014.

量为他们填答问卷提供方便,减少困难和麻烦。

2. 明确阻碍问卷调查的各种因素

由于问卷调查需要被调查者的密切合作,因此,在设计问卷时,必须对那些在问卷调查过程中可能出现的阻碍因素有清楚的认识。

阻碍被调查者合作的因素主要有两个大的方面。

(1) 主观上的障碍。即被调查者因在心理上和思想上对问卷产生的各种不良反应所形成的障碍。比如,当问卷内容太多,问卷表太厚,或者问卷中需要花时间思考、回忆、计算的问题太多时,回答者就容易产生畏难情绪;当问卷中的问题涉及个人隐私等敏感的内容时,回答者就容易产生种种顾虑;当问卷的封面信对调查的目的、内容、意义解释不够时,回答者就可能对问卷调查不重视,缺乏积极合作的责任感;而当问卷内容脱离被调查者的生活实际,或者所用的语言与被调查者的文化背景不协调,或者问卷形式设计得呆板、杂乱时,被调查者就可能对问卷调查毫无兴趣,置之不理,甚至将问卷表弃如废纸。

(2) 客观上的障碍。即由被调查者自身的能力、条件等方面的限制所形成的障碍。比如说阅读能力带来的限制。一个被调查者起码要能看得懂问卷才能做出他的回答,如果问卷的格式较复杂、问题较抽象或者语言不通俗易懂,那么,有些文化程度较低的被调查者就很难看懂问卷的内容和要求。又如理解能力的限制。无论是对于问题的内容还是对于填写问卷的方法,常常会有一些被调查者理解不了,因而,对他们来说,问卷调查就是不可行的。还有记忆能力、计算能力所带来的限制。在问卷中,研究者常常询问有关被调查者过去的经历或生活的问题,也常常询问诸如每年的收入、每月的生活费用、每天用于某件事的时间等问题,这些问题常常要求被调查者进行一定的(有时甚至是困难的)回忆、思考和计算。然而,并不是每个人对自己所经历过的各种事情都能回忆得起来,也并不是每个人都能按调查者的要求进行计算的。如果我们不设身处地为被调查者考虑,那么一些回答者就会由于上述种种客观条件的限制而放弃答卷,从而减少了调查问卷的回收率,影响到调查质量。

3. 明确与问卷设计紧密相关的各种因素

一份问卷的设计工作远远不止是列出一组问题,它还涉及许多在问卷上看不到的因素,并受这些因素的影响和制约。这些因素包括调查的目的、调查的内容、样本的性质、问卷的使用方式,等等。

(1) 调查的目的。对于任何一项问卷设计工作来说,调查的目的就是其灵魂,因为它决定着问卷的内容和形式。如果调查的目的只是为了了解被调查对象的一般情况,那么,问卷设计就应该主要围绕着被调查对象各个方面的基本事实来进行。如果其目的不是一般的描述,而是要做出解释和说明,那么,问卷设计就要紧紧围绕着研究假设和关键变量来进行,问卷中必须问什么、不必问什么都将严格受到研究假设的制约。

(2) 调查的内容。调查的内容也是影响问卷设计工作的一个主要因素。对于那些回答者比较熟悉的调查内容、容易引起回答者参与兴趣的调查内容、不会对被调查者产生心理压力的调查内容来说,问卷设计工作就相对容易一些。这时,问卷的内容可相对详细、深入,提问可以比较直接,问题的数目可以适当多一点。但当调查的内容回答者不熟悉时,或者调查内容比较枯燥,不易引起他们的兴趣时,特别是涉及一些敏感的内容时,问卷设计工作就要困难一些。这时,问卷中的问题相对来说就只能问得概略一些、浅显一些、间接一些,问题的数量也应少一些,而问卷的封面信和指导语就得比较详细,措辞也得更加小心。

(3) 样本的性质。样本的性质即样本的构成情况,对问卷设计工作同样有着较大的影响。构成调查样本的被调查者是些什么样的人,他们的职业、文化程度、性别、年龄的分布状况如何,相互之间差异大小等,都是设计者应该有所了解的。因为即使是同样的调查目的和同样的调查内容,用于工人样本中的问卷和用于大学生样本中的问卷在设计上的要求也是不尽相同的。用于工人样本的问卷,其语言应该更通俗、简单和口语化一些,问题的数量也应少一些;而用于大学生的问卷,语言就可以书面化一些,问题可以复杂一些,数量也可以多一些。

(4) 问卷的使用方式。问卷设计还要充分考虑到问卷的使用方式和资料的分析方式,因为不同的使用和分析方式对问卷有着不同的要求。若对资料主要进行定性分析,那么就应以开放式问题为主;反之,若进行定量分析,则应以封闭式问题为主。对于自填式问卷来说,设计应该尽量简单明了,便于阅读,便于理解,便于填写;若是访问问卷,则可相对复杂一些;用于邮寄方式进行调查的问卷,要特别注意封面信的设计。

除上述各种因素外,当然还不能忽视调查经费多少、调查人员多少、调查时间长短等对问卷设计工作的限制。

四、问卷设计的步骤

1. 探索性工作

要设计一份调查问卷,第一步工作并不是马上动手去列出调查的问题,而是要先做一定的探索性工作。即先摸摸底,熟悉和了解一些基本的情况,以便对各种问题的提法和可能的回答有一个初步的认识。做这种探索工作的常见方式,是设计者围绕所要调查的问题,自然地、随便地与各种对象交谈,并留心观察他们的特征、行为和态度,同时还要做好访谈记录。通过交谈,常常可以避免在设计问卷时出现许多含糊的问题,也可以避免设计出不符合客观实际的答案来。这是因为,当我们在交谈中提出的问题含糊不清时,回答者必然会提出疑问。而熟悉和了解各种类型的调查对象对某一问题所给予的具体回答,就为设计者根据实际情况恰当地设计出这一问题的各种答案奠定了基础。

2. 设计问卷初稿

经过了探索性工作后,我们就可以动手设计问卷初稿了。20世纪80年代以前,计算机还没有普及,所以,研究者设计问卷初稿时往往采取以下两种方法:一是卡片法,二是框图法。

卡片法的第一步是根据探索性工作所得到的印象和认识,把每一个问题写在一张卡片上。第二步是根据卡片上问题的主要内容,将卡片分成若干堆,即把询问相同事物的问题卡片放在一起。第三步是在每一堆中,按合适的询问顺序将卡片前后排序。第四步是根据问卷整体的逻辑结构排出各堆的前后顺序,使卡片联成一个整体。第五步是从回答者阅读和填答问题是否方便、是否会形成心理压力等角度,反复检查问题前后顺序及连贯性,对不当之处逐一调整和补充。最后把调整好的问题卡片依次写到纸上,形成问卷初稿。

框图法和卡片法不同,它的第一步是根据研究假设和所需资料的内容,在纸上画出整个问卷的各个部分及前后顺序的框图。第二步是具体地写出每一个部分中的问题及答案,并安排好这些问题相互间的顺序。第三步是根据回答者阅读和填写问卷是否方便等方面,对所有问题进行检查、调整和补充。最后将调整的结果重新抄在另外的纸上,形成问卷初稿。

这两种方法的差别在于:前者是从具体问题开始,然后到部分,最后到整体;而后者相反,先从总体结构开始,然后到部分,最后到具体问题。由于前者采用卡片形式,故很容易着手进行,尤其是在调整问题的前后顺序和修改问题方面,卡片法十分方便。但同时又由于每一问题散见在一张张卡片上,故往往难以从整体上进行安排、调整和修改。为了采用二者的长处,避免二者的不足,可以将两种方式结合进行。

现在有了计算机的帮助,设计问卷的工作就变得更加方便了。所有工作都可以在计算机上利用 WORD 软件来完成。由于 WORD 文件中可以非常方便地复制、删除、移动,相当于起到了卡片的作用,所以,我们可以按以下方法来进行:

第一,根据研究目标、假设和概念框架,列出所需资料的各大部分的标题和内容,并初步安排好各个方面的前后顺序结构;

第二,在每一个大的部分中,根据探索性工作中所得到的各种具体问题及其答案,尽可能详细地设计出这一部分的各种调查问题;

第三,在完成每一个大的部分的具体问题设计后,逐一对每一个大的部分中问题的前后顺序进行安排,并注意到不同大的部分之间问题的衔接;

第四,从问卷整体的长度以及便于回答、减少心理压力等方面,从头至尾对问卷中的每一个问题进行检查、增删和调整;

第五,将修改和调整好的问卷按正式调查问卷的格式编排和打印出来,并加上封面信、指导语、编码等内容,形成问卷初稿。

3. 试用

问卷初稿设计好后,不能直接将它用于正式调查,而必须对问卷初稿进行试用和修改。试用这一步在问卷设计的过程中至关重要,对于大型调查来说更是不能不做。试用问卷初稿的具体方法有两种,一种叫客观检验法,另一种叫主观评价法。

客观检验法的具体做法是,将问卷初稿打印若干份,然后采取非随机抽样的方法选取一个小样本,用这些问卷初稿进行调查。最后认真检查和分析试调查的结果,从中发现问题和缺陷并进行修改。检查和分析的方面有以下几个。

(1) 回收率。如果回收率较低,比如说 60% 以下,那么说明问卷设计上有较大的问题。

(2) 有效回收率,即扣除各种废卷后的回收率。它比回收率更能反映问卷初稿的质量。因为收回的废卷越多,说明回答者填答完整的就越少,这也就意味着问卷初稿中的毛病可能较多。

(3) 填写错误。填写错误有两类,一类是填答内容的错误,即答非所问。这是由于对问题含义不理解或误解造成的。对于这种情况,一定要仔细检查问题的用语是否准确、清晰,含义是否明确、具体。另一类是填答方式的错误。这主要是由于问题形式过于复杂,指导语不明确等原因所致。

(4) 填答不完全。填答不完全的情形主要也有两类。一是问卷中某几个问题普遍未回答;二是从某个问题开始,后面部分的问题都未回答。对于前一种情况,就要仔细检查这几个问题,分析出大部分被调查者未回答的原因,然后改进;对于后一种情况,则要仔细检查中断部分的问题,分析出回答者"卡壳"的原因。

主观评价法的具体做法是,将设计好的问卷初稿抄写或复印若干份,分别送给该研究领域的专家、研究人员以及典型的被调查者,请他们直接阅读和分析问卷初稿,并根据他们的经验和认识对问卷进行评论,指出不妥之处。比如,我们准备进行一项有关城市交通问题的社会调查,当设计好调查问卷后,我们采用主观评价法对问卷进行试用,可以将复印的问卷初稿分别送到城市交通管理部门的有关人员、公共汽车公司的司售人员、出租车司机、公安局的交通民警等人手中,请他们从各自的角度对问卷中的问题进行检查和评论,提出他们的具体意见。

4. 修改定稿并印制

根据上述方法找出问卷初稿中所存在的问题后,逐一对问卷初稿中的毛病进行认真分析和修改,最后才能定稿。在对修改后的问卷进行印制的过程中,同样要十分小心和仔细。无论是版面安排上的不妥,还是文字上、符号上的印刷错误,都将直接影响到最终的调查结果。只有经过了试用和修改,并对校样反复检查后,才能把问卷送去印刷,并用于正式调查中。

五、题型及答案的设计

1. 问题的形式

(1) 填空式。即在问题后划一短横线,让回答者直接在空白处填写。

例 1　请问您家有几口人？　　　　　　　____口
例 2　您的年龄多大？　　　　　　　　　____周岁
例 3　您有几个孩子？　　　　　　　　　____个
例 4　您每天上班在路上需要多少时间？　____分钟

填空式一般只用于那些对回答者来说既容易回答,又容易填写且通常只需填写数字的问题。

(2) 二项选择式。即问题的答案只有是和不是(或其他肯定形式和否定形式)两种,回答者根据自己的情况选择其一。这种形式的问题有两种不同的情形。一是问题所能列举的答案本身就只有两种可能的类别。比如询问人们的性别时,答案只可能有"男""女"两种,例5、例6、例7就是这种情形的例子。另一种是在询问人们的态度或看法时进行的两极区分,例8、例9就是这种问题的例子。

　　例5　您是共青团员吗？　　　　　　　　　　　是　☐　　不是　☐
　　例6　您是否住在本市？　　　　　　　　　　　是　☐　　不是　☐
　　例7　您家有小汽车吗？　　　　　　　　　　　　　　　　有　☐　　没有　☐
　　例8　您是否同意民主选举部门负责人？　　　　同意　☐　　不同意　☐
　　例9　您是否同意"主观为自己,客观为他人"的说法？　　同意　☐　　不同意　☐

　　二项选择式这一问题形式在民意测验、市场调查所用的问卷中用得最多。其特点是答案简单明确,可以严格地把回答者分成两类不同的群体,可以简化人们的回答分布,便于集中、明确地从总体上了解被调查者的看法。它的缺点是:一方面,对于态度问题它所得到的信息量太少,两种极端的回答类型不能很好地测量出人们在态度上的程度差异,因而不便于了解和分析回答者中客观存在的不同的态度层次。另一方面,这种问题形式也会使得原本处于中立状态的回答者唯心地偏向一方,因而它在一定程度上带有强迫选择的性质。

　　(3) 多项单选式。即给出的答案至少在两个以上,回答者根据自己的情况选择其一作为回答。这是各种社会调查问卷中采用得最多的一种问题形式,其答案特别适合于进行频数统计和交互分析。在设计上,这种问题形式的关键之处是要保证答案的穷尽性和互斥性。在具体表达方式上,多项单选式又有几种不同类型,见下列例子。

　　例10　您的文化程度是:(请在合适答案号码上打"√")
　　①小学以下　　②初中　　③高中或中专　　④大专以上
　　例11　您的婚姻状况是:(请在合适答案后的方框中打"√")
　　①未婚　☐　　②已婚　☐　　③离异　☐　　④丧偶　☐　　⑤其他　☐
　　例12　您最喜欢看哪一类电视节目？(请在合适的答案后的括号里打"√")
　　①新闻节目(　)　　②电视剧(　)　　③体育节目(　)
　　④广告节目(　)　　⑤其他(请写明)＿＿(　)

　　(4) 多项限选式。与多项选一式有所不同的是,我们可以在所列举的多个答案中,要求回答者根据自己的情况从中选择若干个。比如将例12改成多项限选式,变为例13。例14也是多项限选式的一个例子。

　　例13　您最喜欢看哪些电视节目？(请从下列答案中选择三项在括号内打"√")
　　①新闻节目(　)　　②电视剧(　)　　③体育节目(　)
　　④广告节目(　)　　⑤教育节目(　)　　⑥歌舞节目(　)
　　⑦少儿节目(　)　　⑧其他节目(请写明)＿＿(　)
　　例14　您生育孩子的主要动机是什么？(请从下列答案中选择三项在括号内打"√")
　　①传宗接代(　)　　②完善人生(　)　　③增加夫妻感情(　)
　　④养儿防老(　)　　⑤扩大家族势力(　)　　⑥体验做父母的乐趣(　)
　　⑦增加劳动力(　)　　⑧没考虑过(　)　　⑨其他(请写明)＿＿(　)

　　多项限选式的优点是,在有些情况下它比多项选一的方式更能反映被调查者的实际情况。因为在很多方面人们实际上是存在着不止一种选择的,比如例13、例14,而这种形式就给了回答者更充分地表达自己情况的机会。需要注意的是,此时的问题编码已不是1个,而是3个。对这种问题的答案,我们可以作频数统计,以比较不同答案被选择的比例。但另一方面,我们却无法从这种形式的问题回答中看出被调查者选择的顺序,即当统计结果显示选择答案 1 和答案 3 的比例均为 25% 时,我们只能得出这两个动机在被调查者中是同等重要的结论,而无法区分和比较它们之间实际存在的程度差别。

(5) 多项排序式。这种方式可以说是针对多项限选式的不足而出现的一种问题类型,在一定程度上可以看成是多项单选式和多项限选式的一种结合。它一方面要求被调查者在所给出的多个答案中选择两个以上(但有限)的答案,另一方面又要求被调查者对他所选择的这些答案进行排序,比如例 15。

例 15 您认为作为一名企业领导最重要的三条素质是什么?(请将答案号码填入下表中)

第一重要	第二重要	第三重要

①大公无私 ②坚持原则 ③敢想敢干 ④以身作则 ⑤团结群众
⑥思想敏锐 ⑦业务熟悉 ⑧文化程度高 ⑨其他(请写明)____

多项排序式的结果可以按 3 个变量分别进行统计,若要将此表的 3 项回答结果合并成类似多项选一式那样的一个单一的结果进行统计分析,则需要对答案进行加权平均。一般的做法是:给第一重要栏的结果加权 3,给第二重要栏的结果加权 2,给第三重要栏的结果加权 1。将每一答案的各种频率(被选为第一、第二或第三重要的频率)分别乘以加权值,然后相加并除以 6(总的加权数=3+2+1=6),就得到该答案的相对频率 p;用这一相对频率就可以进行类似多项选一式那样的统计分析了。其计算方法可以用下列公式表示

$$p = \frac{D_1 \times 3 + D_2 \times 2 + D_3 \times 1}{3+2+1}$$

式中,D_1、D_2、D_3 分别代表选择答案 1、答案 2 和答案 3 的频率。

假设上例中选择答案 1 的频率分别为第一重要 30%、第二重要 20%、第三重要 20%,而选择答案 2 的频率分别为第一重要 20%、第二重要 10%、第三重要 10%,那么,这两个答案的相对频率分别为

答案 1:$p1=(30\% \times 3+20\% \times 2+20\% \times 1)/6=25\%$

答案 2:$p2=(20\% \times 3+10\% \times 2+10\% \times 1)/6=15\%$

(6) 多项任选式。多项任选式则是在所提供的答案中,被调查者可以任意选择各种不同数目答案的一种问题形式。比如例 16。

例 16 在以下各种家用物品中,您家有哪些?(请在您家有的物品答案上打"√")
①彩色电视机 ②摄像机 ③家庭影院 ④空调器 ⑤洗衣机
⑥电冰箱 ⑦计算机 ⑧微波炉 ⑨电话

需要注意的是,这种形式的问题实际上已不再是"一个"问题了,它在某种意义上已经变成了"多个"类似的问题。即针对每一个具体答案而提出的多个问题。因此,在对问题进行编码的时候,不能像多项选一式那样只给一个码,而是要将每一个答案都看成一个变量,都给一个编码。这样,此例中的"变量"就有 9 个,编码时也就要给 9 个码了。

(7) 表格式。就是将同一类型的几个问题集中在一起,用表格的形式统一表达出来。比如例 17。

例 17 你觉得下列现象在你们学校是否严重?(请在每一行适当的格中打"√")

现象	很严重	比较严重	不太严重	不严重	不知道
①迟到					
②早退					
③请假					
④旷课					

表格式的问题具有节省篇幅的优点,同时还显得更为整齐、醒目。但应当注意的是,这种形式虽然具有简单集中的优点,但也容易使人产生呆板、单调的感觉,在一份问卷中这种形式的问题不宜用得太多。

2. 答案的设计

由于社会调查中的大多数问卷主要由封闭式问题构成,而答案又是封闭式问题非常重要的一部分,因此,答案设计得好坏就直接影响到调查的成功与否。关于答案的设计,除了要与所提的问题协调一致以外,特别要注意做到使答案具有穷尽性和互斥性。

所谓答案的穷尽性,指的是答案包括了所有可能的情况。比如说例 18 问题的答案就是穷尽性的。

例 18 您的性别(请选一项打"√")
①男　　　　②女

因为对于任何一个被调查者来说,问题的答案中总有一个是符合他的情况的,或者说每个回答者都一定是有答案可选的。但是,如果有某个回答者的情况不包括在某个问题所列的答案中,那么这个问题的答案就一定不是穷尽的,或者说是有所遗漏的。比如例 19 问题的答案就不是穷尽的。

例 19 您最喜欢看哪类电视节目?(请在合适的答案号码上打"√")
①新闻节目　②体育节目　③电视剧　④教学节目

之所以说它是不穷尽的,是因为所列的答案并不是全部电视节目种类,所以,肯定会有许多回答者无法填答这样的问题。比如有的人喜欢广告节目,有的人喜欢军事节目等,而答案中却没有这些内容。解决这类问题的办法是,在所列举的若干个主要答案后面,再加上一个"其他"类,这样,那些无法选择所列举答案的人,总是可以选择这一答案的。当然,应该注意的是,如果一项调查结果中,选择"其他"一栏的回答者人数相当多,那么,说明问卷中所列答案的分类是不恰当的,即有些比较重要的答案类别没有单独列出。

所谓答案的互斥性,指的是答案互相之间不能交叉重叠或相互包含,即对于每个回答者来说,最多只能有一个答案适合他的情况。如果一个回答者可同时选择属于某一个问题的两个或更多的答案,那么这一问题的答案就一定不是互斥的。例 20 问题的答案就不是互斥的。

例 20　您的职业是什么？（请在合适答案号码上打"√"）
①工人　　　②农民　　　③干部　　　④商业人员　　⑤医生
⑥售货员　　⑦专业人员　⑧教师　　　⑨其他

因为答案中的"商业人员"与"售货员"之间，"专业人员"与"教师""医生"之间都是不互斥的。

六、问题的语言及提问方式

语言是问卷设计的基本材料，要设计出含义清楚、简明易懂的问题，必须注意问题的语言。问题措辞的基本原则是简短、明确、通俗、易懂。在问卷设计中，对问题的语言表达和提问方式有下列常用的规则。

(1) 问题的语言要尽量简单。无论是设计问题还是设计答案，所用语言的第一标准应该是简单。要尽可能使用简单明了、通俗易懂的语言，而不要使用一些复杂的、抽象的概念以及专业术语，比如"核心家庭""社会分层""政治体制""开拓精神"等。

(2) 问题的陈述要尽可能简短。问题的陈述越长，就越容易产生含糊不清的地方，回答者的理解就越有可能不一致；而问题越短小，产生这种含糊不清的可能性就越小。有的社会学家提出，短问题是最好的问题。因此我们在陈述问题时，最好不要用长句子，要使问题尽可能清晰、简短，使回答者能很快看完，很容易看懂，一看就明白。那种啰唆的、繁杂的问题只会引起被调查者的反感，从而影响调查的顺利进行。

(3) 问题要避免带有双重或多重含义。双重（或多重）含义指的是在一套问题和答案中，同时询问了两件（或几件）不同的事情，或者说，在一句话中同时问了两个（或几个）不同的问题。比如，问题"您的父母退休了吗？"就是一个带有双重含义的问题，实际上同时询问了"您的父亲退休了吗？"和"您的母亲退休了吗？"这两件事情。由于一题两问，而答案只有一套，就使得那些父母中只有一个退休的被调查者无法回答。

(4) 问题不能带有倾向性。即问题的提法和语言不能使被调查者感到应该填什么，或者感到调查者希望他填什么。这也就是说，问题的提法不能对回答者产生某种诱导性。应保持中立的提问方式，使用中性的语言。比如，同样是询问人们是否抽烟，问题"你抽烟吗？"和问题"你不抽烟，是吗？"就有所不同。前者是人们日常生活中习惯的问法，而后者则带有一种希望被调查者回答"是的，我不抽烟"的倾向。此外，在问题中引用或列举某些权威的话，或者运用贬义或褒义的词语，都会使问题带有倾向性，都会对回答者形成诱导。

(5) 不要用否定形式提问。在日常生活中，除了某些特殊情况外，人们往往习惯于肯定形式的提问，而不习惯于否定形式的提问。比如说，习惯于"您是否赞成物价进行改革？"而不习惯于"您是否赞成物价不进行改革？"当以否定形式提出问题时，由于人们不习惯，因而许多人常常容易漏掉问题中的"不"字，并在这种理解的基础上来进行回答，这样就恰恰与他们的意愿相反了。而这种误答的情形在问卷结果中常常又难以发现。因此，在问卷设计中不要用否定式提问。

(6) 不要问回答者不知道的问题。这就是说,我们所问的问题都应该是被调查者能够回答的,或者说被调查者确实具有回答这些问题的知识能力。如果向被调查者询问一个他们一无所知的问题,那么被调查者是无法回答的。比如,如果我们提出的问题是"您对我国的社会保障制度是否满意?"那么,普通公民中的大部分人将无法回答。因为他们并不知道什么叫社会保障制度,也不知道我国的社会保障制度是怎样的。

(7) 不要直接询问敏感性问题。当问及某些个人隐私或人们对顶头上司的看法这样一些问题时,人们往往具有一种本能的自我防卫心理。因此,如果直接提问,则将会引起很高的拒答率。所以对这些问题最好采取某种间接询问的形式,并且语言要特别委婉。

七、问题的数量与顺序

1. 问题的数量

一份问卷应该包括多少个问题,这要依据调查的内容,样本的性质,分析的方法,拥有的人力、财力、时间等各种因素来决定,没有固定的标准。但一般来说,问题不宜太多,问卷不宜太长,通常以回答者在 20 分钟以内完成为宜,最多也不要超过 30 分钟。问卷太长往往引起回答者心理上的厌倦情绪或畏难情绪,影响填答的质量和回收率。当然,若是研究的经费和人员相当充足,能够采取结构式访问的方式进行,并付给每一位被调查者一份报酬或赠送一点纪念品,问卷本身的质量又比较高,调查的内容又是回答者熟悉的、关心的、感兴趣的事物的话,那么,问卷长一点也无妨。反之,当调查的内容是回答者不熟悉、不关心、没有兴趣的事物,采用的是自填式问卷的方式,研究者的经费又相当有限,除了两句感谢的话以外,不可能给被调查者更多的东西,而只可能占用被调查者的休息和娱乐时间,那么,此时的问卷一定不能长,一定要尽可能简短。

2. 问题的顺序

问卷中问题的前后顺序及相互间的联系,既会影响到被调查者对问题的回答结果,又会影响到调查的顺利进行。如何安排问卷中问题的次序呢?首先,应将同一维度的问题集中在一起,这是因为,同一维度的问题在内容和主题上都十分接近,将这些问题放在一起,非常便于被调查者思考、回忆、陈述和表达。在保证这一条的同时,还有下列常用的规则。

(1) 把简单易答的问题放在前面,把复杂难答的问题放在后面。问卷最开头的几个问题一定要相当简单,回答起来一定要非常容易。这样可以给回答者一种轻松的、方便的感觉,以便于他们继续填答下去。如果一开始填写,回答者就感到很费力,很难填写,那么就会影响他们的情绪和积极性。

(2) 把能引起被调查者兴趣的问题放在前面,把容易引起他们紧张或产生顾虑的问题放在后面。如果开头的一批问题能够吸引被调查者的注意力,引起他们对填答问卷的兴趣,那么调查便可能较顺利地进行。相反,如果开头部分的问题比较敏感,一开始就直接触及人们的心灵深处,触及有关伦理、道德、政治态度、个人私生活等方面的问题,那么,往往很容易导致被调查者产生强烈的自我防卫心理。回答者的这种自我防卫心理将会引起他们对问卷调查的反感,有碍他们对调查的合作,有碍调查的顺利进行。

(3) 把被调查者熟悉的问题放在前面,把他们感到生疏的问题放在后面。这是因为,任何人对自己熟悉的事物总能谈些看法;而对不熟悉的事物,则往往难以开口,说不出什么来。如果以被调查者熟悉的内容开头,就不至于使调查一开始就卡住而无法进行。

(4) 一般先问行为方面的问题,再问态度、意见、看法方面的问题。这是由于行为方面的问题涉及的只是客观的、具体的事实,因此往往比较容易回答。而态度、意见、看法方面的问题则主要涉及回答者的主观因素,多为回答者思想上的东西,内心深处的东西,不易在陌生人面前表露的东西。如果一开始就问这方面的问题,常常引起被调查者心理上的戒备情绪和反感情绪,就会出现较高的拒答率。

(5) 个人背景资料一般放在开头,但有时也可以放在结尾。这是因为,个人背景资料通常都是社会调查中最常用、最主要的自变量,如果一份资料缺少这些变量,实际上也就成了废卷。因此,只要调查的内容不涉及比较敏感的问题,并在封面信中做出较好的说明和解释,这一部分问题一般放在问卷的开头。另一方面,个人背景资料虽然也是事实性的,也十分容易回答,但由于它们是除回答者姓名以外的其他主要个人特征(比如年龄、性别、文化程度、婚姻状况、职业等),也属较敏感的内容,所以有时不宜放在开头,而适合放在末尾。

(6) 若有开放式问题,则应放在问卷的最后面。这是因为,回答开放式问题要比回答封闭式问题需要更多的思考和书写,无论是把它放在问卷开头,还是放在问卷的中部,它都会影响回答者填完问卷的信心和情绪。而将它放在问卷的结尾处时,由于仅剩这一两个问题了,绝大多数回答者是能够完完整整地填答完它们的。退一步说,即使被调查者不愿意填答开放式问题,放弃了回答,也不会影响到前面的问题和答案。

3. 相倚问题

在问卷设计中,常常会遇到这样的情况:有些问题只适用于样本中的一部分调查对象。比如,"你有几个孩子"这一问题,就只适合于那些已结婚的调查对象;"你对电视剧《亮剑》中的李云龙这一人物如何评价"这一问题,就只适合于那些看过电视剧《亮剑》的调查对象……因此,为了使我们设计的问卷适合每一个调查对象,我们在设计时必须采取相倚问题(或称为后续性问题)的办法。

所谓相倚问题,我们指的是在前后两个(或多个)相连的问题中,被调查者是否应当回答后一个(或后几个)问题,要由他对前一个问题的回答结果来决定。前一个问题称作"过滤性问题",后一个问题则称作"相倚问题"。

在问卷设计中,根据不同的情况,可以采取以下几种不同形式的相倚问题。

例 21 你是个体经营者吗?

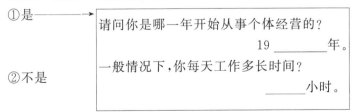

例 22 你有孩子吗？

①有 ⟶

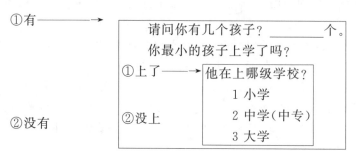

②没有

当相倚问题的数量多于两个时，一般就会采用跳答指示的方法，如例 23。

例 23 请问你的婚姻情况

①未婚 ⟶ 请跳过问题 25~28，直接从问题 29 回答。

②已婚

③离异

④丧偶

拓展阅读：同一主题不同问卷的比较

在前面第五章关于操作化一节中，曾提到城市居民生活质量调查。实际上，自 1985 年以来，国内有好几项关于生活质量的重要调查。但是，这些调查的问卷并不完全相同。下面先对这几项调查的问卷情况做一个简单的比较，然后就不同问卷之间的异同及其原因进行说明。

天津社会科学院 1985 年开展了"千户问卷调查"，其问卷中（B 卷）将生活质量操作化为婚姻、家庭消费、职业、家庭关系、家务劳动、闲暇时间利用、家庭教育、居住环境、工作、其他共 10 个主要维度，问卷总共设计了 381 个具体问题[①]。

北京大学社会学系 1987 年对北京 518 名、1988 年对西安 501 名、1989 年对北京 549 名、1990 年对扬州 512 名城市居民的生活质量进行了调查，其问卷中的生活质量概念包括居住与环境、工作、家庭生活、国家、文化、收入与健康、一般情况等 6 个主要维度，问卷总共设计了 138 个问题[②]。

上海社会科学院社会学所 1987 年对上海 1 200 名城市居民的生活质量进行了调查，其问卷中的生活质量概念包括家庭、住房、居住环境、职业活动、闲暇时间、精神健康、近半年来的主要生活事件、时间分配等 8 个主要维度，问卷总共设计了 106 个具体问题[③]。

---

① 王辉.天津市千户城市居民户卷调查[M].天津：天津社会科学院出版社,1995：317-364.

② 风笑天.透视社会的艺术——社会调查中的问卷设计[M].天津：天津人民出版社,1990：附录一.

③ 林南,卢汉龙.社会指标与生活质量的结构模型探讨——关于上海城市居民生活的一项研究[J].中国社会科学,1989(4)：75-97.

笔者1995年对武汉市1 003户居民家庭的生活质量进行了调查,问卷中的生活质量概念则包括居住、交通、家庭生活、邻里关系、工作与职业、闲暇娱乐、环境等7个主要维度,总共75个具体问题。(参见本书附录一)

通过简单的比较我们可以看出,几项不同时间、不同地点、不同研究单位和研究者所做的同一主题的调查中,基本的维度是十分相近和相似的,有好几项维度是各项调查所共有的,比如工作、家庭生活、居住、闲暇时间等。当然,所有调查在维度的选择上也都存在着差异。可以说,没有两项调查所用的维度是一模一样的。

另外,不同的调查中,研究者对于同一维度所采用的测量指标也是基本相似的,但不尽相同。比如,对于"居住"这一维度,天津调查中所用的指标为:住房类型、住房间数、住房面积、居住年限、厨房状况、取暖设备、洗澡设备;北京调查中所用指标为:居住年限、住房面积、住房间数、住房设备(包括水、燃料、厨房、厕所、暖气)、感觉宽敞或拥挤、对住房的满意度等;笔者1995年的调查问卷中所用的指标为:房屋类型、住房间数、住房面积、居住年限、厨房情况、厕所情况、自来水、燃料、有无典型困难情况、主观感觉宽敞或拥挤、横向比较的相对等级、对住房的自我评价等。

为什么对于同样的主题,在不同的调查中,研究者设计问卷时所考虑的维度、指标、具体问题等会存在一些差别?

原因之一是,后者往往是在前者的基础上发展而来,因而通常包含了对前人所作研究结论的借鉴。比如笔者设计问卷时,就已经仔细地阅读了天津社科院和北京大学社会学系的问卷,对两份问卷中的维度、指标以及具体的问题都有了清楚的认识。笔者的问卷是在分析和借鉴前两份问卷的基础上完成的,是综合前两份问卷并结合本项调查的目标、条件后进行调整的结果,因而既吸收了前两份问卷中的主要指标(这是问卷基本相同或相似的原因),又增设了若干新的指标作为补充。比如,笔者的问卷在每一个主要维度上都细分为"客观"与"主观"两个子维度,就是受到前人研究成果中关于"生活质量主、客观指标作用机制"的结论[①]的启发。而一些新的指标和问题也是在这种启发下设计出的。比如问卷中的"横向比较的相对等级"一项,就是笔者在阅读了现有文献中关于"参照标准作用"的讨论[②]后增加的。当然,笔者同样也删减了其他调查问卷中一些认为不太合适的维度。比如,北京大学问卷中"国家"的维度,天津问卷中"家庭教育"的维度、"婚姻"的维度等,以及一批与本研究课题目标联系不太紧密的指标及问题。

[①][②] 卢淑华,韦鲁英.生活质量主客观指标作用机制研究[J].中国社会科学,1992(1):121-136.

> 原因之二是不同研究者所具有的研究条件不同所致。这是问卷设计中一个十分关键的问题。从理论上说,所有关于同一主题的调查所用的问卷都应该是相同的(实际上许多心理学研究中所用的量表就是完全相同的),但在实践上,这种情况比较少见。主要原因就是不同研究者在进行研究时所处的环境不同,所要达到的目标不完全相同,所具有的研究条件也不相同。比如,从上面的比较中可看出,天津社会科学院所设计的调查问卷中问题数目最多。而其他研究中的问题数目就大大减少。除了其他方面的原因外,可能与天津的调查是由市政府出面组织,经费、人力相对充足有很大的关系。北京大学的调查是全国哲学社会科学"六五"规划重点课题中的一项子课题,上海的调查是一项国际合作项目,而笔者的调查只是武汉市科委的一项软科学基金年度课题。四项课题的经费、人力等相差是较大的。这种客观物质条件上的差异无疑会影响到课题的规模和实施。具体到问卷设计上,笔者只能在尽可能兼顾主要的维度的前提下适当减少测量指标和具体问题的数目,以利于在较少的经费和人力的条件下完成同样大规模样本的调查。

八、问卷设计中的常见错误

初学问卷设计的人往往在设计问卷时出现各种毛病和错误,就是那些做过多次社会调查、多次设计过问卷的研究者,有时也会出现一些小的疏忽,犯一些错误。尽量减少和避免问卷设计中的错误,对于社会调查成果的质量有着十分重要的作用。在这一节中,我们将通过列举实际社会调查问卷中所存在的各种错误,分析其原因,来帮助读者在设计自己的调查问卷时,及时发现和尽量少犯类似的错误。

1. 概念抽象

第五章我们专门讨论过概念的操作化问题,并指出它是社会调查的关键环节之一,是问卷设计的前提条件和基础。现实社会调查中的一些问卷设计,正是由于在这一方面注意不够,所以会出现这样或那样的毛病。

例24 从总体上看,你认为我国的政治体制如何?(请在合适答案号码上打"√")
①基本合理　　②存在一些弊端　　③存在严重弊端　　④不了解

问卷设计者忽略了一个重要事实,这就是:一个国家的"政治体制"并不像日常生活中看得见、摸得着的具体事物那样人人皆知,它是一个抽象的概念。普通被调查者往往不清楚什么是我国的政治体制,因而他们无法做出合适的回答。如果我们在调查中所得到的都是类似于"不了解""不清楚""不知道"这样的回答,那么,这种调查又有什么意义呢?

例25 你们家属于下列哪一类家庭?(请在合适答案号码上打"√")
①核心家庭　　②主干家庭　　③单身家庭　　④联合家庭

这一问题的答案中所列的家庭类型都是社会学中的专业术语,这是概念抽象这一毛病的另一种表现形式。对于普通的被调查者来说,什么是核心家庭,什么又是主干家庭,他们往往不清楚,甚至从未听说过。问卷中出现这样的问题,自然会造成胡乱填答的资料。

2. 问题含糊

所谓问题含糊,指的是问题的含义不清楚、不明确,或者问题有歧义。这种问题有些是由于设计者对所提问题的目的和用意不明确造成的,有些则是由于问题的语言表达不当或对问题的用语推敲不够造成的。

例26　你认为我们国家现在最需要(请在合适答案号码上打"√")
①全面迅速地改变　　②全面缓慢地改变
③部分迅速地改变　　④部分缓慢地改变

在这个问题中,究竟是什么东西需要变?哪些方面需要变?是我国的政治体制、经济体制,还是人们的生活方式、思想观念?答案中的"全部"包括哪些方面?"部分"又是指哪些方面?都不清楚。而含含糊糊的问题所得到的也只能是含含糊糊的答案。

例27　有人说,"文革"前青年人对老年人很尊重,现在青年人越来越不尊重老年人了。你认为这种变化发展得(请在合适答案号码上打"√")
①太快了　　②比较快　　③比较慢　　④太慢了

这一问题的前后两部分说的不是一回事。前部分是某些人的"看法",后一部分问的却是"这种变化"。某些人的看法并不等于客观现实,即并不一定存在"这种变化"。因此,这一问题实际上是在把某些人的看法当作客观现实的条件下来询问的。它把下列两个完全不同的问题混在了一起:

例28　有人说,"文革"前青年人对老年人很尊重,现在青年人越来越不尊重老年人了。你觉得是这样吗?(请在合适答案号码上打"√")
①的确是这样　　②不完全是这样　　③完全不是这样

例29　"文革"前青年人对老年人很尊重,现在青年人越来越不尊重老年人了。你认为这种变化是(请在合适答案号码上打"√")
①正常的　　②不大正常　　③很不正常

3. 问题带倾向性

问卷作为社会调查中的一种测量工具,应该具有客观性。这就要求问卷中的每一个问题都是中性的,即不带有某种倾向性。否则,问卷的信度和效度都将受到影响,问卷也不能客观地测量回答者的行为和态度。

例30　你认为全国职工的平均工资水平是否应当提高?(请在合适答案号码上打"√")
①工资偏低,应当大幅度提高
②应当小幅度增加
③虽然偏低,但为了国家经济建设,可以暂时不增加
④和劳动生产率相比,工资不算低,不应该增加

问题的这种提法无疑带有明显的肯定倾向,形成对回答者的一种诱导。如果改为"你认为全国职工的工资水平如何?"就可以消除这种倾向性,而且与答案也更为一致。

例31 有人认为,物价改革的结果最终将有利于国家的经济繁荣。你的看法:(请在合适答案号码上打"√")

①同意　　　②不同意　　　③不知道

这种单向列举的看法,在客观上对被调查者是一种刺激,同样容易形成对回答的诱导,使被调查者做出肯定的回答。如果把问题改为

例32 一些人认为,物价改革的结果最终将有利于国家的经济繁荣;另一些人认为,物价改革的结果将引起国家经济的混乱。你的看法如何?(请在合适答案号码上打"√")

①同意前者　　②同意后者　　③不知道

这就要求回答者在不同的意见中做出自己的选择。这种两面的陈述比原来那种单向的陈述能更好地保证问题的客观性和中立性。

4. 问题提法不妥

这种类型的错误通常是由于研究者在设计问卷时,没有很好地为回答者着想,或者忽视了回答者填答问卷所面临的各种主、客观障碍,提出的问题不尽合理、不大妥当造成的。

例33 请你判断下列说法是否正确(请在合适的格中打"√")

说法	正确	错误	不知道
① 打和骂是家庭教育不可缺少的方式			
② 对孩子应该多表扬,少批评			
③ 越多做练习,孩子的学习就会越好			

要求被调查者"判断正确与否",就如同把他们推进了考场,对他们进行考试一样。这对回答者的心理无疑是一种较大的压力。尤其是当回答者对某些说法拿不准,或不十分清楚时,这种压力就更大。因此,把这种提法改为"你是否同意下列看法?"再把答案改为"同意、不同意、不知道"就比较合适一些。

例34 你现在的实际文化程度相当于(请在合适答案号码上打"√")

①小学　　②初中　　③高中或中专　　④大学

由于十年"文革"的影响,使得一大批初中、高中和大学毕业生的实际知识水平并没有达到相应的程度,所以,他们的"实际"文化程度往往低于其"名义上"的文化程度。设计者用这一问题是想了解回答者实际的文化程度,这种动机是无可指责的,它考虑到了我国的现实情况。然而,设计者却没有考虑到,这样的问题在实际调查中却是难以回答的。因为,衡量一个人"实际"文化程度的标准和依据是不清楚、不确定的。一旦标准不确定、不统一,调查所得到的结果自然也就不可信了。

5. 问题有多重含义

前面我们曾谈到问题不能有多重含义,即在一个问题中不能同时询问几件不同的事情。但是,在实际设计问卷的时候,许多设计者常常会不自觉地出现这样的错误。

例 35 实行责任制以来,你觉得你和你家里人的文化水平及生产技术能否满足生产需要?(请在合适答案号码上打"√")

①能　　②不能　　③不知道

这个问题的毛病在哪里呢?先看看"你和你家里人",再想想"文化水平和生产技术",读者就会明白毛病所在了。实际生活中,有的被调查者可能觉得他本人的文化水平和生产技术能满足生产需要,而他家里人不能满足,或者家里某些人不能满足;有的被调查者可能觉得自己的生产技术能满足生产的需要,但他的文化水平却不能,或者反之,如此等等。这一问题实际上包含着一批问题,如:"你觉得你的文化水平能满足生产的需要吗?""你觉得你的生产技术能满足生产需要吗?""你觉得你爱人(或你父亲、母亲)的文化水平能满足生产的需要吗?""你觉得你爱人(或你父亲、母亲)的生产技术能满足生产的需要吗?"

例 36 你们班同学尊敬老师吗?(请在合适答案号码上打"√")

①很尊敬　　②比较尊敬　　③不大尊敬　　④很不尊敬

这是笔者在一次中学生状况调查所用问卷中的一个问题。当时我并没有意识到问题中所存在的毛病,直到问卷收回后发现有的同学在问卷上写道:"有的比较尊敬,有的很不尊敬"时,我才发现这是一个多重含义的问题。即在一个问题中,同时询问了几十个学生的不同情况。

6. 问题与答案不协调

在封闭式问题中,问题和答案是一个不可分割的整体,二者之间必须相互协调,密切配合。简单地说,就是提什么问题,就准备什么答案,而不能形成"答非所问"的情况。

例 37 你认为你是否有调离的可能?(请在合适答案号码上打"√")

①十分困难　　②比较困难　　③不太困难　　④十分容易

问题问的是"有无调离的可能",回答则应该是"有可能、没有可能、有一定可能"等;若问的是"调离是否困难",才应该用上述答案。

例 38 你最喜欢看哪一类报刊?(请在合适的格中打"√")

报刊类型	经常看	有时看	很少看
时事政治			
科普常识			
人物传记			
体育娱乐			

很显然,问题与答案不协调:问题问的是最喜欢看的报刊的类别,而答案则是每一类报刊的阅读频率,因此,应该将答案改为:"①时事政治;②科普常识;③人物传记;④体育娱乐"。如果想要了解每一类报刊的阅读情况,那么就必须将问题改为:"你对下列报刊的阅读情况如何?"

> **拓展阅读：看看下列问题有什么错误**
>
> 下列问题是从一些实际调查所用的问卷中收集的，它们分别存在哪些不妥当的地方？请指出并进行修改。注意，有的问题中不妥的地方不止一处。
>
> ①你的年龄是多少？
> A. 20 岁以下　　B. 20～30 岁　　C. 30～40 岁　　D. 40 岁以上
> ②你在这个地区居住了多长时间？_____年
> ③在你成长的过程中，你和谁生活在一起？
> A. 双亲　　　　B. 仅仅母亲　　C. 仅仅父亲　　D. 其他人
> ④你的父母上过大学吗？
> A. 上过　　　　B. 没上过
> ⑤你熟悉你的邻居或者你的邻居熟悉你吗？
> A. 是的　　　　B. 不是的
> ⑥看了《卧虎藏龙》《功夫》等武术片后，是否提高了你对中国武术的兴趣？
> A. 提高了很多　B. 提高了一点　C. 没有提高　D. 更反感了
> ⑦你和同学、好朋友谈论得较多的问题是：
>
> | | 较多 | 不太多 | 很少 |
> |---|---|---|---|
> | A. 国家大事和社会问题 | □ | □ | □ |
> | B. 升学、就业和前途问题 | □ | □ | □ |
> | C. 各种奇闻趣事 | □ | □ | □ |
>
> ⑧你不认为那些遇到麻烦的人应该受到同情吗？
> A. 是的　　　　B. 不是的

九、如何提高问卷设计的质量

由于问卷在整个调查工作中具有举足轻重的作用，因而努力提高问卷设计的质量，对提高社会调查的科学性无疑有着十分重要的意义。那么，什么样的问卷才是高质量的问卷呢？这是我们首先应该明了的事情。

1. 高质量问卷的标准

评价一份问卷质量高低的标准，实际上就是我们设计问卷时应努力达到的目标。根据前面所介绍的问卷的性质和用途，我们可以从下列几个方面来评价一份问卷的质量，这些方面也可以说是判断一份问卷质量是否高的标准。

（1）具有较高的信度和效度。对于任何一种测量来说，都有一个测量的信度和效度问题。要使我们所设计的问卷在整体上具有比较高的信度和效度,关键在于提高问卷中的每一个问题的信度和效度。即一方面要努力使问卷中的每一个问题都的确是在测量我们所要测量的变量(即具有效度),另一方面还要努力做到使这种测量不会受时间、地点和对象变化的影响(即具有信度)。

(2) 适合研究的目的和内容。问卷作为社会调查中收集资料的一种工具,其使命是尽可能圆满地为整个调查研究服务。因此,评价一份问卷的优劣,十分重要的一点,就是看它是否适合研究目的的要求,看它所包含的问题与调查研究的内容的关系是否密切。一份问卷中,与研究目的和内容不相关的问题越多,调查结果中所得到的对研究有用的资料就越少,因而这份问卷对研究的价值就越小。要使问卷中的每一个问题都紧紧围绕研究目的、都与研究内容密切相关,除了在设计前明确研究目的的要求,并根据研究假设确定所需要的资料的内容和范围外,在问卷初稿设计出来以后,还要逐一进行检查,去掉那些似是而非的问题。

(3) 适合调查对象。由于我们设计的问卷总是给被调查者看的,所以,在某种意义上,问卷是为被调查者而设计的:为他们能够看,也为他们愿意看。要做到这一点常常不是一件容易的事情,尤其在被调查者的构成十分复杂时,就更是如此。因为在一个成分复杂的样本中,人们在职业、经济状况、文化程度、生活方式、心理状态、价值观念等众多方面都存在着差别,这些差别既会在对问卷的态度上反映出来,也会在完成问卷的能力上反映出来。同一份问卷,既可能被一些调查对象视为"档案表",从而填表如临大敌,过分紧张;也可能被另一些被调查者视为废纸,从而不屑一顾,过分轻视。填写同样一份问卷,有的被调查者可能不费吹灰之力,而另一些被调查者却可能不知如何动笔。所有这些都告诉我们,要使一份问卷适合样本中的每一个回答者,的确需要设计者在各方面都动脑筋,下功夫。

(4) 问题少而精。我们所说的少,当然不是无条件地越少越好,而是指在获得必要资料的前提下,问卷中包含的问题越少越好。因为问卷设计中最常犯的毛病之一,就是问题太多,问卷太长,研究者所问的问题总是比该问的问题要多。正如一位美国学者所指出的:实际上,所有的问卷表都包含一些多余的问题。我们所说的精,指的是问题的质量高。它体现在问卷中问题含义明确、概念具体、答案恰当、形式简单、语言通俗易懂、填答方便等方面。在某种意义上,一份高质量的问卷应该具备法律条款那样的性质:清楚、明确、适合于所有对象。

2. 如何设计出高质量的问卷

要设计出一份高质量的问卷,我们应该明确以下几点。第一要对问卷的特点和适用范围有明确的认识。问卷只是社会调查中用来收集资料的一种工具,运用得当,则可以发挥巨大的作用;用得不恰当,也可能收效甚微。第二,设计问卷的人,头脑中一定要想着被调查者,要记住问卷是给人看的,它的对象是有思想、有感情、形形色色、各不相同的人们。第三,问卷设计也是一门严肃的科学,它同样需要精益求精的治学态度。问卷设计中的任何一点马虎、轻率,都会给整个调查工作带来巨大损失。第四,问卷设计的原则和方法都不是僵死的教条,丝毫不能改变,恰恰相反,在问卷设计中,一定要具体情况具体对待,要有灵活性。最后,学习问卷设计不能只从书本上学,还要从设计调查问卷的实践中学。

要提高设计问卷的水平,除了掌握上述有关知识外,问卷设计者还要在以下三个方面打下坚实的基础。

一是语文知识水平。目前有些问卷之所以出现各种毛病,很大程度上是由于设计者的语文水平太低。无论是语句不通、词不达意、层次不清,还是结构混乱、重复啰唆等,都反映出设计者的语言文字修养太差。因此,对于主要依靠书面文字来表达思想、进行交流的问卷调查来说,较高的语言文字表达能力、扎实的语文知识基础,是十分重要的基本功。

二是社会调查研究方法的知识。问卷设计既然是整个社会调查研究工作中的一部分,那么,它必然和社会调查研究工作中的其他部分有着不可分割的联系。正是这种联系,决定了每一个问卷设计者不能仅仅掌握和了解有关问卷设计的知识,还必须对整个社会调查研究方法都有一定的了解。只有对问卷与社会调查的关系认识得越清楚,对问卷在社会调查中的地位和作用认识得越清楚,具体的问卷设计工作才能做得越好。

三是社会生活知识。社会现象的复杂性,决定了社会调查研究工作的复杂性。我们所设计的问卷则是探索这种复杂的社会生活时所使用的工具。因此,作为问卷的设计者,如果不具备一定的社会生活知识,就很难设计出符合社会生活实际的问卷来。我们只有像作家深入生活那样熟悉、了解现实生活,才可能设计出既贴近现实、反映现实,又科学、实用的问卷来。

基本概念

问卷	封面信	开放式问题	封闭式问题
编码	预编码	后编码	

小测验(扫码做题)

阅读材料(扫码阅读)

1. 设计指导:《要为回答者着想——社会调查问卷设计中一个值得注意的问题》。

2. 设计指导:《社会调查中答案顺序对调查结果的影响——来自一项大规模调查的经验证据》。

3. 设计指导:《社会调查中的"中间答案":设置与否的差别研究》。

思考与实践

1. 问卷的封面信中应说明哪些内容?试就第二章练习中你所选定的调查课题设计一份问卷的封面信。

2. 根据上一章"思考与实践"中第六题你所得到的操作化指标,设计若干个实际问卷中运用的问题。

3. 结合实际例子说明问卷设计时为什么要为回答者着想。
4. 问卷设计中,对问题的语言表达和提问的方式有哪些常用的规则? 为什么要尽量简单?
5. 安排问卷中问题的顺序时,应按照什么样的规则? 并说明理由。
6. 找几份实际社会调查中所用的问卷,结合本章的内容,对这些问卷进行分析和评价。
7. 对照第五章第三节中"城市居民生活质量"的操作化结果,设计一份调查问卷,并与书后"附录一"中的问卷进行比较,看看有什么新的认识。

第七章

资料收集

资料收集是社会调查中最复杂、最辛苦,同时也是最需要精心组织和管理的工作。研究者在调查设计阶段所进行的各种思考、所做出的各种决策、所制订的各种方案,都将在实际的资料收集过程中得到检验和实施。资料收集工作的质量将直接影响到社会调查的结果。在本章中,我们将对各种收集资料的方法进行介绍。

一、资料收集方法的类型与特点

1. 资料收集方法的分类

从大的方面来划分,社会调查中的资料收集方法主要有两种基本类型:其一是自填问卷法(self-administered questionnaires),其二是结构访问法(structured interview)。自填问卷法指的是调查员将问卷表发送给(或者邮寄/用电子邮件发送给)被调查者,由被调查者自己阅读和填答,然后再由调查员收回(或者邮寄回、用电子邮件发送回)的资料收集方法。这种方法可以说是现代社会调查中最常用的一种资料收集方法。结构访问法则是指调查员依据事先设计好的调查问卷,采取口头询问的方式,向被调查者了解情况、收集有关资料的方法。在这两个大的类别中,又根据具体操作方法的不同,可以进一步划分出不同的子类型。比如自填问卷法中又可分为个别发送法、集中填答法、邮寄调查法和网络调查法;结构访问法中又可分为当面访问与电话访问等。我们可以用图7-1来说明。

图 7-1　资料收集方法示意图

各种具体的资料收集方法在操作程序上互不相同,分别具有不同的特点,同时也适用于不同的调查对象和不同的调查课题。一个社会调查研究人员应该对各种不同的资料收集方法都十分熟悉和了解,以便在进行一项具体的调查课题时,能根据实际情况灵活运用,达到最好的调查效果。

2. 自填问卷法与结构访问法的不同特点

自填问卷法的主要特征是依靠问卷,而结构访问法的主要特征则是依靠访问员。正是由于这种差别,使得这两类方法具有许多不同的特点。

(1) 自填问卷法往往比结构访问法更加节省时间、经费和人力。由于自填问卷法可以在很短的时间内同时调查很多人的情况,且不用逐一进行访问和交谈,十分省时省力;若采用邮寄和网络发送的方式,还不受地域范围的限制。因此,采用这种方法收集资料具有很高的效率。而结构访问法则要费时、费力、费钱得多。

(2) 自填问卷法往往具有更好的匿名性。对于某些社会现象或者有关个人隐私、社会禁忌等敏感性问题,被调查者往往难以同陌生人交谈。由于自填问卷法一般不要求署名,填写地点又可在被调查者家中,并且调查人员可以不在场,由被调查者独自进行填答,不受他人干扰和影响,故可大大减轻回答者的心理压力,有利于他们如实填答问卷,进而收集到相对客观真实的资料。相比之下,结构访问法的匿名性较差,容易造成被访者的心理压力。因此,对一些比较敏感的调查来说,常常不能用当面访问的方法。

(3) 自填问卷法对被调查者的文化水平有一定要求。因为被调查者起码要能看得懂问卷,能够理解问题及答案的含义,能够理解填答问卷的正确方式,才能按要求填答问卷。但实际生活中并不是所有的人都具有这种能力、都能达到这种程度的,特别是对于一些文化程度较低的群体,就不宜使用自填问卷的方法。这样一来,自填问卷法的适用范围就常常受到限制。但结构访问法则对被访者的文化水平没有要求。因此,它适用的对象范围更广,既可用于文化水平较高的调查对象,也可用于文化水平比较低甚至基本不识字的调查对象。

(4) 相对来说,结构访问法得到的资料的质量往往比较高,而自填问卷法的资料质量则相对难以得到保证。这是因为采取自填问卷法时,被调查者往往是在没有调查人员在场的情况下进行问卷的填答工作的,也就是说,他们填答问卷的环境是调查人员无法控制的。对于理解不清的问题,他们无法及时向调查人员询问,各种错答、误答、缺答、乱答的情况时有发生,导致问卷调查资料的质量比较差。这正是当前自填问卷法面临的主要问题之一。而结构访问法往往是当面的或即时的,在这种一问一答的互动过程中,被调查者往往较少出现当场说假话的情况。因而,结构访问得到的资料质量往往比较高。

(5) 相比于自填问卷法,结构访问法对调查员的要求更高。尽管自填问卷法也会用到调查员,但其作用相对较小,结构访问法则可以说完全离不开调查员,或者说完全依赖于调查员。调查员的能力及其工作态度对调查资料的质量、对调查结果的质量影响更大,因此,调查员具有认真负责的态度、比较高的访问技巧和比较强的应变能力,是成功地完成访问调查的必不可少的条件。

二、自填问卷法

1. 个别发送法

个别发送法是自填问卷法这一大类中最常用的一种。它的具体做法是:研究者将问卷印制好以后,派调查员依据所抽取的样本,将问卷逐个发送到被调查者手中,同时讲明调查的意义和要求,请他们合作填答,并约定收取的时间、地点和方式。如约定三天后仍由调查员上门收取,或三天内填答者自行投入设在某处的回收箱(类似信箱、投票箱)内等。当然,在有些情况下,比如调查的内容不涉及敏感问题或上下级关系时,也可以由某种行政组织系统代为发放和回收。

举例来说,假设我们进行一项城市居民生活质量的社会调查。如果采用个别发送法,就可以派调查员根据所抽样本中被调查户的地址,逐一登门将问卷发送到符合要求的被调查者(如户主或者其配偶)手中,请被调查者当场填答,并由调查员当场收回。或者让调查员将问卷留下,约定时间(比如三天后)再由调查员登门取回。又如,进行一项大学生择业倾向的社会调查,我们可以派调查员将问卷发送到样本中每一位大学生手中,请他们当场填答后收回,或者请他们在三天内将问卷填答好,自行投入学校各个学生宿舍门口专门为此次调查设立的"问卷回收箱"内。

个别发送法既不像邮寄自填法那样与被调查者完全不见面,又不像结构式访问那样,与每一个被调查者都交谈相当长的一段时间,而是介于二者之间,较好地处理了调查的质量与数量之间的关系。个别发送法在操作上的这种特点使它具有以上两大类方法的许多优点,同时,又避免了两大类方法中的许多弱点。比如,它比较节省时间、经费和人力;调查员可以向被调查者进行解释和说明;可以保证比较高的回收率;调查具有一定的匿名性;可以减少调查员所带来的某些偏差;被调查者有比较充分的时间对问卷进行阅读和思考,还可以在方便的时候进行填答等。当然,个别发送法同样存在一些不足,比如调查的范围依然受到一定的限制,不如邮寄和网络填答法那么广泛;问卷的填答质量依然不能完全得到保证等。只是总的来说,个别发送法的优点相对多一些,而缺点相对少一些罢了。因此,可以认为,个别发送法是一般的社会调查中最应该选用和推广的资料收集方法。

2. 邮寄调查法

邮寄调查法是社会调查中一种比较特殊的资料收集方法。它的一般做法是:研究者把印制好的问卷装入信封,通过邮局寄给被调查者,待被调查者填答后再将问卷寄回调查机构。在寄给被调查者问卷时,一般应该同时附上已写好回邮地址和收信人(或收信单位)且贴好足够邮资的信封,以便于被调查者将填答好的问卷顺利寄回。这种方法在西方一些国家中使用比较普遍,目前在我国采用这种方法来收集调查资料的还比较少。

应该说,通过邮寄问卷的方式来收集调查资料,的确是一种新颖的思路,对广大的社会调查研究人员来说,也的确具有很强的吸引力。有什么方式比邮寄更方便呢?研究者只需把问卷装进信封,就等着那一份份填好的问卷从邮局寄回了。它不光可以省掉一大笔调查员的报酬和旅费(这意味着同样多的经费可以用来调查更多的对象),还可以不受空间距离和障碍的限制。总之,除了前述自填法的各种优点外,邮寄调查法至少还具有以下几个方面的优点。

首先,它特别地省时、省力、省钱。可以说,邮寄调查法是社会调查中最方便、最便宜、代价最小的资料收集方法。

其次,它的调查的范围很广,且不受地域的限制。由于邮政通信四通八达,遍布各地,因而它几乎没有调查不到的地方。

再次,被调查者可以在他们方便的时候,从容不迫地填答问卷。

应当清楚地认识到,如果邮寄调查法在实践中能充分达到它所具有的潜能,那么,毫无疑问,研究者将不会去使用个别发送法或者访问法了。然而,邮寄调查法在具有上述突出优点和自填法所共有的缺点的同时,还具有两条特别令人头痛的弱点,导致它的实际效果往往很差。

第一,它需要有调查对象的地址和姓名,然而,对于许多社会调查来说,并不存在一份现成的和完整的总体成员的名单(一份包括所有调查对象的姓名、地址及邮政编码的名单),因此,邮寄调查的样本往往无法抽取,问卷也不知道该往哪里寄。

第二,问卷的回收率难以保证。这也是邮寄调查法的一个致命弱点。有许多的主、客观因素会导致被调查者放弃问卷调查的工作,会阻碍调查问卷寄回到研究者手中。据美国社会学家介绍,邮寄调查的回收率有时低到10%,达到50%的回收率就被认为是"足够的"(这种比例在一般调查中往往是较难接受的),而达到70%、80%的回收率就会被认为是相当好的了。

为了尽量提高邮寄问卷调查的回收率和资料的质量,研究者应该对以下一些方面有所注意。

第一,有关调查主办者身份的说明要比较慎重地考虑,尽可能采用比较正式的、非营利性的、给人以信任感和责任感的身份。通过这种身份的影响,使被调查者确信调查的合法性和价值,从而起到使被调查者愿意填答并寄回问卷的作用。

第二,寄问卷的封面信最好单独打印,并用一个小信封单独装封,再和问卷以及寄回用的空信封一并装入邮寄给被调查者的大信封内。封面信的语气应该是"随您意"的,而不要用"一定要"的;信的内容应该简明、短小。

第三,寄问卷的时间也应该有所考虑。不要在大的节日之前给被调查者寄问卷,也不要在学校复习考试阶段给学生寄调查问卷。在被调查者收到问卷的一段时间(一周左右)内,应没有比较大的或比较特殊的活动和事件对他们完成问卷和寄回问卷造成影响。

第四,用跟踪信或提醒电话帮助提高回答率。一些学者研究表明,没有跟踪,一般可望达到的回收率为50%~60%,而通过发跟踪信(提醒或催促),则可望达到70%~80%的回收率。表7-1是美国社会学家进行的一项邮寄调查的回收情况。

表7-1 某次邮寄调查的问卷回收统计[①]

批　　次	占发出问卷总数的比例/(%)
发出问卷后第一批寄回	46.2
发出第一封跟踪信后又寄回	12.2
发出第二封提醒信和问卷后又寄回	8.8
电话通话提醒后又寄回	10.1
总回答率	77.3

---

① [美]肯尼思·D.贝利.现代社会研究方法[M].许真,译.上海:上海人民出版社,1986:227.

3. 集中填答法

在条件允许的情况下,我们也可以采取集中填答法来收集调查资料。集中填答法的具体做法是:先通过某种形式将被调查者集中起来,由研究者统一讲解调查的主要目的、要求、问卷的填答方法等事项;每人发一份问卷,请被调查者当场填答;填答完毕后再统一将问卷收回。收回问卷的方式可以采用投入问卷回收箱的办法,以消除集中填答所带来的某些心理顾虑。

例如,当我们在某些企事业单位、学校等地方对企事业单位的职工、学校的学生进行问卷调查时,就可以采用这种方法:先同调查单位的领导进行联系,以取得他们的支持和帮助;通过他们将所抽取的调查对象集中起来(或分批集中起来),最好集中在会议室、教室等既方便填答问卷又可不受外界干扰的地方;在研究者对调查的目的、意义、要求等进行简单说明的基础上,将调查问卷发给每一个被调查者,由被调查者当场填答问卷。研究者可解答被调查者在填答问卷过程中所遇到的问题和疑问。被调查者填答完问卷后,自行将问卷投入事先放在会议室或教室门口的问卷箱中,也可将问卷放在桌上,由调查员统一收取。

集中填答法除了具备一些与个别发送法和邮寄填答法相似的优点以外,它在某些方面的优点似乎比上述两种方法还要明显和突出。

第一,它比个别发送法更为节省调查时间、人力和费用。比如,同样是调查 50 名学生,若将他们集中起来,当场发放问卷,当场填答,当场回收。那么,只需要一名调查员在一个单位时间内(一个上午或下午)便可完成。其效率比起由调查员一个个地去发送、再一个个地去收回显然要高得多。

第二,它比邮寄填答法更能保证问卷填答的质量和回收率。由于有调查员在场进行解释和说明,并可以解答被调查者的疑问,因而被调查者错答和误答的现象将大大减少,而问卷的回收率也会比邮寄填答法更高。

集中填答法最主要的局限,在于许多社会调查的调查对象根本不可能集中。同时,将众多的被调查者集中在一起,有时会形成某种不利于个人表达特定看法的"团体压力"或"相互作用",这也是我们在运用集中填答法时需要注意的一个方面。

4. 网络调查法

随着计算机技术和互联网(internet)的迅速发展,社会调查中又多了一种新的收集资料的方式,这就是网络调查法。网络调查法(internet survey,也称作基于互联网的调查,即 web-based survey,或者在线调查,即 online survey 等)指的是研究者利用互联网向特定对象发送调查问卷,同时也通过互联网将被调查者填答好的问卷收回的调查方法。

常见的网络调查方式有三种。

第一种方式是将调查问卷直接链接在网站的网页上。任何一个上网者只要点击该网站的网页,调查问卷就会跳出来,供上网者进行填答。当上网者填答完毕后,这份问卷的数据就自动地存入了事先设计好的数据文件中。当调查结束时,所有填答者的回答记录就形成了该调查的数据库。这种方式的网络调查虽然十分便利,但是由于它实际上是一种无特定调查样本和对象的调查方式,同时,上网者是否填答问卷也完全处于一种放任的或完全自愿的状态,因而,其调查的对象性质、调查的总体、调查的回收率等均不得而知,调查的质量也得不到很好的保证,其结果往往具有较大偏差。比如,经常泡在网上的上网者就比有事才上网的上网者更有可能被调查到;好事者也比不太管闲事者、遇事不爱掺和者更有可能被调查到;另外,由于这种调查是完全自愿的,是上网者预先无计划、无目的的,因而,他们忽略和关闭调查问卷的可能性非常大。这将会导致实际的调查回收率非常低(即虽然填答者可能会多达几千人甚至几万人,但实际上网阅读到这一问卷的人数则更是多至几百万甚至上千万)。所以,这种调查方式较少为学术研究者利用,较多的为非学术研究的大众媒介所采用。

第二种方式也是将问卷链接在特定的网页上,但与上面一种方式所不同的是,它不是一种面向所有上网者自由浏览、无特定对象和总体的调查,而是一种针对研究者所选定的特定对象进行的调查。一般情况下,这种方式的做法是先确定调查总体(调查总体中的成员必须有电子邮箱),然后抽取好调查对象的样本,并收集到他们的电子邮箱地址。然后分别给样本中的调查对象发电子邮件,说明调查目的、调查要求,告知调查方法,并附上调查问卷的链接地址。被调查者点击链接后就会进入调查问卷并直接在网上填答。填答结束后,问卷的数据也自动地存入了事先设计好的数据文件中。全部调查结束后,所有填答好的问卷资料就自动生成调查的数据库。

第三种方式是研究者在确定好调查总体(也是有电子邮箱的对象)、抽取完调查样本、收集好被调查者的电子邮箱地址后,直接将调查问卷的电子文档用电子邮件发送给被调查对象。被调查者打开问卷的电子版在计算机上进行填答,填答完毕后又通过电子邮件将调查问卷的电子文档发回给调查者。调查者将所有填答好的问卷下载后进行录入汇总,形成数据库文件。

后两种方式主要在学术研究中运用。由于这两种方式都是面对建立在严格的随机抽样基础上形成的样本和调查对象,因此,在问卷回收率得到保证的前提下,其调查效果也与前面几节中所介绍的资料收集方法完全一样。而由于事先通过电子邮件(也可以通过电话)与被调查者取得联系,并征得了被调查对象同意,因而调查问卷的回收率也有一定保证。

网络调查的最大优点是方便快捷,节省费用。一方面它省去了打印、印制、寄送纸质问卷的时间和费用,省去了挑选、培训调查员的时间以及支付调查员报酬等费用,也省去了数据录入的时间和费用。同时,填答好的问卷很快地被处理成数据库文件,大大减少了录入误差。

网络调查的不足主要体现在调查对象的范围有一定的局限上,即它只能调查那些有上网条件同时也会上网的对象。换句话说,对于那些从不和网络打交道、从不接触网络的对象,我们就很难利用网络调查的方法去收集资料。此外,进行网络调查还需要特定的计算机技术和网络技术的支持(包括网上问卷的设置,填答方式的设计,填答结果的记录、汇总和转换等)。当然,随着计算机技术和网络技术的进一步发展,这方面的进展也会越来越快。目前已有专门的机构开始从事这种网络调查平台的建设、网络调查软件的开发和应用业务。相信今后网络调查方式的应用也会越来越普遍。

拓展阅读：网络调查实例1

本研究根据2000年版的卡耐基高等学校分类法，对美国研究/博士型（extensive、intensive）、硕士型（Ⅰ、Ⅱ型）等两类共862所大学进行分层随机抽样。通过电子邮件形式发送调查问卷，通过自行设计的"调查问卷国际互联网数据采集系统"（本系统允许受试者直接在互联网上提交问卷）和电子邮件两种方式回收问卷，直接向被抽样的美国大学的行政官员和教师进行调查，调查内容为他们对终身聘任后评审政策在制定、执行、评估、监控等政策周期里相关问题的看法、态度以及各校的实际情况，以期从整体上把握该政策在美国的运作状态。

一、抽样过程

以2000年新修订的美国卡耐基高等学校分类法为依据，总体为研究/博士型大学259所、硕士型（Ⅰ、Ⅱ型）大学603所，两个层次共862所，其中公立大学438所，私立424所。采用分层随机抽样法，从中选择总体中的50.1%，即432所（公、私立各为216所）为样本，每所学校选行政官员（学术副校长或教务长、院长、系主任等）1名，教授或副教授（因为这两种职称才有可能是终身制职称）1名，进行问卷调查。

二、问卷的实施过程及回收

研究问题明确后，研究者于2004年4月开始着手设计调查问卷，并征求老师、有关统计学者及美国高等教育学者的意见，于4月底确定正式问卷，然后翻译成英文，英文稿经两位来北京师范大学国际与比较教育研究所做研究的美国富布赖特学者审校过。同时查找被抽样的432所大学被调查人员的电子邮件地址。以预计投出与回收比率为5∶1为标准，因此共需查找4 320个电子邮件地址。本工程最为耗时耗力，直到7月底才分阶段完成。

5月开始起草致被调查的美国大学终身教授和行政官员的信函，说明本研究的目的，并希望得到他们对研究的支持和帮助。同时设计了"调查问卷国际互联网数据采集系统"，用于实现网上调查问卷的数据回收（请参见调查问卷回收系统主页:http//218.2 44.2 52.12 /survey/idex.html）。本过程完成以后，于5月底按所查电子邮件地址开始陆续给美国各大学受试者发出问卷。

起初，问卷的回收断断续续，情况不很乐观，回收率不高。因6、7、8月份美国多数大学都在放暑假，许多教师和行政人员外出旅游、讲学、学术休假，问卷多数未予处理。直到8月底才收回300份左右，即864份的34.72%，只好耐心等待美国各大学秋季开学。9月15日至30日，又第三次发出问卷。截止到10月30日，共收回有效问卷561份，其中通过"调查问卷国际互联网数据采集系统"回收的问卷 460 份左右,通过电子邮件方式直接返回的问卷 100 份左右。10 月 30 日以后零星地还有少量问卷回收,但以下只以截止到 10 月 30 日的数据为准。共发出问卷 864 份,回收有效问卷为 561 份,回收率为 64.93%。(实际上,该调查的回收率并不是 65% 左右,而应该是 13% 左右,即 561/4 320=0.13。——本书作者注)

摘自:李阳琇,曾德超.美国大学终身聘任后评审制政策的网络调查问卷设计及实施[J].比较教育研究,2006(2):57-61.

网络调查实例 2

一、研究背景

改革开放带来的社会观念急剧变化,也引发了学界对社会,尤其是对青年人性行为和性观念的关注。

以往关于性观念的调查以问卷调查为主,调查对象大多是学生群体,其原因在于对这一群体进行调查较为方便,成本较低,技术上更为成熟,数据质量更为可靠。但在几年前,校园内学生的性行为仍被视为"洪水猛兽",大多数学校对学生的性行为依然有比较严格的禁令,因此在学校环境中调查性行为也很难获得真实信息。即便在现实社会中,性观念前卫者也受到大众舆论的谴责,直接的问卷调查也可能会使被试产生掩饰心理。而随着电脑网络的日益普及,网络虚拟生活中匿名性使得脱离真实世界的被调查者能够更真实地回答敏感的问题。因此,在关于个人隐私性问题的研究中,在确保数据质量的情况下,可以适当使用网络调查技术。本次调查探索性地使用了网络调查的方式,获取了关于性观念的数据,分析现代社会中未婚青年性观念开放程度的差异性及其影响因素。

二、数据来源与研究方法

本文所使用的研究数据是与"世纪佳缘"网站合作,通过建立数据收集平台,设定相应的逻辑检验程序以确保调查的数据质量。"世纪佳缘"网站是目前国内最大的交友网站,其会员需要通过上传个人身份证和毕业证来确保实名制。因此,可以认为数据调查质量较高,可以应用于严谨的课题研究。但本次网络调查也存在一定的缺陷:首先,人群的选择性较强,高等学历、未婚人群成为绝大部分被调查的群体;其次,网络调查问卷受到篇幅限制,问题难以详尽,调查数据深入分析的难度较大;最后,由于被调查者的不确定性,网络调查难以实现对被调查者的追踪,获得更详细的资料。

经过数据筛选,本次网络调查共获得 1 272 个未婚青年样本,其中男性

> 538人，占总体的42.3%，女性734人，占总体的57.7%。
> ……
> 　　本次调查使用网络调查的方式研究未婚青年的性开放观念，更有利于被调查者真实地回答隐私性问题，有59.4%的被调查者承认自己有婚前性行为，这个比例比以往研究的结果要高。当然，也必须承认网络调查具有一定的选择性。
>
> 　　摘自：田丰.中国未婚青年性观念开放程度及影响因素——根据网络调查数据分析[J].青年研究，2007(11):30-35.

三、结构访问法

　　结构式访问又称为标准化访问，即按照事先设计的、有一定结构的访问问卷进行的访问，这是一种高度控制的访问方法。由于结构式访问的进行在很大程度上依赖于访问问卷，因而，我们也可以把它看成是以访问的形式进行的问卷调查。根据访问员与被访者是否见面，结构式访问又可以分为当面访问和电话访问。

1. 当面访问

　　当面访问的基本做法是：研究者先选择和培训一组调查员，由这组调查员携带着访问问卷分赴各个调查地点，按照调查方案和调查计划的要求，与所抽取的被调查者进行访问和交谈，并按照问卷的格式和要求记录被调查者的各种回答。在访问中，调查员严格依据调查问卷提出问题，并严格按照问卷中问题的顺序来提问；调查员不能随意改变问题的顺序和提法，也不能随意对问题做出解释。答案的记录也完全按问卷的要求和规定进行。

　　当面访问的方法与自填法中的个别发送法最为接近，它们都要求调查员逐个找到被调查者。所不同的是，个别发送法中调查员只需向被调查者稍做解释，并将问卷送交给被调查者即可，至于问卷的填答工作，则完全是被调查者的事；而当面访问中，调查员则要亲自依据问卷向被调查者进行提问，并亲自记录被调查者的回答。

　　同自填式问卷调查相比，当面访问法具有下列三个方面的优点。

　　第一个方面的优点，也是其最大的优点，就是能够对调查过程加以控制，从而提高调查结果的可靠程度。这是因为，一方面，由于调查员当面提出问题，当面听取回答，因此可以减少被调查者由于对问题理解不清或误解所造成的误答；另一方面，由于调查员当面提问，被调查者当场回答，避免了自填式问卷调查中常常出现的由他人代填或由几个人共同商量着填答的情况。同时，这种当面提问、当面回答的方式也在一定程度上降低了被调查者出现欺骗性回答的机会，提高了调查结果的真实性。

　　第二个方面的优点，是这种访问法具有远高于自填问卷法的回答率。在介绍自填问卷法时，我们曾说过，自填问卷法的回收率常常难以保证，这是它的一大缺点。而当面访问法是由调查员来配合完成每一份问卷的，所以，它的回收率往往可以得到很好的保证，一般都远高于自填问卷法的回收率。

第三个方面的优点,是它可以对调查资料的质量进行评估。这是因为,调查员在询问和记录的同时,可以对被调查者的表情、态度和行为,甚至对某些家庭状况进行观察,从而帮助分辨和判断被调查者回答的真实性程度。

当面访问法虽在上述几方面优于自填问卷法,但它也具有一些不如自填问卷法的弱点。

首先,当面访问法的调查费用大大高于自填式问卷调查。由于当面访问法必须派出一批调查员,而调查员事先必须进行培训。因而调查员的培训费用、工作报酬以及路途的差旅费等,远比个别分发或集中填答、邮寄问卷、网络调查所花的费用大。

其次,当面访问法所花费的时间也大大长于自填式问卷调查。由于自填问卷调查可以在很短的时间内对多个被调查者同时进行,而当面访问法则必须一个个地对被调查者进行访问,因此,它所需要的时间显然要多得多。

再次,由于上述两方面的弱点所影响,采用当面访问法收集调查资料时,其调查的范围和规模往往受到很大局限。如果没有充足的经费和人力,或者没有足够的时间,访问的人数就不可能很多,调查的范围也不可能很大。

最后,对于某些较敏感问题的调查,采用当面访问法的效果也往往比不上自填式问卷调查。这是因为,自填式问卷调查具有很好的匿名性,可以减轻被调查者的心理压力和思想顾虑。但当面访问法由于有调查员在场,并且是当面提问、当面回答,这样,很多被调查者的思想压力就可能很大,顾虑也可能比较多。所有这些,显然会直接影响到他们回答问题的态度和所提供的答案的真实性及可靠性。

2. 电话访问

电话访问(telephone interviewing)是指调查员通过打电话的方式与被调查者联系,并在电话中对被调查者进行调查访问的方法。这种访问方式是随着社会现代化的发展,特别是随着普通居民中电话的普及率越来越高而逐步发展起来的。美国等西方国家大约在20世纪六七十年代就开展了电话访问调查。我国电话访问的出现则是在最近二十几年中的事情。目前,国内运用电话访问方式开展调查研究工作的教学研究机构主要集中在北京、上海、广州、南京、武汉等少数大城市中。

进行电话访问需要有一套"计算机辅助电话访问系统"(computer assisted telephone interviewing system,简称CATIS)的支持。这套系统既有计算机、电话等硬件,也有专门用于进行电话访问的特定的软件。通常一套系统有十几台至几十台连接成局域网络的计算机,每台计算机连接有一根直拨电话线,所有计算机都与一台主机相连接。通过主机可以管理、监控每一台访问用计算机的工作情况。

电话访问的一般做法是:第一,根据调查目的要求设计好电话访问的问卷表,并将问卷表按照"计算机辅助电话访问系统"的格式录入计算机;第二,在系统中设计好随机抽取电话号码的计算机程序;第三,挑选和培训一组电话访问调查员,这是电话访问中十分关键的一环;第四,访问员实际开展电话访问。

计算机辅助电话访问的典型的工作方式是:访问员坐在计算机前,头戴耳麦,面对计算机屏幕上显示的调查问卷,向电话另一端的被访者提出问题(这些被访者都是由计算机以随机的方式进行拨号抽中的),并将被访者的回答直接录入计算机;研究人员在主机上监控和管理所有访问员的访问进展情况,及时解决各种特殊问题。当电话访问结束后,所有被调查对象的数据都已录入了计算机,在机器汇总后可以直接用SPSS统计软件进行统计分析。

尽管电话访问与当面访问在许多方面都比较相似,但二者之间有两点差别十分明显。一方面,当面访问中,调查员不仅可以听取被调查者的回答,还可以观察到被调查者的表情、动作,以判断被调查者所提供的资料的正确性和真实性,而在电话访问中,调查员则必须完全依靠自己的听力来判断这一切。因此,可以说,电话访问的调查员应具有更强的仅靠听觉来分辨事物和情况的能力。另一方面,电话访问不存在当面访问中所存在的那种由于调查员的表情、手势、动作,甚至衣着打扮对被调查者造成的暗示和影响,这是其好的一面;但同时,调查员的语调、口气对被调查者的影响作用则大大加强(调查员的声音、语调、语气等成为访问偏差的主要来源)。因此,电话访问中进行对调查员的培训工作时,更要强调口齿清楚、语气亲切、语调平和。

电话访问中对调查员的挑选可以从打电话开始,即让被挑选者通过电话与研究者联系,回答研究者的提问。研究者则从电话中的声音、音调、音量、速度、口音、吐字等方面,以及由此所表现出的性格特点等因素,进行衡量和挑选。

对电话调查员的培训也与对面访调查员的培训有所不同。它的重点不在于如何训练敲门、如何进入访问、如何控制访问过程,而在于训练调查员如何在电话中与各种不同的陌生人交谈、如何应付访问中出现的各种"意外"情况、如何尽快地设法解决电话访问过程中可能出现的各种问题。若有条件,可用录音机、电话机和对讲机等设备配合训练。

电话调查的主要优点是十分迅速。一个样本为几百人的调查,采用电话访问的方式进行,一天时间访问就可以完成,而且所得资料也已经输入计算机,成为SPSS格式的数据,可以马上动手进行统计分析。同时,电话访问的方式相对简便易行,也比较省钱。特别是对于内容比较简单的调查,电话访问的效果更好。当被调查者是某些专业人员时,电话访问也往往更为合适。因为一般情况下,这些人常常不太愿意别人登门打扰,而对于一个10分钟以内的电话访问,也许会较好地合作。此外,电话访问还有一个很大的优点,这就是十分便于对调查员进行监督和控制,使得电话访问的质量比当面访问更容易得到保证。

当然,电话访问也存在一些不足的地方。其主要问题之一是被调查者的选取及代表性方面的困难。从理论上说,电话访问的结果只能推论到有电话的对象这一总体。而在实践中,电话访问必然会遇到如何抽样问题。如果说,总体中每一个成员都有一部电话,而且每部电话的号码都集中在一本电话号码簿上,那么抽样将是十分简单的。但现实情况是,一方面,电话号码簿上的号码并非正好构成我们所希望调查的总体(比如,我们希望调查的是全市居民家庭,而电话号码簿上的许多号码却是各种社会组织、单位的办公电话);另一方面,有许多属于我们调查总体的号码又没有出现在号码簿上,这样,我们就无法抽到他们。因此,在运用电话访问的方法时,研究者一定要对总体及样本的情况有清楚的认识,尽可能做到抽样的科学性与代表性。

电话访问的另一个弱点是调查的时间不能太长,通常情况下控制在10分钟以内比较合适。因此,访问时间的不充分性客观上制约了电话访问这种方式所收集的资料的范围和深度。当调查的内容较多、问题比较复杂、问卷较长时,采用电话访问方式就不太合适。所以,在实际社会调查中,电话访问通常比较多地运用在市场调查和舆论调查方面。

电话访问的第三个弱点是调查的拒访率比较高,因而相应的,调查的回答率就会比较低。这是因为,当人们突然接到一个陌生的电话,一听是做调查,往往很容易找借口把电话挂掉。有些人甚至不等调查员解释完要做什么方面的调查就挂掉电话。因此,实际调查中研究者一定要安排好电话访问的时间,比如说尽可能在周末或晚上,同时要特别注意讲好调查的开场白。

四、资料收集要点提示

资料收集是社会调查中实践性、操作性很强的一个阶段,无论是自填问卷调查,还是结构访问调查,在具体操作过程中,都有一些值得特别注意的细节。在这一小节中,我们着重对以下几点作一说明。

1. 理解被调查者的心理

社会调查是一种需要被调查者积极合作才能完成的社会研究方式。在调查资料收集的过程中,研究者应对被调查者的心理和想法有所认识和理解。社会学中的社会交换理论认为,人们的行动以他们所期望的报酬为动机。对于被调查者来说,他们接受访问和自填问卷调查的行动也同样有所期望。报酬在引导人们参与我们的调查方面是非常重要的。如果研究者不明白这一点,不在资料收集过程中有针对性地给予被调查者某种形式的补偿,往往会在实践中碰壁。正是根据这一观点,迪尔曼设计了一种被称为"总体设计"的方法,用以指导和解决调查中的合作问题。这一方法的理论部分包括三个关键概念:代价(cost)、报酬(reward)和信任(trust)[①]。它对被调查者回答或不回答我们所提出的问题给予解释。

调查中,被调查者要付出代价,他们希望调查者对他们的代价有所补偿。但是,我们的调查能给予被调查者什么样的报酬? 最容易想到的报酬是钱或者物(纪念品、小礼品之类)。尽管通常我们并不能恰当地用钱或物来估价和衡量被调查者参与调查这一行动的价值大小,但不管怎样,在实践中用几元至十几元的物品这样小的代价往往就能换来很好的效果。当然,不同的对象对这种回报的含义和理解有所不同。除了钱和物以外,信任也是一种回报。这就是许多调查的开场白中要向被调查者说明"您作为全市居民的代表""您是这方面最有发言权的人""您的参与是重要的""您的回答是有价值的""您是最熟悉城市交通的"等的原因。另一种与信任有关的回报是对被调查者有一个"好的印象和看法",这也是调动被调查者积极性的一种途径。

2. 接触被调查者之前的准备

进行调查访问前,要对调查对象的选取方式、基本特征、调查访问的程序要求、调查问卷的内容等,有尽可能明确的认识。特别是要对被调查者总体的有关情况和特征,比如年龄、性别、职业、文化程度、家庭背景、兴趣爱好等,有一个基本的了解。这样做的好处是,一方面便于调查者根据实际情况采取适当的角色姿态,尽可能缩小调查员与被调查者之间的心理距离,尽可能增加二者之间的共同语言,以建立起融洽轻松的调查关系;另一方面可以使调

---

① BAILY K D. Methods of Social Research[M]. 3rd ed. Free Press,1987:152.

查者对被调查者在访问过程中所谈的各种情况有一个更为准确、更为客观的理解。特别是对一些不善表达的被调查者所谈的内容进行理解时,更有赖于事前对被调查者基本情况的了解程度。

除了准备好调查所用的问卷(和纪念品)外,调查员应随身携带证明个人身份的有关证件和标志。比如学生调查员应随身携带学生证和调查单位的介绍信,最好还能在胸前佩戴盖有调查单位公章的"调查员证"。这些都有助于减少调查对象的疑虑,增加调查的正式性和对调查员的信任感。

3. 第一印象

社会调查的另一个特点是要同被调查者接触,要和人打交道。并且,由于调查员通常都是作为"陌生人"出现在被调查者面前,因此,同被调查者见面时的"第一印象"十分重要。调查能否顺利进行,在一定的程度上也与这种最初的见面和接触有关。正式、普通、友善、礼貌,是这种第一印象的基本标准。所谓正式,指的是调查员看起来是具有某种合理的、合法的和正规的身份和角色,这种正式性往往可以帮助消除被调查者的猜疑。所谓普通,指的是调查员的外表和打扮看起来和平常人一样,没有大的区别,这种普通则可以帮助消除被调查者的顾虑。而友善和礼貌则主要是对调查员态度的要求,它可以使调查员的形象易于被所调查的对象接受。

这种第一印象的特点与调查员的年龄、性别、衣着、外表和态度等因素都有一定的关系。关于年龄和性别的影响,我们将在下节说明,这里只对调查员的衣着、外表和态度的影响作一说明。从衣着上说,调查员最好是穿一套简单的、普通的、大众化的衣服,这样有利于调查员同被调查者心理上的接近;外表上千万不要有引人注目的打扮,以保证被调查者的注意力不被引导到调查员的穿着上。当然,必要的整洁可以显示和加强调查员角色的正式性。在态度上,调查员给被调查者的第一印象应该是:礼貌、诚恳、真实。这是保证被调查者能够从心理上接受调查的关键因素,每一个调查员都应高度重视。

4. 进门和开场白

在入户访问的社会调查中,进门是一道"关卡",是十分关键的一环。能够顺利地进门,调查就完成了一半。因而,调查员应对如何进门给予高度重视。具体做法是:见面时,首先要向被调查者表示某种歉意,比如,"对不起,打扰了!"或者"对不起,影响了您的休息"等。不要以为有了正式的介绍信,或者事先已通过了被调查者的上级机关和领导,被调查者接受调查就是理所当然的。因为,对于任何一个具体的调查对象来说,他并没有以牺牲个人的工作、学习、休息和娱乐时间来接受你的调查、向你提供各种情况的义务;每一个调查人员也没有为自己工作的需要而占用别人休息或娱乐时间的权利。因此,在一开始与被调查者接触时,切不可以忘记向被调查者十分客气、十分诚恳、十分谦虚地表达出对这种打扰的歉意(在调查结束准备离开时,则一定要热忱地向被调查者表示感谢)。

除了歉意的表示外,开场白一定要说好。好的开场白的标准是:简明扼要、意图明确、重点突出、亲和力强。开场白的内容与自填问卷中的封面信相似,主要解释你是什么人(即说明调查者的身份)、你想干什么、为什么要进行这次访问(即调查的性质和大致内容),并解释怎么抽选到该调查对象、说明不会占用对方太多时间、表示希望得到对方的支持等。比如,一般的开场白可以类似下面这样：

> 您好！我是××大学社会学系的学生，这是我的学生证（出示学生证）。我们正在进行一项城市交通问题的社会调查。我们从全市抽选了300位市民作为代表，您是其中的一位。我只会占用您15分钟的时间，希望您支持我们的调查。

开场白的重要目的之一，是要消除被调查者在突然出现的陌生人面前所自然产生的各种疑虑和戒备心理，建立起轻松、融洽的互动关系。这是开场白必须具有亲和力的原因。只有调动回答者产生了回答问题的动机，并帮助他们做好了回答问题的心理准备，后面的调查工作才能顺利进行。

5. 提问

在访问的过程中，开始访问是一种艺术，全部资料的可靠性在很大程度上取决于调查员在这方面的表现。为了创造有利于访问的气氛，除了对被调查者表示礼貌外，在进入正题之前，可以先谈谈调查对象较熟悉的事情，以消除拘束感，比如他的住房、家庭、子女、个人嗜好等，然后逐步地把话题引向调查的内容，而不要一进门坐下就开口提问卷中的第一个问题（若结构式访问问卷中已把上述这类问题列为开始的问题则不必如此）。开始时，调查员提问的速度应相对慢一点，使被调查者有一个逐步适应的过程。在访问的过程中，调查员要始终注意控制访问的进程。要通过提问、插话以及表情和动作等方式，达到控制的目的。比如当被调查者的话题扯远时，可以适时地礼貌地通过插话和转问来控制。同时，调查员的表情要适应被调查者回答的内容，要对被调查者回答的喜怒哀乐表示出同感。

特别要注意的是，提问时，调查员要面向被调查者，目光要直接与其交流，不要只顾自己低头照着问卷念问题，全然不看被调查者；提问的语气要平和、语句要表达清楚，要以平常人们交谈时的方式进行陈述和提问。被调查者回答问题时，调查员要专心听，不能随随便便，以免影响被调查者谈话的情绪；也不能只顾低头记笔记，忽视被调查者的存在。要准确理解被调查者回答的内容，迅速地、认真地在问卷上做相应的记号。总之，要主动地用口，恰当地用眼，专心地用耳，熟练地用手。

五、调查的回收率

1. 回收率的概念和计算方法

调查的回收率（response rates）也称为调查的应答率或回答率，是调查者实际调查的个案数与计划调查的个案数之比。换句话说，就是社会调查过程中研究者成功完成调查的个案数占计划完成的样本总个案数的百分比。在自填式问卷调查中，它常常称为问卷回收率；而在结构式访问调查中，它又常常称为访问回答率。

回收率的计算方法是：

$$回收率 = \frac{实际完成调查的个案数}{计划完成的样本总个案数} \times 100\%$$

比如，一项调查从总体中抽取了400名调查对象作为样本，研究者采用自填问卷的方法

收集资料,发出问卷 400 份,实际收回问卷 380 份。那么,根据上述公式计算,该项调查的回收率为

$$\frac{380}{400} \times 100\% = 95\%$$

同样,如果研究者采用的是结构式访问的方法来收集资料,而在实际访问 400 名调查对象的过程中,有 10 位调查对象由于地址错误、外出打工、生病住院等客观原因而无法接触到,还有 10 位调查对象拒绝接受访问。结果,实际完成访问的对象为 380 人,回收率亦是 95%。

实际调查中,由于收回的问卷里还可能会有一部分不合格的问卷,所以,真正严格意义上的调查回收率也称为有效回收率,指的是通过对问卷的审核,剔除那些填答不全或明显乱填的废卷后所剩下的问卷数——即有效问卷数占样本总个案数的百分比,即

$$有效回收率 = \frac{实际完成调查的有效个案数}{计划完成的样本总个案数} \times 100\%$$

比如,通过审核发现上述调查所收回的 380 份问卷里,有 20 份不合格的废卷,将这些废卷剔除后,该项调查的有效回收率就只有

$$\frac{380 - 20}{400} \times 100\% = (360/400) \times 100\% = 90\%$$

由于最终进入数据分析的问卷数目是有效问卷数,因而,一般情况下研究者在研究报告中向读者报告的应该是有效问卷数和有效回收率。

2. 回收率的意义

对于社会调查而言,回收率最常见同时也是最基本的方法论意义在于:它是决定和影响调查样本代表性的重要因素。"回收率是受访者样本代表性的一项指标"[①],"是反映抽样调查结果对总体的代表性程度的重要指标之一"[②]。调查研究中,研究者虽然可以通过科学的抽样设计,达到从总体中抽取具有代表性的样本的目的,然而,这种抽样所得到的样本的代表性并不能最终反映调查结果的代表性。因为抽样所得样本对总体的代表性是一种处于调查开始之前的衡量指标。在进行调查的过程中,会有许多因素导致样本中部分个案的缺失或失效,使得最终完成调查的样本只是所抽取的样本中的一个部分。而由于"未回答者通常与问卷的回答者有着相当的差别,他们通常是一些由于受教育程度低而看不懂问卷的人、一些年事已高而无法回答问卷的人或者是一些流动性较大而无法找到的人"[③],所以,当调查的回收率较低(即未回答者的数量较大)时,调查结果的总体代表性就会受到明显的影响和破坏。这方面最著名的例子是美国《文学文摘》杂志关于美国总统选举的调查。该杂志在 1936 年的总统选举调查中收回了 200 多万份调查表,其收回的调查表规模可谓巨大。但是,相对于其所发出的 1 000 多万张调查表来说,200 万的数字依然只是很小的一部分。正是这种 20% 左右的回收率(以及研究者在抽样框方面的失误),彻底葬送了《文学文摘》杂志

---

① [美]艾尔·巴比. 社会研究方法(上)[M]. 8 版. 邱泽奇,译. 北京:华夏出版社,2000:331.
② 风笑天. 浅谈当前抽样调查中的若干失误[J]. 天津社会科学,1987(3):47-51.
③ NACHMIAS, CHAVA F, DAVID N. Research Methods in the Social Sciences[M]. 6th ed. Worth Publishers, 2000:208.

的这次调查结果,也最终导致了这家杂志的关门。回收率过低而影响到调查结果质量的另一个著名例子是美国学者海蒂关于美国女性的性调查。尽管这项著名调查的有效样本规模也达到了 4 500 份,但相对于其发出的 10 万份问卷来说则小得可怜(回收率仅为 4.5%),其研究结果因此遭到学界猛烈批评。也正因为如此,"在调查研究中,回收率是研究者的一大担心"①。

我们可以通过图 7-2 来说明回收率过低所带来的问题。

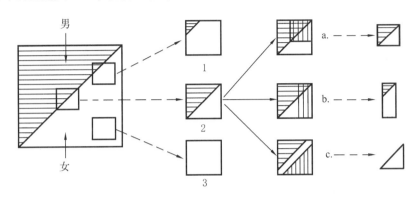

图 7-2 回收率过低所带来的问题示意图

假如总体的结构如图 7-2 中的大方框,现有三种不同的抽样方式(用小方框 1、2、3 代表),得到三种代表性不同的样本(显然样本 2 的代表性最大)。如果样本的回收率很低时,那么即使抽出的是很有代表性的样本(如样本 2),也难以保证对总体的代表性。假设回收率只有 30% 时,就可能出现类似图 7-2 中 a、b、c 的多种情形(垂直条纹部分表示实际回收的样本)。有的也许仍然能较好地代表总体(如 a),有的则不大能代表总体(如 b),有的则完全歪曲了总体(如 c)。这些都说明,抽样方式决定的是所抽的样本有没有代表性的问题,而回答率则是告诉我们实际调查的样本与所抽取的样本之间会不会存在很大的差异的问题。

3. 回收率的标准

那么,可接受的回收率,以及很好的回收率的标准是什么呢?对此学界目前还没有统一的认识。纳克米亚斯等人指出:"要确定一种可接受的回收率标准并不是一件容易的事情,因为科学家在最低回收率的标准上意见不一致。"②美国社会学者巴比提出过一个简单的等级规则:"要进行分析和报告撰写,问卷回收率至少要有 50% 才是足够的,要至少达到 60% 的回收率才算是好的;而达到 70% 就非常好。"但他同时也明确指出:"要记住,以上数据都只是概略指标,并没有统计上的基础。"③

由于回收率所代表的实际样本才是真正的样本,或者说,才是得出调查结果时实际用到的样本,因此,即使在抽样样本具有很好代表性的情况下,调查回收率的高低仍然可以影响到调查结果的代表性程度。正是这种由回收率所代表的实际调查样本的大小,成为衡量一

---

① NEUMAN, LAWRENCE W. Social Research Methods[M]. Allyn and Bacon, 1994:239.
② NACHMIAS, CHAVA F, DAVID N. Research Methods in the Social Sciences[M]. 6th ed. Worth Publishers, 2000:213.
③ [美]艾尔·巴比. 社会研究方法(上)[M]. 8版. 邱泽奇,译. 北京:华夏出版社,2000:331.

项调查的结果所具有的代表性的最终指标。也正是在这种意义上,我们说调查的回收率越高越好。

但是,这只是一种理论上的答案。如果加上现实的因素,或许过高的回收率并不一定是件好事。这是因为,在现实社会中,要获得高质量的高回收率并不是一件容易的事情。现实中的社会调查总是会遇到这样那样的困难和挑战。在这些困难和挑战面前,为了保证调查的高回收率,研究者最经常采取的做法就是在调查对象抽取、调查访问实施等操作环节中进行若干改变或替换,以一种易于进行的方式来实施。而正是这些改变和替换,虽然保证了较高的回收率,却在不知不觉中降低了调查资料的质量。所以说,高回收率只是衡量调查结果质量的一个指标,尽管是一个比较重要的指标;另一个更为重要、同时与回收率密切相关的指标则是调查实施过程的严格性以及调查所得资料的质量。

总之,样本的完整与资料的质量是我们在调查中应该同等关注的两件事情。作为研究者,我们要在"高回收率"和"高质量"两个方面同时下功夫。一方面要设法尽可能地提高回收率,另一方面也要尽可能地防止和避免低质量的高回收率。当高回收率与高质量不可兼得的时候,研究者的任务就是要在"高质量的低回收率"与"低质量的高回收率"之间寻找到最佳的平衡点,达到调查研究的最佳效果。在这方面,我们或许应该记住巴比教授的忠告:"明显不存在回收偏差比有偏差的高回收率重要得多。"[1]特别是当对高回收率的追求有可能造成低质量资料的情况下,这种提醒就显得更加重要。

六、调查员的挑选与培训

从前面的介绍中可以看到,无论是自填问卷法还是访问法,常常少不了调查员的参与。换句话说,调查员往往是社会调查中资料收集工作的主要承担者。因此,挑选和培训调查员也是研究者在社会调查中的一项重要任务。

1. 调查员的一般条件

一般条件是指对调查员的一些基本要求,最主要的有四个方面。一是诚实与认真。诚实主要指不弄虚作假,客观地、实事求是地对待调查的结果。认真则是要求不马虎、不敷衍。二是兴趣与能力。调查工作本身并不一定使每位调查员都感到有趣,重要的是调查员要培养自己对调查工作的兴趣。如果不培养一定的兴趣,完全被动消极地去干,效果往往不好。另外,无论是观察能力、辨别能力,还是交往能力,都是一个优秀调查员所不可缺少的。三是勤奋负责。调查工作的艰苦性,要求调查员具有不怕困难、不怕吃苦的精神,以及努力完成调查任务的高度责任心。四是谦虚耐心。这是对调查员工作态度的要求。谦虚体现在尊重被调查者,耐心则体现在访问中要耐心听完被调查者的回答,即便他说得不恰当,也要耐心向被调查者解释问题的含义,不能表现出不耐烦的态度来。

---

[1] BABBIE E. The Practice of Social Research[M]. 4th ed. Wadsworth Publishing Company, 1986:221.

2. 调查员的特殊条件

特殊条件主要是依据研究的主题、社区的性质、被调查者的特点来考虑的。比如从研究主题来考虑，调查有关政治、经济问题时，应选择男性调查员为主；而在调查婚姻、家庭问题时，则选择女性调查员更合适。又如从被调查者的特点来考虑，当被调查者为青年时，应尽量选择青年调查员；而当被调查对象主要为年岁较大、资历较深、影响力较大的人时，则应选择年龄较大的调查员。这即是说，所选的调查员在年龄、职业、社会地位等背景条件上与被调查者越接近越好。再如从社区的角度来考虑，所选择的调查员最好是当地的、同民族、同宗教信仰的人，这样的调查员由于熟悉被访地区的风俗习惯、文化传统、语言特点等，往往能够很顺利地开展访问调查工作。除了性别、年龄和地区几个方面外，教育程度也是一个十分重要的条件。一般来说，教育程度越高的调查员，理解问题、表达问题的能力也好些，应用各种调查技巧的能力也强些。但这不是绝对的，比如受教育程度高但缺乏社会生活经验的调查员，往往不如那些受教育程度稍低但社会生活经验丰富的调查员。

3. 培训调查员的方法

（1）研究人员要向调查员介绍该项调查的内容、意义、方法及其与调查项目有关的其他情况，以便调查员对该项工作有一个整体性的了解。同时，还要就调查访问的步骤、要求、时间安排、工作量、报酬等具体问题进行说明。

（2）组织调查员集中学习调查员须知、调查问卷、调查员手册等材料，特别是要逐字逐句、逐条逐项地弄清楚调查问卷的内容、填写方法等。

（3）要进行模拟调查或访问实习。最好是在一小范围中，让每个调查员都按正式调查的要求和步骤，从头到尾实际操作一遍。然后认真总结模拟调查或访问实习中存在的问题，并通过讨论或讲解，解决这些问题。

拓展阅读：社会调查中资料收集方式的挑战

社会调查在逻辑程序和总体形式上与自然科学的研究方式比较相似，而二者最大的区别之一是它们收集资料的方式不同。在自然科学研究中，资料收集主要依靠观察，而在社会调查中则主要依靠询问（口头的和书面的）。社会调查所采用的这种依靠对被调查者的询问来收集资料的方式，连同它所用的工具——问卷调查表，也是它区别于其他几种社会研究方式的主要标志。这种资料收集方式的核心，就在于它完全依赖于调查对象对一组标准化问题的自我报告，而不是对被调查者的行为的直接观察。正是这种有一定形式限制的自我报告方式，使社会调查方法又面临一些新的挑战。

首先，自我报告方式的可靠性依赖于一个不言自明的前提，即被调查者的回答是真实的。只有所有被调查者都如实地向调查者"报告"他们的实际情况，调查所得到的资料才能用来反映社会现象，探索社会规律。然而，由于社会调查常常是在被调查者知道自己正在接受别人的调查的情况下进行的,因而,有众多的因素影响着、阻碍着他们真实地回答调查者的询问。换句话说,现实生活中有许多因素客观上总是在削弱着、动摇着自我报告方式的这一根本的前提。因而,有人尖锐指出:"当企图从自我报告中获得有关实际行为的资料时,调查研究者将遭遇到严重的问题,无论自我报告的可信程度多么高。"这是因为,自我报告方式"始终存在这样一个问题:人们在现实中的行为是否如同他们所说的那样。"(Black J A, Champion D J, 1976: 371)

比如说,自填问卷是这种自我报告方式的主要形式之一。它具有的一大特点是匿名性高。通常,我们是把匿名性高作为社会调查方法的一大优点看待的,实际上,这种匿名性也是一种双刃剑。一方面,它有利于减轻被调查者的心理压力,便于被调查者真实填答问卷。然而,这种作用往往是调查研究人员所"设想"的一面,或者说所期望的一面。这种作用的另一面是,它同样也"有利于"减轻"社会规范"对被调查者填答问卷行为的约束:正因为自填问卷是匿名的,所以被调查者同样更容易掩盖、隐藏其真实情况,这种匿名性也同样"有利于"他们将编造的、不真实的回答提供给调查者。已有的社会心理学实验也表明,正是在匿名的情况下,人们往往更容易发生"失范"的行为。

其次,自我报告方式中"说的"和将来"做的"是否一致的问题。不可否认的是,自我报告方式所获得的资料往往只是被调查者在填答问卷时,或者接受访问时"所说的",它与回答者在现实生活中将要"做的"之间常常有可能不一致。尤其是对一些类似"在……情况下,你将怎么做?"这样的问题,人们所说的与实际所做的并不会完全一样。而当涉及个人利害关系时,就更是如此。这也是人们提出"回答者在现实中的行为是否如同他所说的那样"这类问题的缘故。因此,我们在用调查结果去推断未知的现象时,一定不要忘记这只是被调查者所说的。这种"说的"和实际将"做的"之间,究竟会有多大的距离呢?我们当然不能一概而论。南斯拉夫萨格勒布大学布里舍里奇教授在其《社会学原理》一书中,也曾谈到这一问题。他写道:"一个人对设想的情况同对实际遇到的情况做出的反应并不相同。人在预想的、设计的环境中的表现是一个样,而在实际环境中又是另外一个样。比如,有人问我,假定在公共场所有人打我该怎么办,我对这个问题的回答是一回事,而在实际上我遇到这种情况时的做法又是另外一回事。"(布里舍里奇,1986:28)

第三,作为特殊事件的调查访问本身会对回答者的心理和行为产生一定影响的问题。对于结构式访问这种口头报告的形式来说,被访问者从一开始就是以一种"特殊的"心情、"特定的"思想准备进入到调查访问的过程中的。因为调查访问毕竟不是人们日常生活中的普通事件,人们在日常生活中的闲谈、交往与接受陌生的调查人员的询问,是两种有着内在差别"社会情景"和"社会经历"。人们对它们所做出的反应必然是很不一样的。如正克林格所指出的:"调查方法的一个潜在的而非现实的弱点是,调查访问可以使被调查者暂时脱离其社会生活背景。这种脱离将使调查结果失效。接受访问在被调查者的日常生活中是一种特殊的经历,这种经历与日常生活之间的差别,将导致被访者以一种不自然的方式与访问者交谈和互动。"(Kerlinger,1986:387)

除了这种反应性问题外,自填式问卷或结构式访问中所普遍采用的封闭式问题的形式,无形中也限制和影响了被调查者对问题的回答。削足适履的答案经常导致强迫选择、无中生有(指对不知道、不了解的问题的回答)等情形的发生。导致所得的资料非常表面化、简单化,很难深入被调查者的思想深处,尤其难以感受到回答者思想和行为的整体生活背景。可以说,在理解人们行为和态度的整体方面,社会调查远不如实地研究那么有力。

参考文献:

BLACK J A, CHAMPION D J. Mechod and Issues in Social Research[M]. John Wiley & Sons Inc,1976.

[南]斯·布里舍里奇.社会学原理[M].贾春增,陆文祺,王森,译.北京:东方出版社,1986.

KERLINGER. Fundations of Behavioral Research[M].[S. l.]:[s. n.],1986.

摘自:风笑天.论社会调查方法面临的挑战——社会学方法问题探讨[M]//中国社会科学院社会学研究所.中国社会学年鉴(1995.7—1998).北京:社会科学文献出版社,1999:176-187.

七、调查过程管理与质量监控

一项社会调查课题的实施和完成,一方面存在着一定的程序,整个调查过程也会持续一段时间。另一方面,实施调查通常也不是由研究者一个人进行,常常需要有一定数量的调查员的参与。因此,在调查资料的收集阶段,一项重要的工作是要加强对调查过程的管理和质量监控。这一工作的重点主要涉及以下几个方面。

1. 合理组建调查队伍

调查计划往往只是纸上的东西,或者说只是研究者头脑中的规划。而实际调查则都是由调查员来具体完成。要使整个调查过程有条不紊,要使调查员保质保量地按照研究者的计划、要求开展调查工作,必须对调查员进行合理地组织。通常的做法是,在挑选好调查员以后,要建立起相应的调查小组,小组的规模以 4~6 人为宜,并注意到男女比例的搭配,尽可能做到小组中男女各半。每个小组指定一名小组长。调查任务的布置和实施最好以小组为单位,而不是以单个的调查员为单位。

2. 建立监督和管理的办法及规定

为了保证调查工作的顺利开展和调查资料的质量,在组建调查队伍的同时,要制定好并向调查员宣布调查工作的各种程序规定和管理制度。这种程序规定和管理制度包括调查进度控制措施、调查小组管理办法、调查指导和监督措施、资料复核与检查措施、调查小结与交流制度等。各种规定要明确具体。比如,调查进度控制措施中就要规定每人每天的调查数量(主要是规定每天最多不能超过多少,而不能任由调查员一天调查 8~10 份,甚至更多),调查小结与交流制度就要明确规定是每天还是隔天进行一次调查总结和情况交流等。有了这些措施和管理办法,整个调查工作就会有规范可循,实践中才会做到有条不紊。

3. 实地抽样的管理和监控

调查设计时,研究者可能已经设计好抽样方案,一些调查中也可能已经抽出调查的样本。但在许多情况下,实际样本的抽取或多或少地要由调查员在实地中进行。比如,对城市居民进行入户调查时,调查前的抽样工作可以比较容易地进展到居委会一级,可是从居委会中抽取居民户则是比较困难的一个环节。在得不到居委会中居民户口登记表的情况下,通常只能由调查员根据事先设计的抽样方案和方法(比如街区抽样方法、楼房抽样方法、门牌抽样方法等)在实地进行抽样。这是一件十分复杂的工作。要保证实地抽样的质量,除了在进入实地前的调查员培训中使每个调查员明白具体的抽样规则和方法外,还要加强在实地的具体指导。特别是在抽取最初的调查对象时,研究者要一个小组一个小组的进行示范,并在每天的总结会上集中讲解遇到不同情况时的具体做法。

4. 实地访问的管理和监控

当实地调查工作开始后,调查人员的分布往往比较散,并且多为单个调查员独立工作。研究者应该积极主动地从各个方面了解每一位调查员的工作情况,及时解决他们所遇到的各种问题。特别是在调查的开始阶段,研究者要深入调查实地,参与到发送问卷或结构访谈的工作中,最好能亲自做一两份访谈,以了解和体验实际调查中可能出现和遇到的问题。特别是了解和体验普通调查员容易犯的毛病和容易出现的遗漏、偏差等,以便及时进行指导和提醒。最好能分别陪同和观察每一个调查员进行一份访谈调查的过程,以掌握每位调查员的调查能力、调查质量。同时,每天调查结束后,研究者要及时开会进行讨论和小结。针对调查员在实地普遍遇到和出现的问题进行统一指导和要求。

5. 问卷回收和实地审核的管理与监控

无论是自填问卷调查还是结构访问调查,最好在调查问卷收回的当天就进行问卷资料的审核。要求每个调查员在收回或完成一份问卷后,及时浏览和检查问卷填答情况,发现问题,及时回访核实,并在检查合格的问卷上面签上调查员的姓名和时间。同时,要求每个小组的组长再次对调查问卷进行清理和检查,并签上组长的名字及时间。研究者本人也应随时抽查收回的问卷,及时发现填答或访谈中存在的问题,并在实地进行回访补救。

基本概念

自填问卷法　　结构访问法　　电话访问法　　网络调查法　　回收率

小测验(扫码做题)

阅读材料(扫码阅读)

1. 问题讨论:《高回收率更好吗?——对调查回收率的另一种认识》。
2. 操作指导:《调查中的无回答与样本替换》。

思考与实践

1. 结合实际说明自填问卷法和结构访问法各有什么优缺点。
2. 试比较个别发送法、邮寄填答法、集中填答法各自的优缺点,并说明在实际应用中应注意什么。
3. 邮寄填答法最主要的缺点是什么?为了尽可能提高邮寄问卷的回收率和填答质量,研究者应注意哪些方面的问题?
4. 电话访问的主要困难是什么?这一困难对电话访问的应用有什么样的影响?
5. 进行当面访问时,应注意哪些方面的问题?
6. 举例说明挑选调查员时应考虑的一般条件和特殊条件。

第八章

资料处理

我们运用前述的各种方法收集到一批调查资料后,接下来的任务就是要对这些问卷形式的资料进行某种特定方式的处理,使之成为进行统计分析的基本数据(data)。

资料处理的工作主要包括对原始资料的审核、复查,对问卷资料进行编码、录入和数据清理。此外,在这一章中,我们还增加了一节"统计表与统计图"的内容,以便于读者学习和掌握对调查结果进行整理、汇总和表达的某些常用方法。

一、原始资料的审核与复查

1. 资料的审核

资料的审核是资料处理的第一步工作。它是指研究者对调查所收集回的原始资料(主要是问卷)进行初步的审查和核实,校正错填、误填的答案,剔除乱填、空白和严重缺答的废卷。其目的是使得原始资料具有较好的准确性、完整性和真实性,从而为后续资料整理录入与统计分析工作打下较好的基础。

资料的审核工作包含两方面的内容:一是检查问卷资料中存在的问题,二是重新向被调查者核实。

在实践中,资料的审核工作有两种不同的做法。一种是在调查的过程中进行,即边调查边审核。例如,一个研究者在某城市进行一项有关居民生活质量方面的调查。他挑选和培训了10名调查员,采取个别发送的方式收集资料,调查时间集中在某两周内。每天,这10名调查员根据所抽样本的名单,分赴各个街道、居委会,登门发送问卷,由被调查者自己填答;三天后,调查员一面继续发送新问卷,一面将填好的问卷逐一收回。问卷收回后,每个调查员随即进行问卷填答情况的审核工作,一旦发现填答错误,或漏填误填,或其他一些有疑问的情况,就及时返回被调查家庭,重新向被调查者进行询问核实。这样,当调查资料的收集工作全部结束时,资料的审核工作也已完成。这种资料审核的方式称为实地审核。我们在第七章最后一节谈到调查程序管理与质量监控问题时,曾介绍过这方面的内容。

另一种做法是,先将调查资料全部收集回来,然后再集中时间进行审核。这种资料审核方式称为系统审核或集中审核。比如上例中,如果采用系统审核的方式,则是让10名调查员先将全部问卷登门发放,待被调查者填答后,全部收回。再集中时间对所收回的全部问卷进行统一的、集中的审核。最后,对审核中发现的问题,让调查员再次返回调查地点,登门向被调查者进行核实及询问。

实地审核的长处是特别及时,且效果较好;其困难是调查工作的组织和安排要特别仔细,调查员个人处理各种情况的能力要比较强。系统审核的好处是调查工作便于统一组织安排和管理,审核工作也可以统一在研究者的指导下进行,审核的标准比较一致,检查的质量也相对好一些;但整个调查工作的周期则会相对拉长,少数个案的重新询问和核实工作有时因时间相隔较长或调查地点较远而无法落实。

2. 资料的复查

为了确保调查资料的真实性、准确性,除了要对原始资料进行上述审核工作外,通常还要进行复查的工作。所谓资料的复查,指的是研究者在调查资料收回后,又由其他人对所调查的样本中的一部分个案进行第二次调查,以检查和核实第一次调查的质量。

复查的基本做法是:由研究者自己或者由研究者重新选择另外的调查员,从原来的调查员所调查过的样本中,随机抽取5%～10%的个案重新进行调查。一方面核实原来的调查员是否真的对个案进行过调查(有的调查员会由于各种原因自编自填问卷答案,而实际并没有发送给被调查者或访问被调查者);另一方面可将两次调查的结果进行对比,以检查第一次调查的质量。在招聘调查员进行的市场调查中,这种复查工作更是必不可少的。

需要说明的是,并非所有的调查都能十分方便地进行如上所述的复查。这是因为,复查必须依据第一次调查结果所提供的被调查者姓名、地址等信息才能进行。对于一些缺少上述信息的调查样本来说,要进行复查往往是比较困难的。但作为研究者,在对调查方案、抽样方案及资料收集方法进行设计时,就要考虑到复查的问题,有意识地创造一些可以进行一定程度复查的条件。比如,对大学生择业倾向做调查,可先抽好学校、系或年级,调查时,只由调查员从系或年级中抽取某一个班的学生做对象进行调查。这样,研究者只要每个调查员提供所抽取的班级名称,就可对调查情况进行复查了。

通过审核和复查,研究者可以发现并纠正原始资料中所存在的一些错误,可以剔除一些无法进行再调查但又有明显错误的问卷,还可以普遍了解整个资料收集工作的质量,从而对资料的真实性和准确性具有更大的信心。

二、资料转换与录入

对实地调查中所收回的成百上千份问卷资料进行分析之前,还必须先进行资料转换与数据录入的工作。这是因为,现代社会调查的资料统计分析工作已全部由计算机来承担了,而计算机所使用的语言与我们在问卷中所得的资料有很大差别。

1. 问卷资料转换

在前面第六章介绍问卷设计时,我们曾指出,编码就是给每个问题及答案分配一个数字作为它的代码。到了资料处理阶段,我们需要将被调查者对问卷中问题的回答转换成供计算机识别和统计的数字。下面,我们举例说明这种转换的具体过程与方法。

由于社会调查的样本规模通常都达到成百上千,而每一份调查问卷往往又会包括好几十个甚至上百个问题,问卷资料的转换任务往往十分繁重,需要多人共同完成。为了减少资料转换工作中的误差,保证数据的质量,研究者需要编制一份编码手册(也称编码簿)发给从事问卷资料转换工作的人员,以便他们按编码手册的要求,统一进行资料转换工作。

在编码手册中,研究者要将需要编码的项目和问题一一列出,逐一规定它们的代码、宽度、栏码、简要名称、答案赋值方式及其他特殊规定等。整个编码手册的格式要规范统一,指示要明确,且容易理解,便于操作。下面我们结合书后的例子进行介绍。

表 8-1 是结合本书后所附的《武汉市居民生活质量调查问卷》而编制的(示范性)编码手册。"项目名称"所列的是问卷中的问题或有关项目,"变量名"则是调查问卷中所实际测量的每一个变量的代码。因此,有时问卷中的一个问题包含着好几个变量。如问题 C1 就包含着 $C11$、$C12$、$C13$、$C14$ 等 4 个变量,问题 F2 就包含着 $F21$、$F22$ 两个变量。"含义"是简要地指出该变量的内涵,它往往是变量的核心内容的反映。"宽度"和"栏码"前面已做过说明。"答案赋值"一项十分关键,它可以说是编码手册的真正内容。在这一栏中,研究者要详细地标明每一种答案的赋值安排,以及某些特殊形式的答案赋值方法,比如上例中对变量 $A2$、$A8$、$A9$、$C11$、$C12$、$C13$、$C14$、$F21$、$F22$ 的答案赋值方法的说明。

表 8-1 编码手册(节选)

项目名称	变量名	含义	宽度	栏码	答 案 赋 值
区	V	城区	1	1	1=武昌 2=汉阳 3=江汉 4=江岸 5=青山 6=硚口 7=洪山
个案号	ID	个案号	4	2～5	根据问卷上的编号填写
问题 A1	A1	性别	1	6	1=男 2=女
问题 A2	A2	年龄	2	7～8	按实际填答年龄填写 大于 99 岁的填 99
问题 A3	A3	文化程度	1	9	1=小学及以下 2=初中 3=高中及中专 4=大专以上
⋮	⋮	⋮	⋮	⋮	⋮
问题 A8	A8	个人收入	4	16～19	根据实际数字填写
问题 A9	A9	全家收入	4	20～23	根据实际数字填写 10 000 元及以上者填 9 999
⋮	⋮	⋮	⋮	⋮	⋮
问题 C1	C11	有几人	1	39	1=完全清楚 2=大部分清楚 3=小部分清楚 4=不清楚
	C12	叫什么	1	40	同上
	C13	在哪里工作	1	41	同上
	C14	性格特点	1	42	同上
问题 C2	C2	串门	1	43	1=每周一两次 2=每月一两次 3=半年一两次 4=一年一两次 5=从来不去
⋮	⋮	⋮	⋮	⋮	⋮
问题 F2	F21	平日看电视的时间	3	120～122	将所填的小时数乘以 60 加上所填的分钟数,以总数计
	F22	周日看电视的时间	3	123～125	同上
⋮	⋮	⋮	⋮	⋮	⋮

有了编码手册,不同的资料转换工和人员就可以按照同样的标准和方法来对收回的问卷进行资料转换工作。表 8-2 所示就是一份问卷资料转换成数字的结果(部分)。

表 8-2　资料转换结果实例(节选)

区	汉阳	2
编号:	0387	0387
A1	你的性别：　1 男　　√2 女	2
A2	你的年龄　　39　岁	39
A3	你的文化程度	3
	1 小学及以下　2 初中　√3 高中及中专　4 大专以上	
A4	你的职业属于下列哪一类?	2
	1 生产、运输工人和有关人员　　√2 商业人员	
	3 党政企事业单位负责人　　　　4 服务人员	
	5 党政企事业单位工作人员　　　6 个体经营者	
	7 各类专业技术人员　　　　　　8 离退休人员	
	9 其他职业人员(请写明)＿＿＿＿	
A5	你的婚姻状况:	2
	1 未婚　　√2 已婚　　3 离异	
	4 丧偶　　5 其他	
A6	(此题未婚及无孩子者不填)	
	你有几个孩子?　　1　个	1
	其中有几个和你住在一起?　　1　个	1
A7	你们家住在一起的有几口人?　　4　口人	4
	总共是几代人?　　3　代人	3
A8	你每月的收入(包括工资、奖金、补贴等)	0980
	总共有多少元?　　980　元	
A9	你们全家一个月的总收入大约是多少元?　　4 100　元	4 100

2. 数据录入

经过前述的资料转换处理,调查所收回的问卷中的一个个具体答案都已成功地、系统地转换成了由 0~9 这 10 个阿拉伯数字构成的数码,接下来的任务就是将这些数码输入计算机内,以便进行统计分析了。这就是数据录入的工作。

从目前情况看,研究者主要采用两种方法来输入数据。一种方法是直接在 SPSS 软件上输入数据。另一种是采用比较专门的数据库管理软件,如 FoxPro、Excel、Epidata 等来输入数据。两种方法各有特点。在 SPSS 中直接输入比较直观,打开 SPSS 后,显示的就是数据录入窗口,其形式是一张表格(见图 8-1),每一纵栏(标有 var)表示一个变量,每一横行(标有序号 1,2,3,…)代表一个个案。输入前需要定义变量,做法是先用鼠标点击表下面的 Variable view,进入到变量定义窗口(见图 8-2,此时左边纵栏的序号 1,2,3,…表示的是问卷中的每一个变量,而横行上面分别为变量名、变量类型、变量宽度、小数点位数、变量标签、变量取值、缺损值等)。将问卷中的变量一个个进行定义,然后存盘。再用鼠标点击表下方的 Data view,就返回到数据录入窗口。这时就可以从第一行开始,直接将每一个个案的数据逐行一个一个地敲到方格中,数据录完后存盘。然后就可以随时调用做分析了。

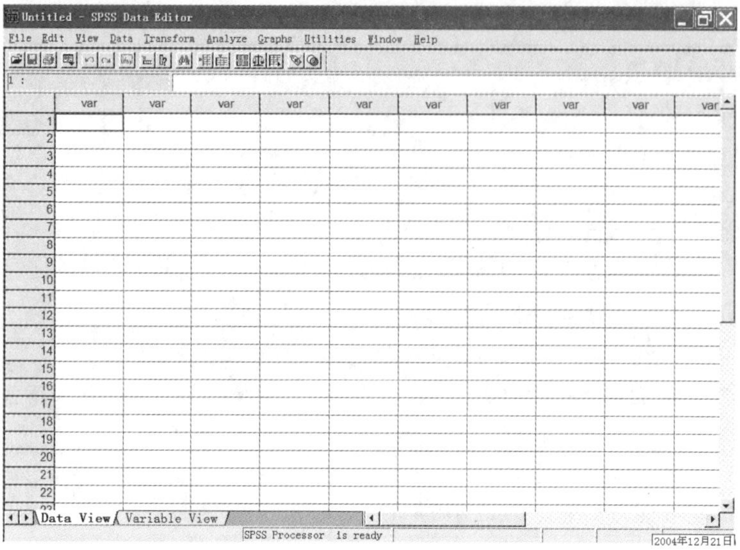

图 8-1 SPSS 数据录入窗口

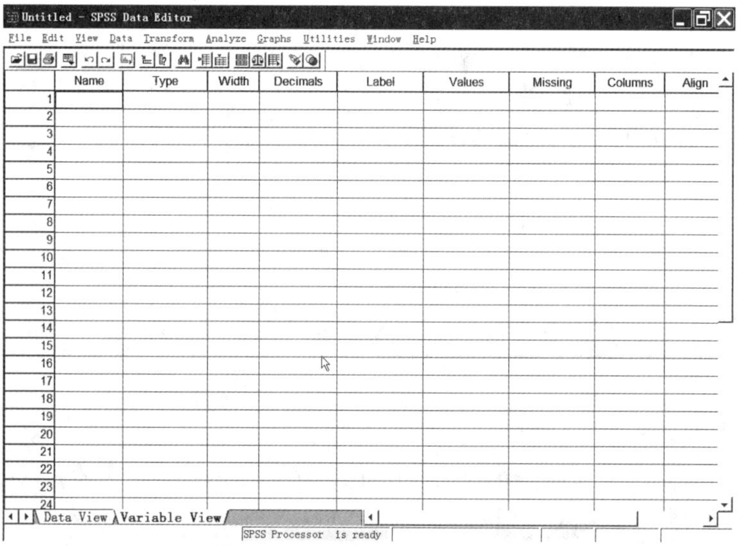

图 8-2 SPSS 变量定义窗口

这种直接输入有时候很容易出错,且输入时也不容易发现。而另一类专门性的数据库管理软件则往往更能保证输入的正确性,更能减少输入数据时产生的差错。比如,FoxPro 的做法也是先根据调查问卷建立数据录入的数据库。在建库时,根据问题的答案设立每一个变量的位置和宽度(即第几栏、占几格),就像给每一个变量规定一个座位一样。并且录入时只有一个个案的数据显示在屏幕上,方向是按变量顺序从上到下进行输入,屏幕上不会有一大片方格和其他数据,这样录入时十分清楚,可随时检查,不容易出错。这一软件输入所形成的是某种有特定结构的(后缀为.dbf)数据文件。SPSS 统计分析软件可直接将其转换成后缀为.sav 的数据文件,并用于统计分析。Epidata 软件的建库和录入方法也完全一样。

由于一项问卷调查的数据总量(每份问卷的栏码总数乘以全部问卷,即为输入数码或字符总数)往往是很大的,故实践中常常是有多人共同输入来完成的。因此,研究者必须对数据的输入工作进行精心组织和安排。具体说来,他要做好以下几方面工作。

(1) 挑选和培训输入人员。数据输入人员应该是熟悉计算机操作,熟悉调查问卷的人,通常可从大学生调查员中挑选。对选出的录入人员要进行一定的培训,熟悉输入方式和具体软件,并合理分工和加强管理。

(2) 统一规定数据输入格式和数据文件名。由于多人输入,每个输入人员应采取统一的输入格式,并各自规定自己存放数据的文件名,以防与他人输入的数据格式不同或发生混淆和丢失。尤其是输入格式一旦确定,每个输入人员都必须严格遵守执行,否则以后很难处理,这一点十分关键。

(3) 每个输入人员独立完成各自所输的那一部分问卷,不同输入人员的问卷相互之间,以及同一个输入人员已输和未输的问卷之间,千万不要混淆搞乱,以免造成漏输或重复输入,影响数据质量。

(4) 在每个输入人员完成各自所负责的问卷输入任务后,由研究者把他们的数据合起来形成一个总的数据文件,以供统计分析时调用。合并数据的方法,见第11章的"拓展阅读"。

三、数据清理

在调查资料从问卷上的回答转换为编码,以及录入到计算机中成为数据文件这一过程中,无论我们组织安排得多么仔细,工作多么认真,还是难免会出现一些小的差错。为了在正式统计运算前再次降低数据中的差错率,提高数据的质量,我们还要进行数据清理工作。

数据清理工作是在计算机的帮助下进行的,通常研究者可采取下列几种清理方法。

1. 有效范围清理

对于问卷中的任何一个变量来说,它的有效的编码值往往都有某种范围,而当数据中的数字超出了这一范围时,可以肯定这个数字一定是错误的。比如,如果在数据文件的"性别"这一变量栏中,出现了数字 5 或者 7、8 等,我们马上可以判定这是错误的编码值。因为根据编码手册中的规定,"性别"这一变量的赋值是 1=男,2=女,0=无回答。这就意味着,所有被调查者在这一变量上的编码值只能是 0、1、2 这三者之一;凡是这三者之外的其他的编码值,都肯定是错误的,必须进行检查、核对、纠正。

当然,这种错误数字的出现可以发生在资料处理的每一个阶段。

首先,它可以发生在原始问卷中的回答上。如当问题问的是被调查者的年龄时,答案中填的数字却为 286。显然,这个被调查者没有如实地回答这一问题,这一答案是背离客观现实的。超出"年龄"这一变量编码值有效范围的这一错误数字,来自被调查者。

其次,它可以发生在编码员对问卷的编码结果上。比如,某个被调查者在回答"你的文化程度"的问题时,选择的答案 2,可编码员在编码时却粗心将 2 看成了 7,或无意中写成了 7;而该题的答案只有 4 类,这样,这一超出有效范围的错误数字就来自编码员。

最后,它可以发生在计算机录入员输入数据的过程中。录入员往往是眼睛看着问卷中的编码结果,手在计算机键盘上敲打 0~9 这 10 个数字键。任何一点马虎或疏忽,以及虽然认真仔细,但却无意中错敲或误碰了某个字符键,都有可能输入错误的结果。比如,明明是想按照问卷中的编码值敲一个 5,可手却无意中敲在了字符 6 上。这个超出有效编码值范围的数字错误则来自录入员。

要检查出所有不符合要求的超出有效范围的编码值,我们只需在计算机上用 SPSS 软件(或其他软件)执行一条统计各变量频数分布的命令,计算机很快就能给出下列形式的结果:

A5 Value Label	Value	Frequency	Percent	Valid Percent	Cum Percent
	1	316	31.4	31.8	31.8
	2	428	42.5	43.1	74.9
	3	121	12.0	12.2	87.1
	4	128	12.7	12.9	100.0
	0	<u>14</u>	<u>1.4</u>	<u>Missing</u>	
	Total	1007	100.0	100.0	
Valid cases 993	Missing cases	14			

A6 Value Label	Value	Frequency	Percent	Valid Percent	Cum Percent
	1	259	25.7	27.0	27.0
	2	405	40.2	42.1	69.1
	3	136	13.5	14.2	83.2
	4	161	16.0	16.8	100.0
	0	<u>46</u>	<u>4.6</u>	<u>Missing</u>	
	Total	1007	100.0	100.0	
Valid cases 961	Missing cases	46			

上列两表是某项调查中变量 A5 与 A6 的频数分布。其中,二者的有效编码值为 0、1、2、3、4,0 为缺省值。第一栏为变量的取值,第二栏为所对应的频数(个案数),第三栏为频数所对应的百分比,第四栏为去掉缺省值以后各频数所对应的百分比(称作有效百分比),最后一栏为累计的有效百分比。这是比较正常的(即没有超出编码值有效范围的)频数分布表。如果计算的频数分布表呈下列情况,则说明数据中有错误:

A5 Value Label	Value	Frequency	Percent	Valid Percent	Cum Percent
	1	316	31.4	31.5	31.5
	2	428	42.5	42.6	74.1
	3	121	12.0	12.1	86.2
	4	128	12.7	12.7	98.9
	6	9	0.9	0.9	99.8
	7	2	0.2	0.2	100.0
	0	<u>3</u>	<u>0.3</u>	<u>Missing</u>	
	Total	1007	100.0	100.0	
Valid cases 1004	Missing cases	3			

当我们发现频数分布表中变量的取值出现了超出编码手册所规定的赋值范围时(此例中的 6、7),就需要将这些个案查找出来,并同原始问卷进行核对。

查找有问题的个案的方法同样离不开计算机及 SPSS 统计软件的运用。在 SPSS 软件中,我们先打开数据文件,然后执行"查找数据"命令。选择数据中的变量 A5 栏,让计算机逐个查找在这一变量栏中编码值为 6 的那 9 个个案(Case)。再根据这 9 个个案的编号找出原始问卷,进行核对。如果原始问卷上的回答是 2,而编码为 6,则是编码员的错误,将数据中的这个 6 改为 2 即可;如果原始问卷上的回答是 2,编码也是 2,那么就是录入员的错误,也直接将数据改正即可;如果核对时,发现是原始问卷中的填答错误,比如"年龄"一栏填的是 286,那么则只能将该个案在这一变量上的回答记为 0(即无回答),作为缺省值处理。如果该份问卷中类似这样错答、乱答的问题不止一两处,则可考虑将这个个案的全部数据取消,作为废卷处理。

2. 逻辑一致性清理

逻辑一致性清理则是从另一角度来查找数据中所存在的问题。它比有效范围清理要稍微复杂一些。其基本思路是依据问卷中的问题相互之间所存在的某种内在的逻辑联系,来检查前后数据之间的合理性。

比如,一项对青年夫妇进行的社会调查中,有这样一对相倚问题。其过滤性问题是:"你们有孩子吗?"答案为"有(编码为 1)"和"没有(编码为 2)"。而后续性问题是:"你们的孩子今年多大了?"那么,对于那些在前一问题中的回答"没有"的人(即编码为 2 的人),在后一问题中的回答应该是空白(即为缺省值,用 0 来表示)。如果在这些人中,有的人的第二个答案上出现了 4、6 或 9 这样的数字,那么这些个案的数据就可能有毛病。

同样的道理,在本书后所附的《生活质量调查问卷》中,如果一个个案在 $A5$、$A61$、$A62$ 这 3 个变量上的编码值分别为"1""1""1",或者为"2""1""2"时,则可以判定,这一个案的数据可能有问题。因为 $A5$ 为 1 者,代表未婚,但他却有孩子,这不合情理;$A61$ 为 1 者,表示这个个案有 1 个孩子,但 $A62$ 为 2,则表示其中有 2 个孩子与他住在一起,这也是不可能的事情。

其他一些与上述例子一样,具有前后内在逻辑矛盾的例子如:编码为"男性"的个案数据中,出现了"怀孕次数"的答案数字;编码为"独生子女"的个案中,出现了"哥哥、姐姐的个数与年龄"答案数字;编码为"未婚"的个案数据中,出现了"配偶文化程度、年龄、职业"的答案数字;等等。

要查找和清理有着上述错误的个案,需要在 SPSS 软件中执行条件选择命令(IF)。比如,先用 IF 命令将所有回答"没有孩子"的个案挑出来,单独作频数统计;再按前述有效范围清理的方法,找到那些在"孩子的年龄"变量上编码值不为零的个案;同样的,先用 IF 命令将在变量 $A5$ 上编码值为 1 的个案(未婚者)挑出来,单独作频数统计;然后找到那些在变量 $A61$ 或者 $A62$ 上,出现有非零编码值的个案。再根据这些个案的编号找来原始问卷进行核对,纠正错误。

逻辑一致性清理还可以采取 SPSS 中构成新变量的命令(即 Compute 命令)来进行。比如,用前述变量 $A61$ 除以变量 $A62$ 构成一新变量:

$$A6 = A61 \div A62 \ (\text{Compute } A6 = A61 \div A62)$$

就可以检查出编码中存在逻辑矛盾的个案。因为正常情况下,$A61$ 是大于或等于 $A62$ 的(即全部孩子数目大于或等于与自己住在一起的孩子数目),因此,我们只要对新变量 $A6$ 做一个频数分布,然后查找到那些 $A6$ 的变量值小于 1 的个案,再由其编号找来原始问卷进行核对,就可以完成这一清理。这种 Compute 命令对于定距层次变量的逻辑检验特别有用。下面我们举一个实际的例子来说明这种清理的方法。

在一项有关青少年家庭教育的社会调查中,涉及父母的年龄(分别为变量 $X6$ 和变量 $X7$),以及最大的子女的年龄(变量 $X48$)。我们可以利用其中的变量 $X7$(母亲年龄)与变量 $X48$ 构成一个新变量 $X748$ 来进行逻辑一致性检查,即

$$\text{Compute} \quad X748 = X7 - X48$$

然后,在计算机中,打出新变量 $X748$ 的频数分布,得到下述结果:

Value Label	Value	Frequency	Percent	Valid Percent	Cum Percent
	32	2	0.3	0.3	0.3
	31	4	0.7	0.7	1.0
	30	10	1.7	1.7	2.7
	29	30	5.0	5.0	7.7
	28	50	8.3	8.3	16.0
	27	60	10.0	10.0	26.0
	26	80	13.3	13.3	39.3
	25	120	20.0	20.0	59.3
	24	100	16.7	16.7	76.0
	23	70	11.7	11.7	87.7
	22	40	6.7	6.7	94.4
	21	20	3.3	3.3	97.7
	20	4	0.7	0.7	98.4
	14	2	0.3	0.3	98.7
	10	6	1.0	1.0	99.7
	2	2	0.3	0.3	100.0
	Total	600	100.0	100.0	

Valid cases 600   Missing cases 0

根据上述结果,需要对变量值为 14、10、2 的 10 个个案进行核查。因为母亲与其第一个孩子的年龄一般不会只相差 14 岁、10 岁,更不会只相差 2 岁。

3. 数据质量抽查

尽管采取了上述两种方法对数据进行清理,但仍会有一些错误的数据无法查出来。一个很简单的例子:假设某个案的数据在"文化程度"这一变量上输错了,问卷上填答的答案是 2(初中),编码值也是 2,但数据录入时却错敲成了 3(高中或中专)。由于 3 这个答案在正常有效的编码值范围中,因此,前一种方法检查不出这一错误。同时,这一变量值与其他变量之间又没有前述"性别"与"怀孕次数"、"未婚"与"有孩子"那样的逻辑联系,因此后一种方法也用不上。

查出这类输入错误的唯一办法是拿着原始问卷一份一份地、一个答案一个答案地进行校对。但实际调查中却没有一个人这么去做,因为那样做的工作量实在太大了。另一种做法是将问卷录两遍,形成两份数据,然后用软件对两份数据进行对比,可以发现录入不一致

的地方,再对照原始问卷进行检查,改正错误。但这种方法工作量大,只有在经费、人力、时间均允许的情况下才能进行。作为一种妥协,人们往往采用随机抽样的方法,从样本的全部个案中,抽取一部分个案,进行这种形式的校对工作。用这一部分个案校对的结果,来估计和评价全部数据的质量。根据样本中个案数目的多少,以及每份问卷中变量数和总字符数的多少,研究者往往抽取 2‰~5‰ 的个案进行校对。举例来说,一项调查样本规模为 1 000 个个案,一份问卷的字符数(数据的个数)为 200。研究者从中随机抽取 3% 的个案(即 30 份问卷)进行对照检查,结果发现有 2 个字符输入错误。这样,由 $\frac{2}{200 \times 30} = \frac{1}{3\ 000} \approx 0.03\%$ 可知,数据的差错率在 0.03% 左右。这也就是说,在总共 20 万个数据中,大约有 60 个左右的差错。我们虽无法查出它们,但却知道它们占多大的比例,对我们的调查结果有多大程度的影响。

四、统计表与统计图

统计表与统计图都是调查资料经过整理、汇总、分组统计后所得结果的表现形式,在社会调查报告中也经常会用到它们。因此,我们在这一小节里对统计表与统计图的类型、特点、制作要求等做一介绍。

1. 统计表的构成与制作

(1) 统计表的构成。从统计表的结构上看,通常都由表号、总标题、横行标题、纵栏标题、数字注释和资料来源等要素所构成。

表号是表的序号,位于表顶端左角。其作用是便于指示和查找。

总标题是表的名称,它位于表的顶端,紧接在表号后面。它的作用是简要说明表中资料的内容,指明资料的时间与空间范围等。

横行标题是横行的名称,又称横标目。它位于表的左侧,对于频数统计表来说,横行标题一般用来统计所要说明的主题;而对于交互分类统计表来说,则表示其中一个变量类别(经常是作为依变量的那个变量)。

纵栏标题是纵栏的名称,又称纵标目,位于表的最上一格。对于一般的频数统计表,它指示调查指标或统计指标的名称;而对于交互分类表来说,它也是表示其中的一个变量的类别(经常是作为自变量的那个变量)。

数字是统计表的实质性内容,是对调查资料进行统计汇总、整理和计算的结果体现。它位于由横行标题与纵栏标题所包围的范围中。这些数字既可以是绝对数(频数),也可以是相对数(百分比)。

注释或资料来源是对表中资料的一种说明。对于由社会调查所收集的资料直接整理而成的统计表来说,往往没有这种说明;而对于那些由转摘其他资料整理而成或直接引用其他资料的统计表来说,则需要进行说明。注释或对资料来源的说明位于表的下端。

表 8-3、表 8-4 是一般统计表的两个例子。

(2) 统计表的制作。统计表制作原则是:科学、规范、简明、实用、美观。具体地说,在制作统计表时,应注意以下几个方面。

第一,表的标题要简短明了,要能确切说明表中数据的内容,使人一目了然。

第二,表的纵栏标题与横行标题要准确反映变量取值的含义,它们的排列顺序也应具有一定的逻辑结构。

第三,表中的数据资料必须注明计量单位,比如频数单位(人数、个数、户数等)和频率单位(百分比)(见表 8-3)。如果表中只有一种计量单位(如只有百分比)或以一种计量单位为主要单位,则可将其写在表的右上角(见表 8-4),而将次要的计量单位用括号注明。

表 8-3 1990 年全国城乡人口及其比重

类别	人口/(亿)	比重/(%)
市	2.11	18.69
镇	0.85	7.54
乡	8.34	73.77
合计	11.30	100.00

资料来源:中国人口统计年鉴(1991 年).北京:中国统计出版社,1992:14.

表 8-4 年龄与生育意愿交互分类　(%)

生育意愿	青　年 35 岁以下	中　年 36~55	老　年 56 岁以上
不生	5	1	0
生一个	60	5	3
生两个	35	85	77
生三个以上	0	9	20
(n)	(100)	(100)	(100)

第四,对于一般频数分布表,则应列出合计栏,以便获得整体情况的资料。总计或合计栏往往放在表的最下一格;对于交互分类表,则将各种专门的统计量,比如 X 值,自由度 df,显著度 p 值,相关系数 γ、λ、G、E 等放在表的最下面一格。

第五,各种表格均应以横线为主,能够不用竖线则尽量不用。即便需要用竖线的表格,也应是开口式的,即表的左右两端不划竖线,如表 8-3。在不致混淆的情况下,也可将其竖线去掉,成为表 8-5 的形式。只不过表中各行各栏数字则要对齐,以便阅读。而交互分类表则可制成表 8-6 的形式。除表的最上面一条横线与最下面一条横线用粗线外,其余横线均用细线。

表 8-5　1990 年全国城乡人口及其比重

类别	人口/亿人	比例/(%)
市	2.11	18.69
镇	0.85	7.54
乡	8.34	73.77
合计	11.30	100.00

表 8-6　住户人口密度与婆媳冲突间的关系　　比例/(%)

婆媳冲突	住户密度		
	高	中	低
高	54.8	19.6	7.1
中	26.2	53.9	50.0
低	19.0	26.5	42.9
(n)	(42)	(102)	(56)

$$G = +0.463$$

$$Z = 3.346 \quad p < 0.001 (一端检定)$$

资料来源：李沛良.社会研究中的统计分析[M].武汉:湖北人民出版社,1987:187.

2. 统计图

统计图也是研究者用来简化和反映调查资料的一种常用方法和形式。与统计表相比，统计图具有直观、形象、一目了然、通俗易懂的特点，它主要用于调查资料初级统计结果的描述，特别适合于对调查总体的内部构成进行描述，对不同现象的分布进行比较以及对现象变化的趋势进行展示等。

统计图主要有条形图、圆形图和折线图三种。

(1) 条形图。条形图又称矩形图，它是以宽度相等、长度不等的长条来表示不同的统计数字，如表示频数或百分比的多少等。例如，调查得到表 8-7 所示的资料。

我们可以将表 8-7 的资料用条形图表示出来（见图 8-3）。

从图 8-3 中，可以十分清楚地看到调查样本中不同的文化程度的分布情况，形象鲜明。这种条形图由于只有一组对象，故又称为简单条形图。如果把两组或两组以上的对象的条形并列在一起，共同构成一个条形图，则既可以进行每组中条形间的比较，又可以对各组的同类条形进行比较。这种条形图称为复合条形图。图 8-4 就是复合条形图的一个例子。

表 8-7　调查对象的文化程度分布

文化程度	频数/(人)	比例/(%)
小学及以下	50	10
初中	100	20
高中或中专	250	50
大专以上	100	20
合计	500	100

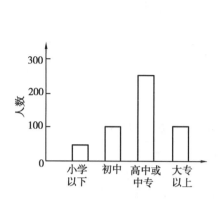
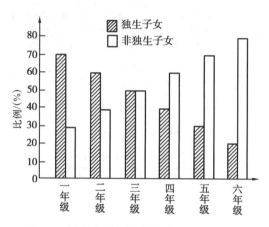

图 8-3 调查对象文化程度分布图　　图 8-4 样本中各年级独生子女比例分布图

图 8-4 形象地反映出随着年级的升高,独生子女学生所占的比例逐渐减小而非独生子女比例逐渐增大的趋势。

(2) 圆形图。圆形图又称扇形图,它是以圆内不同扇形面积的大小来表示总体中不同部分所占的比例,形象地反映总体的内部结构。由于一个圆的圆心角度数为 360,用 360 乘以每一部分所占的百分比,即可得出该部分的圆心角度数,再在圆中按这些角度画出各个不同的扇形。以前面表 8-3 中的数据为例,看看构成圆形图的步骤。

首先,用 360 分别乘各类人口的比例,得

$$市人口 = 360 \times 18.69\% = 67.3$$
$$镇人口 = 360 \times 7.54\% = 27.1$$
$$乡人口 = 360 \times 73.77\% = 265.6$$

分别画出以这三个角度为圆心角的扇形,即可得到圆形图(见图 8-5)。

图 8-5　1990 年全国人口构成图

(3) 折线图。折线图又称曲线图,它是通过上下变化的线段来反映所研究现象随时间变化的过程和发展趋势的图形。图 8-6 就是折线图的一个例子[①]。

该图只含一条曲线,故称为单式曲线图。如果一个图中同时包含两条以上曲线,则称为复式曲线图。图 8-7 就是复式曲线图的一个例子[②]。

从图中可以十分清楚地看出城市与农村领独生子女证人数是怎样随着时间的推移而不断发生变化的。

---

① 张伦俊.社会统计方法[M].合肥:中国科学技术大学出版社,1988:51.
② 风笑天.独生子女:他们的家庭、教育和未来[M].北京:社会科学文献出版社,1992:10.

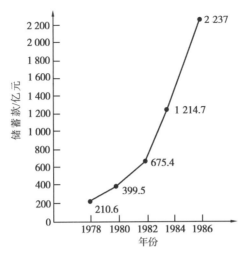

图 8-6　我国城乡居民储蓄增长情况

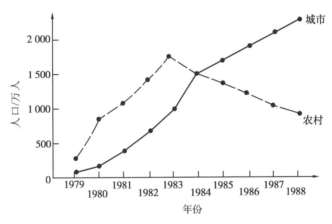

图 8-7　城乡领证独生子女人数统计图

基本概念

资料的审核　　资料的复查

小测验（扫码做题）

阅读材料（扫码阅读）

调查实例:《独生子女父母的空巢期:何时开始？会有多长？》。

思考与实践

1. 什么是资料的复查？如何进行资料的复查？
2. 下面是某问卷调查中一份问卷的节选，试对其进行编码：

A1 请问你的年龄：__32__ 岁	— —
A2 你的文化程度	—
1 小学　2 初中　√3 高中　4 大学	
A3 你家共有几口人：__4__ 口人	—
A4 你是否同意医疗制度改革方案	
1 同意　2 不同意　√3 无所谓	—

3. 问卷数据的录入方式有哪几种？在计算机上对这几种方式都进行尝试，并比较和讨论它们各自的特点。
4. 用上题所形成的数据或找一份实际社会调查的原始数据，按照本章所介绍的方法，对其进行有效范围清理和逻辑一致性清理。
5. 统计表由哪几个部分构成？试举例说明。
6. 找几篇社会科学刊物上的调查报告，看看它们采用了哪些统计图表。

第九章

资料的统计分析（Ⅰ）——单变量分析

调查所得的原始资料经过审核、整理与汇总后，还需要进行系统的统计分析，才能揭示出调查资料所包含的众多信息，才能得出调查的结论，因而统计分析是现代社会调查方法中十分重要的一部分。统计分析方法的内容可以根据变量的多少划分为单变量分析、双变量分析和多变量分析。前两者可称为初等统计，而后者则称为高等统计。根据本书的目标和要求，我们这里只对初等统计的内容进行介绍。

一、单变量描述统计

单变量统计分析可以分为两个大的方面，即描述统计和推论统计。描述统计的主要目的在于用最简单的概括形式反映出大量数据资料所容纳的基本信息。它的基本方法包括集中量数分析、离散量数分析等。而推论统计的主要目的，则是用从样本调查中所得到的数据资料来推断总体的情况，主要包括区间估计和假设检验等。这一节我们先介绍单变量的描述统计。

1. 频数分布与频率分布

所谓频数分布（frequency distribution），就是指一组数据中取不同值的个案的次数分布情况，它一般以频数分布表的形式表达。

例如，某班有 20 名学生，我们通过对他们的父亲的职业情况进行调查，得到下列结果：工人、工人、工人、工人、干部、干部、干部、干部、干部、干部、教师、教师、教师、商人、商人、商人、商人、商人、农民、农民。那么，我们就可以用表 9-1 来描述该班学生的父亲的职业分布状况。

频数分布表的作用有两方面，一是简化资料，即将调查所得到的一长串原始数据，以一个十分简洁的统计表反映出来。二是从频数分布表中，我们可以更清楚地了解调查数据的众多信息。比如从表 9-1 中，我们既可以了解该班学生的父亲在职业方面的分布范围（工人、干部、教师、商人、农民，总共有五类），还可以了解不同职业的分布情况（如干部最多、农民最少等），这样就为我们深入分析有关现象打下了良好的基础。

所谓频率分布（percentages distribution），则是一组数据中不同取值的频数相对于总数的比率分布情况，这种比率在社会调查中经常是以百分比的形式来表达。频率分布情况同样也是以频率表的形式出现。表 9-2 就是与表 9-1 对应的频率分布表。

表 9-1　某班学生父亲职业的频数分布

职业类别	人　数
工人	4
干部	6
教师	3
商人	5
农民	2
合计	20

表 9-2　某班学生父亲职业的频率分布

职业类别	比例/(%)
工人	20
干部	30
教师	15
商人	25
农民	10
合计	100($n=20$)

频率分布表与频数分布表的区别在于:频数分布表是不同类别在总体中的绝对数量分布,而频率分布表则是不同类别在总体中的相对数量分布(相对比重)。正是由于这一特点,频率分布表除具备频数分布表的优点外,还有一个十分重要的优点,这就是它十分方便地用于不同总体或不同类别之间的比较。因此,这种分布表的应用更为普遍。

从前面第五章中所介绍的测量层次的角度来分析,不难看出频数分布和频率分布主要适用于定类尺度变量的描述。当然,对于更高测量层次上的变量,比如定序变量、定距变量和定比变量,同样也可以用它们进行描述,如下例。

例 1　某班有 25 名学生,其年龄如下:20 岁、19 岁、18 岁、19 岁、18 岁、20 岁、21 岁、17 岁、18 岁、18 岁、19 岁、19 岁、20 岁、19 岁、19 岁、17 岁、18 岁、20 岁、19 岁、19 岁、21 岁、21 岁、19 岁、20 岁、19 岁,该班学生的年龄分布如表 9-3。

表 9-4 则是与表 9-3 对应的频率分布表。

表 9-3　某班学生年龄的频数分布

年龄/岁	学 生 人 数
17	2
18	5
19	10
20	5
21	3
合计	25

表 9-4　某班学生年龄的频率分布

年龄/岁	比例/(%)
17	8
18	20
19	40
20	20
21	12
合计	100($n=25$)

需要注意的是,对于一项有一定规模的社会调查来说,一般不宜对诸如年龄、收入、时间等定比变量作频数分布表或频率分布表。这是因为,此时的类别往往很多,而每一类别中的个案又比较少,所得结果往往既繁杂又不适用,研究者很难从这两种分布表中得到有关某一变量的清晰、简明的描述。对这样一类变量,我们通常进行下面两种变量的分析。

2. 集中趋势分析

集中趋势分析(central tendency analysis)指的是用一个典型值或代表值来反映一组数据的一般水平,或者说反映这组数据向这个典型值集中的情况。最常见的集中趋势分析包括计算平均数(也称为均值)、众数和中位数。

(1) 平均数(mean)。在社会调查中,平均数是使用得最多的集中量数。平均数的定义是:总体各单位数值之和除以总体单位数目所得之商。在统计分析中,习惯以 $\overline{X}$ 来表示平均数。其计算公式是

$$\overline{X} = \frac{\sum X}{n}$$

下面举例说明在不同情况下计算平均数的方法。先看看如何从原始数据计算平均数。

例 2 某班 10 名学生年龄分别为 20 岁、21 岁、19 岁、19 岁、20 岁、20 岁、21 岁、22 岁、18 岁、20 岁，求他们的平均年龄。

解 根据平均数的计算公式有

$$\overline{X} = \frac{\sum X}{n} = \frac{200}{10} 岁 = 20 岁$$

如果是单值分组资料，那么，计算平均数时首先要将每一个变量值乘以所对应的频数 f，得出各组的数值之和，然后将各组的数值之和全部相加，最后除以单位总数（也即各组频数之和）。其计算公式是

$$\overline{X} = \frac{\sum Xf}{\sum f} = \frac{\sum Xf}{n}$$

例 3 调查某年级 150 名学生的年龄，得到如表 9-5 所示的结果，求平均年龄。

表 9-5 某年级学生的年龄分布

年龄/岁	人数/(频数)
17	10
18	25
19	50
20	40
21	20
22	5
合计	150

解 根据公式得

$$\overline{X} = \frac{\sum Xf}{n} = \frac{17\times10 + 18\times25 + 19\times50 + 20\times40 + 21\times20 + 22\times5}{150} 岁$$

$$= 19.33 岁$$

在调查收入、年龄等方面情况时，常常得到组距分组形式的资料。比如，人口普查的许多数据就是以年龄分组的形式给出的。我们常常知道的是 0~4 岁、5~9 岁、10~14 岁等年龄段的人数、他们的各种特征等，却很少知道其中每一个人的准确年龄。这时，若要计算他们的平均年龄，就需要先计算出各组的组中值，然后再按照上述单值分组资料计算平均数的公式计算。组中值的计算公式为

$$组中值 = \frac{上限 + 下限}{2}$$

当组中值为小数时，通常采取四舍五入的办法将其化为整数后再计算。

例 4 调查某大学 100 名学生勤工助学的收入，得到如表 9-6 所示的资料，计算他们的平均收入。

表 9-6　某大学 100 名学生勤工助学收入的分布

收入/元	学生数	组中值/元	Xf
100～199	10	150	1 500
200～299	10	250	2 500
300～399	40	350	14 000
400～499	20	450	9 000
500～599	20	550	11 000
合计	100		38 000

因此,这 100 名学生的平均收入为

$$\overline{X} = \frac{\sum Xf}{n} = \frac{38\,000}{100} \text{元} = 380 \text{元}$$

有一点需要注意,就是当分组中有开区间时,就无法计算其组中值,因而也就无法计算总体均值了。比如说,当上例中还有"99 元以下"和"600 元以上"这样两个组时(每组假设各为 5 人),该如何计算总体均值呢?如果说前面一组还可以取 50 元作为其组中值的话(因其下限为 0),后面一组就无法取了。因此,在实际社会调查中,研究者往往尽量使所有分组都成为闭区间,既方便被调查者回答,又可以计算出平均数。

(2) 众数(mode)。众数是一组数据中出现次数最多(即频数最高)的那个数值。众数与平均数一样,也可用来概括反映总体的一般水平或典型情况。

如何求众数呢?在单值分组资料的情况下,先在频数一栏中找出最大的频数,然后找到最大的频数所对应的标志值,这一标志值即为众数。以前面例 3 为例,首先我们在人数(频数)一栏中找出最大的频数 50,再找到 50 所对应的年龄值 19 岁。因此,例 3 资料中的众数为 19 岁。

由组距分组资料求众数的方法有两种,一种是组中值法,另一种是摘补法。前者比较简单,后者较为复杂。由于众数在社会调查研究中的使用远不像平均数那样广泛,故我们只需了解组中值法即可。用组中值法求众数分为三步:首先也是通过直接观察找出最高的频数,然后根据最高的频数找到它所对应的组,最后求出该组的组中值数即为众数。

例如,以上述例 4 的资料为例,先找到众数 40,再找到 40 所对应的收入组"300～399",再计算出该组的组中值 350 即是众数。

(3) 中位数(median)。把一组数据按值的大小顺序排列起来,处于中央位置的那个数值就叫中位数。它所描述的是定序变量以上层次的变量。其含义是:整个数据中,有一半数据的值在它之上(比它大),另一半数据的值在它之下(比它小)。例如,调查 5 个工厂的职工人数,按规模由小到大依次为 200 人、300 人、500 人、800 人、1 000 人,其中间位置(5+1)÷2=3,即第三个工厂所对应的数值 500 人即为其中位数。

当数据为偶数个时,中位数的位置处于中间两个数值之间,而没有直接对应的数值。此时一般以中间这两个数值的平均数作为中位数。

例如,上例中若再加上一个工厂,人数为 1 200 人,那么,其中间位置为(6+1)÷2=3.5,即中间位置处在第三个工厂和第四个工厂之间,而其中位数则为(500+800)÷2=650 人。

当资料为单值分组数据时,也是先求出数据组的中间位置,然后再找出其对应值。只不过寻找的方式有所不同。下面以前面的例 3 为例进行说明。

先由公式计算中间位置：
$$(n+1)\div 2=(150+1)\div 2=75.5$$
即中间位置在第 75 个数值与第 76 个数值之间。为了找到这个位置，需要先列出累计频数。累计频数的计算既可以从上到下，也可以从下到上（见表 9-7 中第三、第四两栏）。

表 9-7　例 3 的累计频数

年龄/岁	人数/(频数)	累计频数↓	累计频数↑
17	10	10	150
18	25	35	140
19	50	85	115
20	40	125	65
21	20	145	25
22	5	150	5
合计	150		

列出累计频数后，我们从上往下找（或者从下往上找），看看所计算出的中间位置最先落入哪一个累计频数内，再由此找出相对应的中位数。在本例中，无论按哪种方式寻找，中间位置 75.5 总是最先落入人数为 50 的那一行（即从上往下时累计频数为 85、从下往上时累计频数为 115 的那一行）。而这一行所对应的标志值为 19 岁，就是所求的中位数。

由组距分组数据求中位数时，则与前面两种情况有所不同。其具体方法是先列出累计频数，然后按同样的方法确定中位数所在的组，最后利用下述公式计算出中位数的值：

$$中位数 = L + \frac{n/2 - cf_{(m-1)}}{f_m} \times i$$

其中，L 为中位数所在组的下限值，$cf_{(m-1)}$ 为中位数所在组以上的累计频数，f_m 为中位数所在组的频数，i 为中位数所在组的组距。

以前面例 4 的资料（见表 9-8）为例，说明如何从组距分组资料求中位数。

表 9-8　例 4 的累计频数

收入/元	学生数	累计频数
100～199	10	10
200～299	10	20
300～399	40	60
400～499	20	80
500～599	20	100
合计	100	

求出中间位置为 $(100+1)\div 2=50.5$，再从累计频数栏中找到中位数所在组为"300～399"这一组，最后利用以下公式计算：

$$中位数 = 300 + \frac{50-20}{40} \times 99 = 374.25$$

下面我们对平均数与中位数的特点和作用略做比较。

首先，由于计算平均数时要求用到数据中所有的数值，而求中位数时只用到数值的相对位置,因而平均数比中位数利用了更多的有关数据的信息。它对数据总体的描述和反映,在一般情况下比中位数更加全面和准确。

其次,平均数与中位数有一点很重要的差别,这就是:平均数非常容易受到极端值的变化的影响,而中位数则不会受到这种影响,除非中位数值本身变化。比如,5个职工的收入分别为1 000元、2 000元、4 000元、5 000元、6 000元,则他们收入的平均数为3 600元,中位数为4 000元。如果最高收入不是6 000元,而是10 000元,那么,他们收入的平均数则变为4 400元,但中位数仍然是4 000元。由此可以看出,当样本中数据值的分布是高度偏斜的,即在一个方向上有较多的极端个案,中位数一般总是比平均数更适合一些。

再次,对于抽样调查来说,平均数是一种比中位数更为稳定的量度,它随样本的变化比较小。即对于从同一总体中、采用同一方式抽出的、同样规模的不同样本来说,它们的平均数相互之间的差别,往往比它们的中位数相互之间的差别要小一些。

最后,平均数具有中位数所不具备的另一个重要性质是:它比较容易进行算术运算。这是因为,平均数所要求的是定距层次以上的变量,而中位数所要求的则是定序层次以上的变量。这也提示我们,计算平均数要以定距变量为前提,而中位数则既可用于定距变量,又可用于定序变量。

3. 离散趋势分析

与集中趋势分析相反,离散趋势分析(dispersion tendency analysis)指的是用一个特别的数值来反映一组数据相互之间的离散程度。它与集中趋势分析一起,分别从两个不同的侧面描述和揭示一组数据的分布情况,共同反映出资料分布的全面特征。同时,它还对相应的集中量数(如平均数、众数、中位数)的代表性做出补充说明。为了理解离散量数分析的这种作用,我们先来看看下面的例子。

例5 某校3个系各选5名同学参加智力竞赛,他们的成绩分别为

中文系:78、79、80、81、82 $\overline{X}=80$;
数学系:65、72、80、88、95 $\overline{X}=80$;
英语系:35、78、89、98、100 $\overline{X}=80$。

无论是从团体总分来看,还是从平均得分来看,这3个系代表队的成绩都是相同的。因此,如果仅以集中量数的统计量(平均数)来衡量,那么,3个系代表队的水平一样高,不存在什么差别。但从直观上我们不难发现,3个代表队中5名队员的成绩相互之间的差距程度(离散程度)很不一样:中文系队5名同学成绩十分接近,数学系队5名同学成绩比较分散,而英语系队5名同学的成绩则相差悬殊。虽然他们3个队的平均成绩都是80分,但不难理解,这个80分对中文系队同学的代表性最高,而对英语系队同学的代表性最低。

常见的离散量数统计量有全距、标准差、异众比率、四分位差等。其中,标准差、异众比率、四分位差分别与平均数、众数、中位数相对应,判定和说明平均数、众数、中位数代表性的大小。下面逐一进行介绍。

(1) 全距(range)。全距又叫极差,它是一组数据中最大值与最小值之差。如上面所举例5中,3个代表队成绩的全距分别为

中文系:82−78= 4(分);
数学系:95−65=30(分);

英语系：100－35＝65(分)。

全距的意义在于：一组数据的全距越大，在一定程度上说明这组数据的离散量数越大，而集中量数统计量的代表性越低；反之，一组数据的全距越小，则说明这组数据的离散量数越小，集中量数统计量的代表性就越高。从上面3个代表队的例子中，我们不难认识到这一点。但是，应该注意到，由于全距仅仅依靠两个极端值，因而带有很大的偶然性，它对于大量的处于两个极端值之间的数值分布情况，以及在中心点周围的集中情况，都无法提供任何信息。为此，人们更多地使用标准差等其他离散量数。

(2) 标准差(standard deviation)。标准差的定义是：一组数据对其平均数的偏差平方的算术平均数的平方根。它是用得最多、也是最重要的离散量数统计量，其计算公式为

$$S = \sqrt{\frac{\sum(X-\overline{X})^2}{n}}$$

比如，将例5的资料代入后可得

S(中文系)＝1.414(分)，　S(数学系)＝10.8(分)，　S(英语系)＝23.8(分)。

从上述结果中可知，中文系代表队的标准差最小，数学系队其次，而英语系代表队的标准差最大。这一结果很好地反映出各队队员成绩之间的离散程度，同时也反映出80分的平均成绩对中文系代表队的代表性最大，而对英语系队的代表性最小。

用例5的资料求得上述标准差，可以看作从原始数据计算标准差。对于单值分组数据资料，计算标准差的公式略有变化，即

$$S = \sqrt{\frac{\sum(X-\overline{X})^2 f}{n}}$$

其中，f 为 X 所对应的频数。

例6　调查200户家庭的规模，得到如表9-9所示的资料，求其标准差。

表9-9　200户家庭规模资料

家庭规模	户数	$X-\overline{X}$	$(X-\overline{X})^2$	$(X-\overline{X})^2 f$
2人	10	－1.4	1.96	19.6
3人	120	－0.4	0.16	19.2
4人	50	0.6	0.36	18
5人	20	1.6	2.56	51.2
合计	200			108

解　先求出平均数，由公式可得

$$\overline{X} = \frac{\sum Xf}{n} = \frac{2\times10+3\times120+4\times50+5\times20}{200} 人 = 3.4 人$$

将平均数及上表中的计算结果代入上述标准差公式得

$$S = \sqrt{\frac{\sum(X-\overline{X})^2 f}{n}} = \sqrt{\frac{108}{200}} 人 = 0.73 人$$

由组距分组资料计算标准差时，只需先计算出各组的组中值，然后按照单值分组资料计算标准差的公式和方法计算即可。

(3) 异众比率(variation ratio)。所谓异众比率,指的是一组数据中非众数的次数相对于总体全部单位的比率。异众比率通常用 VR 表示,其计算公式为

$$VR = \frac{n - f_{mo}}{n}$$

其中,f_{mo} 为众数的次数。

例 3 中的异众比率为

$$VR = \frac{150 - 50}{150} = \frac{100}{150} = 0.67 = 67\%$$

异众比率的意义是指众数所不能代表的其他数值(即非众数的数值)在总体中的比重。因此,我们不难明白,当异众比率越大,即众数所不能代表的其他数值在总体中的比重越大时,众数在总体中所占的比重自然就越小,这样,众数的代表性也就越小。反之,当异众比率越小时,众数所不能代表的其他数值在总体中的比重就越小,众数的代表性自然也就越大了。

(4) 四分位差(interquartile range)。四分位差是先将一组数据按大小排列成序,然后将其四等分,去掉序列中最高的 1/4 和最低的 1/4 后,中间的一半数值之间的全距。四分位差的符号通常用 Q 表示。而用 Q_1 和 Q_3 来表示第一个四分位点和第三个四分位点所对应的数值。

例 7 调查 11 位同学的年龄如下:17 岁、18 岁、18 岁、19 岁、19 岁、20 岁、20 岁、21 岁、21 岁、22 岁、22 岁,求其四分位差。

解 先求出 Q_1 和 Q_3 的位置,即

$$Q_1 \text{ 的位置} = \frac{n+1}{4} = \frac{11+1}{4} = 3$$

$$Q_3 \text{ 的位置} = \frac{3(n+1)}{4} = \frac{3(11+1)}{4} = 9$$

再从数序中找到 $Q_1 = 18, \quad Q_3 = 21$

则四分位差 $Q = Q_3 - Q_1 = 21 - 18 = 3$

结果说明,这 11 位同学中,中间一半人的年龄在 18~21 岁之间,或者说,这一半人之间的最大差异为 3 岁。

(5) 离散系数(coefficient of variation)。离散系数也称变差系数,它是一种相对的离散量数统计量,它使我们能够对同一总体中不同的离散量数统计量进行比较,或者对不同总体中的同一离散量数统计量进行比较。

离散系数的定义是:标准差与平均数的比值,用百分比表示,记为 CV。其计算公式为

$$CV = \frac{S}{\overline{X}} \times 100\%$$

例 8 一项调查得到下列结果,某市人均月收入为 2 920 元,标准差为 540 元,人均住房面积 20 平方米,标准差为 4.8 平方米。试比较该市人均收入和人均住房情况哪一个差异程度比较大。

解 人均收入的离散系数为

$$CV = \frac{S}{\overline{X}} \times 100\% = \frac{540}{2\,920} \times 100\% = 18.5\%$$

人均住房面积的离散系数为

$$CV = \frac{4.8}{20} \times 100\% = 24\%$$

可见人均住房面积的差异情况比人均收入的差异情况要大。这是同一总体不同指标间的比较,下例则是属于同一指标不同总体间的比较。

例 9 对广州和武汉两地居民生活质量调查发现,广州居民平均收入为 6 800 元,标准差为 1 200 元;武汉居民平均收入为 3 600 元,标准差为 800 元。广州居民相互之间在收入上的差异程度,与武汉居民相互之间在收入上的差异程度哪一个更大一些?

解 　　　广州居民收入的离散系数 $=1\,200 \div 6\,800 \times 100\% = 17.6\%$

　　　武汉居民收入的离散系数 $=800 \div 3\,600 \times 100\% = 22.2\%$

可见比较而言,武汉居民相互之间在收入上的差异程度比广州居民相互之间的差异程度更大一些。

二、单变量推论统计

由于在社会调查中我们很少做普查,更经常的是做抽样调查。所以,我们在对调查结果进行描述、对变量关系进行探讨时,往往都是使用样本的资料,直接得到的也是有关样本的结果。然而,正如我们在介绍抽样调查的定义、性质和特点时所指出的那样,我们从总体中抽取一部分对象进行调查的目的,并不是为了描述这个样本的情况,而是希望通过样本来了解总体特征和状况。推论统计所要解决的正是这方面的问题。

简单地说,推论统计就是利用样本的统计值对总体的参数值进行估计的方法。推论统计的内容主要包括两个方面:一是区间估计,二是假设检验。

1. 区间估计

区间估计(interval estimation)的实质就是在一定的可信度(置信水平)下,用样本统计值的某个范围(置信区间)来"框"住总体的参数值。范围的大小反映的是这种估计的精确性问题,而可信度高低反映的则是这种估计的可靠性或把握性问题。区间估计的结果通常可以采取下述方式来表述:"我们有 95% 的把握认为,全市职工的月工资收入在 1 820 元至 2 180 元之间。"或者"全省人口中,女性占 50% 至 52% 的可能性为 99%"。

区间估计中的可靠性或把握性是指用某个区间去估计总体参数时,成功的可能性有多大。它可以这样来解释:如果从总体中重复抽样 100 次,约有 95 次所抽样本的统计值的某个区间将包含总体的参数值,则说明这个区间估计的可靠性为 95%。对于同一总体和同一抽样规模来说,所给区间的大小与做出这种估计所具有的把握性成正比。即所估计的区间越大,则对这一估计成功的把握性也越大;反之,则把握性越小。实际上,区间的大小所体现的是估计的精确性问题,二者成反比,即区间越大,精确程度越低;区间越小,精确程度越高。从精确性出发,要求所估计的区间越小越好;可从把握性出发,又要求所估计的区间越大越好。因此,人们总是需要在这两者之间进行平衡和选择。在社会统计中,常用的置信水平分别为 90%、95% 和 99%。在计算中,置信水平常用 $1-\alpha$ 来表示。α 称作显著性水平,它指的是小概率事件的概率值。90%、95%、99% 的置信水平也即 α 分别为 0.1、0.05 和 0.01。下面我们分别介绍总体均值的区间估计和总体百分比的区间估计方法。

(1) 总体均值的区间估计。总体均值的区间估计公式为

$$\overline{X} \pm Z_{(1-\alpha)} \frac{S}{\sqrt{n}}$$

其中,$\overline{X}$ 为样本平均值,也即样本平均数,S 为样本标准差,$Z_{(1-\alpha)}$ 为置信水平是 $1-\alpha$ 所对应的 Z 值,n 为样本规模。

例 10 调查某厂职工的工资状况,随机抽取 900 名工人作样本,调查得到他们的月平均工资为 1 860 元,标准差为 420 元。求 95% 的置信水平下,全厂职工的月平均工资的置信区间是多少?

解 将调查资料代入总体均值的区间估计公式得

$$1\,860 \pm Z_{(1-0.05)} \frac{420}{\sqrt{900}}$$

查书后附录中的 Z 检验表,得

$$Z_{(1-0.05)} = 1.96$$

故,总体均值的置信区间为

$$1\,860 \pm 1.96 \times \frac{420}{\sqrt{900}}$$

即 1 832.56~1 887.44 元。

当我们希望提高估计的可靠性时,就必须相应扩大置信区间。比如,当我们将置信水平提高到 99% 时,那么,上例中的置信区间又是多大呢?

同样利用公式计算得

$$1\,860 \pm Z_{(1-0.01)} \frac{420}{\sqrt{900}}$$

此时的 $Z_{(1-0.01)} = 2.58$。所以,总体均值的置信区间为

$$1\,860 \pm 2.58 \times \frac{420}{\sqrt{900}}$$

即

$$1\,823.36 \sim 1\,896.64 \text{ 元}$$

可见随着可靠性的提高,所估计的区间扩大了,这样一来,估计的精确性就相应地降低了。

(2) 总体百分比的区间估计。总体百分比的区间估计公式为

$$p \pm Z_{(1-\alpha)} \sqrt{\frac{p(1-p)}{n}}$$

其中,p 为样本中的百分比。

例 11 从某工厂随机抽取 400 名工人进行调查,结果表明女工的比例为 20%。现在要求在 90% 的置信水平下,估计全厂工人中女工比例的置信区间。

解 代入公式得

$$20\% \pm 1.65 \times \sqrt{\frac{20\% \times (1-20\%)}{400}}$$

即 $16.7\% \sim 23.3\%$

而当提高置信水平时,比如说95%时,计算可得到置信区间为16.1%~23.9%。可见随着置信水平的提高,置信区间进一步扩大,估计的精确性则进一步降低。

2. 假设检验

假设检验问题是推论统计中的另一种类型。首先需要说明的是,这里的假设不是指抽象层次的理论假设,而是指和抽样手段联系在一起、并且依靠抽样调查的数据进行验证的经验层次的假设,即统计假设。

假设检验实际上是先对总体的某一参数作出假设,然后用样本的统计量去进行验证,以决定该假设是否为总体所接受。假设检验所依据的是概率论中的小概率原理,即"小概率事件在一次观察中不可能出现"的原理。但是,如果现实的情况恰恰是在一次观察中小概率事件出现了,那该如何判断呢?一种是认为该事件的概率仍然很小,只不过不巧被碰上了;另一种则是怀疑和否定该事件的概率未必很小,即认为该事件本身就不是一种小概率事件,而是一种大概率事件。后一种判断更为合理,它所代表的正是假设检验的基本思想。

我们举例说明假设检验的基本思路。某大学学生勤工助学上月平均收入为210元,这个月的情况与上月没有什么变化,我们设想他们这个月的平均收入还是210元。为了验证这一假设是否可靠,我们抽取了100人做调查,结果得出月平均收入为220元,标准差为15元。显然,样本的结果与总体结果之间出现了误差。这个误差是由于我们假设错误引起的呢?还是由于抽样误差引起的呢?如果是抽样误差引起的,那么我们就应该承认原来的假设,即这个月收入没有变化;而如果是假设错误引起的,我们就应该否定原假设,即这个月收入有变化。研究者通过将原假设作为虚无假设,通常用 H_0 表示,而将与之完全对立的假设作为研究假设,通常用 H_1 表示,然后用样本的数据计算统计值,并与临界值比较。当统计值的绝对值小于临界值,即 $|Z| < Z_{\alpha/2}$ 时,则接受虚无假设,否定研究假设;当统计值的绝对值大于或等于临界值,即 $|Z| \geq Z_{\alpha/2}$ 时,则拒绝虚无假设,接受研究假设。

概括起来,假设检验的步骤是:

① 建立虚无假设和研究假设,通常是将原假设作为虚无假设;

② 根据需要选择适当的显著性水平 α(即小概率的大小),通常有 $\alpha = 0.05$, $\alpha = 0.01$ 等;

③ 根据样本数据计算出统计值 Z,并根据显著性水平查出对应的临界值 Z_α;

④ 将临界值与统计值进行比较,以判定是接受虚无假设,还是接受研究假设。

下面我们先看总体均值的假设检验。

(1) 总体均值的假设检验。

例12 某大学学生勤工助学上月平均收入为210元,本月调查了100名学生,平均月收入为220元,标准差为15元。问该大学学生勤工助学本月平均收入与上月相比是否有变化?

解 首先建立虚无假设(用 H_0 表示)和研究假设(用 H_1 表示),即有
$$H_0: M = 210, \quad H_1: M \neq 210$$

选择显著性水平 $\alpha = 0.05$,由书后附录的 Z 检验表查得 $Z_{(0.05/2)} = 1.96$($Z_{(0.05/2)}$ 表示双尾检验)。

然后根据样本数据计算统计值,其公式为

$$Z = \frac{X-M}{SE} = \frac{X-M}{\sigma/\sqrt{n}},$$

式中,X 为样本均值,M 为总体均值,$SE = \frac{\sigma}{\sqrt{n}}$ 为标准误差,σ 为总体标准差,n 为样本规模。

由于总体标准差 σ 通常未知,因此,当 $n > 30$ 时,以样本标准差来代替,即

$$Z = \frac{X-M}{S/\sqrt{n}} = \frac{220-210}{15/\sqrt{100}} = 6.67$$

由于 $Z = 6.67 > Z_{(0.05/2)} = 1.96$,所以,拒绝虚无假设,接受研究假设。即从总体上说,该大学学生勤工助学月平均收入与上月相比有变化。

(2) 总体百分比的假设检验。

总体百分比假设检验的基本思路与方法同总体均值的假设检验相同,只是统计量的计算公式不一样。

例 13 一所大学全体学生中抽烟者的比例为 35%,经过学习和戒烟宣传后,随机抽取 100 名大学生进行调查,结果发现抽烟者为 25 名。问戒烟宣传是否收到了成效?

解 设 $H_0: p_0 = 0.35$,$H_1: p_0 < 0.35$

选择显著性水平 $\alpha = 0.05$,由 Z 检验表查得 $Z_{0.05} = 1.65$($Z_{0.05}$ 表示单尾检验),根据下列公式计算统计量:

$$Z = \frac{p-p_0}{\sqrt{\frac{p_0(1-p_0)}{n}}} = \frac{0.25-0.35}{\sqrt{\frac{0.35 \times (1-0.35)}{100}}} = -2.1$$

由于 $|Z| = 2.1 > Z_{0.05} = 1.65$

所以,拒绝虚无假设,接受研究假设。即从总体上说,抽烟宣传收到了成效,抽烟者的比例明显下降。

基本概念

频数分布	频率分布	集中量数分析	平均数	众数
中位数	离散量数分析	全距	标准差	异众比率
离散系数	区间估计			

小测验(扫码做题)

阅读材料(扫码阅读)

调查实例:《独生子女青少年的社会化过程及其结果》。

思考与实践

1. 调查 100 名学生的成绩,得到下列资料,求成绩的平均数、众数和中位数。

成绩/分	人数
41～60	20
61～80	50
81～100	30

2. 调查 100 名工人和 100 名教师的收入,得到下列资料。工人相互之间收入的差别与教师相互之间收入的差别哪个更大?

收入/元	工人数	教师数
3 000	30	20
4 000	20	30
5 000	30	40
6 000	20	10

3. 从某校随机抽取 300 名教师进行调查,得出他们的平均年龄为 42 岁,标准差为 5 岁。求在 95% 的置信水平下,该校全体教师平均年龄的置信区间是多少?

4. 从某高校随机抽取 200 名学生进行调查,发现抽烟的比例为 15%。现要求在 95% 的置信水平下,估计全校学生中抽烟比例的置信区间。

5. 某厂职工的平均受教育年限在 1990 年时为 11 年。1995 年从该厂抽取 100 名职工进行调查,得出平均受教育年限为 12 年,标准差为 2 年。1995 年该厂职工的平均受教育年限与 1990 年相比是否有变化?

6. 某校去年新生中女生的比例为 40%,在今年招收的新生中,随机抽取 100 名进行调查,发现女生为 38 名。今年招收的新生中女生比例是否有所下降?

第十章

资料的统计分析（Ⅱ）——双变量分析

前面第九章中所介绍的单变量分析只涉及对单一变量的研究,它对我们认识和了解社会现象来说,只能起到某种最基本的描述作用。当我们希望进一步了解社会现象发生和变化的原因、揭示社会现象的发展规律时,仅靠这种描述就不够了。本章所介绍的双变量分析（以及本书中尚未介绍的多变量分析）方法,正是人们用来探索变量间的各种关系,探索社会现象发生、发展和变化规律的有用工具。

一、变量间的关系

在现实社会中,存在着许许多多相互之间有关系的现象,或者说,许多社会现象之间往往都是相互联系、相互影响、相互依存的。而探索和发现这种关系,正是社会研究人员的一项重要任务。

总体上看,变量之间的关系可以分为两个变量之间的关系和多个变量间的关系。在很多情况下,多个变量之间的关系又可以分解成若干个两变量间的关系,或者说,多个变量之间的关系可以用若干个两变量间的关系来描述。比如图10-1中四种现象之间的关系,就可以分解成三个两变量之间的关系,即社会流动程度与离婚现象间的关系;妇女就业状况与离婚现象间的关系;离婚现象与青少年违法犯罪间的关系。

图 10-1　社会流动程度、妇女就业状况、离婚现象、青少年犯罪
现象四种社会现象间两变量关系示意图

因此,对两个变量间关系的分析探讨,是社会研究中最基本、最重要的内容之一。两变量间的关系可分为相关关系与因果关系两种,下面我们分别介绍。

1. 相关关系

(1) 相关关系的概念。两变量之间的相关(correlation)关系指的是当其中一个变量发生变化时(或取值不同时),另一个变量也随之发生变化(取值也不同)。反过来也一样。比如,当我们发现人们的年龄不同时,他们对计划生育的态度也不同;或者说人们在年龄上的取值不同,在对计划生育态度上的取值也不同。此时,我们可以说,"人们的年龄"这一变量与"人们对计划生育的态度"这一变量之间,存在着某种相关关系。类似地,当具有不同文化程度的人对计划生育的态度也不同时,我们则说"人们的文化程度"(变量 X)与"人们对计划生育的态度"(变量 Y)之间存在着相关关系。

(2) 相关关系的方向。对于定序以上层次的变量来说,变量与变量之间的关系可以分为正关系与负关系两个方向。所谓两个变量之间具有正的相关关系,指的是当一个变量的取值增加时,另一个变量的取值也随之增加,反之亦然。或者说,两个变量的取值变化具有同方向性。

比如,当我们调查发现,人们的文化程度(变量 X)越高,他们的收入水平(变量 Y)也越高;反之,那些收入水平越低的人,他的文化程度也越低。这时我们就说,人们的文化程度与人们的收入水平之间存在着正的相关关系。

而两个变量之间具有负的相关关系,则指的是当一个变量的取值增加时,另一个变量的取值反而减少。或者说,两个变量的取值变化具有反方向性。

例如,我们的调查结果可能显示出这样的情况:人们的文化程度越高时,他们所希望生育的子女数目越少;那些希望生育孩子数目越多的人,他们的文化程度越低。此时,我们便说,在人们的文化程度与人们期望生育的子女数目之间,存在着某种负的相关关系。

关于相关关系的方向性还需再次强调:它只限于定序以上层次的变量。因为只有这些变量的取值才有大小、高低或多少之分。而定类层次的变量只有类别之分,因此,它与其他变量相关时不存在正负方向的问题。

(3) 相关关系的强度。变量与变量之间相关关系的强度指的是它们之间相关关系程度的强弱或大小。这种相关的强弱程度可以用统计的方法进行测量和比较。本章后几节中将比较详细地探讨各种测量相关强弱程度的方法。

变量间相关程度的统计表示是相关系数。根据变量层次的不同,有各种不同的相关系数。但是,这些相关系数的取值范围一般都在 -1 到 $+1$ 之间,或者在 0 与 1 之间。这里的正负号表示的是相关关系的方向,而实际的数值则表明相关关系的强弱。相关关系数的值越接近于 0,意味着两变量相关的程度越弱;而相关系数的值越接近于 1(或 -1),则意味着两变量相关的程度越强。

关于相关系数,有两点需要说明。一是对于研究社会现象和人们社会行为的社会调查来说,各种相关系数的值不可能达到 1(或 -1)。这也即是说,在社会研究中不存在完全的正相关或负相关。二是相关系数只是用来表示变量间相关程度的量的指标,它不是相关量的等单位度量。因此,我们不能说 0.50 的相关系数是 0.25 相关系数的两倍,只能说相关系数为 0.5 的两个变量之间的关系程度比相关系数为 0.25 的两个变量之间的关系程度更密切。同样道理,我们也不能说相关系数从 0.60 到 0.70 与从 0.20 到 0.30 增加的程度一样多。

(4) 相关关系的类型。从变量变化的表现形式上分,可以将相关关系分为直线相关与曲线相关。所谓直线相关,指的是当变量 X 值发生变动时,变量 Y 的值也随之发生大致均等的变动,并且在直角坐标系中,每对 X、Y 的值所对应的点分布狭长,呈直线状趋势。在图 10-2 中,散点图(a)、(b)、(c)都是直线相关的例子,而散点图(e)、(f)则是曲线相关的例子。

相关关系的这种区分有助于我们正确地揭示调查数据所反映的规律。比如,当我们用

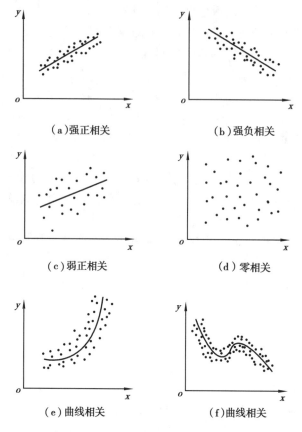

图 10-2 各种不同相关关系对应的散点图

后面将介绍的回归分析的方法对一组调查数据进行分析,结果发现大学教师的年龄这一变量与他们参加体育活动的频率这一变量之间不存在任何关系。但在实际上,这是由于我们错误地假定了二者之间的关系是直线关系,因而使用了不恰当的统计分析方法的缘故。

回归分析一般用于直线关系,但大学教师的年龄与他们参加体育活动的频率之间的关系却是曲线关系。年轻教师参加体育活动很多,随年龄增大,频率逐渐下降;但到了某个年龄段后(比如说退休年龄),可能频率又随年龄增高而增高;到了另一年龄段后,又可能随年龄增高而下降,呈现出图 10-2 中散点图(f)的状况。

(5)相关关系与散点图。前面介绍中已开始涉及散点图,这里对它稍做说明。散点图仅适用于定距以上层次的变量,它是以直角坐标的横轴表示变量 X 的取值变化范围,纵轴表示变量 Y 的取值变化范围,根据每一个案在变量 X 和变量 Y 上的值来确定坐标图中的每一个点。这样,由一组个案所确定的若干个点,就构成描述两变量间关系状况的散点图。图 10-2 是表明各种不同相关关系所对应的散点图。

散点图的主要作用是使我们能对两变量间的关系有一个形象、直观的印象,是我们在对定距层次以上的变量进行相关分析时的一个重要步骤。

2. 因果关系

在分析两个变量之间的相关关系时,除了要注意其相关的方向和强度以外,还可进一步注意这两个变量之间是否存在着某种因果关系。因为因果关系在某种意义上可以说比相关关系又进了一步,它对于我们解释社会现象产生和变化的内在机制和动因帮助更大。我们甚至可以说,探寻社会现象相互之间的因果关系,才是我们进行社会调查,开展社会研究的最重要目的。

(1) 因果关系的概念。两变量之间的因果关系,指的是当其中一个变量变化时(取不同的值时)会引起或导致另一个变量也随之发生变化(取值也不同);但反过来,当后一变量变化时,却不会引起前一变量的变化。在这种情况下,我们称变化发生在前边,并且能引起另一变量发生变化的那个变量为自变量(常用 X 表示);而称变化发生在后边并且这种变化是前边变量的变化所引起的那个变量为因变量(常用 Y 表示)。举一个自然现象中的因果关系的简单例子。水的形态由于温度的不同而发生变化。当温度低于 0 ℃时,水变成固态(冰);当温度高于 0 ℃而低于 100 ℃时,水变成液态;而当温度上升到 100 ℃以上时,水就变为气态(水蒸气)。我们说,温度是引起水的形态改变的原因,二者之间存在着因果关系。

(2) 因果关系的 3 个条件。前面说过,社会现象之间的因果关系往往是社会调查人员探寻的主要目标。那么如何判断两变量之间是否存在因果关系呢?当我们从调查资料中发现夫妻对婚姻的满意程度与夫妻之间交流的时间有关时,我们能不能就下结论说,夫妻双方对婚姻满意程度的高低,是导致夫妻相互之间交流时间长短的原因呢?

事实上,并非所有存在着相关关系的变量之间,都一定存在因果关系。相关关系与因果关系有一定的联系,但二者并不是一回事。两个变量之间存在相关关系,它们之间未必就存在因果关系。要得出"变量 X 是变量 Y 的原因"的结论,必须同时满足下列三个条件。

第一,变量 X 与变量 Y 之间存在着不对称的相关关系。即当变量 X 发生变化时,变量 Y 也必定随之发生变化;但当变量 Y 发生变化时,变量 X 并不随之发生变化。这种不对称的相关关系,可以说是因果关系成立的基础。比如,当调查资料表明家长的职业与子女的升学意愿存在相关时,我们更有可能相信前者是后者的原因。因为家长的职业不同时,对子女的影响和期望不同,因而导致子女的升学意愿也不同;但反过来,子女的升学意愿一般是不可能引起家长的职业发生改变的。

第二,变量 X 与变量 Y 在发生的顺序上有先后之别。即先有原因变量(自变量)的变化,后有结果变量(因变量)的变化。如果两个变量的变化同时发生,分不出先后,则不能成为因果关系。比如前述夫妻对婚姻满意程度与夫妻交流时间多少的例子中,我们并不能肯定夫妻对婚姻满意程度的提高发生在交流时间增加之前,很可能的一种情况是,夫妻交流时间的增加导致了夫妻对婚姻满意程度的提高。

第三,变量 X 与变量 Y 的关系不是同源于第三个变量的影响。即变量 X 与变量 Y 之间的关系不是某种虚假的或表面的关系。举例来说,当我们调查发现住房的拥挤程度与夫妻间的冲突成正比时,我们不能就下结论说,住房拥挤是导致夫妻冲突的原因。因为这两个变量之间的关系可能是由于另一个变量——家庭经济水平所导致的。即家庭经济水平低既使得家庭的住房拥挤,又使得夫妻间的矛盾增多。如果没有家庭经济这个变量的影响,住房拥挤与夫妻可能冲突是不相关的。

二、交 互 分 类

在第五章我们谈到测量时曾经指出,变量有四种不同的层次,不同层次的变量适用于不同的统计分析方法。在讨论两个变量之间的关系时,情形依然如此。特别是,由于社会调查中大量的变量都是定类或定序层次的变量,因而有关定类和定序层次的变量之间的关系问题自然就显得格外重要。在这一节里,我们着重探讨一种专门用来分析两个定类变量(或一个定类、一个定序变量)之间关系的方法,这就是交互分类。

1. 交互分类的意义与作用

所谓交互分类(cross tabulation),简单地说,就是将调查所得的一组数据按照两个不同的变量进行综合的分类。交互分类的结果通常以交互分类表(cross tabulation table 或 contingency table,又称列联表)的形式反映出来。表 10-1 就是交互分类表的一个例子。

表 10-1　某次调查样本的构成情况统计表　　　(人)

性别	年　　龄			合计
	青年	中年	老年	
男	70	60	50	180
女	50	40	30	120
合计	120	100	80	300

表 10-1 是对总数为 300 人的调查样本按年龄和性别两个变量进行交互分类的结果。样本中的每一个对象都被归入由这两个标准所划分出来的六个类别之一。从这种交互分类表中,我们不仅可以知道样本中男性、女性各有多少,或者青年、中年、老年各有多少,同时还可以进一步知道男性青年、男性中年……女性老年各有多少。

从这个例子中,我们很容易理解交互分类的第一个作用,这就是可以较为深入地描述样本资料的分布状况和内在结构。但交互分类的更重要的作用则是可以对变量之间的关系进行分析和解释。为了说明这一点,我们举一个简单的例子。假设在一次抽样调查中,得到表 10-2 所示的结果。

表 10-2　人们对某政策的态度统计表　　　(%)

调查人数	赞成	反对	不表态
2 000	45	45	10

从这一结果中,我们只能得到"该总体中持赞成态度和持反对态度的人大致相等"的结论。但是,当我们按性别对此结果进行交叉分类统计时,却得出了表 10-3 的结果。

表 10-3　不同性别人们对某政策的态度统计表　　　(%)

	调查人数	赞成	反对	不表态
男	1 000	85	10	5
女	1 000	5	80	15

这一结果清楚地向我们表明:不同性别的人们对这一政策的态度有很大的差别,男性基本上倾向于赞成,而女性则主要倾向于反对。这一结果就更深入、更科学地反映出客观现实。类似地,我们还可以做出年龄与态度、职业与态度、文化程度与态度等多种交叉分类表,以分别研究不同年龄的人、不同职业的人、不同文化程度的人对这一政策的态度有何不同。

我们再来看下面的例子。

假设我们调查了解 500 名工人的工资收入情况,按照第九章中所介绍的单变量描述统计的方法,我们可以得到如表 10-4 所示的工资收入分布情况。

表 10-4 500 名工人的工资收入分布表

工资收入水平	人数	比例/(%)
高	50	10
中	250	50
低	200	40
合计	500	100

根据表 10-4 的结果,我们可以知道工人工资收入的总体分布状况。同时,我们还可以通过计算工资收入的平均值或中位值,来概括和说明工人工资收入的总体水平。但是,我们不知道为什么工人的工资收入这样分布。

现在,我们引进另外一个变量,比如说文化程度,对上述资料进行交互分类,看看能有什么新的发现(见表 10-5)。

表 10-5 500 名工人的文化程度与工资收入交互分类表 (人)

工资收入水平	文化程度			合计
	高中及以下	大专	本科及以上	
高	6	18	26	50
中	34	202	14	250
低	140	55	5	200
合计	180	275	45	500

尽管在上述交互分类表中,我们已可以大概地看出一些分布的趋势和特点,但由于样本中成员在文化程度变量的不同值上的分布频数互不相同(分别为180、275、45),因而难以进行比较和分析。为此,我们将表 10-5 转化为按"文化程度"这一变量方向计算的频率表即百分比表,结果见表 10-6。

表 10-6 500 名工人文化程度与工资收入的交互分类表 (%)

工资收入水平	文化程度			合计
	高中及以下	大专	本科及以上	
高	3	7	58	10
中	19	73	31	50
低	78	20	11	40
合计	100	100	100	100
(n)	(180)	(275)	(45)	(500)

当把表 10-5 转化为表 10-6 后,很容易对不同文化程度的工人的收入情况进行比较,这就是交互分类表的第二个作用,即分组比较。同时,这也是我们分析变量间关系的基础。从表 10-4 中可知,在总共 500 名工人中,工资收入较高的只有 10%,但在文化程度较高的工人中,却有 58% 是高工资收入;500 人中,低工资收入的比例为 40%,而在文化程度低的工人中,低工资收入的比例却达到了 78%。相比之下,文化程度高的工人中的低收入者只占 11%,远远低于低文化程度工人中的比例。

通过将表 10-6 中每一横行中的百分比进行相互比较,我们不难看出文化程度与工资收入水平之间的关系,这就是:文化程度不同的工人,其工资收入水平也不同。总的趋势是文化程度越高的工人中,工资收入水平高的比例越大;而文化程度越低的工人中,工资收入水平低的比例越大。这就是一个正的相关关系。

总之,交互分类表既可以用来对总体的分布情况和内在结构进行描述,又可以用来进行分组比较,还可以用来解释变量之间的关系。只是有一点需要记住,交互分类表所适用的变量层次是定类变量和定序变量。

2. 交互分类表的形式要求

要准确地运用交互分类表来进行统计分析,就需要掌握正确的表达形式,制表时,最好能采用下列准则。

(1) 每个表的顶端要有表号和标题。表号的作用是明确指示,以方便阅读或讨论,减少混乱;而表的标题则概括表中数据的内容和意义。

(2) 表格中的线条一定要规范,简洁,最好不用竖线。只要不会引起误解或混乱,线条越少越好。

(3) 表中的百分比符号有两种简便处理的方法:一种是在表顶端的右角,也即是标题的尽头处,标上一个"(%)"的符号,如前面表 10-6 所示,它表示此表中的数值单位都是百分比;另一种方式是在表中每一纵栏数值的头上(也即是上方变量的每个取值下面,比如表 10-6 中的文化程度变量三个取值下面)各写上一个"%",这样就可省去在表中每一个数值后都标上一个"%"的麻烦。

(4) 在表的下端用括号标出每一纵栏所对应的频数,以指示每一栏百分比所具有的基础(即个案数的多少),同时也可供读者据此计算每一类别中的个案数目。

(5) 表内的百分比通常保留一位小数,比如 35.6,42.9 等;对于那些整数形式的百分比或四舍五入后成为整数形式的百分比,仍要写出小数点后的 0,比如 21.0,73.0 等,以表示全部百分比的计算都是以保留一位小数为准则,同时也使得整个表内的数值具有一致性。

(6) 对于交互分类的两个变量的安排,通常是将自变量、或被看作自变量、或用来做解释的那个变量放在上层,而将因变量、或被看作因变量、或被解释的那个变量放在表的左侧。表中百分比的计算方向一般情况下是按自变量的方向,即纵栏的方向。表下面的频数也是按纵栏的方向统计。

(7) 交互分类的两个变量的变量值应有所限制,特别是不能同时具有多个变量值。否则,交互分类表中的百分比数字就会太多,令人迷乱,反而不易看出两变量间是否存在相关。比如当变量 X 有 4 个变量值,而变量 Y 有 5 个变量值时,交互分类表中就会出现 $4 \times 5 = 20$ 个百分比数字。通常的解决办法是将有些变量值进行合并,以缩小交互分类表的规模。

表 10-7 是一个 3×2 表的例子。其中，我们把年龄看作自变量，而把对提前退休的态度看作因变量。

表 10-7　年龄与对提前退休的态度之间的关系　　（％）

对提前退休的态度	年龄		
	青年	中年	老年
赞成	72	55	25
反对	28	45	75
(n)	(200)	(280)	(120)

3. χ^2 检验

为了便于分析变量间的关系，一般是采用相对频数即百分比的形式列出交互分类表。这样，既可以很直观地比较某一变量的不同类别在另一变量上的分布情况，也可以从中推断二者之间的关系。

比如，从上面表 10-7 中，我们可以清楚地看出青年赞成提前退休的比例大大高于老年的比例，而老年反对提前退休的比例则大大高于青年的比例。从这一结果，一方面我们可以得出"青年人比老年人更趋向于实行提前退休的制度"的结论；另一方面，我们也可以得出"人们的年龄与对提前退休的态度"有关的结论。

但是需要指出的是，上述结论通常只是在所调查的样本范围内成立，而我们进行调查的目的常常又不仅仅是描述或说明样本的情况，更重要的是要通过样本的情况来反映和说明总体的情况。因此，要保证我们从样本中得出的结果具有统计意义，保证样本中所体现的变量间关系也反映总体的情况，就必须对它们进行 χ^2 检验（读作卡方检验）。

χ^2 检验的原理及下面所用计算公式的证明都比较复杂，这里暂且略去。我们只对 χ^2 检验的计算公式及检验步骤进行说明。χ^2 的计算公式为

$$\chi^2 = \sum \frac{(f_o - f_e)^2}{f_e}$$

其中，f_o 为交互分类表中每一格的观察频数；f_e 为交互分类表中 f_o 所对应的期望频数。

为了计算 χ^2，必须先计算出每一格 f_o 所对应的 f_e（即期望频数），具体的计算方法是：用每一个 f_o 所在的行总数乘以它所在的列总数，再除以全部个案数。下面我们用表 10-7 的资料为例进行说明。首先，我们将表 10-7 还原成频数形式的交互分类表（见表 10-8）。

表 10-8　年龄与态度的交互分类表　　（人）

态度	年龄			合计
	青年	中年	老年	
赞成	144	154	30	328
反对	56	126	90	272
合计	200	280	120	600

f_{11} 即第一行与第一列相交的那一格的期望频数。表中 f_{11} 的观察频数为 144，其行总数为 328，列总数为 200，因此我们可以按前面所述的方法计算出 f_{11}，即

$$f_{11} = \frac{328 \times 200}{600} \approx 109$$

同理,可以算出

$$f_{12} = \frac{328 \times 280}{600} \approx 153 \qquad f_{13} = \frac{328 \times 120}{600} \approx 66$$

$$f_{21} = \frac{272 \times 200}{600} \approx 91 \qquad f_{22} = \frac{272 \times 280}{600} \approx 127$$

$$f_{23} = \frac{272 \times 120}{600} \approx 54$$

代入 χ^2 的计算公式,便有

$$\chi^2 = \sum \frac{(f_o - f_e)^2}{f_e} = \frac{(144-109)^2}{109} + \frac{(154-153)^2}{153}$$
$$+ \frac{(30-66)^2}{66} + \frac{(56-91)^2}{91} + \frac{(126-127)^2}{127} + \frac{(90-54)^2}{54}$$
$$= 11.24 + 0.01 + 19.64 + 13.46 + 0.01 + 24 = 68.36$$

知道了 χ^2 的计算方法,我们再来看看 χ^2 检验的具体步骤。以表10-8为例。

首先,建立两变量间无关系的假设,即设年龄与对提前退休的态度两变量相互独立,互不相关。然后计算出 χ^2 值。再根据自由度 $df=(r-1)(c-1)$ 和给出的显著性水平,即 p 值,查 χ^2 分布表,得到一临界值。自由度计算公式中的 r 和 c 分别为交互分类表的行数和列数,因此,本例的自由度为 $df=(2-1)(3-1)=2$。假定给出的显著性水平为 $p=0.05$,由书后的 χ^2 分布表可查得临界值为5.991。

将计算出的 χ^2 值与查得的临界值进行比较,若 χ^2 值大于或等于临界值,则称差异显著,并拒绝两变量独立的假设,也即承认两变量间有关系;若 χ^2 值小于临界值,则称差异不显著,并接受两变量独立的假设,即两变量间无关系。在本例中,由于 $\chi^2=68.36>5.991$,所以我们可以否定年龄与对提前退休的态度之间无关系的假设,得出在总体中二者有关系的结论。

总之,对于交互分类来说,χ^2 检验发挥着这样两种作用:一是对两变量的相关关系是否存在进行审查,此时 χ^2 检验又称作独立性检验(即两变量是相互独立,还是彼此相关);二是对较小规模的样本资料进行差异的显著性检验,即核查交互分类表中所出现的分布差异究竟是由于随机抽样的误差所引起,还是由于总体中的分布状况所导致。关于这一点,我们可用下面的例子来说明。

调查某地区中学生的升学意愿,得到表10-9所示的结果。

表10-9　某地区两类学生的升学意愿分布　　　　　　　　　　（%）

升学意愿	城市中学生	农村中学生
想考大学	78.6	65.9
不想考大学	21.4	34.1
(n)	(309)	(44)

如果仅仅从交互分类表中的百分比来看,我们也许会得到这样的结论:两类中学生之间在是否想考大学这方面存在明显差别,城市中学生想考大学的比例明显高于农村中学生

的比例(二者之间的差别达到了13%左右)。但是,如果用这一结果来反映总体的情况,那么就会歪曲现实。实际上,表10-9所反映的只是样本的情况,样本结果中所表现出的差异能不能代表总体中的情况,还得经过统计检验。下面我们对上述结果进行χ^2检验。通过计算,得出表10-9数据的χ^2值为3.692,小于显著度为0.05的临界值3.841。所以,我们可以得出结论说:在表10-9中所表现出来的两类中学生之间的差异,是由于抽样的随机误差造成的,它在总体中并不存在。我们也可以说,总体中两类中学生之间在是否想考大学这方面不存在明显差别。

χ^2检验也有其弱点。这主要是由于χ^2值的大小不仅与数据的分布有关,同时它还与样本的规模有关。当样本足够大时,一些很小的分布差异也可以通过χ^2检验达到显著性水平。从表10-10的三个交互分类表中,我们可以明白这一道理。

表 10-10　性别与态度间的关系(1)　　　　(%)

态度	男	女
赞成	60	40
反对	40	60
$n=100$	$\chi^2=4$	$p<0.05$

表 10-11　性别与态度间的关系(2)　　　　(%)

态度	男	女
赞成	56	44
反对	44	56
$n=100$	$\chi^2=1.44$	$p>0.05$

表 10-12　性别与态度间的关系(3)　　　　(%)

态度	男	女
赞成	56	44
反对	44	56
$n=500$	$\chi^2=7.2$	$p<0.01$

表10-10与表10-11的样本规模相同,且比较小,男女各为100人,因此,只有变量分布的差异较大时(表10-10中相差20%),才有可能通过χ^2检验,达到显著性水平($p<0.05$);而当变量分布差异较小时,则不行。表10-12与表10-11的百分比分布并没有改变,但样本规模扩大了5倍,其中男女各250人,导致χ^2值也扩大了5倍,结果通过了χ^2检验,而且达到了较高的显著性水平($p<0.01$)。这说明,对于大样本来说,确定不同组别之间的差异"是否具有显著性",并没有多大的意义。因为它会十分容易地通过χ^2检验,十分容易地达到0.05、0.01甚至0.001的显著性水平。此时更重要的问题是:"不同组别间的差异本身有多大?"即究竟是2%的差异,还是20%的差异。同样的,当调查样本的规模很大时,确定变

量之间存在着"有显著性"的关系并无很大意义,更重要的问题倒是:"如果变量之间存在着关系,其强度有多大?"这也即是提示我们要去计算两个变量之间的相关系数。

拓展阅读:交互分析例

一项调查希望探讨城市在职青年中独生子女与非独生子女在生活自理能力方面的表现是否存在差异。研究者采用自填问卷方式对12个城市1 786名在职青年(年龄为18~28岁)进行了调查。其中的一个测量指标为:在家是否做饭。研究者对这个指标的测量结果进行了下列统计分析(见表1)。

表1 两类青年在家做饭的交互统计　　(%)

	独生子女	非独生子女
在家做饭	31.8	43.5
在家不做饭	68.2	56.5
(n)	(618)	(1 168)

$p=0.000$

结果表明,青年独生子女在家做饭的比例明显低于同龄的非独生子女,二者相差12%左右。

上述表中的结果是样本中青年的状况,由于样本中两类青年在年龄分布、婚姻状况分布上有一定差别。而婚姻状况可能与青年在家做饭的行为之间存在关系。为了排除这一因素的影响,研究者又对婚姻状况进行了控制,得到下列进一步的交互分析结果(见表2)。

表2 控制青年婚姻状况后两类青年在家做饭的交互统计　　(%)

	未　婚		已　婚	
	独生子女	非独生子女	独生子女	非独生子女
在家做饭	28.9	42.7	44.2	45.2
在家不做饭	71.1	57.3	55.8	54.8
(n)	(498)	(808)	(120)	(361)
	$p=0.000$		$p=0.832$	

上述结果表明,当控制住青年的婚姻状况(即将未婚独生子女与未婚非独生子女进行比较、将已婚独生子女与已婚非独生子女进行比较)后,情况发生了变化:未婚青年中,独生子女与非独生子女之间的差异依旧十分明显,二者相差14%左右,统计检验也表明,二者之间的差别十分显著;但在已婚青年中,二者之间的差异则消失了。统计检验表明,已婚独生子女与非独生子女在做饭方面不存在明显差别。

因此,可以认为,未婚独生子女在这方面的表现明显不如非独生子女,但已婚独生子女在这方面则与非独生子女的表现完全一样。这一研究结果

> （包括其他几项指标的统计分析结果）给我们提供了一个重要的启示：结婚成家对于独生子女的劳动习惯和独立生活能力培养来说具有十分重要的意义。而这一结论的更深层含义则是：对于独生子女来说，婚姻是一所特殊的学校。它会教给独生子女一些有益的东西。
>
> 摘自：风笑天.关于已婚独生子女独立生活能力的实证研究[J].中国青年研究,2005(9):32-36.

4. 关系强度的测量

前面我们主要讨论的是交互分类表中两个变量间是否存在关系的问题。当 χ^2 检验表明两变量间存在关系时，是否就意味着这种关系是一种强关系，或重要关系呢？这不一定，因为变量关系的强弱和变量间是否存在关系是两个完全不同的问题。

也许有人会猜想用显著性水平的高低来判断或估计变量间关系的强弱。比如，如果一个 χ^2 检验的显著性水平是 0.001，另一个是 0.05，我们可能会得出第一个 χ^2 检验中的变量关系较强的结论。但情况并非如此，尽管不同的显著性水平代表着不同的临界值（在同一自由度下，显著性水平越高，则临界值也越大），但它们所代表的只是确定变量间存在关系的可信程度。即把第一个检验中的变量关系与第二个检验中的变量关系相比较，我们更相信前者的存在，而它并不说明第一个关系比第二个关系更强。

下面我们介绍几种常见的与交互分类有关的变量间关系强度的测量方法，它们中有些与 χ^2 有一定联系。

(1) ϕ 系数。当交互分类表为 2×2 表（即两行两列）时，可用 ϕ 系数测量变量关系的强度。ϕ 系数的计算公式为

$$\phi = \frac{ad - bc}{\sqrt{(a+b)(c+d)(a+c)(d+b)}}$$

其中，a、b、c、d 分别为 2×2 表中的四个格值，如表 10-13 所示。

表 10-13　2×2 表中的四个格值

变量	X_1	X_2
Y_1	a	b
Y_2	c	d

ϕ 的取值范围在 0 与 1 之间，越接近 1，说明关系强度越大。现以表 10-14 的资料为例来计算 ϕ。

表 10-14　学生对学分制态度统计表　　　（个）

态度	男生	女生	合计
赞成	120	15	135
反对	30	35	65
合计	150	50	200

代入公式得

$$\phi = \frac{120 \times 35 - 30 \times 15}{\sqrt{(120+15)(30+35)(120+30)(15+35)}}$$

$$= \frac{4\,200 - 450}{\sqrt{135 \times 65 \times 150 \times 50}} = 0.46$$

说明学生的性别与学生对学分制态度间的关系较强。

对于 $r \times c$ 交互分类表（r、c 可大于2），ϕ 系数可用下列形式表示（证明从略）：

$$\phi = \sqrt{\frac{\chi^2}{n}}$$

(2) V 系数。由于 ϕ 系数除了在 2×2 表中可控制在 $[-1, +1]$ 外，当 $r \times c$ 表的格数增多后，ϕ 值将增大，因而此时的 ϕ 值是没有上限的，这样系数间就缺乏比较。为此人们又做了进一步改进，出现了其他几种以 χ^2 为基础的关系强度系数公式。其中的 V 系数公式为

$$V = \sqrt{\frac{\phi^2}{\min[(r-1),(c-1)]}}$$

式中的分母表示以 $(r-1)$ 和 $(c-1)$ 中较小者作为除数。

例如，以表10-8中的数据来计算 V 系数可得

$$V = \sqrt{\frac{\phi^2}{\min(2-1),(3-1)}} = \sqrt{\frac{\chi^2/n}{1}} = \sqrt{\frac{\chi^2}{n}}$$

$$= \sqrt{\frac{68.36}{600}} = \sqrt{0.113\,9} \approx 0.338$$

说明年龄与态度之间存在着较强的关系。

(3) C 系数（列联系数）。C 系数也是一种与 χ^2 有关的相关系数，其计算公式为

$$C = \sqrt{\frac{\chi^2}{\chi^2 + n}}$$

以表10-8中的数据来计算 C 系数，可得 $C = 0.32$。

当两变量不相关（即完全独立）时，C 达到下限且等于0。但 C 的上限却与表的行数和列数有关，且不管怎样也达不到1。部分交互分类表 C 值的上限如表10-15所示。

表10-15 部分交互分类表 C 值的上限[①]

表规模	C 值上限	表规模	C 值上限	表规模	C 值上限
2×2	0.707	3×5	0.810	5×7	0.915
2×3	0.685	3×6	0.824	6×6	0.913
2×4	0.730	3×7	0.833	6×7	0.930
2×5	0.753	4×4	0.866	7×7	0.926
2×6	0.765	4×5	0.863	7×8	0.947
2×7	0.774	4×6	0.877	8×8	0.935
2×8	0.779	4×7	0.888	8×9	0.957
3×3	0.816	5×5	0.894	9×9	0.943
3×4	0.786	5×6	0.904	10×10	0.949

---

① 柯惠新. 调查研究中的统计方法[M]. 北京：北京广播学院出版社, 1992：295.

所以,在采用 C 系数时,要用表 10-15 进行修正。比如对 2×3 表计算出的 C 系数,要除以其上限值 0.685,所得到的新的 C 值才能说明两变量实际的相关程度。因此,前述表 10-8 数据的 C 值 0.32 经过修正后得出

$$C = \frac{0.32}{0.685} = 0.47$$

C 系数有一个突出的优点,这就是它不受样本规模大小的影响。这样,它就可以为我们解决前述由于样本规模增大而使原来不显著的差异变为显著差异、使原来相互独立的变量变为相互不独立的变量的问题,提示出变量之间的真正关系的密切程度如何。比如,对前面表 10-11 和表 10-12 的数据分别计算 C 值,得到下列结果:

对于表 10-11,有

$$C = \sqrt{\frac{1.44}{1.44+100}} \approx 0.119$$

对于表 10-12,有

$$C = \sqrt{\frac{7.2}{7.2+500}} \approx 0.119$$

由此可见,虽然两表中的 χ^2 值不同,但变量间的真正相关性是相同的,实际上相关并不显著,或者说,两变量之间只有微弱的相关。因此,当 χ^2 达到显著程度,且样本规模又很大时,最好参照一下 C 值的大小,如果 C 值也比较大,我们才能下两变量明显相关(或不独立)的结论。

(4) λ 系数。λ 系数优于前述几种相关统计量的地方,是它具有消减误差比例(proportionate reduction in error,简称 PRE)的意义。我们知道,社会调查的主要目标是解释或预测社会现象的变化,而这种预测中难免会有误差。对于两个有关系的变量来说,在我们知道变量 X 的值去预测与它相关的变量 Y 的值时所存在的误差(E_2),显然比我们不知道 X 的值去预测 Y 的值时所存在的总误差(E_1)要小。所谓消减误差比例,指的就是知道 X 的值来预测 Y 值时所减少的误差(E_1-E_2)与总误差的比。用公式表示即是

$$\text{PRE} = \frac{E_1 - E_2}{E_1}$$

PRE 越大,表示以 X 值去预测 Y 值时能够减少的误差所占的比例越大,换句话说,X 与 Y 之间就越是相关,或者说,X 与 Y 的关系越强。比如说,PRE$=0.70$,表示以 X 预测 Y 时能减少 70% 的误差,说明二者之间的相关程度较高;而 PRE$=0.09$,则表示只能消减 9% 的误差,即 X 与 Y 之间的关系微弱。

λ 系数的基本特点是以众值作为预测的准则。其计算公式为

$$\lambda = \frac{\sum f_Y - F_Y}{n - F_Y}$$

其中,f_Y 表示变量 X 的每一个值之下变量 Y 的众值;F_Y 表示变量 Y 的边际分布中的众值。

下面以表 10-16 中的资料为例,来说明 λ 的计算方法。

根据 λ 计算公式,有

$$\lambda = \frac{\sum f_Y - F_Y}{n - F_Y} = \frac{(96+62) - 114}{200 - 114} = 0.51$$

表 10-16　性别与对吸烟态度的交互分类　　　　　　（个）

态度 Y	性别 X		合计 F_Y
	男	女	
赞同	96	18	114
反对	24	62	86
合计	120	80	200

因此，我们可以说，性别与对吸烟态度之间存在中等程度的相关。也可以说，用性别去预测对吸烟的态度，比仅用对吸烟态度自身的资料（即边际分布的众值 114）去预测对吸烟的态度，可以减少 51% 的误差。

λ 系数的优点是具有 PRE 意义，但其缺点是仅利用众值资料。当表中的众值都集中在同一行时，λ 系数就会等于零，比如表 10-17。

根据 λ 计算公式，有

$$\lambda = \frac{(96+48)-144}{200-144} = 0$$

表 10-17　性别与对吸烟的态度交互分类　　　　　　（个）

态度 Y	性别 X		合计 F_Y
	男	女	
赞同	96	48	144
反对	24	32	56
合计	120	80	200

在这种情况下，我们可采用 $T_{au}-y$ 系数（简记为 τ_y）来进行测量。τ_y 系数属于不对称相关测量法，即要求 X 是自变量，Y 是因变量。它的数值也介于 0 与 1 之间，同样具有消减误差比例的意义。其计算公式为

$$\tau_y = \frac{\sum\sum \dfrac{f_{ji}^2}{F_i} - \dfrac{\sum F_j^2}{n}}{n - \dfrac{\sum F_j^2}{n}}$$

其中，$i=X$ 变量值；$j=Y$ 变量值；$F_i=X$ 变量的边缘次数；$F_j=Y$ 变量的边缘次数；$f_{ji}=X$ 第 i 列与 Y 第 j 行交叉项的频数；$n=$ 个案数目。

以表 10-17 的数据为例，可计算 τ_y 系数如下：

$$\sum\sum \frac{f_{ji}^2}{F_i} = \frac{96^2}{120} + \frac{24^2}{120} + \frac{48^2}{80} + \frac{32^2}{80} = 123.2$$

$$\frac{\sum F_j^2}{n} = \frac{144^2+56^2}{200} = 119.36$$

$$n - \frac{\sum F_j^2}{n} = 200 - 119.36 = 80.64$$

$$\tau_y = \frac{123.2 - 119.36}{80.64} = 0.048$$

结果说明性别与对吸烟的态度之间相关程度十分微弱。

三、其他层次变量的相关测量与检验

前面说过,交互分类主要处理的是定类变量与定类变量,或者定类变量与定序变量之间的相关问题。对于定序与定序,定距与定距等变量间的相关问题,则需要采用不同的测量方法和检验方法。

1. 定序变量与定序变量

如果两个变量都是定序变量,我们可以用古德曼和古鲁斯卡的 Gamma 系数来测量它们之间的相关关系。Gamma 系数通常用 G(或 γ)表示,其取值范围是 $[-1, +1]$,适用于分析对称关系,且既表示相关的方向性,又表现相关的程度。Gamma 系数与 λ 系数一样,也具有消减误差比例的意义。

Gamma 系数的计算公式是

$$G = \frac{N_s - N_d}{N_s + N_d}$$

其中,N_s 表示同序对数目,N_d 表示异序对数目。所谓同序对,指的是变量大小顺序相同的两个样本点,即其在变量 X 上的等级高低顺序与在变量 Y 上的等级高低顺序相同;否则就叫作异序对。下面我们举例说明 N_s 与 N_d 的计算方法。

假定我们对 100 名工人调查,得到如表 10-18 所示的资料。

表 10-18 工人文化程度与收入水平交互分类 (个)

收入水平	文化程度			合计
	大专以上	中学	小学以下	
高	12	10	3	25
中	8	30	5	43
低	4	16	12	32
合计	24	56	20	100

表中共有 100 个个案,若两两配对,共有

$$C_{100}^2 = \frac{100 \times 99}{2} \text{ 对} = 4\,950 \text{ 对}$$

因此,要一对对地去统计是很困难的,通常的办法是先将数据按两个变量高低次序排列(本例中已是这样排列的)。先看第一行第一列格中的 12 个个案($f_{11}=12$),它们在两个变量上都处于高位置上,即"高-高"的特征;从这 12 人中任取一人与位于第二行第二列"中-中"位置上的 30 个个案中的任一人配对,则一定是同序对。因为在两个变量值上,前者都高于后者。同样的道理,这 12 人与"中-低"的 5 人、"低-中"的 16 人、"低-低"的 12 人配对,也都是同序对。而对于"高-中"的 10 人来说,则与"中-低"的 5 人、"低-低"的 12 人为同序对;对于

"中-高"的8人来说,又与"低-中"的16人、"低-低"的12人为同序对。还有,"中-中"的30人与"低-低"的12人为同序对。这样,表中所有的同序对数目 N_s 为

$$N_s = 12(30+5+16+12) + 10(5+12) + 8(16+12) + 30(12) = 1\,510$$

而异序对的求法则是从右上角的"高-低"3人开始,计算出"高-中"的10人、"中-低"的5人、"中-中"的30人所具有的异序对数目(从右上角往左下角方向,划掉上述每格所在行与列的格,仅计算其与左下方向所剩下格中的个案数的乘积),即下列表10-19。

表10-19 异序对求法示例

(1)	(2)
12 — 10 — ③ 8 30 5 4 16 12	12 — ⑩ 3 8 30 5 4 16 12

(3)	(4)
12 10 3 8 — 30 — ⑤ 4 16 12	12 10 3 8 — ㉚ 5 4 16 12

故异序对数目为

$$N_d = 3(30+8+16+4) + 10(8+4) + 5(4+16) + 30(4) = 514$$

因此,代入公式可求得

$$G = \frac{N_s - N_d}{N_s + N_d} = \frac{1\,510 - 514}{1\,510 + 514} = 0.49$$

即文化程度与收入水平的相关程度为 $G=0.49$。它说明,用文化程度去预测收入水平,可以消减49%的误差。

当然,在社会调查常用的SPSS统计分析软件中,都可以直接给出Gamma系数的值,而不用我们去计算了。

要将随机样本中有关两定序变量间关系的结果推论到总体,同样必须对其进行统计检验。Gamma系数的抽样分布在随机抽样和样本规模较大的前提下,近似于正态分布。因而其检验通常采用 Z 检验的方法进行。

为了进行 Z 检验,必须先将 G 值标准化为 Z 值。转化的公式为

$$Z = G\sqrt{\frac{N_s + N_d}{n(1-G^2)}}$$

以表10-16中的资料和计算结果为例,将 $G=0.49, N_s=1\,510, N_d=514, n=100$ 代入公式得

$$Z = 0.49\sqrt{\frac{1\,510 + 514}{100(1-0.49^2)}} = 2.53$$

根据不同的显著度要求,通过查书后附录四中的 Z 检验表可以判定样本中的结果能否在该置信水平下 $(1-p)$ 推论到总体。比如,当调查所要求的显著度为0.05时(即 $p<0.05$),查表可得 Z 的临界值为1.96。由于本例所计算的 $Z=2.53>Z_{0.05}=1.96$,故在总体中文化程度与收入水平之间存在较强的相关。

如果调查所要求的显著度为 0.001 时（即要求所得结果的可靠性更大，也即置信水平越高时），则由书后附录的 Z 检验表查得临界值为 3.30，这样 $Z=2.53<3.30=Z_{0.001}$，我们就不能得出上述结论。

2. 定类变量（或定序变量）与定距变量

当两个分析的变量一个为定类（或定序）变量，另一个为定距（以上）变量时，我们用相关比率(correlation ratio)或 eta 系数来测量二者间的相关程度。相关比率又称为 eta 平方系数，记为 E^2，其数值范围由 0 到 1，也具有消减误差比例的意义。其计算公式为

$$E^2 = \frac{\sum(y-\overline{Y})^2 - \sum(y-\overline{Y_i})^2}{\sum(y-\overline{Y})^2}$$

其中，y 为因变量的数值，$\overline{Y}$ 为因变量的均值；$\overline{Y_i}$ 为在自变量 x 的每个取值 x_i 上的因变量的均值。

下面先说明上式所表明的消减误差比例的含义。

由于 Y 为定距以上层次的变量，因此，当不知道 x 来预测它时，应该以均值为标准。这样预测的全部误差为 $E_1 = \sum(y-\overline{Y})^2$。如果知道自变量 x 的每个取值 x_i 后再来预测 $\overline{y_i}$ 时，也应以它的均值 $\overline{Y_i}$ 来估计，此时的误差总数是 $E_2 = \sum(y-\overline{Y_i})^2$，它所消减的误差就是 $E_1 - E_2 = \sum(y-\overline{Y})^2 - \sum(y-\overline{Y_i})^2$，

而
$$E^2 = \frac{E_1 - E_2}{E_1} = \frac{\sum(y-\overline{Y})^2 - \sum(y-\overline{Y_i})^2}{\sum(y-\overline{Y})^2}$$

自然就是消减误差比例了。通常，为了计算方便，常将上述公式转化为下列形式：

$$E^2 = \frac{\sum n_i \overline{Y_i}^2 - n\overline{Y}^2}{\sum y^2 - n\overline{Y}^2}$$

其中，n_i 为 x 变量每一取值的频数合计值，n 为总的频数值，$\sum n_i = n$。

现在我们举例说明 E^2 的计算方法。调查得到表 10-20 所示的数据，求职业与收入水平之间的相关程度。

表 10-20　20 名被调查者的职业与收入

变量	工人	教师	干部	总体
收入/元	2 500	3 400	3 800	
	2 800	2 800	3 600	
	3 000	3 200	3 400	
	2 200	3 800	4 000	
	3 200	2 600	3 000	
	3 800	3 400	3 200	
	3 500		3 500	
频数 n_i	7	6	7	$20(n)$
均值 $\overline{Y_i}$	3 000	3 200	3 500	$3\,235(\overline{Y})$

根据上述数据，先计算出 $\sum Y^2$，即

$$\sum y^2 = (2\,500)^2 + (2\,800)^2 + (3\,000)^2 + \cdots + (3\,500)^2 = 213\,710\,000$$

将上述各项数据代入公式有

$$E^2 = \frac{7 \times (3\,000)^2 + 6 \times (3\,200)^2 + 7 \times (3\,500)^2 - 20 \times (3\,235)^2}{213\,710\,000 - 20 \times (3\,235)^2} \approx 0.20$$

而

$$E = \sqrt{0.20} = 0.45$$

从 E 值可见,职业与收入水平之间有中等程度的相关。而用 E^2 值,则可说,用职业预测收入水平,可消减 20% 的误差。

对于定序变量与定距(以上)变量相关的测量通常仍然用 E^2 或 E 系数,即将定序变量看作定类变量。比如,调查到 20 名被调查者的文化程度与收入水平如表 10-21 所示的数据,求文化水平与收入水平之间的相关程度。

表 10-21　20 名被调查者的文化程度与收入水平

文化程度	大专以上	中学	小学以下	总体
收入/元	4 000	3 500	3 000	
	3 800	3 500	3 000	
	3 800	3 400	2 800	
	3 800	3 400	2 800	
	3 600	3 200	2 600	
	3 400	3 200	2 500	
		3 200	2 200	
频数 n_i	6	7	7	20(n)
均值 Y_i	3 730	3 340	2 700	3 235(Y)

前面已算出 $\sum Y^2 = 213\,710\,000$,代入公式有

$$E^2 = \frac{6 \times (3\,730)^2 + 7 \times (3\,340)^2 + 7 \times (2\,700)^2 - 20 \times (3\,235)^2}{213\,710\,000 - 20 \times (3\,235)^2} \approx 0.75$$

$$E = \sqrt{0.75} = 0.86$$

可见,用文化程度来预测或估计被调查者的收入水平,可以消减 75% 的误差。用 E 值来解释,则说明文化程度与收入水平之间具有较高的相关。如果将这里的结果与前面职业与收入水平的结果进行对照,我们可以说,被调查者的收入水平受文化程度的影响要大于受职业的影响。

关于定序变量与定距变量的相关分析,有一点需略做说明。有些社会调查研究者在对资料进行统计分析时,常常将定序变量看作(并非实际等于)定距变量,采用后面将讲到的积矩相关系数来进行计算,甚至进行直线回归分析。比如,将文化程度高、中、低转化为高 =3、中=2、低=1,然后将它们作为定距资料进行运算和统计。事实上,这些数字(3、2、1)只具有等级的含义,而不具备定距层次的数学特质,即不能进行加减乘除运算。严格意义上,这样做是不行的。之所以一些研究者这样做,一个主要的原因是当变量上升到定距层次后,可以用来进行各种多元统计分析。

相关比率的 E^2 检验采用的是 F 检验法,其计算公式为

$$F = \frac{E^2}{1-E^2} \left(\frac{n-k}{k-1} \right)$$

其中，k 为分组数目，n 为样本规模；$k-1=\mathrm{d}f_1$，$n-k=\mathrm{d}f_2$。

下面我们分别对前面表 10-17 和表 10-18 所得出的相关比率进行 F 检验。

① 由于 $k=3$，$n=20$，$E^2=0.20$，故有

$$F_1 = \frac{0.20}{1-0.20} \times \left(\frac{20-3}{3-1}\right) = 2.125$$

假定所要求的显著度为 $p<0.05$，由本书后所附 F 检验表可查得 $\mathrm{d}f_1=k-1=2$、$\mathrm{d}f_2=n-k=17$ 的临界值为 3.59。由于 $F_1=2.125<3.59=F_{0.05}$，故不能否定虚无假设。即得到下列结论：从总体上看，被调查者的职业与收入水平无关。

② 由于 $k=3$，$n=20$，$E^2=0.75$，故有

$$F_2 = \frac{0.75}{1-0.75} \times \left(\frac{20-3}{3-1}\right) = 25.5$$

同样假定 $p<0.05$，且 $\mathrm{d}f_1=2$，$\mathrm{d}f_2=17$，则

$$F_2 = 25.5 > 3.59 = F_{0.05}$$

故否定总体中文化程度与收入水平无关的假设，得出总体中二者也相关的结论。

3. 定距变量与定距变量

前面几类相关的测量大多利用变量值的次数来进行计算，这是由于定类、定序变量的数学特征所决定的。对于定距变量来说，由于其数学特征的不同，因而我们可以用更精确一些的相关系数来反映它们之间的相关程度。这种更精确的相关系数就是皮尔逊相关系数（或称皮尔逊积差相关系数）r。

皮尔逊相关系数的计算公式为

$$r = \frac{\sum (X-\overline{X})(Y-\overline{Y})}{\sqrt{\sum (X-\overline{X})^2}\sqrt{\sum (Y-\overline{Y})^2}}$$

它具有这样几个特点：首先，公式中 X 与 Y 是对等的，即将二者位置互换，r 的值不变，它说明 r 是一种对称关系的测量；其次，可以证明 r 的取值范围在 -1 到 1 之间；第三，r 的取值具有方向性；第四，r 本身不具有消减误差比例的意义，但其平方 r^2（又称为决定系数）具有消减误差比例的意义。

下面我们举例说明皮尔逊相关系数的求法。

假定对 10 名工人进行调查得到如表 10-22 所示的数据，试求工人的年龄与他们的收入之间的相关程度。

表 10-22 10 名工人的年龄与收入统计表

工人代号	1	2	3	4	5	6	7	8	9	10
年龄/岁	25	32	41	28	37	50	44	54	33	26
收入/元	2 800	3 000	3 500	3 000	3 800	3 600	4 000	4 200	2 600	2 500

为便于计算，先求出 $\overline{X}=37$，$\overline{Y}=3\,300$，再编制出表格（见表 10-23）。

代入 r 的计算公式有

$$r = \frac{\sum (X-\overline{X})(Y-\overline{Y})}{\sqrt{\sum (X-\overline{X})^2}\sqrt{\sum (Y-\overline{Y})^2}} = \frac{46\,700}{\sqrt{910} \times \sqrt{3\,240\,000}} = 0.86$$

$$r^2 = (0.86)^2 = 0.74$$

表 10-23　10 名工人调查资料相关系数计算表

年龄/X	收入/Y	$X-\overline{X}$	$(X-\overline{X})^2$	$Y-\overline{Y}$	$(Y-\overline{Y})^2$	$(X-\overline{X})(Y-\overline{Y})$
25	2 800	−12	144	−500	250 000	6 000
32	3 000	−5	25	−300	90 000	1 500
41	3 500	4	16	200	40 000	800
28	3 000	−9	81	−300	90 000	2 700
37	3 800	0	0	500	250 000	0
50	3 600	13	169	300	90 000	3 900
44	4 000	7	49	700	490 000	4 900
54	4 200	17	289	900	810 000	15 300
33	2 600	−4	16	−700	490 000	2 800
26	2 500	−11	121	−800	640 000	8 800
∑			910		3 240 000	46 700

r 系数显示出，在年龄与收入之间，具有很强的正相关关系，即年龄越大，工资收入越多。而决定系数 r^2 的结果则显示出，当以其中一个变量来预测或估计另一个变量时，能够消减 74％的误差。

上面所介绍的是由原始的未分组数据计算 r 的方法，当数据为已分组资料时，则需要对前述公式作相应变形后才能使用。在资料为分组数据时，r 的计算公式为

$$r = \frac{\sum f(X-\overline{X})(Y-\overline{Y})}{\sqrt{\sum f(X-\overline{X})^2}\sqrt{\sum f(Y-\overline{Y})^2}}$$

其中，f 为各组所对应的频数。下面我们具体说明分组数据时 r 的计算方法。

假定调查 100 名青年的受教育年限与他们的理想子女数目之间的关系，得到下列资料（见表 10-24 中前三栏）。

表 10-24　100 名青年受教育年限与理想子女数及有关计算表

受教育年限 X	理想子女数 Y	人数 f	$X-\overline{X}$	$Y-\overline{Y}$	$f(X-\overline{X})^2$	$f(Y-\overline{Y})^2$	$f(X-\overline{X})(Y-\overline{Y})$
19	1	4	8	−1.9	256	14.44	−60.8
16	2	10	5	−0.9	250	8.1	−45
15	3	10	4	0.1	160	0.1	4
12	2	25	1	−0.9	25	20.25	−22.5
9	3	26	−2	0.1	104	0.26	−5.2
9	4	10	−2	1.1	40	12.1	−22
6	5	10	−5	2.1	250	44.1	−105
6	4	5	−5	1.1	125	6.05	−27.5
∑	—	100	—	—	1210	105.4	−284

先计算出 $\overline{X}=11$, $\overline{Y}=2.9$, 代入公式,有

$$r = \frac{\sum f(X-\overline{X})(Y-\overline{Y})}{\sqrt{\sum f(X-\overline{X})^2}\sqrt{\sum f(Y-\overline{Y})^2}} = \frac{-284}{\sqrt{1\,210} \times \sqrt{105.4}} = -0.79$$

$$r^2 = (-0.79)^2 = 0.62$$

计算结果显示,在所调查的 100 名青年中,他们的受教育年限与其理想的子女数目之间存在着较强的负相关关系,即受教育年限越长,其理想的子女数目越少。决定系数 r^2 则表明,用这两个变量中的一个来预测和估计另一个变量的值时,可以消减 62% 的误差。

皮尔逊相关系数 r 的检验既可采用 F 检验的方法,也可采用 t 检验的方法,因为 $F=t^2$。F 检验的计算公式为

$$F = \frac{r^2(n-2)}{1-r^2}$$

t 检验的计算公式则为

$$t = \sqrt{F} = \frac{r\sqrt{n-2}}{\sqrt{1-r^2}}$$

下面我们对前面表 10-19 资料所得的相关系数 r 分别进行 F 检验和 t 检验。若用 F 检验,有

$$F = \frac{r^2(n-2)}{1-r^2} = \frac{0.74 \times (10-2)}{1-0.74} = 22.77$$

由于 $df_1=1$、$df_2=10-2=8$,在 $p<0.01$ 的显著度条件下,查本书后所附 F 分布表得 $F_{0.01}=11.26$。由计算所得 $F=22.77>11.26=F_{0.01}$ 可知,总体中工人的年龄与收入之间也存在着明显的相关。

若采用 t 检验,则有 $t=\sqrt{F}=\sqrt{22.77}=4.77$,同样在自由度 $df=n-2$、$p<0.01$ 的条件下,查本书后所附 t 分布表得 $t_{0.01}=2.896$。由 $t=4.77>2.896=t_{0.01}$,同样可以得到与 F 检验完全相同的结论。

至此,我们已经介绍了各种层次变量之间的相关测量与检验方法。这里,我们对它们做一总结,详见表 10-25。

表 10-25 两变量间关系的测量与检验方法总结表

两变量层次	相关系数	取值范围	是否对称	有无消减误差比例意义	检验方法	SPSS/PC+有无该系数
定类-定类 (定类-定序)	λ	[0,1]	对称	有	χ^2 检验	有
定序-定序	G	[-1,1]	对称	有	Z 检验	有
定类-定距 (定序-定距)	E E^2	 [0,1]	不对称	无 有	F 检验	有 有
定距-定距	r r^2	[-1,1] [0,1]	 对称	无 有	F 检验 (t 检验)	有 有

同时,必须强调如下几点。首先,各种相关测量的方法,目的是理解两个变量在"样

本"中相关程度的强弱或大小。其次,对各种相关系数所进行的相应的检验,目的是根据随机样本的资料推论两个变量在"总体"中是否相关。它所关心的已不是样本中的结果,而是总体中的情形。并且,它所关心的也不是相关程度的强弱或大小,而只是"是否相关"。最后,选择何种相关测量方法和何种检验方法,主要看两变量的测量层次,要依据变量的测量层次来确定合适的相关测量和检验工具。

拓展阅读:社会调查解释能力的挑战

对于描述一个较大规模的总体的状况来说,社会调查无疑是最好的方式。它的迅速、广泛以及定量概括的特征,可以很好地为我们描绘出一幅总体状况的图画。但是,人们对外部世界的认识不会只停留在弄清状况"是什么"或"怎么样"上。为了探讨社会现象发生、发展和变化的规律,探讨不同社会现象相互之间的内在联系,人们必须不断地去寻求现象背后的原因,寻求不同现象之间的因果关系。对于这样一种更为深刻、更为重大的认识目标来说,社会调查同样面临严重的挑战。

挑战主要来自社会调查方法在时间上的一次性特征,即社会调查所收集的往往是社会现象在某个时间点的横切资料。这种横切资料有一个很大的弱点——难以区分不同现象在时间上的先后顺序。因此,社会调查被普遍地看作某种"相关性"的研究方式,而不是"因果性"的研究方式。马什指出:社会学者在运用社会调查的方法来研究社会现象时,"经常提出两个变量间关系的问题。这两个变量间为什么存在一种相关?研究工作正是通过逐步地探讨处于模型中心的关系,通过思索,通过提炼他们的思路,通过一次次地排除和加入变量而不断展开。"(Catherine Marsh, 1982)的确,从社会调查所获得的这种抽掉时间框架的"事实"中,人们往往比较容易发现不同现象相互之间的"共变"特征,而比较难发现它们之间的"因果"特征。这也就是现实社会调查中,相关分析相对"繁荣"而因果分析则相对薄弱的客观原因之一。

不可否认的是,简单地建立起两个变量之间的相关,并不等于解释它们为什么相互联系,以及它们是如何的相互联系,更不等于它们之间的关系就一定是某种因果关系。从发现两个变量之间具有相关关系,到说明这一关系是某种因果关系,其间还存在着一段相当的距离。比如,当调查发现,女人比男人更看重家庭的价值,或者说,发现"性别"这一变量与"对家庭价值的认同"这一变量相关时,并不等于建立起绝对"为什么女人比男人更看重家庭的价值"的解释。也并不等于说明了"性别"是导致人们对"家庭价值"认识不同的原因。同样的,当调查发现老年人比青年人更加保守时,也并不意味着对变老是怎样使人变得保守做出了合理的解释。困难的并不是指出哪两个变量相关,而是指出它们为什么相关,它们是如何相关,以及说明它们之间是否具有因果关系。

第十章　资料的统计分析（Ⅱ）——双变量分析

将社会调查与实验做一比较，可以帮助我们从另一种角度来认识社会调查在解释能力上所面临的这种挑战。可以说，实验是直接针对"原因"和"结果"来进行的。在实验中，研究者先通过操纵或调制实验刺激，使自变量发生变化，然后观察这种操纵出的变化在因变量上产生了什么效果。在概率法则所定义的范围内（即采用随机指派的方法将实验对象分配到实验组和控制组），实验者可以肯定，他在因变量上所观察到的变化均来自他在操纵自变量上所做的一切。或者说，他从对前者的操纵和对后者变化的观察中，就可以发现二者之间存在的某种因果关系。

而社会调查则是间接地围绕"变量间的关系"来进行的。在社会调查中，研究者所做的只有测量：无论是对作为自变量的现象（或者说原因变量），还是对作为因变量的现象（或者说结果变量），都是如此。而且，这种测量还是同时的。我们可以用图 1 来概括社会调查与实验之间的这种差别。

图 1　社会调查与实验的差别简图

尽管社会调查也不断地被用来建立自变量与因变量之间的联系，但是，它在建立自变量与因变量之间的时间次序和排除其他的假象方面，常常不如实验那么有力。社会调查中对外在变量或竞争假设的控制与实验中的控制方式也大不相同。实验主要是通过随机化或其他直接的控制程序，使得外在变量成为常量。或者说，实验是先采取措施，控制外在变量的干扰，"净化"实验的环境，"孤立出"准备验证的自变量与因变量。而社会调查则无法"事前"做到这一点，它只能事先对某些外在变量进行预料，并在问卷或访问中测量那些外在变量。然后再在资料分析中对这些外在变量施行统计控制程序，以求排除这些外在变量对因变量的影响。因此，社会调查中的因果推断过程是一个"事后的"、间接的、主要通过对总体中业已存在的变化进行严格比较，从中抽出推断的过程。但是，"在最终的分析中，我们不能绝对地保证我们已控制了所有可能影响这种相关的因素，也许一些未被测量的因素实际影响着这种相关。"我们"不能解决这样一种逻辑的困难，即我们所发现的任何关系都可能被另一个未被测量的因素的作用所解释。"（Catherine Marsh,1979.）

参考文献：

CATHERINE M. Problems With Surveys:Method or Epistemology[J]. Sociology,1979,13(2).

CATHERINE M. Sociological Analysis and the Variable[J]. American Sociological Review,1982(21).

摘自：风笑天.论社会调查方法面临的挑战——社会学方法问题探讨[M]//中国社会科学院社会学研究所.中国社会学年鉴(1995.7—1998).北京:社会科学文献出版社,1999:176-187.

四、回归分析

相关分析的目的在于了解两个变量之间的关系及其强度,即用相关系数来描述 X 和 Y 两个变量之间的共变特征。回归分析(regression analysis)则是对有相关关系的现象,根据其关系的形态找出一个合适的数学模型,即建立回归方程,来近似地表达变量间的平均变化关系,以便依据回归方程对未知的情况进行估计和预测。由于回归分析增加了因果性,且具有了预测的功能,因此,它比相关分析更进了一步,其作用也更大了。

回归分析的对象是定距层次的变量,它的中心问题是建立回归方程,而建立回归方程的基础是最小二乘法。下面,我们以表10-26中的数据为例,来简要介绍一元线性回归方程的建立过程与方法。

表10-26　10名工人年龄与收入资料统计表

年龄(x)(岁)	收入(y)(元)	$x-\overline{X}$	$(x-\overline{X})^2$	$y-\overline{Y}$	$(y-\overline{Y})^2$	$(x-\overline{X})(y-\overline{Y})$
25	280	−12	144	−50	2 500	600
32	300	−5	25	−30	900	150
41	350	4	16	20	400	80
28	300	−9	81	−30	900	270
37	380	0	0	50	2 500	0
50	360	13	169	30	900	390
44	400	7	49	70	4 900	490
54	420	17	289	90	8 100	1 530
33	260	−4	16	−70	4 900	280
26	250	−11	21	−80	6 400	880
$\sum$ =370	3 300		910		32 400	4 670

$\overline{x}=37$　$\overline{y}=330$

首先,依据理论分析或根据研究的需要确定两变量中哪一个为自变量、哪一个为因变量。在本例中,我们确定年龄为自变量 X,收入为因变量 Y。

其次,以自变量为 x 轴,因变量为 y 轴做出表中资料的散点图(散点图可直接在计算机中由 SPSS 软件给出),见图10-3,以判明两变量之间是否为线性相关。

从散点图可看出,两变量为线性相关。但接近这些点的直线有很多条,每条直线都不会正好与每一点都相连,即都会有误差。回归计算的目的就是找出一条最佳的直线,使它与各点的误差之和为最小。

为了求出与 n 个点的散点图最适合的直线,我们可以应用初等数学中关于直线方程的一个定理:任何非垂直直线的方程都可以写成 $Y=a+bX$ 的形式,其中 a 为直线在 Y 轴上的截距,而 b 则为直线的斜率。当方程中的 a 和 b 确定时,则这条直线就完全确定。

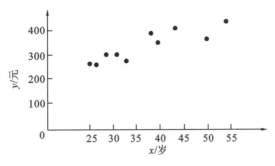

图 10-3　年龄与收入的散点图

对于我们要求的回归直线来说，它的 a 和 b 必须满足这样的条件：使得散点图中的这 n 个点都"尽可能地靠近直线"。或者说，以这条直线来表示变量 x 与 y 的关系时，其与实际资料的误差比其他任何直线都小。若用 (X_i, Y_i) 表示 n 组观察资料，任何一条直线 Y' 的方程式为

$$Y'_i = a + bX_i$$

根据该方程式，由每一个观察资料 X_i 的数值即可以求得相应的 Y_i 的数值，这些数值我们称之为理论值。实际值与理论值之间存在着误差，设这一误差为 e，则

$$e = Y_i - Y'_i = Y_i - (a + bX_i) = Y_i - a - bX_i$$

原则上，将各个 e 加起来就是总的误差，但由于这样计算时会出现正负值相抵消的问题。因此，我们改为把 e 的平方值加起来。令

$$Q = \sum e^2 = \sum (Y_i - a - bX_i)^2$$

如果回归直线在坐标图中的位置能够使得 Q 最小，那么，它就理应是最切合的直线。根据数学分析中求极值的原理，要使 Q 最小，只需在上式中分别对 a、b 求偏导数，并令其等于零即可。统计学家就是根据最小平方这个准则，推算出回归直线的位置（过程从略）。

在回归方程 $Y = a + bX$ 中，b 称为回归系数，a 和 b 的计算公式为

$$a = \bar{Y} - b\bar{X}, \quad b = \frac{\sum (X - \bar{X})(Y - \bar{Y})}{\sum (X - \bar{X})^2}$$

b 的公式也可化为

$$b = \frac{n \sum XY - \sum X \cdot \sum Y}{n \sum X^2 - (\sum X)^2}$$

例如，将表 10-26 的数据结果代入公式，有

$$b = \frac{\sum (X - \bar{X})(Y - \bar{Y})}{\sum (X - \bar{X})^2} = \frac{4\,670}{910} = 5.13$$

$$a = 330 - 5.13 \times 37 = 330 - 189.8 = 140.2$$

故得到回归直线方程为

$$Y = 5.13X + 140.2$$

有了这条回归直线方程，我们就可以对不同年龄的工人的收入进行预测。比如：

年龄为 35 岁，则收入

$$Y = (5.13 \times 35 + 140.2) \text{元} = 319.8 \text{元}$$

年龄为48岁，则收入

$$Y = (5.13 \times 48 + 140.2) 元 = 386.4 元$$

回归方程式中的回归系数 b 具有重要的意义。它表示自变量对因变量影响的大小和方向，其主要作用是使我们能够以自变量的变化来预测因变量的变化。但是，由于 b 值没有一定的上限，很少用来表示变量之间的相关程度。前面我们已经指出，对于两个定距变量之间的相关，通常是计算皮尔逊积距相关系数 r。r 系数与 b 系数不同的地方是，它假定变量 X 与 Y 的关系是对称的，而且 r 的值是在 -1 到 $+1$ 之间。更重要的是，r 的平方值具有消减误差的意义（数学推导过程从略），它所反映的是在某一个变量的变化中，有多少部分是受另一个变量的变化所决定的。因而 r^2 通常被称为决定系数，用以度量回归方程对观察资料的拟合优度。r^2 的值在 0 和 1 之间，如果拟合是完全的，即所有的观察值都在直线上，$Y = Y'$，$\sum e^2 = 0$，则 $r^2 = 1$。如果 $r^2 = 0.86$，则说明回归直线与观察值间的拟合是比较好的，因为回归直线解释了 Y 值与其平均数的总离差平方和的 86%，只有 12% 是回归直线未做解释的，这部分未做解释的可以归之于偶然因素的变动。

在运用回归分析进行预测时，应注意下述两点：一是要注意时间条件，即回归方程往往反映的是一定时期内变量间的相互关系，当时间不同时，这种关系常常会发生变化；二是要注意预测不能超出资料所适合的范围，即回归方程的预测在变量取值上有一定的临界条件，忽视这一点，有时也会做出不合理的预测来。

基本概念

相关关系　　因果关系　　交互分类　　消减误差比例　　回归分析

小测验（扫码做题）

阅读材料（扫码阅读）

拓展阅读：《第一代独生子女的生育意愿：我们目前知道多少？》。

思考与实践

1. 什么是两变量间的相关关系？试举例说明相关关系的方向和强度。
2. 因果关系与相关关系有什么区别和联系？
3. 交互分类的主要作用是什么？这一方法主要用来分析什么层次的变量之间的关系？
4. 找三篇学术刊物上发表的调查研究报告，看看它们采用了哪些双变量统计分析方法？
5. 试写出下列各种变量间的相关系数类型：
   定类变量与定序变量　　定序变量与定距变量
   定距变量与定类变量　　定类变量与定类变量

第十一章

SPSS 软件基本应用

在第八章中,我们介绍了调查资料的整理,并且指出,这些资料要输入计算机以后才能进行统计分析,即由计算机代替我们去做大量的烦琐的统计运算。因此,计算机统计分析软件的运用,是我们完成一项社会调查必不可少的一环。在这一章里,我们将对利用计算机进行统计分析的基本操作方法略做说明,以便读者能够结合前面的学习进行统计分析的实践。

正如我们在前面第八章中所指出的,SPSS(statistical package for social science 的缩写,社会科学统计软件包)是目前社会调查领域中使用得最为广泛的统计分析软件之一,因此,我们在本章中也仅对这一软件进行介绍。需要说明的是,一方面,由于专门介绍 SPSS 的著作和教材已有很多,另一方面,也由于在本教材中用一章的篇幅介绍它的全部内容不太可能,因而,我们仅就初学者常用的统计分析方法,并尽可能结合本书第九、第十章的统计分析内容进行介绍(本书以 SPSS17.0 版本为例,其更高的版本,比如 19.0、20.0 等在基本统计分析命令方面几乎完全一样)。

一、单变量描述统计

对单变量的描述统计,主要包括变量的频数分布、集中趋势与离散趋势等。这是最基本的统计描述。在 SPSS 中,我们可以很容易地得出频数分布表、平均数、标准差等。

1. 频率分布

对单个定类变量或定序变量进行的最基本分析就是频率分布。它的具体操作程序如下。

打开 SPSS,进入数据表格(见图 11-1);在菜单栏中点击"分析"按钮,出现各种分析任务的标签(见图 11-2),点击所拉开的菜单中的"描述"按钮,并选择"频率"一栏,出现图 11-3 所示的对话框。

从对话框左边的变量列表中选择希望描述统计的变量(变量数目不限),比如,我们选择"文化程度"变量,然后点击"确定"即可;若要结果中同时出现统计图,则点击对话框右边中间位置的"图表"按钮,在所出现的新的对话框中选定所希望得到的图形类别。比如,我们选定条形图,如图 11-4 所示,然后点击"继续"按钮,返回到上一对话框,再点击"确定",即可得到图 11-5 和图 11-6 所示的结果。

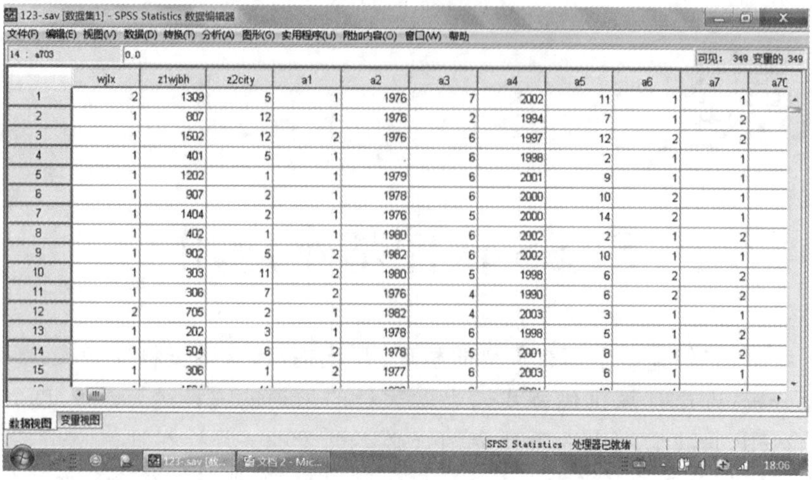

图 11-1

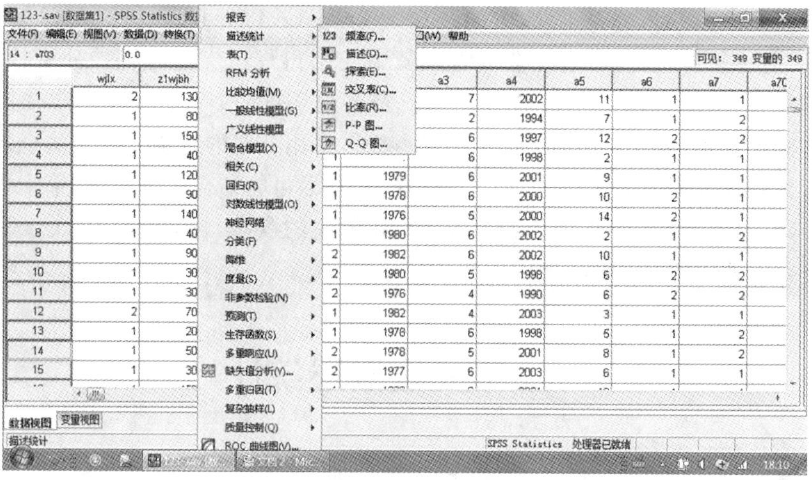

图 11-2

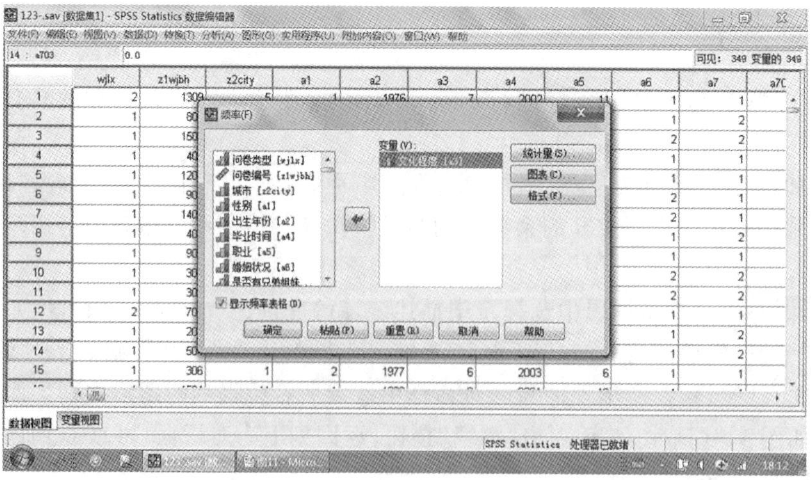

图 11-3

图 11-4

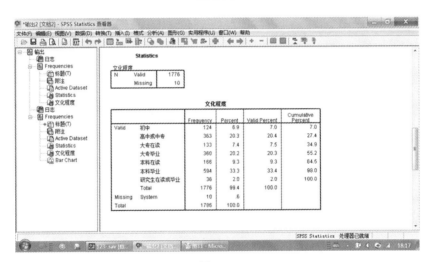

图 11-5

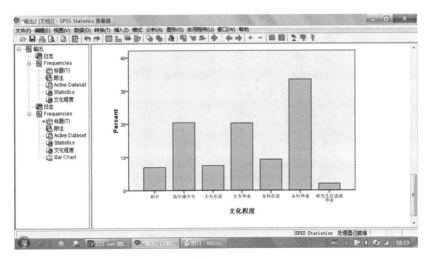

图 11-6

2. 定距变量的描述统计

如果所描述的是定距以上层次的变量,那么可以选择"描述"命令来进行。具体操作方法如下。

打开 SPSS,进入数据表格;在菜单栏中点击"分析"按钮,点击所拉开的菜单中的"描述"按钮,出现图 11-7;再点击"描述"按钮,就出现图 11-8 所示的对话框。从对话框左边的变量列表中选择希望描述统计的变量(变量数目不限),比如,我们选择"月收入"变量,放入右边的"变量"框中(见图 11-8,可同时放入多个变量);再点击对话框右上角的"选项"按钮,出现图 11-9,选定所需的统计参数,比如"均值(M)""标准差(T)""最小值""最大值"等,然后点击"继续"按钮,返回到上一层对话框,再点击"确定",即可得到图 11-10 所示的结果。

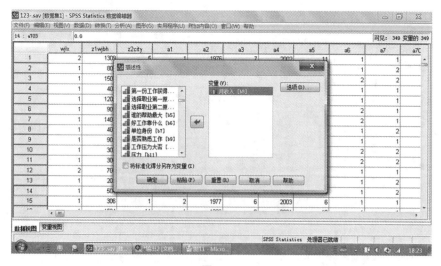

图 11-7

图 11-8

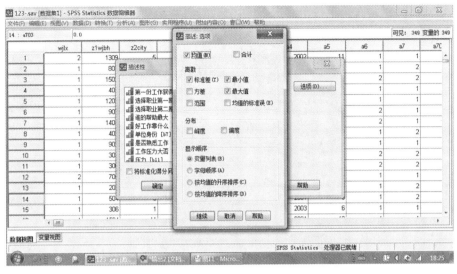

图 11-9

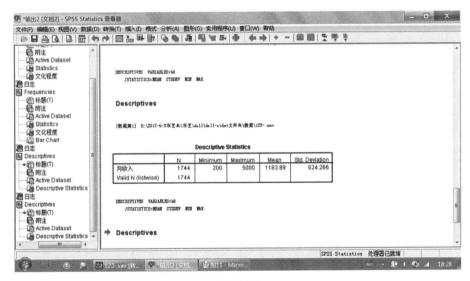

图 11-10

二、双变量交互分类统计与检验

我们在第十章中曾指出,探索变量之间的相互关系,是社会调查研究者的一项重要任务。同时,我们还指出,根据变量的不同层次,统计中有各种不同的相关系数来描述这种相关关系。对于社会调查中最为常见的两个定类变量(或者一个定类、一个定序变量)之间关系,交互分类是一种重要的分析方法。在 SPSS 中,这种交互分析也叫交叉表(crosstabs analysis)可以按下列步骤进行。

进入数据表格后,在菜单栏中点击"分析"按钮,再点击所拉开的菜单中的"描述"按钮,出现图 11-11,再点击"交叉表"按钮,就出现图 11-12 所示的对话框。

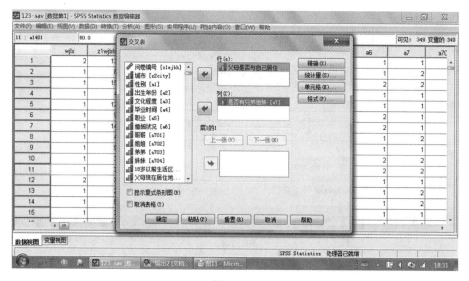

图 11-11

图 11-12

在对话框左边的变量栏中选择希望分析的两个变量,并且把作为自变量或因变量的那个变量放入中间标有"列"的方框中,而把作为因变量或被影响的变量放在上面标有"行"的方框中。然后点击对话框右边的统计量按钮,得到图 11-13 所示的对话框。

在对话框中选择"卡方",这是对两个定类(序)变量之间关系进行显著性检验的参数,十分重要,通常都必须选择;如果需要,还可以选择两个变量之间相关关系的统计量 Lambda,然后点击"继续"按钮,返回图 11-12;再点击对话框右边的"单元格"按钮,得到图 11-14 所示的结果。

图 11-13

图 11-14

在图 11-14 中,可根据研究的目标决定是否需要显示观察频数和期望频数。一般情况下,可去掉上面"计数"方框中计算机默认的选项(即显示观察频数),改为在下面"百分比"方框中的"列"项上打钩(即按纵栏的百分比统计)。然后点击"继续"按钮,返回至图 11-12;再点击"确定",得到图 11-15 和图 11-16 所示的结果。

有时,研究者需要控制第三个变量来进一步考察两个变量之间关系的真伪,此时,只要在图 11-12 中将所选择的控制变量放入对话框下面的方框中即可。比如,如果我们要控制被调查对象的婚姻状况,就可以将婚姻状况放入下面的方框中,如图 11-17 所示,其他步骤与上面一样。这样就会得到如图 11-18 和图 11-19 所示的结果。

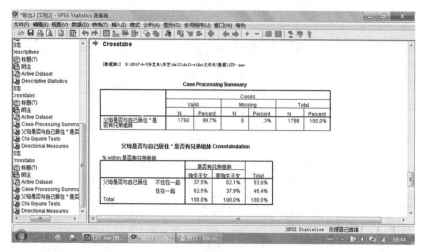

图 11-15

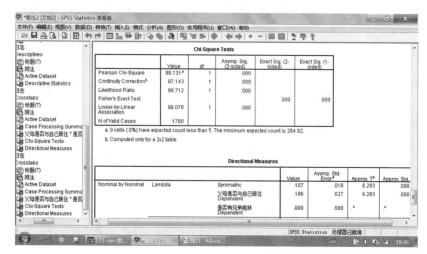

图 11-16

图 11-17

图 11-18

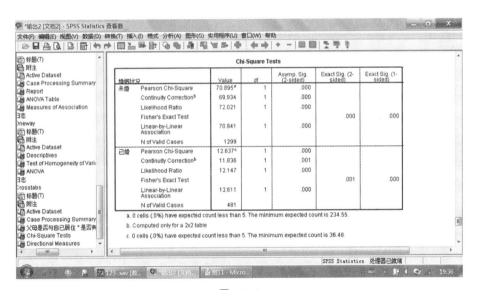

图 11-19

三、平均值比较与方差分析

在社会调查中,我们常常希望对调查样本中不同的子总体在某些变量上的平均数之间的差异情况进行比较和分析。比如,我们希望描述和比较调查样本中独生子女与非独生子女两个子总体在月平均收入上的差异,并对这种差异进行统计检验。在 SPSS 中,我们可以通过"均值"命令和"单因素"ANOVA 命令来达到这一目的。具体操作方法如下。

1. 通过"均值"命令进行

进入数据表格后,点击"分析"按钮,从菜单中选择"比较均值",在从拉开的菜单中选择"均值"(见图11-20),即可打开如图11-21所示的对话框。在对话框中选择作为因变量的变量(月收入)放入上面的"因变量列表"中,并将作为自变量的变量(是否有兄弟姐妹)放入对话框下面的"自变量列表"中。然后,点开对话框右上角的"选项"按钮,出现图11-22所示的对话框。从左边的方框中选择所需要的统计量到右边方框中,同时在对话框下端的"第一层统计量"中选择"Anova 表 eta"打钩,然后点击"继续",回到图11-21,再点击"确定"即可得到下列形式的子总体平均值比较以及检验结果(见图11-23)。

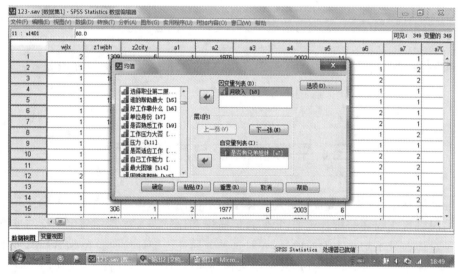

图 11-20

图 11-21

第十一章　SPSS 软件基本应用

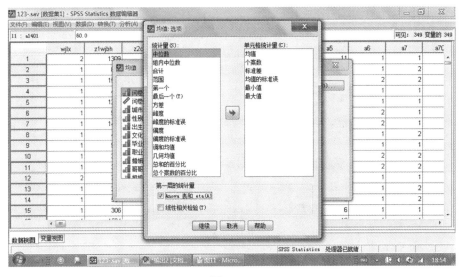

图 11-22

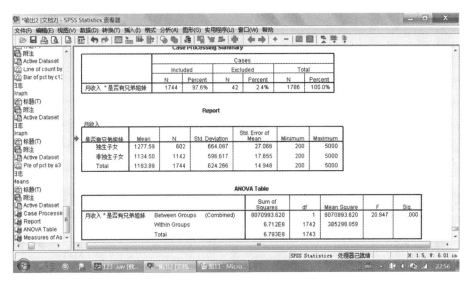

图 11-23

2. 通过单因素 ANOVA(单因方差分析)命令进行

进入数据表格后,点击"分析"按钮,从菜单中选择"比较均值",再从拉开的菜单中选择"单因素 ANOVA"(见图 11-24),即可打开如图 11-25 所示的对话框。在对话框中选择作为因变量的变量(月收入)放入上面的"因变量列表"中,并将作为自变量的变量(是否有兄弟姐妹)放入对话框下面的"因子"中。然后,点击对话框右上角的"选项"按钮,出现图 11-26 所示的对话框。从中选择所需要的统计量,然后点击"继续",回到图 11-25,再点击"确定"即可得到下列形式的子总体平均值比较与检验结果(见图 11-27)。

图 11-24

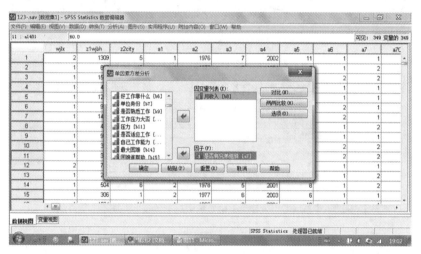

图 11-25

图 11-26

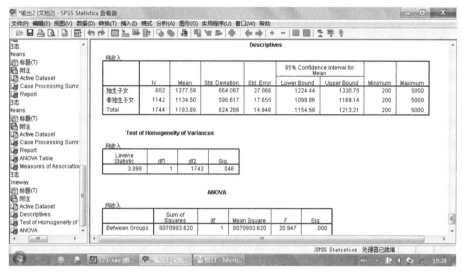

图 11-27

四、数据调整与转化

1. 数据再编码

在对问卷调查数据进行计算机统计分析的过程中，特别是在进行交互分析时，常常需要对原始数据进行一些转化和调整的工作，才能达到更好的分析效果。比如，一项调查的原始问卷中，变量"学生就读的年级"原来有 6 个答案，即初一、初二、初三、高一、高二和高三。在分析中，研究者需要将初中的三个年级的学生合起来，构成"初中生"这个子总体；同时，还要将高中三个年级的学生合起来，构成"高中生"这个子总体。类似的，许多调查中，研究者往往需要将年龄、收入这样的数值变量进行分段，转化为定类、定序变量来分析。比如，将总的年龄范围（从 18 岁到 70 岁）分为 35 岁以下、36～55 岁、56 岁以上的三组，来分别代表青年、中年和老年；又比如，将总的收入范围（假设是从 200 元到 3 000 元）划分为 500 元以下、501～1 000 元、1 001～1 100 元、1 101～2 000 元、2 001 元以上的组别等。为此，研究者需要利用计算机来完成这一工作。在 SPSS 中，我们可以通过数据"转换"命令来进行这种转化，具体的操作程序如下。

进入数据表格后，点击"转换"按钮，从打开的菜单中选择"重新编码为不同变量"，见图 11-28。之所以选取"重新编码为不同变量"而不是选取"重新编码为相同变量"，是因为这样做可以使原始数据得到保留，下次因其他需要再用原始数据时，还可以从中选用。

在对话框中，将准备进行再编码的变量，比如 b8，放入中间的方框中；然后在右边"输出变量名称"空格中敲入新的变量名，比如 B8（见图 11-29），点击"更改"按钮；再点击下面的"旧值和新值"按钮，就会出现图 11-30 所示的对话框。

图 11-28

图 11-29

图 11-30

在此对话框中,先选择左边"旧值"合适的分类方式,填写数据分组范围,并在右边"新值"空格中填写对应的新答案号码;然后点"添加"按钮,将分组结果写入下面的方框中;待全部组别写入完毕后,点击"继续"按钮,返回到图 11-29,再点击"确定"即可。此时在所使用的数据表格中,就会增加一个新的变量 B8,以及一列新的数据。

2. 生成新变量

原始数据转化的另一个常见方式是利用两个(或多个)原始变量创造出一个新的变量。比如利用"家庭总收入"和"家庭人口",创造出"家庭人均收入"这一新变量,利用"家庭住房面积"和"家庭人口",创造出"家庭人均居住面积"这一新变量等。在 SPSS 中,我们可以用"计算变量"命令来完成这一工作。具体操作方法如下。

进入数据表格,从菜单中选择"转换值",打开菜单,如图 11-28,选择"计算变量"按钮,即可打开"计算变量"对话框,如图 11-31 所示。

图 11-31

先在图 11-31 左上的"目标变量"方框中填写新变量的名字,比如 rjshr(人均收入);然后在左下方框的变量名单中选择原变量,同时在中间的方框中选择各种数学运算符号,并将这些变量及其数学运算符号一起写入右上方的"数字表达式"空格中(如图 11-31 所示,b8 为家庭月收入,/为除号,a11 为家庭人口),然后点击"确定"即可。这一新生成的变量也会自动加到原始数据表格的结尾。

五、统计图制作

在前面第八章中,我们介绍了几种主要的统计表和统计图;在本章的前面几节中,我们对各种统计表的软件操作方法进行了介绍。这里,我们再对几种常见的统计图的计算机生成方法做一说明。

1. 条形图

利用 SPSS 生成条形图的操作方法是：进入数据表格后，选择菜单栏上的"图形"按钮，然后点击"条形图"按钮（见图 11-32），即可得到图形选择对话框（见图 11-33）。

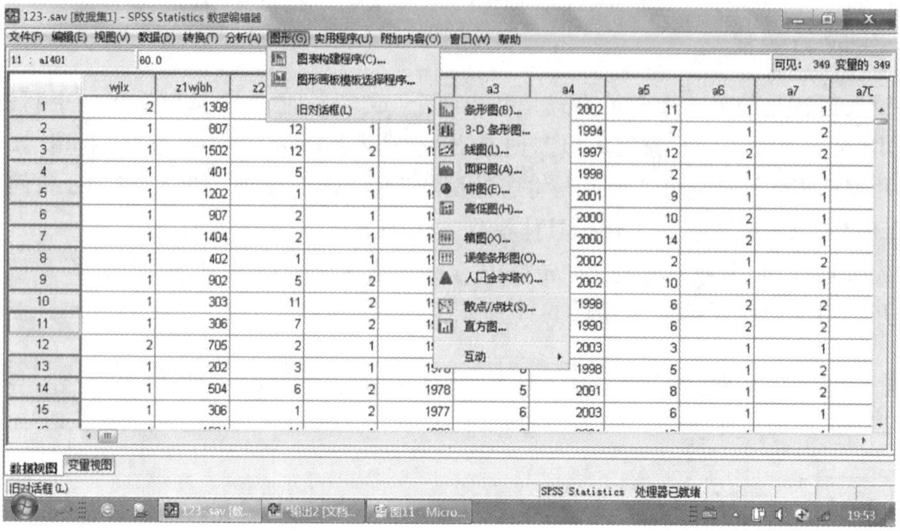

图 11-32

图 11-33

在该对话框中，根据需要选择条形图的具体形式：若只是希望用图形表示某一个变量的分布情况，则选择"简单"图形；选择后点下面的"定义"按钮，得到如图 11-34 所示的对话框。

从图 11-34 对话框左边变量表中选择希望描述的变量，放入"类别轴"的空格中，并在对话框右上角中选择"个案数的％"，然后点击"确定"，即可得到如前面图 11-6 那样的简单条形图。

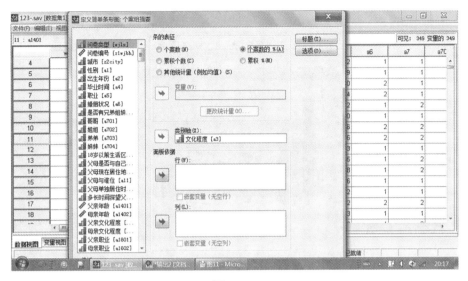

图 11-34

若希望用条形图来表示两个变量的交互分布情况,则在图 11-33 中选择"复式条形图"的按钮,并得到如图 11-35 那样的对话框,将需要分类的变量放入"类别轴"空格中,而将用来比较的变量放入"定义聚类"空格中。然后点击"确定",即可得到如图 11-36 那样的复式条形图。

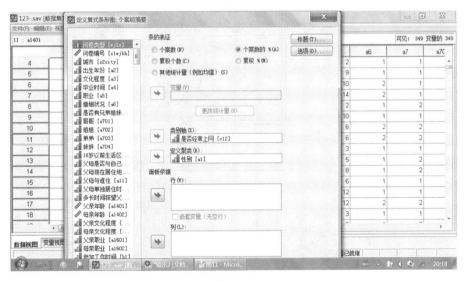

图 11-35

2. 线形图

操作方法是:进入数据表格后,选择菜单栏上的"图形"按钮,打开"线图",即可得到线形图对话框(见图 11-37)。线形图对话框中的选择方式和选择后所对应出现的对话

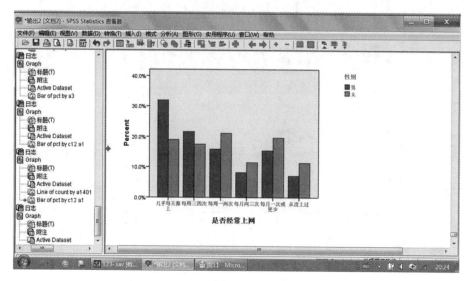

图 11-36

图 11-37

框,与上面条形图的选择方式和对话框几乎完全一样,可按条形图的方法操作,比如,选择"简单"按钮,出来图 11-38,从左边选择"父亲年龄"放入"类别轴"中,点"确定"按钮,即可得到图 11-39 那样的线形图。

3. 饼形图

操作方法是:进入数据表格后,选择菜单栏上的"图形"按钮,打开"饼图",即可得到饼形图对话框。点击"定义",即可得到与图 11-35 类似一样的对话框,按简单条形图的操作方法进行,即可得到与前面简单条形图相对应的饼形图(见图 11-40)。

第十一章 SPSS 软件基本应用

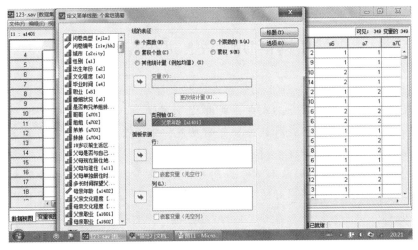

图 11-38

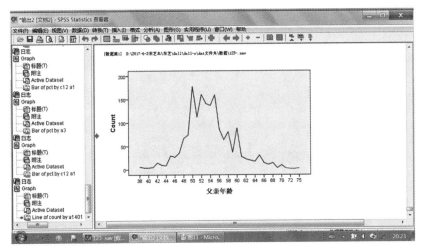

图 11-39

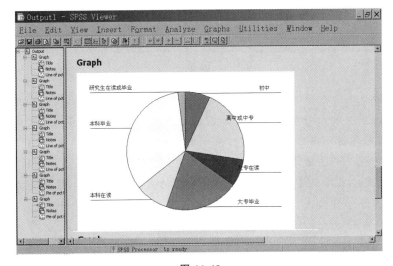

图 11-40

拓展阅读:利用 SPSS 进行数据合并

在将问卷资料录入计算机以形成数据文件的过程中,有时候会由于问卷数量较多,而需要若干个人先分别录入,然后再将各自录入好的数据合并在一起。SPSS 提供了这种数据合并的功能。下面说明数据合并的具体操作方法。

假设由三个人共同录入 600 份问卷,每人录入 200 份。三人按照相同的数据库文件(事先编制好的同样格式的数据库)分别进行录入,得到三个小的数据文件,分别取名为 data2.sav、data3.sav 和 data4.sav。打开 SPSS 软件,先读入 data2。在 data2 打开的状态下,点击菜单上的 Data 按钮,显示图 1。

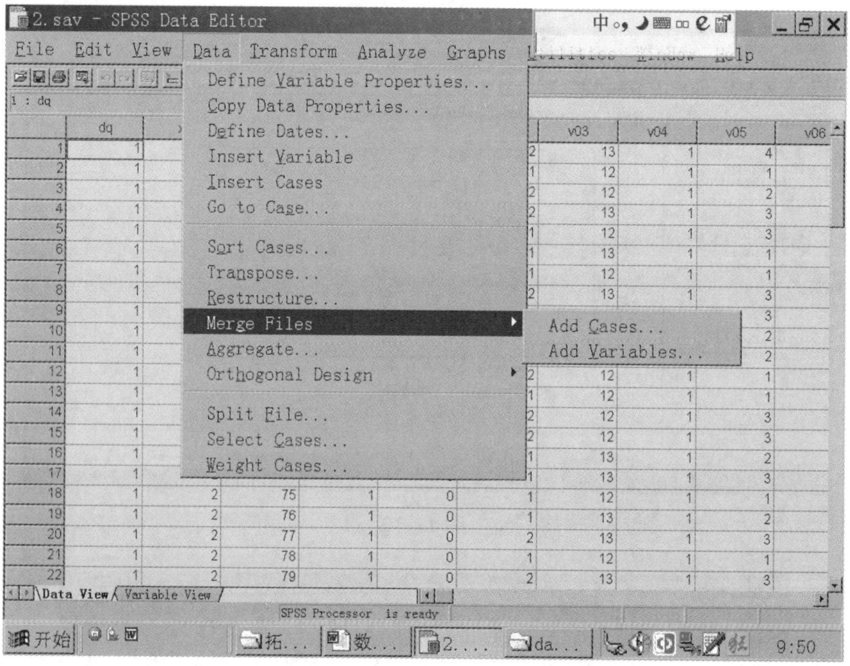

图 1

再点击所打开的菜单中的 Merge files,并在出现的菜单中选择 Add Cases...,在跳出的对话框中选择需要添加的数据库文件名 data3.sav,点击 OK 后即显示图 2。由于三人录入数据时所用的数据库文件都是相同的,所以图 2 的左边方框(不匹配的变量)中没有变量,直接点击 OK 即可。此时的文件名依旧是 data2.sav,但是数据的数量已经改变,已经是添加了 data3.sav 以后的 data2.sav 了(即已经包含 400 份问卷的资料了)。再次按照此方法将 data4.sav 添加进来,就形成最终的、包括三人分别录入的 data2.sav、data3.sav 和 data4.sav 在内的总的数据文件(即全部 600 份问卷的资料)。

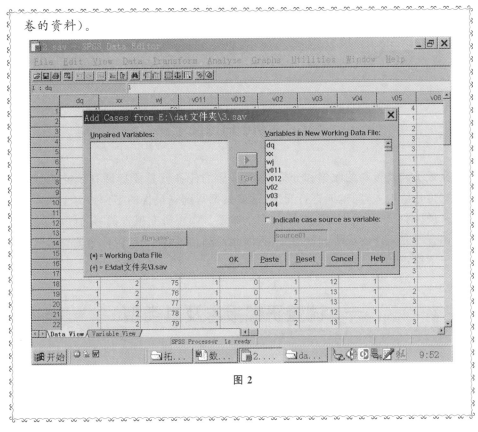

图 2

阅读材料(扫码阅读)

1. 调查实例:《第一代独生子女父母的家庭结构:全国五大城市的调查分析》。

2. 11.5 版 SPSS 基本应用说明。

思考与实践

1. 在老师的指导下,在计算机上熟悉 SPSS 统计分析软件的基本操作,最好从数据编码、录入开始练习。

2. 分别用 Foxpro、SPSS 两种软件进行数据输入的练习,并比较二者的利弊。

3. 用你在上一题练习中所制作的数据资料或老师提供的数据资料,在计算机上按照本章的方法逐一进行 SPSS 基本统计分析的练习。

4. 在计算机上对数据进行再编码练习、生成新变量练习、生成各种统计图练习。

第十二章

撰写调查报告

我们完成了调查资料的收集和分析工作,最后的任务就是要把调查研究的结果以某种恰当的形式传达给他人,同他人进行交流,这就是撰写调查报告的工作。对于一项社会调查研究项目来说,调查研究报告是其成果的集中体现。调查研究报告撰写的好坏,将直接影响整个社会调查研究工作的成果和社会作用,因此,我们必须高度重视社会调查研究报告的写作。在这一章里,我们将详细介绍这方面的内容。

一、调查研究报告及其类型

调查研究报告(survey research report)是反映社会调查成果的一种书面报告,它以文字、图表等形式将调查研究的过程、方法和结果表现出来。其目的是告诉读者,对于所研究的问题是如何进行调查的,取得了哪些结果,这些结果对于认识和解决这一问题有哪些理论意义和实际意义等。

根据调查研究报告的性质、内容、用途、读者对象等方面的不同,可将调查研究报告分为各种不同类型。

1. 应用性调查报告与学术性调查报告

这两类报告在形式、内容、读者对象等方面都有较大差异。应用性调查报告往往以政府决策部门领导、各类实际工作部门人员为读者对象,以了解和描述社会现实情况、提供社会决策参考、解决实际社会问题为主要目的。这类调查报告对于各级政府决策部门和各类实际工作部门了解社会情况、分析社会问题、制定社会政策、开展社会工作有着重要的参考作用,对社会舆论的形成和引导也具有较大影响。

学术性调查报告则主要以专业研究人员为读者对象,着重于对社会现象的理论探讨,即分析各种社会现象之间的相互关系和因果关系,以及通过对实地调查资料的分析或归纳,达到检验理论或建构理论的目的。

由于应用性调查报告与学术性调查报告在目的、读者对象等方面的不同,因此,在撰写的格式和要求上也不完全一样。应用性调查报告中往往更强调对调查结果的描述、说明和应用,而对调查的方法、过程及工具等就不大关心。同时,应用性调查报告的语言往往也更加大众化,对社会现象的描述和分析也没有十分固定的格式,并且更多地采取直观的方式进行说明。学术性调查报告则往往需要运用各个学科的有关理论和概念,在形式上也有比较固定、比较严格的格式,结构更加严谨,论述的语言也要求更加客观、更加严密。

2. 描述性调查报告与解释性调查报告

根据调查报告的主要功能,可将其分为描述性调查报告和解释性调查报告两大类。描述性调查报告着重于对所调查现象进行系统、全面的描述,其主要目标是通过对调查资料和结果的详细描述,向读者展示某一现象的基本状况、发展过程和主要特点。对于那些以弄清现状、找出特点为目的的社会调查来说,描述性调查报告是其表达结果的最适当的形式。

解释性调查报告的着眼点则有所不同,它的主要目标是要用调查所得资料来解释和说明某类现象产生的原因,或说明不同现象相互之间的关系。这类报告中虽然也有一些对现象的描述,但一方面这种描述不像描述性报告那样全面,那样详细;另一方面,这种描述也仅仅只是作为合理解释和说明现象原因及关系的必要基础或前提而存在,即为了解释和说明而做必要的描述。

从写作要求来看,描述性调查报告强调内容的广泛和详细,要求面面俱到,同时十分看重描述的清晰性和全面性,力求给人以整体的认识和了解。而解释性调查报告则强调内容的集中与深入,看重解释的实证性和针对性,力求给人以合理且深刻的说明。

3. 综合性调查报告与专题性调查报告

这种划分所依据的主要是调查报告的主题范围。当一项调查涉及某一现象方方面面的内容、状况时,其报告往往采取综合性调查报告的形式。换句话说,综合性调查报告多用于反映某一总体各方面的情况,或某一现象各方面的内容。比如进行一项社区概况调查,就需要用综合性调查报告来全面反映该社区的政治、经济、文化、环境、社会结构、社会心理、生活质量等各方面情况。

而当一项调查主要涉及研究对象某一方面的情况时,则往往采取专题性调查报告的形式。这也就是说,专题性调查报告多用于针对某一专门问题或某一特定现象所进行的分析和研究。

从写作要求上看,这两类报告有一定差别。综合性调查报告力求全面,篇幅往往比较大;专题性调查报告则力求鲜明突出,针对性强,篇幅相对要小一些。从功能上看,综合性调查报告主要是描述性的,专题性调查报告则更多地属于解释性的。

二、调查报告的撰写步骤

当我们根据调查的目的、资料的性质、读者对象等因素确定了所撰写报告的类型后,就可以按照下述步骤进行调查报告的写作。

1. 确立主题

调查报告的主题就是调查报告所要表达的中心问题,它是整个调查报告的灵魂。明确而适当的主题的确立,是整个调查报告撰写过程顺利开展的前提。在一般情况下,调查报告的主题就是该项调查的主题,即调查报告所要反映的中心问题也就是整个调查的中心问题,二者往往是一致的。比如进行一项以青年结婚消费问题为中心的社会调查,其调查报告的主题就是青年结婚消费的状况、特点及问题。在这种情况下,要确立调查报告的主题并不困难。

但在有些时候,可能会由于某些原因,使得调查报告的主题不能与调查的主题统一起来。例如,当一项调查的内容很多,涉及的范围和领域很广,一份调查报告难以容纳全部内容时,就需要从中选择部分内容形成调查报告,并确立相应的调查报告主题。显然,这时的调查报告主题比起调查的主题来,范围就缩小了。还有的时候,由于某些因素的影响,使得调查所得的资料与调查最初的目标之间存在一定的差距,无法说明事先预定的调查主题,此时也要根据实际的资料和结果重新确立调查报告的主题。

2. 拟定提纲

主题确立后,不可马上动笔写调查报告,而应先构思好调查报告的整体框架,并进一步将这种框架转变为具体的写作提纲。如果说主题是调查报告的灵魂,那么这种提纲就是调查报告的骨架。

写作提纲的主要作用是理清思路,明确调查报告内容,安排好调查报告的总体结构,为实际写作打下基础。拟定写作提纲的方法是对调查报告的主题进行分解,并将分解后的每一部分进一步具体化。比如,拿前面所举的青年结婚消费问题调查的例子来说,可先将"青年结婚消费问题"这一主题分解成"青年结婚消费的现状""青年结婚消费的特点""青年结婚消费的趋势""青年结婚消费中存在的主要问题""正确引导青年结婚消费的建议"等几个大的部分,然后将每一部分的内容具体化。比如,将第一部分内容具体化为:①结婚消费的数量;②结婚消费的内容和形式;③结婚消费费用的来源;④当事人的职业、文化程度等背景与消费形式间的关系等。

3. 选择材料

一项调查所得资料与调查报告所用的材料并不是一回事。调查资料往往都与调查主题有关,但不一定都与调查报告的主题紧密相连。或者说,并非所有的调查资料都能成为撰写调查报告时所用的材料。因此,在写调查报告前,必须对所用的材料进行选择。这种选择首先应以写作提纲的范围和要求为依据,即应按照调查报告的"骨架"来进行,这样才能保证所选取的材料与调查报告的主题密切相关。其次还要坚持精练、典型、全面的原则,做到既不漏掉一些重要的材料,又使所用的材料具有最大的代表性和最强的说服力。

调查报告所用的材料通常包括两方面的内容,一种是从调查中得到的各种数据、表格、事例等客观材料,另一种是在这些客观材料的基础上通过分析、综合、概括所形成的观点、认识、建议等主观材料。二者相互联系、互相依赖,共同构成填充调查报告"骨架"的"血肉"。

4. 撰写调查报告

当前三步工作完成后,我们就已有了一个结构分明、材料齐备的调查报告雏形,剩下所要做的就是用适当的文字把它们流畅地组织在一起了。

撰写时通常要从头到尾一气呵成,而不要经常地在一些小的环节上停下来推敲修改,以免耽误过多时间。这样做的好处是便于整个调查报告紧紧围绕所确立的主题来展开,使得调查报告在整体思想、体系结构、内容形式、行文风格等方面都前后一致,浑然一体。当调查报告全文写完后,再反复地从头阅读、审查和推敲每一个部分,认真地修改好每一个细节,使得调查报告不断丰富和完善。

三、应用性调查报告的结构与写作

由于应用性调查报告与学术性调查报告在结构、目标、形式及读者对象诸方面存在较大差别,因此我们分别对这两种调查报告的撰写要求进行介绍。

应用性调查报告没有固定不变的格式,但一般来说,各种调查报告在结构上都可分成标题、导言、主体和结尾几个部分。下面,结合具体例子对这几个不同部分的写作方法和要求做一些说明。

1. 标题

对于调查报告来说,标题是引起读者注意的关键因素之一。标题生动、明确、针对性强,就能打动读者,吸引读者;标题平平常常,往往难以引起读者的关注。从目前大量社会调查报告的标题来看,用得较多的标题形式主要有下列几类。

(1) 陈述式。即直接在标题中陈述调查的对象及调查的内容,比如,《关于城市青年结婚消费现状的调查》《当前大学生思想状况调查》《武汉市未成年人犯罪状况调查》等。这种标题形式的最大特点是调查的内容和调查的对象往往一目了然,有利于读者根据需要来选择是否阅读。其缺点是千篇一律,太一般化,难以吸引读者的阅读兴趣。因此,发表在各种非专业报刊的调查报告很少用这类标题,而学术性调查报告用此类标题的则比较多。

(2) 结论式。即用某种结论式的语言或警句、格言、判断句等作标题,比如《择友不当是未成年人犯罪的重要原因》《解铃还须系铃人》《家庭养老面临挑战》等。这种标题形式的特点是在标题中表明了作者的结论或观点,具有较强的针对性,且十分醒目,有一定的影响力。其缺点是不够活泼,且理论色彩较浓。这种标题同样在专业刊物上用得较多,而在一般刊物上用得较少。或者说用于学术性调查报告较多,用于应用性调查报告较少。

(3) 问题式。即以一个问题作为标题,比如《他们为什么选择离婚》《天之骄子为何弃学经商》《当今青年农民在追求什么》等。这类标题的突出特点是十分吸引人们的注意力,有利于调动人们进一步阅读的欲望,应用性调查报告更经常地采用这类标题。用于非专业刊物上发表的调查报告,也较多地采用这类标题。

(4) 双标题式。即由主标题和副标题共同构成调查报告的标题。在这种形式里,主标题多以提问式和结论式表达,而副标题则以陈述式表达,比如《他们也有爱的权利——北京市老年人婚姻问题调查》《独生子女都是小皇帝吗——对武汉市 1 000 名小学生的调查》等。这种形式的标题具有上述三种标题的优点,无论是应用性调查报告还是学术性调查报告,都可采用这种形式的标题,因而这也是各类报刊发表的调查报告中十分常见的一种标题形式。

标题的写法虽然灵活多样,但有一点要十分注意,这就是"文要对题",即调查报告的标题要与调查报告的内容相符,不能为了引起读者的注意而使用超出调查报告内容的标题。

2. 导言部分

应用性调查报告的第一部分称作导言，它的主要任务是向读者简要地介绍整个调查的有关背景。其中，最主要的内容包括调查的目的、调查的内容、调查的对象、调查的时间、地点、调查的方法等。导言的具体写法有下列几种常见的方式。

(1) 直述式。即开门见山，平铺直叙，直接把调查的目的、内容、对象、范围等一一写出。例如：

> 为了全面了解老年人的生活状况，加强老年人的社会保障工作，华中理工大学社会学系于 1995 年 2 月至 4 月，在湖北省武汉市调查了 300 位老年人的家庭与生活情况。下面是这次调查的方法及主要结果。

(2) 悬念式。即先描述某种社会现象和社会问题，然后对这种社会现象和问题产生的原因、它的影响等提出一系列疑问，最后介绍调查的基本情况。例如：

> 老年人丧偶是生活中十分普遍的现象，而老年人再婚，则是近年来出现在我国社会中的一种新的社会现象。据有关部门统计，本市 1980 年再婚老年夫妇为 68 对，1984 年为 116 对，1988 年为 302 对，1991 年为 495 对，1994 年为 623 对。促使老年人再婚比例提高的原因是什么？社会舆论对老年人再婚的评价如何？老年人再婚给他们的家庭及其生活带来了哪些变化？为了弄清这些问题，华中理工大学社会学系于今年 3—5 月，对湖北省武汉市 180 对再婚老年夫妇进行了调查。

(3) 结论式。即在描述现象、提出问题的同时，直接写出结论。例如：

> 未成年人犯罪是全社会普遍关注的社会问题之一。据统计，我市去年一年中，因各种犯罪而被劳教的未成年人达 600 多人。这么多的未成年人是怎样误入歧途，走上犯罪道路的？导致未成年人走上犯罪道路的主要原因又是什么？笔者今年 5 月对两个劳教所 400 名犯罪未成年人的调查表明：家庭破裂、择友不当以及法制观念薄弱的影响，是导致未成年人走上犯罪道路的主要原因。

3. 调查报告的主体部分

一般来说，许多初学者在调查结束后，往往会对着一大堆资料、数据和结果而为难，不知怎样将它们安排到调查报告中去。调查报告的主体部分正是容纳大量材料和结果的部分，关键在于如何恰当地进行组织和安排。一般来说，应用性调查报告主体部分的结构有下列三种常见的形式。

(1) 纵向结构式。即按照时间的先后来组织和安排，以突出某一现象或问题的发展过程，或者反映不同时期的变化与差别。比如，一项反映建国 50 年来某省小学教育发展状况的调查报告，就可按纵向结构来安排，即可以将主体分为三大部分：①"文革"前的小学教育；②"文革"期间的小学教育；③改革开放以来的小学教育。

(2) 横向结构式。即主要依照调查的内容来安排，以突出某一社会现象或问题的各个方面的内容。比如，一项对当前小学教育状况的调查报告，就可将其主体分为：①教师状况；②学生状况；③校舍条件；④教学仪器设备；⑤教材及参考书。

（3）纵横结合式。即将上述两种方式相结合，以一种方式为主，常用于较大规模调查的调查报告中，以便于反映出比较复杂的内容。比如，将前述两种结构形式中的例子结合起来，就构成这种形式。

4. 结尾部分

应用性调查报告结尾部分的中心内容是小结调查的过程和主要结果，陈述调查研究的结论，并在阐明所调查现象产生或形成的原因、所具有的影响的基础上，提出若干解决的办法或政策建议。结尾部分在写作上的具体要求是：语言要精练，陈述要明确，可以简明扼要地列出几点，清晰地表明调查研究的主要结果，以及研究者的看法和观点。

总的来说，导言部分以介绍情况、说明目的为主；主体部分则以详细描述社会现象的实况、报告实地调查的结果为主；结尾部分则以对这一社会现象的讨论以及解决问题的建议为主，以引起社会的重视，或供有关部门参考。

四、学术性调查报告的结构与写作

学术性调查报告主要用于专业学术会议或专业学术刊物，其读者对象主要是各具体学科的专业研究人员，因此，学术性调查报告的撰写往往比应用性调查报告更加严格。它有比较固定的格式。一般来说，学术性调查报告在结构上通常包括下述内容。

（1）导言，即说明所研究的问题及其研究的意义。
（2）文献回顾，即对这一问题前人研究进行梳理、回顾和评论。
（3）方法，即说明调查所采用的方法、程序和工具。
（4）结果与分析，即说明通过调查研究发现了什么。
（5）小结与讨论，即对研究结果的简要总结，以及说明所发现的结果具有哪些意义，从这一结果出发，还能得到什么或还能继续做些什么。
（6）参考文献，即研究报告中所涉及的书籍和文章目录。
（7）附录，即调查研究过程中所用的问卷、量表及某些计算公式的推导、数据计算方法等。
下面，我们按照上述的内容和顺序，逐一详细介绍具体的写作要求和方法。

1. 导言部分

虽然同是导言，但学术性调查报告的导言却与应用性调查报告的导言很不相同。它通常更为详细，所包括的内容更多。从大的方面看，它一般包括三个方面的内容。

一是研究的背景，即研究问题的由来。任何一个研究问题，通常不会是研究者一时兴起，随意挑出的。它一定有某种社会的或现实的背景。因此，作者在导言中，应该告诉读者这篇论文提出研究问题的大的背景，说明这一问题是一个处在什么样的社会现实背景或者学科理论背景中的问题。在具体写法上，应采取沙漏式的写作手法，即从广阔的社会背景开始，逐渐缩小到自己调查研究的问题上来。比如，一篇有关青年职业适应的论文是这样介绍其研究背景的：

"成家立业"，是青年阶段社会化过程中最为重要的两件大事。它意味着人们从未成年向成年的转变,从受教育者向生产者、劳动者的转变,从出生家庭向定位家庭的转变。对于那些刚刚踏上社会、刚刚作为独立的社会成员参与到社会物质文明与精神文明生产过程中的青年来说,对工作、对职业的适应无疑是他们面临的首要任务。特别是随着整个社会向现代化方向的迅速发展,社会中的职业类型正在不断分化,各种职业技术与职业规范也变得更加专业化和复杂化。处于职业初期的青年所面临的职业适应问题也将会越来越突出。①

二是介绍调查研究的问题是什么。这是导言部分最重要的内容。无论是理论性的调查研究,还是应用性的调查研究,在报告中都必须清楚地说明研究的问题。在对研究问题的具体表述方式上,可以先直截了当地表明研究的核心问题或主要目标,同时,进一步说明围绕这个核心问题的若干个小的具体问题。比如,一篇探讨青年就业途径的论文中,是这样来介绍其核心问题(研究目标)和具体问题的:

在探讨青年或大学生就业问题时,一个重要的方面是要描述和分析他们在择业过程中所采取的具体方式或途径,特别是要描述和分析最终帮助其顺利获得工作、达到就业的具体方式或途径,同时对导致各种方式和途径发挥作用的相关因素进行分析和探讨。这正是本项研究的目标。具体来说,本文希望探讨:那些已经在城市成功就业的青年,他们获得第一份工作的主要方式或途径(下文中我们将其简称为"就业途径")是什么?他们各种不同的就业途径的分布状况如何?相对来说,哪种就业途径最为重要?另外,有哪些因素与青年各种不同的就业途径有关?学术界十分关注的人力资本和社会资本因素在青年的就业途径中究竟起多大作用?②

三是简要介绍研究这一问题所具有的意义。即要在导言的叙述中向读者表明,这一问题为什么值得探索、值得讨论。比如,一篇探讨城市青年择偶方式的论文中,作者在说明了研究所关注的问题后,进一步指出了这种关注所具有的意义:

在择偶方式上,以"80后"为代表的这一代青年显然早已脱离了"父母之命,媒妁之言"的传统模式。但在现实社会生活中,他们在择偶方式上究竟表现出什么样的特点?是以自己在生活中结识对象为主,还是以他人介绍结识对象为主?青年在未婚时的择偶方式与最终走进婚姻的青年实际结识方式之间有没有什么不同?具有不同社会背景的青年在择偶方式上是否具有不同的特点?这些不同特点揭示出什么样的内涵?这些就是本研究所关注的主要问题。此外,尽管从人口学角度看,目前社会舆论和媒介普遍关注的"剩女"问题或许主要涉及不同性别的青年人口的总体比例和分布状况,但也可能在一定程度上与青年的择偶方式和结识途径有关。因此,那些相对大年龄的已婚女性主要是通过什么途径认识和找到婚姻对象的?她们与年龄相对较轻的已婚女性在择偶方式上有没有明显区别?这也是目前并不十分清楚的问题。而弄清楚这些问题,不仅可以进一步增强人们对青年择偶方式和途径的认识,同时也可以为更好引导和解决城市大龄青年择偶难问题提供一定的参考依据。③

---

① 风笑天,王小璐.城市青年的职业适应:独生子女与非独生子女的比较研究[J].江苏社会科学,2003(4):18-23.
② 风笑天.城市在职青年的就业途径及其相关因素分析[J].南京师范大学学报(社会科学版),2012(5):62-69.
③ 风笑天.城市青年择偶方式:未婚到已婚的变化及相关因素分析[J].江苏行政学院学报,2012(2):70-77.

研究者在导言中很好地介绍了上述三方面内容,读者不仅明白了研究者在这项研究中打算做什么、明白了这一研究问题来自什么样的背景以及明白了做这项研究的意义和价值,剩下的问题就是要吸引和引导读者跟随研究者的思路,去看研究者是如何进行研究,以及研究所得到的结果是什么了。当然,需要注意的是,导言部分的内容不能太详细,要用十分简明的语言、十分清晰的层次,向读者展现调查研究的背景和实际研究的问题。

2. 文献回顾部分

当陈述了所研究的问题及背景后,接下来的工作就是要对这一问题领域中已有的研究及其结果进行综述和评论。因为科学研究是一种知识积累的过程,严格地说,任何一项调查研究,都是在前人已有成果的基础上进行的。每个研究者都应该尽量全面地了解与自己所研究的问题有关的理论和方法,掌握最新的资料、动态和结果。

在文献回顾这一部分中,研究者应该考虑这样一些问题:第一,在这一特定方面,前人的研究做了些什么工作;第二,对于这一特定的现象,是否存在着有关的理论,有哪些不同的理论;第三,前人的这些研究采取了哪些研究方法,已得到了哪些有价值的结果;第四,已有的研究还存在着哪些缺陷或不足。当然,按照本书前面所讲的步骤,在进行调查研究之前,研究者往往就已进行了广泛的阅读,即经熟悉和了解了这一领域已有的研究,现在的工作只不过是根据需要对这些研究进行一番小结和评论罢了。

如何在调查研究报告中对已有的研究进行综合评论呢?

评论文献的方法是既要介绍,又要评论,即既要简要地、重点地介绍每一文献的主要结果和结论,又要对这些结果和结论的优劣长短做出自己的评价。评论和介绍的重点要集中在与自己的研究有关的内容上,其他无关的内容则完全略去。文献评论的目的与作用,在于帮助读者了解这一领域中已有的研究成果和结论,同时,也为他们阅读和评价自己的研究打下基础。

对于初学者来说,可以先按照"谁——在何时何处——针对什么对象——围绕什么问题——采用什么方法——进行了什么样的研究——得到什么结果——还存在什么局限或不足"的格式,来对相关文献进行综述和写作。下面就是这种写作模式的一个例子。

二、文献回顾

笔者对CNKI的检索结果表明,近十几年来,尽管学术界发表的有关空巢现象的研究论文有40余篇,但与独生子女空巢家庭有关的研究却只是在新世纪开始后的最近几年中才出现的,并且数量上也只有很少的几篇。

谭琳最早在论文中提出要关注由第一代独生子女父母构成的"新空巢家庭"。她同时对这种新空巢家庭的若干特征进行了描述:"对于独生子女家庭,家庭规模和家庭关系长期处于基本稳定的状态,唯一的孩子长大成人离开父母时,家庭骤然间变成'空巢'。"我国城市第一代独生子女父母中的"许多人还不到50岁就进入空巢家庭生活,考虑到平均预期寿命不断提高的因素,他们可能将在空巢家庭中生活20～30年,甚至更长"。"与以往非独生子女'空巢'家庭相比,新空巢家庭的成员一般比较年轻,按20世纪80年代较高的城镇平均初婚年龄女性25岁、男性27岁计算,假设平均初婚初育间隔为 2 年,如果独生子女 18 岁离家时,进入'空巢'家庭生活的父母的平均年龄在 45 至 47 岁之间。一般来说,城市独生子女的父母将在'空巢'家庭中生活 15 年左右才进入老年生活阶段。如果城市人口的平均预期寿命为 70 岁,这些独生子女的父母可能将在'空巢'家庭中生活 25 年左右。"(谭琳,2002)作者关于这类"新空巢家庭"特征的上述论述,具有一定的经验基础,只是由于其用以比较的对象是"以往的非独生子女'空巢'家庭",因此,我们依然无法了解和区分城市这些独生子女空巢家庭与"目前的""和他们同龄的"非独生子女空巢家庭之间的差别。

赵莉莉在论文中概述了第一代独生子女父母的生命历程及其这一生命历程对他们生活各方面的影响。其研究中虽然具有一定的通过调查得到的经验材料,但遗憾的是,其经验调查的内容却只涉及了子女的教育和对子女的职业期望两个方面,完全没有涉及与父母空巢期相关的问题。(赵莉莉,2006)

潘金洪从风险的角度对独生子女家庭的空巢问题进行了探讨。他认为,独生子女空巢家庭是"一种全新的空巢现象,即随着独生子女的长大离家,越来越多的父母开始提前进入空巢期,并将度过人类历史上罕见的漫长空巢期,他们在空巢期面临诸多的养老和精神健康损失风险,需要引起社会的关注和重视"。他同时指出,独生子女家庭必然较早进入空巢期。按他的说法,独生子女父母要比非独生子女父母"提前 10 年进入空巢期",甚至"要提前 10~20 年进入空巢期。独生子女父母比非独生子女父母要度过更长的空巢期"。(潘金洪,2006)只是作者的所有结论基本上都是建立在若干假定条件基础之上的分析结果,论文同样没有来自经验材料的佐证。

石燕则通过将独生子女家庭空巢期划分为"子女依赖期""子女独立期""父母依赖期"三个阶段(对应阶段的父母年龄分别为 45~55 岁、55~74 岁以及 75 岁以上),有针对性地分析了不同阶段中独生子女家庭在经济供给、情感交流和生活照料三方面的特点和问题。但是,作者做出这种划分的依据同样不是来自具体的经验资料,因而,其三阶段的年龄划分是否能够反映客观现实、是否合适等,依然是值得讨论的问题。(石燕,2008)

文献回顾表明,与对独生子女空巢现象的关注相比,研究者运用经验数据和资料来进行描述和分析则显得不足。现有的几项探讨独生子女家庭空巢现象的研究对这类家庭的特征及其可能产生的社会影响等进行了一定的分析,为人们认识和了解这种新的空巢现象提供了较好的思路。但是,由于这些讨论和分析缺乏相应的经验数据的支撑,因而,它们关于新空巢家庭的特征、新空巢家庭成员的年龄、性别特征以及新空巢家庭与传统空巢家庭之间在进入空巢时间的早晚、空巢期的长短等方面的差异等的结论,更多只是建立在某些假定条件基础之上的理论推断。这些假定的数字虽然都具有一定的经验基础,但是,他们毕竟还不是现实。现实与假定的这些数字之间究竟有多大的差别?我们尚不清楚。换句话说,有关第一代独生子女父母的空巢期问题,目前还缺乏具体的经验研究的结果。我们目前依然无法了解和回答诸如"独生子女空巢家庭的比例究竟有多大"、"相比于同龄的非独生子女父母,中年独生子女父母进入空巢期的时间究竟会提前多少"、"他们在空巢家庭中生活的时间究竟会有多长"等一系列现实问题。而弥补现有研究的这种缺陷、用经验的数据回答上述问题正是本文的目标。弄清楚现实中的这些数字,我们关于独生子女家庭结构、独生子女家庭养老等问题的讨论将会具有更为客观的基础。[①]

3. 方法部分

在学术性调查报告中,方法部分是一个十分重要的部分,这也是学术性调查报告区别于应用性调查报告的一个突出标志。在应用性调查报告中,读者往往只关心你调查研究的结果,而不会对你的调查研究方法感兴趣。但在学术性调查报告中,读者关心的不光是你的研究结果,同时也关心你的研究方法,即关心结果是如何得到的,你的研究实际是如何做的。因为,只有知道了你的研究所采取的方法,明白了你的研究的各种具体操作步骤,读者才能评价你的研究是否具有科学性、你的结果是否有价值。

由于不同的调查研究所采取的方法不会完全相同,所以在研究报告中各自介绍的内容也不会完全一样。但是,一般来说,大多数研究报告的方法部分都包括下述几个方面的内容。

（1）有关调查方式的介绍。在方法部分中,需要告诉读者你采取的是哪种调查方式,比如是自填式问卷调查,还是结构式访问调查,是当面访问调查,还是电话访问调查。调查实际上是如何进行的,调查的具体时间、地点,调查工作的组织,调查员的培训,调查工具的准备等情况,也都应向读者简要地做些介绍。

（2）有关被调查对象的介绍。在社会调查中,我们总是从一定的人们那里获得有关社会现状的资料,因此,在研究报告中,必须对所研究的总体、所调查的样本进行详细的和较全面的介绍。这是方法部分介绍的重点之一。

在介绍时,首先要说明调查总体的情况,即说明调查所希望了解的、所希望描述的是由哪些人所构成的总体。如果总体不明确,就难以确定样本的性质,无法评价调查结果的推论范围及适用性。

其次,要对调查的样本及抽样方法、抽样程序进行说明。目前有些调查研究人员在研究报告中,只写明"我们对××市的青年职工进行了抽样调查"或"我们在××市抽取了500名青年职工进行了有关婚恋情况的调查"等,这都是远远不够的,都是不符合学术性调查研究报告的写作要求的(当然,在普通调查报告中,这样写是可以的)。因为即使读者看了你的这种介绍,仍不知道你究竟调查了一些什么人,这些人是怎样选择的,他们对于总体具有多大的代表性,等等。只有当读者既了解了你的抽样方法,又了解你的实际调查样本时,他们才能估计出将你的研究结果推而广之时受到的局限性有多大。

因此,在研究报告的方法部分里,一定要相当清楚、相当详细地介绍样本状况、抽样过程、抽样方法。例如,"我们先到该市教委抄录了一份全市小学的名单,共计126所小学。根据教委负责同志的介绍,将这些小学分为三类,即重点小学、一般小学和较差小学,三类小学分别为17所、90所和19所。然后,我们采取按比例分层随机抽样的方法,分别抽取了重点小学2所、一般小学9所、较差小学2所,共计13所小学。在每一所抽中的小学里,再按简

[①] 风笑天.独生子女父母的空巢期:何时开始？会有多长？[J].社会科学,2009(1):51-61.

单随机抽样的方式抽取高、低年级各一个,并在该年级中随机抽取一个整班的学生。这样,共抽取 13 所小学 26 个整班的学生 1 316 人。这些小学生的父母就构成了本次调查的样本。"接着,再描述样本的构成情况,比如说小学生父母的年龄分布情况等。经过这样的介绍,读者就能够对调查的资料和结果建立在什么样的基础上有一个基本的估计。

(3) 对研究的主要变量的说明。这种说明包括研究的主要变量是什么,这些变量的操作定义是什么,这些变量又是通过哪些具体的指标来测量的。如果某一个变量较为复杂,调查中采用的是多个指标的综合测量,那么,还须进一步对这一变量的分解方式、问卷中用来测量这些变量的特定问题等进行说明。总之,要使读者既明白你是通过哪几个指标来测量这一变量的,又清楚具体的计分方法和计算方法。

(4) 对资料收集过程的说明。在一项社会调查工作中,除了抽取样本外,实地收集调查资料的工作也是十分重要的环节。因此,在研究报告中,还须对资料收集的过程比较详细地进行说明。

比如,实地调查是派调查员登门访谈,还是发送自填式问卷。如果是派调查员登门访谈,那么最好说明调查员是一些什么样的人,他们是如何挑选出来的,他们具有何种程度的访问调查经历,研究者又是如何对他们进行培训的,等等。如果是发送自填式问卷进行调查,那么需要说明问卷是如何发到被调查者手中的,又是如何收回的,问卷的回收率是多少,有效回收率又是多少,等等。在前面的对小学生父母的调查中,研究者是这样描述其资料收集过程的:

> 调查资料的收集工作是采用自填问卷的方式进行的。问卷表由所抽中班级的班主任老师发给全班每一个学生,由学生带回家请父母填写。填写好的问卷仍由学生带回学校交给老师,然后由老师集中寄给我们。在调查中,共发放问卷 1 316 份,收回 1 291 份,其中有效问卷 1 286 份,有效回收率为 97%。未收回的极少一部分问卷,主要是由于家长文化水平太低、家长生病、出差等原因所致。从收回的问卷的情况看,家长填答问卷十分认真,问卷资料的质量较高。

在介绍资料收集过程时,还要对所用的工具做些介绍。比如采用问卷进行调查时,由于有时在研究报告中无法将问卷表附于报告后,故需要在报告的方法部分对问卷的结构、内容、形式及制作过程做些介绍,如问卷包括多少个问题,主要是封闭式问题,还是开放式问题,是否进行过试调查,对多少对象及什么样的对象进行的试调查,试调查的结果如何,等等。

(5) 对资料分析方法的说明。由于调查的目的不同、方式的不同、样本规模的不同、资料收集方法的不同等,使得每一项具体的调查所采取的分析方法也不完全一样。有的只进行了一般性的描述分析,有的则进行了较深入的相关分析、因果分析。因此,在方法部分还要对研究者实际采用的分析方法进行简要说明。

以上,我们介绍了方法部分所包含的内容。虽然一项具体的研究中不一定需要对上述每一个方面都进行详细介绍,但是有一条是应该遵循的,这就是让读者知道你采用了哪些方法、程序和工具,在实际调查中你又是如何做的。

拓展阅读：抽样方法的介绍方式及其评价

概括起来，目前研究者在论文中对抽样方法的介绍方式主要有以下五种类型。

一是完全不介绍的方式。一些调查研究的论文中，作者似乎没有意识到应该向读者交代自己所用的抽样方法，因而在论文中对抽样的内容只字不提。他们通常的做法是只指出"为了什么目的、于什么时候、在什么地方、对谁进行了调查"。似乎只要说明"我的研究结果是通过调查得到的"，就能代表一切。这种只注重"调查"，不关心具体方法和程序的做法实际上大大地降低了调查研究结果的可信程度。

二是贴标签的方式，也可以说是"一句话方式"。例如"我们采用分层随机抽样的方法，对某市 300 户居民进行了调查"，或者"本文的资料来源于笔者某年对某市进行的随机抽样调查"。尽管在实际上其中一部分研究可能的确是采用了随机抽样的方法，但从研究报告解析的角度看，这种只用某种抽样方法的名词来概括，而将具体的抽样过程和环节一句话全部带过的做法是不规范的。因为它并没有向读者提供必要的有关抽样的信息，而似乎仅仅只是在给自己的研究贴上一个"随机抽样"的标签。严格地说，这是一种不负责任的表达方式。因为读者从这句话中得不到半点有关抽样方式的信息。

三是详细陈述的方式。即在研究报告中对抽样的具体方式、方法、过程等逐一进行介绍或说明。例如，"城市样本是按以下方法抽取的：(1)从中心 6 区中的每区随机抽取 3 个街道办事处，共 18 个街道办事处；(2)从抽出的每个街道办事处中随机抽取一个居民委员会，共 18 个居民委员会；(3)从抽出的每个居民委员会中再按照户口花名册随机抽取 33 户左右的家庭；(4)在每个被抽取的家庭中，抽取 18 岁及 18 岁以上、出生日最靠近 11 月 5 日的城市居民作为本次调查的访问对象。城市地区共获得有效样本 601 个"。这是调查研究报告的结果呈现中起码应该做到的方式。

四是详细陈述加样本基本统计的方式。这种方式是在做到对抽样过程、方法进行详细说明的同时，还给出样本的基本情况统计。比如，对城市居民的样本给出性别、年龄、职业、文化程度、婚姻状况、收入水平等背景变量的统计汇总结果，可以使读者十分清楚地了解样本的结构、各种重要特征的分布状况，以便读者更好地将调查研究的结果与研究者所做的推论联系起来考虑。

五是详细陈述加样本统计及样本质量评估的方式。这是对抽样方法最为完备的介绍方式。它除了具有上一种方式的全部特点外，还增加了一项十分重要的内容：对样本质量的评估。评估样本质量的目的是向读者展示样本结构与总体结构之间的误差大小,它能十分明确地告诉读者样本对总体的代表性。样本评估的常见方法是在那些最基本的背景变量上将样本统计的结果与总体统计的结果进行比较,以说明抽样方法的效果。例如,表1就是这种比较的一个例子。当然,应该指出的是,在实际研究中,这种比较不是每项调查都可以做到的。它取决于总体中是否具有现成的统计结果。

表1　1995年调查与1990年人口普查结果中家庭规模的分布情况[①]　　　　　　(%)

家庭人口数	1995年调查	1990年人口普查
1人	1.2	6.1
2人	6.4	13.3
3人	44.0	40.1
4人	25.3	21.7
5人	17.1	11.6
6人	3.7	4.2
7人	1.6	1.7
8人	0.6	0.9
9人	0.1	0.4

另外,有些研究由于是采用过去的样本和资料,因而在介绍时往往只用一句话说明,比如,"本文所用的资料来源于某年进行的一项调查研究"。而有关那次调查的详细情况则只字不提。稍好一点的做法是用注释的方式对该调查的地点、对象、样本规模等作一简单说明。但这种说明并不能反映样本的质量和代表性。因为这样的说明其实只是告诉读者:我所用的资料是有正式出处的。较好的做法是什么呢?让我们举一个最近发表在《美国社会学评论》上的、同样属于这种情况的例子。作者是美国研究中国问题的著名社会学家魏昂德,他是这样介绍其资料来源的:

"我采用一项全国调查资料来分析这一问题。这项调查于1996年进行,它运用多段分层随机抽样的方法,从中国内地除西藏自治区以外的所有地区中抽取有代表性的家庭户样本。抽样设计及实地调查程序的详细描述可参见项目手册(Treiman,1998),但这项研究的某些性质应该在这里提及。城市和农村的样本是分开抽取的。每个样本都是根据1990年人口普查数据,按照初中以上教育程度人口的比重,将2 500多个县级行政区划分成25层。在农村样本中,根据概率与人口规模成比例的方法抽取出50个县级行政区。在每一个抽中的县级行政区内,抽取出一个镇或镇区;在所抽取出的镇或镇区中,又依据概率与人口规模成比例的方法抽取出两个村。在所抽取出的100个村的每一个中,根据村里的家庭户登记表随机抽取家

[①] 武汉市统计局.1995年武汉居民生活质量调查数据[M]//《武汉统计年鉴(1996)》.北京:中国统计出版社,1996.

庭户。在每个抽中的家庭户中,利用随机数表抽取一位年龄在20至69岁的成员作为被访者,最终得到一个由3 003个被访者(家庭户)所构成的样本。"(Andren G Walden,2002)

许多研究者往往只说到此段话的前一小半(引文中括号处)就结束了,而真正重要的后一小半则被省略。其实,在一篇可能长达万言的论文中,加上这短短的几百个字,既是可能的,又是必要的。

参考文献:

WALDER A G. Markets and Income Inequality in Rural China: Political Advantage in An Expanding Economy[J]. Americans Sociological Review,2002(2).

摘自:风笑天.结果呈现与方法运用——141项调查研究的解析[J].社会学研究,2003(2):28-35.

4. 结果与分析部分

结果与分析部分是调查研究报告的主体。这一部分的撰写原则是:先总体,后部分;先一般,后具体。即先给出大的、总体性的结果,然后再陈述更细小的一些方面的结果。在具体写法上可以先展示统计结果,再进行分析、总结,也可以先给出答案,再展示证据。每一个方面的结果陈述完毕后,应进行简要小结,然后再开始下一个方面内容的陈述。在结果的表达上,要做到层次分明,条理清楚。

撰写结果与分析部分时,需要处理好统计分析的数量结果、图表与分析之间的关系。在这方面,初学者常犯的毛病主要有三种。第一种是面对一大堆收集来的资料和统计数字不知该如何取舍,好像这也有用,那也有价值,往往舍不得"割爱",使得研究报告的结果部分变成了一大堆具体事实和统计数字的简单罗列,使读者看了不得要领,分不清主次,抓不住中心。因此,要在分析、加工、提炼资料和证据上多动脑筋,多下功夫,从浩繁的材料中抽取最能说明结论的证据。第二种是片面地认为统计数据和图表越多越好,尤其是在当前强调定量研究的形势下,这一想法更显得突出。似乎只有列出大量的统计图表,才是调查研究具有科学性、具有说服力的表现。其实这是一种误解,或者说是对定量研究的一种肤浅的认识。一篇研究报告是否具有科学性,是否具有说服力,绝不是看图表的多少,而是看图表的内涵和质量。实际上,许多经验丰富的研究人员在研究报告中对图表的设计是相当注意、颇费心思的,他们往往注重的并不是图表的数量,而是它们的说服力和质量。第三种是对图表和数据的说明太肤浅,有的仅仅是逐项、逐格地把统计数字重新用文字叙述一遍,而没有去揭示这些数字所代表的意义和内涵,没有起到文字说明的效果。

正确的做法是在结果与分析这一部分中,一方面要将关键的统计分析结果用表格、图形等表示出来,同时还要用文字把统计表格中的内容、特点、趋势等进行归纳和概括,描述出来。即用文字讲清楚统计分析的结果"是什么"或者"怎么样"。一般情况下,统计表格中的具体结果有很多,或者说,表中的各种数字有很多,但它们的重要性并不一样。研究者的责任是将这些具体数字结果进行概括,指出其中最重要的结果,同时引导读者阅读这些结果,以帮助读者抓住统计分析结果的核心。这样做实际上也是在为研究者进一步分析和得出研究的结论展示经验证据。另一方面,在描述和概括统计分析的结果"是什么"或"怎么样"的同时,还要尽可能去揭示出"为什么会是这样",或者解释"可能是因为什么",揭示"这一结果意味着什么"。这是统计结果分析中更为重要的内容。概括和总结统计表格的内容,只是研究结果分析中的一部分工作,并且常常是基础性的工作,更为重要的工作则是对结果的解释和揭示。

例如,在一项调查研究中,研究者对青年的文化程度与就业途径之间的关系进行了统计分析,得到了表 12-1 的结果。我们来看看作者是怎样对结果进行分析和表达的。(下文中方括号内的楷体字为笔者所加,目的是给读者一些分析和写作的提示。)

表 12-1　城市在职青年文化程度与就业途径的交互统计　　　　(%)

就业途径	文化程度					合计
	初中	高中或中专	大专	本科	研究生	
学校毕业直接分配的	4.3	30.7	25.7	14.2	11.8	20.7
单位招工自己应聘的	25.0	34.3	46.4	63.7	58.8	48.2
父母和家人帮助联系的	19.0	11.3	11.8	11.8	11.8	12.2
同学朋友帮助联系的	13.0	8.7	5.5	3.0	2.4	5.9
亲戚帮助联系的	32.1	10.3	5.8	3.6	2.4	8.2
其他方式得到的	6.5	4.8	4.7	3.6	12.9	4.8
(n)	(184)	(610)	(618)	(830)	(85)	(2 327)
统计检验	$\chi^2=391.115$		df=20		$p=0.000$	

[首先是对整体的状况做出概括和描述]表 12-1 的结果表明,首先,在职青年的文化程度的确与自己应聘就业的比例基本上成正比,即文化程度越高者,自己应聘就业的比例也越高。这一结果证实了笔者之前的假设。[再对细节部分进行总结和描述]其次,除初中毕业者外,文化程度与学校分配的比例成反比,即高中、中专、大专毕业者依赖学校分配的比例远高于本科及以上者。[然后再解释为什么会如此]这或许与中专及大专这类学校更具有职业培训的目标和因素,更多地与就业单位对口培养有关。[再对另一个方面的细节进行总结和描述]最后,文化程度与依靠社会资本途径就业的比例之间同样成反比,从初中毕业到研究生毕业,其依靠社会资本就业的比例分别为 64.1%、30.3%、23.1%、18.4%和 16.6%。[再解释这一结果的内涵]如果说青年的文化程度主要反映的是青年在就业市场上所依据的人力资本的话,那么,表 12-1 的结果说明,青年的人力资本越强,其依靠社会资本就业的比例就相应越小。总的趋势是,低文化程度青年,特别是初中文化程度的青年,在就业时更依赖社会资本的途径,而具有本科和研究生文化程度的学生则主要依靠自己的人力资本自主应聘就业。[①]

5. 小结与讨论部分

这是报告的结尾部分。其中首先要对结果部分的内容进行小结,即简要地告诉读者本项研究得到了什么。要以明确的叙述说明研究的假设是否得到证实,或者明确地回答导言

---

① 风笑天.城市在职青年择业途径及相关因素分析[J].南京师范大学学报(社会科学版),2012(5):62-69.

部分所提出的问题。在此基础上,进一步挖掘新的、更深的东西。讨论部分的每一句陈述,都应该增加读者对所研究的问题的理解。

因此,在撰写研究报告的讨论部分时,应该思考这样一些问题:从我们的调查研究结果中,能够得出一些什么样的推论?这些推论中,哪些同研究的数据资料结合得相当紧密?哪些则在较抽象的层次上同理论更加相关?我们的研究结果在理论方面和实践方面具备什么样的内涵和意义?

我们还可以把自己的研究结果同文献综述中列举的那些研究结果进行比较,看看是否又一次验证了它们的结论。如果将自己的结论进行推广时,还应考虑必须具备的条件及其所受到的限制。

在讨论部分,我们还可以在下列一些方面提醒读者注意:比如调查样本的特点,所有这些特点对调查结果可能会产生什么样影响,等等。当我们得到某些相反的结果或未料到的结果时,我们要如实地陈述和深入地讨论它们,而不能用曲意迎合来解释它们。

除了上述内容外,我们还应该在讨论部分包括下述这样一些内容:对自己的研究仍未能回答的那些问题的讨论,对于那些在研究过程中新出现的问题的讨论,对探讨和解决这些新的问题有所帮助的研究建议,等等。在实际发表的研究报告中,的确有相当一部分是以对进一步研究的建议来作为报告的结尾的。

最后要注意的一点是,讨论部分不宜写得太长,因为除了你自己的研究结果外,其他内容都是次要的。有的学者甚至认为,讨论部分的长短与研究结果的清晰度之间往往存在着一种负的相关关系,即讨论部分越长,读者对你的研究结果越不清晰。这也许有一定的道理。

下面是小结与讨论写作的一个例子。

五、小结和讨论

本研究利用全国五大城市1 216名已婚青年的调查数据,比较分析了已婚青年的独生子女身份与其夫妻权力之间的关系。研究结果表明,在各种家庭事务的决定上,无论是双独家庭、单独家庭还是双非家庭,夫妻之间的权力分布几乎完全一样。或者说,青年夫妻的婚姻类型与他们各项家庭事务的决定之间不存在关系;在家庭经济收入的管理方面,女性的经济权力相对更大;而一方或双方是不是独生子女,对目前城市青年家庭中这种男弱女强的经济权力模式没有影响;在承担家务方面,不同婚姻类型的青年夫妻之间存在一定差别。双独夫妻在做家务方面比双非夫妻以及单独夫妻表现得更为平等(或平衡)一些;在春节去谁的父母家吃年饭的方面,独生子女身份的因素在双独夫妻中没有影响,但在单独夫妻中具有一定影响。总的研究结果表明,已婚青年的独生子女身份与其夫妻权力之间不存在明显的相关关系。

本研究的上述结果为我们正确认识第一代独生子女的夫妻关系和婚姻生活提供了一些新的启示。

首先,如果已婚青年的夫妻权力与青年的独生子女身份并无关系,那么,涉及已婚青年在婚姻与家庭生活中的许多矛盾与冲突现象及问题也不能简单归结到第一代已婚独生子女的身上。这些现象和问题或许更多的是属于包含第一代独生子女在内的"改革开放一代人"的整体现象和整体问题。所以,"我们要注意区分'独生子女一代'与'改革开放一代'"。因为众多被认为是属于独生子女的特点、现象和问题,实际上是整个改革开放条件下成长起来的一代新人的特征、现象和问题"(风笑天,2005)。同时,本研究关于青年独生子女身份与其夫妻权力之间不存在相关关系的结果也间接地支持了这样一种看法,即目前大众媒介和社会舆论关于独生子女自我中心、独生子女婚姻矛盾多、独生子女夫妻互不相让等观点和看法有可能并不符合社会实际。当然,更为严格的证据则还需要进一步的经验研究来提供。

其次,本研究关于夫妻之间家庭决策权的结果再次提醒我们,在采用家庭决策权作为夫妻权力测量指标时应特别慎重。与以往研究的结果十分一致的是,本研究结果同样表明,妻子在相对更属于家庭内部的、相对微观的、相对不太重要的一些家庭事务上有明显更多的决定权;而丈夫则主要在对家庭来说相对重要的、相对宏观的方面有明显较多的决定权。因此,如果仅仅用"家庭事务决策权"作为夫妻权力的指标的话,具体家庭事务项目的选择就成为决定夫妻权力大小的关键——如果将社会规范中本来就属于妻子权力范围的家庭事务项目更多地选择进指标体系中,则测量的结果自然就会更多地偏向妻子一方;反之,如果将社会规范中本来就属于丈夫权力范围的家庭事务项目更多地添加进指标体系,则测量结果就会更多地偏向丈夫一方。这或许就是我们不能过分依靠家庭事务决策权的测量的原因。另外,正如潘鸿雁等人在其研究中所指出的,承担家务多本身并不能完全反映夫妻权力的状况,因为社会的传统规范在这方面所起的作用往往会导致女性较多承担家务的客观现实。"传统的东西是很难去除的,社会性别观念深植于一个人的内心,这不是资源、交换的理论所能代替的。妻子承担家务劳动的观念在农村家庭中依然盛行,此外妻子还要抚养孩子、照顾生病的老人,这在进入而立之年的家庭中尤其明显。但这并不像一般观点所认为的,家务劳动承担多的一方在家庭中应是处于相对无权的地位。"(潘鸿雁等,2006)

再次,本研究结果在一定程度上支持了有关夫妻权力的文化规范理论。这种理论认为,夫妻之间的权力分配不再取决于单一的资源,而是取决于资源与规范的相互作用。除了资源以外,社会文化和亚文化中普遍盛行的夫妻权力规范具有十分重要的影响。(张丽梅,2008)这也即是说,夫妻所处的文化环境,特别是性别角色规范及其相关的社会准则决定着夫妻权力的结构和关系。本研究的结果与目前国内各项现有研究的结果相比,无论是各项家庭事务的决策还是在家务事承担、在家庭经济收入管理方面都十分一致,不同研究之间所体现的夫妻之间权力分布结构甚至具体比例都十分接近。比如,本研究结果与全国城乡调查的结果(徐安琪,2004)在家庭事务决策方面,都表现出丈夫较多决定买房、投资、购买大件商品等"相对宏观"的家庭事务,而妻子较多决定家庭日常开支等"相对微观"的家庭事务的特征;与农村外出打工家庭调查(潘鸿雁等,2006)以及老年夫妇调查的结果(赵瑞芳等,2007)在家庭经济管理权方面以及在承担家务事方面,都表现出妻子的比重更大的特征。这一事实揭示出,身处中国社会的人们,在夫妻权力方面所受到的文化规范的影响十分强大。因而本研究中的独生子女身份因素在这种更为强大的社会文化规范面前,也基本没有作用。

最后,本研究在方法上所存在的一些局限和不足,提示我们在看待本研究结果时需保持应有的谨慎。从概念测量来看,本研究未能在选取测量夫妻权力相关客观指标的同时去测量被访对象对自身夫妻权力状况的主观评价,这是一个较大的缺陷。因为对于夫妻权力这样的概念,当事者的主观评价可能会在一定程度上更概括地反映其真实的结构状况。如果有这样的主观评价资料,并将其与上述客观测量的结果进行对比分析,则可能更有利于我们了解和认识青年独生子女身份与其夫妻权力关系的现状和影响因素。从样本结构上看,尽管调查者调查时均按照同样的标准和要求去抽取对象,但由于调查对象的年龄范围相对较大(20~33 岁),导致在样本的年龄结构分布上,独生子女的年龄相对较小(平均年龄小 1 岁半左右)、文化程度相对较高(大专以上比例高于非独生子女 16%),这些因素或许也会在一定程度上影响到研究的结果。①

6. 摘要

摘要是一种简明扼要的小结,它通常不超过 200 个字。它放在报告的最开头,并且是单独作为一个部分与报告隔开。摘要的这些特点,使得专业刊物的广大读者能很快地对这一研究的主要内容、方法、结果和结论有一个总的了解,从而便于他们决定是否继续阅读整个报告的细节内容。

摘要非常不容易写好,因为它的篇幅十分有限,其中的每一个字、每一句话,都要十分明确和恰当。正是由于不可能把各方面的情况都写进摘要里,所以我们必须仔细考虑,做出选择,主要突出哪些内容,而略去哪些内容。下面是摘要的一个例子。

> 本文运用五次大规模调查所得的资料,以同龄非独生子女作为参照对象,以青少年问卷与家长问卷相互对比,从性格特征、生活技能、社会交往、社会规范、生活目标、成人角色、自我认识等方面,描述和分析了中国城市第一代独生子女青少年的社会化过程及其结果。研究表明,从总体上看,城市独生子女青少年的社会化发展是正常的,他们与同龄非独生子女之间在社会化各个方面的相同点远多于相异点。文章针对研究发现,提出了"消磨-趋同"、"变异关键年龄"、"社会交往补偿"等理论解释。②

7. 参考文献

与应用性调查报告所不同的是,学术性调查报告通常要在报告的末尾列出参考书目。这些书目是研究者在从事这项研究过程中所阅读、评论、引证过的文献。这样做,一方面体现了科学的、实事求是的研究态度,另一方面也为同一领域的研究者提供了一个可参考的文献索引。因此,我们应对中英文文献的著录格式等有所了解。

图书文献著录格式:作者名.图书名[M].出版地:出版者,出版年.

中文图书文献示例:

[1] 费孝通.生育制度[M].天津:天津人民出版社,1981.

[2] [美]肯尼思·D.贝利.现代社会研究方法[M].许真,译.上海:上海人民出版社,1986.

英文图书文献示例:

[1] WHYTE W F. Street Corner Society[M]. Chicago:University of Chicago Press,1943.

[2] MOSTER C A, KALTON G. Survey Methods in Social Investigation[M]. 2nd

---

① 风笑天.已婚独生子女身份与夫妻权力——全国五大城市 1216 名已婚青年的调查分析[J].广西民族大学学报(哲学社会科学版),2011(5):2-9.

② 风笑天.独生子女青少年的社会化过程及其结果[J].中国社会科学,2000(6):118-131.

ed. New York: Basic Books, 1972.

论文文献著录格式：作者名.论文名[J].刊物名,年(期):页码.

中文论文文献示例：

[1] 张兆高.城市老年人的社会保障问题[J].城市研究,1984(5):35-48.

[2] 王林.论我国家庭结构的演变[J].婚姻与家庭,1982(3):46-54.

英文论文文献示例：

BEM S L,POSTON D. Dose advertising aid and abet sex discrim-ination? [J]Journal of social Psychology,1973(3):6-8.

8. 附录

附录部分是将一些可以帮助读者更好地了解研究细节的资料编排在一起,作为正文的补充。这些资料主要有:收集数据资料所使用的调查表、问卷、心理测验量表等;计算某些指标或数据的数学公式介绍;某些统计和测量指标的计算方法介绍;某些调查工具、测量仪器以及计算机软件介绍;等等。由于这些材料占有较大的篇幅,故在学术刊物发表时,常略去这一部分,而在以学位论文形式出现的研究报告中,则必须有附录部分。

拓展阅读：调查报告中方法介绍的现状与意义

本研究所分析对象的选择标准是：1990年至2001年之间,发表在国内社会学界最重要期刊《社会学研究》及国内社会科学界最重要期刊《中国社会科学》上的以调查研究的方式进行的全部研究报告和论文。据统计,1990年至2001年,《社会学研究》共发表调查研究的论文113篇,《中国社会科学》共发表调查研究的论文28篇,这141篇研究论文就构成笔者分析的总体(见表1)。

表1　141篇论文对方法的介绍现状

对研究方法的介绍方式	调查报告数量	比例/%
1.专门作为一节介绍且有标题	52	36.9
2.导论中有一段话,但无小节和标题	54	38.3
3.只有一句话介绍或者完全没有提及	35	24.8
合计	141	100

对于调查研究来说,抽样、测量、资料收集,是其研究设计中最关键的内容,也是调查研究的结果呈现中应着重介绍的内容。因此,笔者进一步对每一篇调查研究论文的导言部分、研究设计部分(或方法部分)进行了阅读,根据作者的介绍并参考了其论文结果部分的相关表格,对结果呈现中关于研究所使用的抽样方法、变量测量方法、资料收集方法的说明情况进行了逐年分类统计。结果向我们展现出这样一种现实：大约2/3的调查研究报告对其抽样方法、变量测量方法、资料收集方法缺乏必要的介绍。在总共141

篇调查研究论文中,只有 54 篇(占 38.3%)向人们说明了研究者抽样的方法与过程,只有 45 篇(占 31.9%)向人们说明了研究者对关键变量的测量指标与方法,只有 50 篇(占 35.5%)向人们说明了研究者采取的资料收集方法。绝大部分论文则没有向读者提供这三方面的信息。从结果呈现的角度看,现有的调查研究论文并没有向我们提供足够的资料。这在较大的程度上影响了我们对这些研究中所使用的抽样方法、变量测量方法、资料收集方法的解析。

结果呈现中方法介绍的意义。

作为一种高度结构化、高度程序化、高度数量化的社会研究方式,调查研究无法回避科学方法论对其严格的、详细的程序检验的要求。在这方面,调查研究与来源于自然科学的实验研究十分相似,而与脱胎于人类学的实地研究则相去甚远。因此,笔者认为,有必要特别强调调查研究的结果呈现中对方法的介绍问题。

在调查研究的报告中,我们应该提供什么信息?为什么要提供这些信息?这是我们应该明白的重要问题。调查研究的结果和结论当然应该是我们介绍的重点。但是,除了研究的背景、理论框架、研究的目标、研究结果及结论以外,我们还必须在研究报告中向读者提供有关调查对象的抽取(即关于总体与样本)、概念的测量(即关于变量与指标)、资料数据的来源(即关于收集方法)及资料数据的处理(即关于统计分析方法)等方面的信息。规范的做法是:在研究报告或论文中,一定要专列一个独立的部分来介绍自己的研究方法,即要有一个在诸如"资料与方法""样本与资料",或"研究设计""研究方法"之类的小标题下列出的专门一节。在这一节中,研究者要清楚地、明白地、如实地向读者介绍自己的研究方法和研究过程中各种操作的关键环节。

这种专门的介绍,不是教条,不是框框,也不是"洋八股",而是科学研究论文的必备条件,是其结论成立的前提和依据,也是研究者科学精神和科学态度的一种体现。它既可以在一定程度上约束研究者的研究行为,同时也可以使读者和同行切实地了解作者所得研究结论的正确性、普遍性和适用性。

摘自:风笑天.结果呈现与方法运用——141 篇调查研究的解析[J].社会学研究,2003(2):28-35.

五、撰写调查报告应注意的问题

1. 行文要则

(1) 用简单平实的语言写作。调查报告与新闻报道和文学作品不同,它的写作不像文学作品那样强调和注重文学性、描述性等,而是十分强调报告的客观性、准确性、严密性、简洁性。所以,在行文时,应该尽量用平实的语言写作,以简单明了、科学严谨为标准,清楚明确地表达调查的结果。

(2) 陈述事实力求客观,避免使用主观或感情色彩较浓的语句。叙述中最好使用第三人称或非人称代词,尽量不用第一人称。比如,用"作者发现……""笔者分析认为……",或者用"这一结果表明……""这些数据说明……"等,而不用"我认为……""我们发现……"。

(3) 行文时,应以一种向读者报告的口气撰写,而不要表现出力图说服读者同意某种观点或看法的倾向,更不能把自己的观点强加于人。因为读者在阅读你的报告时,所关心的是你调查得到的客观事实,是你的调查结果和发现,而不是你个人的一些主观看法。

2. 引用与注释

调查报告中有时需要援引别人的论述、结果、资料或数据,来支持、佐证或说明自己的某种观点或结论。需要注意的是,报告中凡是引用别人的资料,一定要注明来源,而不能将别人的工作和成果不加注明地在自己的报告中使用。引用的具体方式主要有两种:一是引用别人的原话、原文时,要用引号引起来,再作上记号注明;二是只援引别人的观点、结论但并非别人的原话、原文时,则不用引号,只需在其后作上记号注明即可。

对于报告中引用的别人的资料,以及某些不易理解的内容或概念,常常通过加注释来进行说明。注释的作用主要有:指出所引用资料的来源,供读者参考查证;表示作者遵守学术道德,不把别人的成果掠为己有;既可帮读者解释报告中的疑难,又不使报告中断和过于冗长。

注释的形式主要有三种,即夹注、脚注和尾注。

夹注即直接在所引资料之后,用括号将其来源或有关说明括起来,对引文进行注释或提示。比如:

"使用某一特定的数学模型要以已达到的某一量度层次为前提。"(布莱洛克,1960)

"我国15~24岁青年中,有82.3%的人已经就业。"(中国青年报.1986.4.10)

前一个夹注形式往往与报告最后的"参考文献"相呼应,在参考文献中,一定要列出一条与此夹注相配合的文献,如:

[美]布莱洛克.社会统计学[M].傅正元,等译.北京:中国社会科学出版社,1988.

脚注即在所引的资料处只注明一注释号,比如在该资料后的右上角用①②③等来标明,然后在该页的最下端,用小一号的字体分别说明引文的出处、时间等情况,或做出有关的解释。

尾注则是在所有引用的资料处按顺序注明注释号,最后在文尾用小一号字体全部按注释顺序排出,分别说明引用资料的出处、时间等情况,或做出有关解释,并冠以"注释"的标题,而不是分别排在各页之下。在目前学术刊物上所发表的研究报告中,三种注释形式都在使用中,不过不同的刊物要求往往不大一致。

基本概念

调查研究报告　　描述性调查报告　　解释性调查报告

小测验（扫码做题）

阅读材料（扫码阅读）

1. 报告实例：《城市青年的职业适应：独生子女与非独生子女的比较研究》。
2. 报告实例：《城市在职青年的婚姻期望与婚姻实践》。
3. 拓展阅读：《结果呈现与方法运用——141项调查研究的解析》。

思考与实践

1. 普通社会调查报告与学术性研究报告有什么差别？
2. 调查报告的标题形式有哪几种？它们各有什么优缺点？
3. 学术性研究报告在结构上通常包括哪几部分？
4. 为什么说方法部分是学术性研究报告区别于普通社会调查报告的一个突出标志？
5. 调查报告的写作与新闻写作、文学作品写作有何不同？
6. 从社会科学刊物上找几篇调查研究报告，看看它们的结构是怎样的。再找几篇通俗刊物或报纸上的调查报告，看看它们与学术刊物上的调查报告有何不同。

参考文献

[1] MOSER C A, KALTON G. Survey Methods in Social Investigation[M]. Richard Clay Ltd. ,1971.

[2] BLACK J A, CHAMPION D J. Method and Issues in Social Research[M]. John Wiley & Sons Inc. ,1976.

[3] LI P S. Social Research Methods[M]. Butterworth & Co. Ltd. ,1981.

[4] BAILEY K D. Methods of Social Research[M]. New York:The Free Press,1982.

[5] CATHERINE M. The Survey Method:The Contribution of Surveys to Sociological Explanation[M]. Allen & Unwin,1982.

[6] ABRAHAMSON M. Social Research Methods[M]. Prentice-Hall Inc. ,1983.

[7] BABBIE E. The Practice of Social Research[M]. 4th ed. Wadsworth Publishing Company,1986.

[8] DE VAUS D A. Surveys in Social Research [M]. George Allen & Unwin Ltd. ,1986.

[9] KERLINGER F N. Foundations of Behavioral Research [M]. CBS College Publishing,1986.

[10] GUY R F. Social Research Methods[M]. Allyn and Bacon Inc. ,1987.

[11] BABBIE E. Survey Research Methods [M]. 2nd ed. Wadsworth Publishing Company,1990.

[12] FLOYD J F Jr. Survey Research Methods[M]. 2nd ed. Sage Publications,1993.

[13] NEUMAN W L. Social Research Methods[M]. Allyn and Bacon Inc. 1994.

[14] CHAVA F N, DAVID N. Research Methods in the Social Sciences[M]. 6th ed. Worth Publishers,2000.

[15] COLIN R. Real World Research[M]. 2nd ed. Blackwell Publishing,2002.

[16] ALAN B. Social Research Methods[M]. 2nd ed. Oxford University Press,2004.

[17] DAVID M,CAROLE D S. Social Research:the Basics[M]. Sage Publications, 2004.

[18] BLUMER. Sociological Analysis and the Variable[J]. American Sociological Review, 1956(21).

[19] CATHERINE M. Problems with Surveys:Method or Epistemology?[J]. Sociology. 1979,13(2):293-305.

[20] [美]肯尼思·D.贝利.现代社会研究方法[M].许真,译.上海:上海人民出版社,1986.

[21] [美]艾尔·巴比.社会研究方法[M].李银河,编译.成都:四川人民出版社,1987.

[22] [美]林南.社会研究方法[M].北京:农村读物出版社,1987.

[23] 李沛良.社会研究中的统计分析[M].武汉:湖北人民出版社,1987.
[24] [美]布莱洛克.社会统计学[M].北京:中国社会科学出版社,1988.
[25] 张伦俊.社会统计方法[M].合肥:中国科学技术大学出版社,1988.
[26] 苏家坡.社会调查理论与方法[M].长沙:湖南师范大学出版社,1989.
[27] 李哲夫,杨心恒.社会调查与统计分析[M].北京:人民出版社,1989.
[28] 郭志刚.社会调查研究的量化方法[M].北京:中国人民大学出版社,1989.
[29] 苏驼.社会调查原理与方法[M].武汉:湖北科学技术出版社,1989.
[30] [美]查尔斯·伯克斯朵姆,吉罗德·赫亚塞舍.调查研究实用指南[M].周运清,江山河,蔡禾,等译.武汉:武汉测绘科技大学出版社,1990.
[31] 袁方.社会调查原理与方法[M].北京:高等教育出版社,1990.
[32] 柯惠新,黄京华,沈浩.调查研究中的统计分析法[M].北京:北京广播学院出版社,1992.
[33] 徐经泽.社会调查理论与方法[M].北京:高等教育出版社,1994.
[34] [美]艾尔·巴比.社会研究方法(上)[M].8版.邱泽奇,译.北京:华夏出版社,2000.
[35] 风笑天.论社会调查方法面临的挑战[M]//中国社会科学院社会学研究所.中国社会学年鉴(1995.7—1998).北京:社会科学文献出版社,2000.
[36] 卢纹岱.SPSS for Windows 统计分析[M].北京:电子工业出版社,2000.
[37] 风笑天.社会调查中的问卷设计[M].3版.北京:中国人民大学出版社,2014.
[38] 风笑天.浅谈当前抽样调查中的若干失误[J].天津社会科学,1987(3):47-51.
[39] 风笑天.这样的调查能不能反映客观现实?——对一次大型社会调查的质疑[J].社会,1987(5):8-9.
[40] 风笑天.当前问卷设计中常见错误浅析(上)[J].社会学与社会调查,1989(4):19-22.
[41] 风笑天.当前问卷设计中常见错误浅析(中)[J].社会学与社会调查,1989(6):19-25.
[42] 风笑天.当前问卷设计中常见错误浅析(下)[J].社会学与社会调查,1990(1):17-21.
[43] 风笑天.什么是社会调查?[J].青年研究,1993(2):45-48.
[44] 风笑天.撰写调查报告[J].青年研究,1993(9):42-46.
[45] 风笑天.如何把社会调查做得更好[J].青年研究,1993(12):36-40.
[46] 风笑天.方法论背景中的问卷调查法[J].社会学研究,1994(3):13-18.
[47] 风笑天.近五年社会学方法研究述评[J].社会学研究,1995(1):2-12.

附录一 社会调查问卷实例

区____编号____

属于私人、家庭的单项调查资料,非经本人同意,不得泄露。
——摘自《中华人民共和国统计法》

武汉市居民生活质量调查问卷

居民同志:

  您好!

  我们是华中理工大学社会调查中心的调查员,为了全面地了解我市广大居民的生活质量,及时向市政府及有关部门反映我市居民日常生活中存在的主要困难和问题,并就如何进一步提高全市居民的生活质量向市政府及有关部门提出建议,我们组织了这次对武汉市1 000户居民的大型调查。希望能够得到您的支持和协助。

  本次调查严格按照《统计法》的要求进行,不用填写姓名,所有回答只用于统计分析。您只需根据自己的实际情况,在每个问题所给出的几个答案中选择一个合适的答案打钩,或者在____中填写。您的回答将代表众多和您一样的武汉居民,并将对改善我市居民的生活质量提供帮助。

  衷心感谢您的支持和协助!
  祝你们全家生活越来越好!

华中理工大学社会调查中心
1995年12月

单位地址: 武昌关山口 华中理工大学东七楼425室
单位电话: 87543152
单位负责人:风笑天教授 刘欣副教授
邮政编码: 430074

调查员:_____ 调查时间:1995年12月____日

一、个人及家庭特征

A1 你的性别:　　　　1 男　　2 女　　　　　　　　　　6 ____
A2 你的年龄:____岁　　　　　　　　　　　　　　　　7~8 ____
A3 你的文化程度　　　　　　　　　　　　　　　　　　 9 ____
  1 小学及以下　　　　2 初中

3 高中及中专　　　　　4 大专以上
A4　你的职业属于下列哪一类　　　　　　　　　　　　　　　　　　　　10 ____
　　　1 生产、运输工人和有关人员
　　　2 党政企事业单位负责人
　　　3 党政企事业单位一般工作人员
　　　4 各类专业技术人员
　　　5 商业人员
　　　6 服务业人员
　　　7 个体经营人员
　　　8 离、退休人员
　　　9 其他职业人员（请写明）____
A5　你的婚姻状况　　　　　　　　　　　　　　　　　　　　　　　　11 ____
　　　1 未婚　　2 已婚　　3 丧偶　　4 离婚　　5 其他
A6　（此题未婚者和无孩子者不填）　　　　　　　　　　　　　　　　12 ____
　　　请问你有几个孩子：____个
　　　其中有几个和你住在一起：____个　　　　　　　　　　　　　　13 ____
A7　你们家住在一起的有几口人：____口人　　　　　　　　　　　　14 ____
　　　总共是几代人：____代人　　　　　　　　　　　　　　　　　　15 ____
A8　你每月的收入（包括工资、奖金、补贴等）总共有多少元：____元　16～19 ____
A9　你们全家一个月的总收入大约是多少元：____元　　　　　　　　20～23 ____

二、居　住　情　况

B1　你们在这里住了几年：____年　　　　　　　　　　　　　　　　24～25 ____
B2　你们住的是什么类型的房子　　　　　　　　　　　　　　　　　26 ____
　　　1 单元楼房　　2 平杂房　　3 筒子楼　　4 其他房子
B3　你们住的房子使用面积有多大：____平方米　　　　　　　　　　27～29 ____
　　　（不算厨房和厕所）共有几间：____间　　　　　　　　　　　　30 ____
B4　你觉得你们家的住房状况如何　　　　　　　　　　　　　　　　31 ____
　　　1 很宽敞　　2 比较宽敞　　3 一般　　4 比较拥挤　　5 很拥挤
B5　你们家是否存在下列住房困难情况　　　　　　　　　　　　　　32 ____
　　　1 12 岁以上的子女与父母同住一室
　　　2 老少三代同住一室
　　　3 12 岁以上的异性子女同住一室
　　　4 有的床晚上架起白天拆掉
　　　5 已婚子女与父母同住一室
　　　6 客厅里也架了睡觉的床
　　　7 其他困难情况（请写明）____
　　　8 没有上述困难情况
B6　与大部分居民家庭相比，你觉得你们家的住房情况属于哪个等级　　33 ____

        1 上等   2 中等偏上   3 中等   4 中等偏下   5 下等

B7   你们家的厨房是下列哪种情况   34 ____
        1 自家单独厨房   2 几家共用厨房   3 无厨房   4 其他情况

B8   你们家的厕所是下列哪种情况   35 ____
        1 自家单独的厕所   2 楼内共用厕所   3 户外公共厕所

B9   你们家的自来水情况属于下列哪一种   36 ____
        1 在自己家里   2 楼内共用   3 户外共用   4 其他情况

B10   你们家主要使用什么燃料烧火做饭   37 ____
        1 管道煤气   2 罐装液化气   3 煤炭   4 电   5 其他

B11   总的来说,你对目前你们家的住房情况满意程度如何   38 ____
        1 很满意   2 比较满意   3 一般   4 不太满意   5 很不满意

三、邻 里 关 系

C1   你对隔壁(或对门)邻居家里的下列情况清楚吗？(每行选一个格打钩)

邻居情况	完全清楚	大部分清楚	小部分清楚	不清楚	
1 共有几个人					39 ____
2 叫什么名字					40 ____
3 在哪里工作					41 ____
4 各人性格特点					42 ____

C2   你们家的人常到隔壁(或对门)邻居家里串门、谈天或娱乐吗   43 ____
        1 大约每周一两次   2 大约每月一两次   3 半年一两次
        4 一年一两次   5 从来不去

C3   你们找隔壁(或对门)邻居家里借过东西吗   44 ____
        1 借过   2 没借过

C4   你们家里有人生病时,隔壁(或对门)邻居表示过关心或问候吗   45 ____
        1 表示过   2 没有表示过

C5   日常生活中你们遇到困难或麻烦时,常找隔壁(或对门)邻居帮忙吗   46 ____
        1 经常找   2 有时找   3 很少找   4 从不找

C6   最近半年来,你们同隔壁左右、楼上楼下的邻居发生过矛盾吗   47 ____
        1 没有发生过   2 发生过____次

C7   总的来说,你觉得你们与隔壁(或对门)邻居的关系如何   48 ____
        1 很好   2 比较好   3 一般   4 比较差   5 很差

四、交 通 状 况

D1   你一般采用哪种交通方式上下班   49 ____
        1 步行   2 骑自行车   3 乘公共汽车   4 单位交通车   5 其他方式

D2   采取这种方式上下班单程需要多少时间:____分钟   50～52 ____

D3   步行到你们常去的下列地方各需要多少时间

　　　　1 菜市场：＿＿分钟　　　　　　　　　　　　　　　53～54 ＿＿

　　　　2 公共汽车站：＿＿分钟　　　　　　　　　　　　55～56 ＿＿

　　　　3 百货商店：＿＿分钟　　　　　　　　　　　　　57～58 ＿＿

　　　　4 饮食店(餐馆)：＿＿分钟　　　　　　　　　　　59～60 ＿＿

　　　　5 副食店：＿＿分钟　　　　　　　　　　　　　　61～62 ＿＿

　　　　6 医院(卫生站)：＿＿分钟　　　　　　　　　　　63～64 ＿＿

　　　　7 储蓄所：＿＿分钟　　　　　　　　　　　　　　65～66 ＿＿

　　　　8 邮局(邮政所)：＿＿分钟　　　　　　　　　　　67～68 ＿＿

　　　　9 理发店：＿＿分钟　　　　　　　　　　　　　　69～70 ＿＿

　　　　10 孩子的学校(幼儿园)：＿＿分钟　　　　　　　71～72 ＿＿

D4　你觉得在武汉乘出租车是否方便　　　　　　　　　　　73 ＿＿

　　　1 很方便　　2 比较方便　　3 不太方便　　4 很不方便

D5　你认为目前武汉市出租车的价格如何　　　　　　　　　74 ＿＿

　　　1 太贵了　　2 比较贵　　3 合适　　4 比较便宜　　5 很便宜

D6　你在武汉市内坐过出租车吗　　　　　　　　　　　　　75 ＿＿

　　　1 坐过　　　　2 没有坐过

D7　你觉得武汉市的公共汽车是否拥挤　　　　　　　　　　76 ＿＿

　　　1 十分拥挤　　2 比较拥挤　　3 不拥挤

D8　你觉得武汉市的公共交通秩序如何　　　　　　　　　　77 ＿＿

　　　1 很有秩序　　2 比较有秩序　　3 比较混乱　　4 十分混乱

D9　你觉得武汉市内的公共交通是否方便　　　　　　　　　78 ＿＿

　　　1 十分方便　　2 比较方便　　3 不太方便　　4 很不方便

D10　你认为目前武汉市公共交通方面存在的最大问题是什么　　79 ＿＿

　　　　1 汽车太少　　2 汽车太多　　3 管理不好　　4 道路不够

　　　　5 价格太高　　6 其他(请写明)＿＿

五、家 庭 生 活

E1　你们家每月用于吃伙食的费用(包括粮、油、蔬菜、副食品等)大约是

　　　多少元：＿＿元　　　　　　　　　　　　　　　　　　80～82 ＿＿

E2　下列物品中，你们家有哪几件(在你们家有的物品上打钩)

　　　　1 彩色电视　　　　　　　　　　　　　　　　　　83 ＿＿

　　　　2 黑白电视　　　　　　　　　　　　　　　　　　84 ＿＿

　　　　3 电冰箱　　　　　　　　　　　　　　　　　　　85 ＿＿

　　　　4 洗衣机　　　　　　　　　　　　　　　　　　　86 ＿＿

　　　　5 抽油烟机　　　　　　　　　　　　　　　　　　87 ＿＿

　　　　6 热水器　　　　　　　　　　　　　　　　　　　88 ＿＿

　　　　7 自行车　　　　　　　　　　　　　　　　　　　89 ＿＿

　　　　8 电暖器　　　　　　　　　　　　　　　　　　　90 ＿＿

　　　　9 游戏机　　　　　　　　　　　　　　　　　　　91 ＿＿

	10 录像机	92 ____
	11 收录机	93 ____
	12 音响	94 ____
	13 照相机	95 ____
	14 空调	96 ____
	15 电话	97 ____
	16 微波炉	98 ____
	17 卡拉 OK 机	99 ____
	18 计算机	100 ____

E3 你觉得你们家的生活水平属于哪个等级　　　　　　　　　　　　101 ____

　　1 上等水平　　2 中等偏上　　3 中等水平　　4 中等偏下　　5 下等水平

E4 与前两年相比,你们家的生活有什么变化　　　　　　　　　　　102 ____

　　1 过得更好了　　2 和原来差不多　　3 比原来更差了

E5 你对你目前的家庭生活是否满意　　　　　　　　　　　　　　103 ____

　　1 很满意　　2 比较满意　　3 一般　　4 不太满意　　5 很不满意

(未婚者请从下一面的"六、休闲娱乐"部分接着回答)

E6 请问你们结婚时,双方的年龄是多大

　　男方____岁　　　　　　　　　　　　　　　　　　　　　104～105 ____

　　女方____岁　　　　　　　　　　　　　　　　　　　　　106～107 ____

E7 日常生活中,你和你爱人常为家里怎样用钱而闹意见吗　　　　108 ____

　　1 经常发生　　2 有时发生　　3 较少发生　　4 从没发生

E8 总的来说,你们家里比较重大的事情多按谁的意见办　　　　　109 ____

　　1 较多的情况是按丈夫的意见办

　　2 较多的情况是按妻子的意见办

　　3 较多的情况是按老人的意见办

　　4 较多的情况是按孩子的意见办

E9 你们家里的家务事主要由谁做　　　　　　　　　　　　　　　110 ____

　　1 基本上全由丈夫做

　　2 基本上全由妻子做

　　3 夫妻共同做,以丈夫为主

　　4 夫妻共同做,以妻子为主

　　5 夫妻两人做得差不多

　　6 主要由其他人做

E10 下面一些具体事情谁做得多一些?(每行选一个格打钩)

项目	丈夫	妻子	老人	孩子	其他人
1 买菜					
2 做饭					
3 洗衣服					
4 管理孩子					

111 ____
112 ____
113 ____
114 ____

E11	你觉得你们夫妻之间相互理解的情况怎么样	115 ___

  1 很好 2 比较好 3 一般 4 比较差 5 很差

E12	从总体上说,你对自己的婚姻生活满意程度如何	116 ___

  1 很满意 2 比较满意 3 一般 4 不太满意 5 很不满意

六、休闲娱乐

F1	你们家一共订了____份报纸和____份杂志	117~118 ___
F2	一般情况下,你每天有多少时间用于看电视:____小时	119 ___
	____分钟	120~122 ___
	周末或节日,你每天有多少时间用于看电视:____小时	
	____分钟	123~125 ___
F3	在日常空闲生活中,你最经常进行的两种娱乐活动是什么(勾两项)	126~127 ___

  1 种花养草 2 打麻将 3 唱卡拉OK 4 打牌下棋
  5 看书看报 6 看电视 7 听广播 8 其他____

F4	上个星期六和星期天你最主要的3项活动是什么(请勾	128 ___
	最主要的3个)	129 ___
		130 ___

  1 逛商店 2 做家务 3 看电视 4 打麻将 5 去公园
  6 回父母家 7 走亲戚 8 访朋友 9 其他(请自填)____

F5	现在每周有两天休息时间,你觉得这两天过得怎么样	131 ___

  1 还是有做不完的家务事
  2 除了做家务,总算有一些休息和娱乐时间了
  3 可以经常从事各种娱乐活动了
  4 时间是多了,但没什么好玩的

F6	你每天花在做家务上的时间大约有多少:____小时____分钟	132~134 ___
F7	你觉得每天的生活是否紧张	135 ___

  1 很紧张 2 比较紧张 3 一般 4 比较轻松 5 很轻松

F8	你目前的生活感受与下面哪一种最接近	136 ___

  1 活得很累 2 生活很艰难 3 日子过得轻松愉快
  4 生活过得平平淡淡 5 日子越来越好 6 每天有做不完的事

F9	在日常生活中,和你来往最多的人是谁	137~138 ___

  1 你的父母 2 你爱人的父母 3 你的兄弟姐妹 4 你爱人的兄弟姐妹
  5 你的单位同事 6 你的朋友、同学 7 你家的邻居、街坊 8 你家的亲戚
  9 你的儿子、媳妇 10 你的女儿、女婿 11 其他人____

F10	生活上遇到困难或麻烦时,你经常找谁帮忙	139 ___

  1 父母 2 兄弟姐妹 3 亲戚 4 好朋友
  5 邻居 6 单位同事 7 子女 8 其他人

F11	你觉得你们家里的人相互之间关系好吗	140 ___

  1 很好 2 比较好 3 一般 4 不太好 5 很不好

七、工作和职业

G1　你对自己目前所从事的职业是否满意　　　　　　　　　141 ____
　　　1 很满意　　2 比较满意　　3 一般　　4 不太满意　　5 很不满意

G2　你认为目前哪种职业最吃香　　　　　　　　　　　　　142～143 ____
　　　1 党政企事业单位的领导干部　　　2 教师
　　　3 行政机关的一般工作人员　　　　4 商业贸易人员
　　　5 外资、合资企业人员　　　　　　6 个体经营者
　　　7 银行、工商、税务人员　　　　　8 科技人员
　　　9 旅游、饭店等服务业人员　　　　10 医生
　　　11 公安、检察院、法院人员　　　　12 司机
　　　13 文艺、影视、体育业人员　　　　14 其他（请写明）____

G3　这种职业吃香的最主要原因是什么　　　　　　　　　　144 ____
　　　1 收入高　　2 地位高　　3 名声好　　4 权力大
　　　5 福利好　　6 受尊敬　　7 其他（请写明）____

G4　如果让你重新选择职业,你会选择上面哪一种职业（填号码）____　　145～146 ____

G5　你对自己目前的工作单位是否满意　　　　　　　　　　147 ____
　　　1 很满意　　2 比较满意　　3 一般　　4 不太满意　　5 很不满意

G6　你的工作单位属于下列哪一类　　　　　　　　　　　　148 ____
　　　1 国家事业单位　　　2 国有企业　　　3 集体企业
　　　4 外资、合资企业　　5 私营企业　　　6 其他____

G7　你是否调动过工作单位　　　　　　　　　　　　　　　149 ____
　　　1 没有调动过　　　2 调动过____次

G8　请对与你目前工作有关的下列方面作一评价
　　工作地点离家　1 很近　2 较近　3 一般　4 较远　5 很远　　150 ____
　　工作环境条件　1 很好　2 较好　3 一般　4 较差　5 很差　　151 ____
　　工资收入　　　1 很高　2 较高　3 一般　4 较低　5 很低　　152 ____
　　福利待遇　　　1 很好　2 较好　3 一般　4 较差　5 很差　　153 ____
　　提升机会　　　1 很多　2 较多　3 一般　4 较少　5 很少　　154 ____
　　与同事关系　　1 很好　2 较好　3 一般　4 较差　5 很差　　155 ____
　　与领导关系　　1 很好　2 较好　3 一般　4 较差　5 很差　　156 ____

八、环境评价

H1　据你了解,目前武汉市居民日常生活中面临的最主要困难或问题是什么　　157 ____
　　　1 就业困难　　2 单位效益差、收入低　　3 社会秩序不稳定
　　　4 物价上涨　　5 家庭矛盾增加　　　　　6 其他（请写明）____

H2　你觉得下列环境问题在武汉市的情况怎么样（每行选一个格打钩）

环境问题	不严重	不太严重	比较严重	很严重	不清楚	
噪声						158 ____
烟尘						159 ____
污水						160 ____
垃圾						161 ____

H3　你们这里是否经常停电　　　　　　　　　　　　　　　162 ____
　　　1 经常停　　　2 很少停　　　3 从不停

H4　你们这里是否经常停水　　　　　　　　　　　　　　　163 ____
　　　1 经常停　　　2 很少停　　　3 从不停

H5　在武汉市目前的社会治安状况下,你觉得居民的人身财产是否安全
　　　1 非常安全　　2 比较安全　　3 不太安全　　4 很不安全　　164 ____

H6　请根据你的印象,给武汉市下列各个方面打分(每项最高 10 分)
　　　1 城市建设____分　　　　　　　　　　　　　　　　　165 ____
　　　2 环境卫生____分　　　　　　　　　　　　　　　　　166 ____
　　　3 社会治安____分　　　　　　　　　　　　　　　　　167 ____
　　　4 市场物价____分　　　　　　　　　　　　　　　　　168 ____
　　　5 开放程度____分　　　　　　　　　　　　　　　　　169 ____
　　　6 商业服务____分　　　　　　　　　　　　　　　　　170 ____
　　　7 教育事业____分　　　　　　　　　　　　　　　　　171 ____
　　　8 文化娱乐____分　　　　　　　　　　　　　　　　　172 ____
　　　9 交通状况____分　　　　　　　　　　　　　　　　　173 ____
　　　10 社会风尚____分　　　　　　　　　　　　　　　　174 ____
　　　11 经济发展____分　　　　　　　　　　　　　　　　175 ____
　　　12 政府工作____分　　　　　　　　　　　　　　　　176 ____

H7　请对市政府近两年来下列几方面的工作进行评价打分(每项最高 10 分)
　　　1 思想解放程度____分　　　　　　　　　　　　　　　177 ____
　　　2 党风廉政建设____分　　　　　　　　　　　　　　　178 ____
　　　3 为民办事精神____分　　　　　　　　　　　　　　　179 ____
　　　4 领导管理水平____分　　　　　　　　　　　　　　　180 ____

H8　你希望市政府在新的一年里首先抓好哪两件事情
　　　第一件:____　　　　　　　　　　　　　　　　　　　181 ____
　　　第二件:____　　　　　　　　　　　　　　　　　　　182 ____

我们的调查结束了,再次向您表示感谢！您对我们的调查有什么建议、意见和要求,欢迎写在下面。

附录二 文献综述范例

中国独生子女研究：回顾与前瞻

风笑天

内容提要：20多年来的独生子女研究经历了三个发展阶段，在十个主要的问题上得出了一系列结论。但目前的研究在学科视野、研究角度、对象、理论、方法等方面还存在不足。文章指出：在新世纪中，独生子女研究应重视和加强对青年独生子女的社会适应性、独生子女的婚姻与家庭、独生子女对社会发展的影响等宏观性、潜在性问题进行探讨。

关键词：中国独生子女　研究综述

20世纪70年代末，在中国这个世界上人口最多的国家，发生了两件具有重大影响的历史事件：一是改革开放，二是人口控制。20多年过去了，改革开放已使得整个中国社会的面貌焕然一新；而人口控制也有效地降低了中国人口的增长率，减缓了人口急剧膨胀的速度。正是在这样两种背景中，产生和成长起来了一代新人——独生子女。这一代特定人口的成长、发展以及一切与他们有关的现象和问题也一直为整个中国社会所关注。当一代独生子女逐渐成长为21世纪中国社会的新公民时，回顾我国独生子女研究所走过的道路，分析这一领域中的研究状况，探讨与这一代人的成长有关的新的问题，无疑具有十分重要的意义。

一、研究的基本状况

据笔者初步统计，从1980年到2001年的22年中，国内各种学术刊物上共发表了有关独生子女问题的论文305篇[①]，这些论文涉及心理学、教育学、社会学、人口学、体育科学等多个不同的学科（具体情况如表1）。

表1　独生子女文献的学科分布

学科	篇数/N	比例/(%)	累计比例/(%)
心理学	83	27.2	27.2
教育学	126	41.3	68.5
社会学	48	15.7	83.9
人口学	18	5.9	89.8
体育学	14	4.6	94.4
其他	16	5.2	100.0
合计	305	100.0	

---

① 1980—1993年的文献系根据《全国报刊资料索引》《人大复印报刊资料》查找，1994—2001年的文献系根据《中国学术期刊网社科文献专题题录》查找。医学方面的论文以及非学术刊物上发表的通俗文章未计算在内。

从表 1 可以看出,在研究主题上,独生子女的心理和教育一直是这一领域中最重要的论题,这方面的研究成果也最多。全部论文中的三分之二都来源于这两个学科,特别是教育学方面的论文更是超过了 40%。形成这一状况的原因除了独生子女心理和教育问题本身引人关注外,研究者中多为教育学科和教育部门人员也是其重要的背景。

全部论文的时间分布情况见表 2 和图 1。

表 2 不同年份所发表的论文数

年份	频数	比例/(%)	累计比例/(%)
1980 年	5	1.6	1.6
1981 年	11	3.6	5.2
1982 年	6	2.0	7.2
1983 年	8	2.6	9.8
1984 年	8	2.6	12.5
1985 年	7	2.3	14.8
1986 年	8	2.6	17.4
1987 年	5	1.6	19.0
1988 年	6	2.0	21.0
1989 年	10	3.3	24.3
1990 年	8	2.6	26.9
1991 年	10	3.3	30.2
1992 年	10	3.3	33.4
1993 年	13	4.3	37.7
1994 年	13	4.3	42.0
1995 年	14	4.6	46.6
1996 年	14	4.6	51.1
1997 年	19	6.2	57.4
1998 年	32	10.5	67.9
1999 年	22	7.2	75.1
2000 年	43	14.1	89.2
2001 年	33	10.8	100.0
合计	305	100.0	

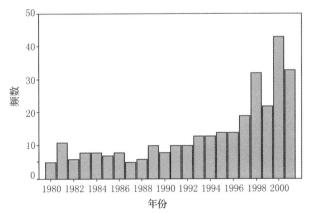

图 1 不同年份所发表的论文数

从表 2 和图 1 中我们可以看出,在数量上,22 年来的独生子女研究大体上可以分为三个阶段:从 1980 年到 1988 年为第一个阶段。这一阶段所发表的论文数占全部论文数的 21%,平均每年发表论文为 7.1 篇。从 1989 年到 1996 年为第二阶段。这一阶段所发表的论文数占全部论文数的 30%,平均每年发表论文 11.5 篇,比第一阶段增加了二分之一,可以说是缓慢增加的阶段。从 1997 年到 2001 年为第三阶段。在这一阶段中,所发表论文数占全部论文数的 49%,平均每年发表论文 29.8 篇,是第一阶段的 4 倍多,是独生子女研究急剧增加的阶段。

通过将不同年份各个学科的论文进行交互统计,我们发现,第一阶段的论文表现出这样一个特点,即心理学与教育学方面的论文占了绝大部分,除了 1985 年以外,每年这两方面的论文数都在 75% 以上。它表明当独生子女刚刚出现在我国社会中时,人们关注的中心主要是他们的心理和教育问题。第二阶段论文分布的一个突出变化是社会学方面的论文有所增加,每年的论文数都在 30% 左右。而心理与教育方面的论文数相应地有所减少,每年占 50% 至 70%。第三个阶段论文分布的突出特征则是论文所涉及的学科范围最为广泛,特别是出现了一批从体育科学的角度研究独生子女问题的论文,以及一批主要涉及独生子女消费和对独生子女研究状况进行评述的文章。

二、研究的主要问题及其结论

1. 独生子女是不是"问题儿童"

问题儿童的探讨主要集中在 20 世纪 80 年代初期。这既与我国独生子女在 70 年代末产生有关,也与国外独生子女研究的状况有关。早期研究虽然没有直接指出独生子女是问题儿童,但研究所得到的主要是负面的结论。这些研究指出,独生子女在行为方面问题多,缺点严重。"表现在挑食、挑衣,不尊敬长辈,不爱惜用品、玩具,爱发脾气、无理取闹,比较自私、不懂关心别人,胆小、生活上自理能力差等等。"[①]"独生子女中有任性、胆小、挑食、挑穿等不良性格和行为习惯的比例均高于双子女和多子女。"[②]"总的来说,独生子女显得比较娇气、任性、劳动观念差"且"独生子比独生女问题多,年龄小的比年龄大的问题多。"[③]正是在这样一种背景下,《光明日报》于 1986 年发起时为半年之久的全国性的独生子女教育大讨论,作为这场讨论的最后总结,专家指出目前独生子女教育的问题主要有两个:一是营养过剩,造成发育不良;二是智力投资过剩,品德教育不足。

2. 独生子女的个性特征如何

与上述"问题儿童"的探讨密切相关的另一个问题是独生子女的个性特征(也有的称为个性品质、心理特征、行为特征等)究竟如何。这方面的研究数量较多,且各自所得的结论也比较接近。

吉林大学人口所与美国学者合作,采用根据儿童心理特征编制的、包含 31 种品德特征的量表,于 1987 年对吉林省长春市 1 465 名小学生及其家长、教师进行调查。其研究结果

---

① 转引自:苏颂兴.上海独生子女的社会适应问题[J].学术季刊,1997(2);高志方.独生子女的早期教育问题[J].教育研究,1981(6).
② 肖福兰,等.关于小学独生子女教育情况的调查[J].人口与经济,1982(1).
③ 陈科文.独生子女与非独生子女行为特点和家庭教育的比较研究[J].社会调查与研究,1985(6).

表明,"独生子女与非独生子女在家庭背景和心理与行为表现方面并不存在明显的差异。""独生子女甚至比非独生子女表现得更不自私、更愿意同情和帮助他人,但独生子女表现得比较娇气和依赖性较强。"①

浙江医科大学人口所参照同一份量表,于1991年对杭州市区500名小学高年级学生及其家长和教师进行了调查。结果表明,"独生子女与非独生子女个性心理特征无显著差异;而且他们的表现与是否独生子女无关。"②

基于同样的个性量表,中美学者于1990年在北京、安徽、湖南、甘肃四省市对4 000名小学生及其同学、家长、教师进行调查。结果表明,是否独生子女与其个性特征和行为表现之间不存在明显的相关,这一结论只在其中三个省市成立,在甘肃省则不成立。③

风笑天利用1988年、1996年和1998年三个不同时期、不同范围的调查结果进行对比分析发现:从总体上看,两类青少年之间在性格特征上相似性多于相异性。不同调查中最为一致的结果是:"懒惰"是独生子女青少年在性格及行为特征方面明显不及非独生子女的弱点。它揭示出独生子女青少年在性格及行为特征上存在的主要问题,值得家长、学校和社会引起注意。④

3. 独生子女具有什么样的人格特点

人格是涉及独生子女教育和发展的更为专门的心理学研究领域,这一方面的研究主要由心理学者和教育学者在进行,较重要的研究结果有以下几项。

中国青少年研究中心采用人格需要量表、自我接纳量表、学习需要量表、道德自我评价量表和兴趣爱好量表等工具,于1996年10月在全国12个城市调查了3 284名独生子女中小学生及其他们的家长,对独生子女的人格状况进行了较深入的分析。发现独生子女人格发展状况表现出五大优点和四大缺陷。研究得出的主要结论是:独生子女有较强的亲和需要、持久需要和扶助需要;大部分独生子女能很好地接纳自己;独生子女的社会道德素质好;独生子女的学习需要中,报答需要和自我提高需要较强烈;独生子女兴趣爱好广泛;但同时,人格需要中,较多的独生子女有不同程度的攻击性需要,较多的独生子女成就需要较低,少部分儿童有较强烈的谦卑需要;少部分独生子女在自我接纳方面存在一定障碍;在个人道德方面,主要是在创造性、独立性和勤劳勤俭方面,独生子女存在着一定的缺陷;在学习需要中,认知需要较强烈的独生子女较少。⑤

安徽师大张履祥等人对安徽4城市17所中小学864名学生采取《十二项人格因素测验(QYL)》,结果表明:在其中十一个方面独生子女与非独生子女都存在明显的差异,说明独生子女在人格特征上确有其特异性。⑥

而何蔚则通过对河南某市两所中学438名高中生进行Y-G人格测验,并将独生子女的人格特质和人格类型与非独生子女进行比较,结果发现,"在高中学生中,绝大多数独生子女

---

① 刘云德,王胜今,尹豪,等.独生子女与非独生子女比较研究调查报告[J].人口学刊,1988(3).
② 浙江医科大学人口所独生子女课题组.关于独生子女健康、学习和生活状况的调查[J].人口学刊,1992(6).
③ 范丹尼,鲍思顿.中国独生子女在德、智、体方面的表现[M]//范丹尼.中国独生子女研究.上海:华东师范大学出版社,1996.
④ 风笑天.独生子女青少年的社会化过程及其结果[J].中国社会科学,2000(6).
⑤ 中国城市独生子女人格发展课题组.中国城市独生子女人格发展现状研究报告[J].青年研究,1997(6).
⑥ 张履祥,钱含芳.独生子女非智力人格因素特点的研究[J].心理发展与教育,1991(4).

和非独生子女一样,都有良好的人格特质","在 Y-G 人格测验的 12 项人格特质上,多数项目与非独生子女并无显著差异";"独生子女与非独生子女在人格特质和人格类型上也存在明显的差异。在人格特质上,独生子女合作精神较差,但在神经质上却优于非独生子女;在人格类型上,独生子女的 B 和 B'型'人格明显少于非独生子女,问题行为者较少。"①

由于不同研究所界定的"人格特征"的内涵并不相同,对人格特征进行测量时所具体使用的工具、量表、指标等也相去甚远,因而这一方面的结果也难以整合。

4. 独生子女是否不合群

独生子女的合群性问题是人们关心的另一个重要方面。许多研究者围绕着独生子女的合群性、独生子女的社会交往等问题展开研究,探讨独生子女是否处处自我中心、是否难以与人交往、难以与人相处。大部分研究结果显示出独生子女在这方面不是比非独生子女差,而是比他们更好,或者是没有差别。

陈科文 1984 年在北京城乡对近千名小学生的调查表明,城区独生子女与非独生子女在合群性方面不存在差别,郊区独生女与非独生女也不存在差别,只有郊区独生子比非独生子的合群性差一些②。

白乙拉于 1991 年对呼和浩特市 4 所小学、3 所幼儿园总共 264 名儿童、他们的家长以及老师进行了调查,研究结果表明,"从总体上说,独生子女与非独生子女在社会性交往能力上没有表现出显著性的差异,而且几乎所有的分项比较也没有反映出显著性差异,甚至有些方面独生子女比非独生子女强。"③

范存仁等 1993 年对西安市 10 所小学 787 名学生进行了调查,对独生子女与非独生子女的个性特征进行了比较,结果表明,"从全体样本来看,独生子女自我中心的表现比非独生子女更为强烈"。④

景怀斌 1997 年对广州市 4 所高校 1 150 名大学生的调查中,利用 16PF 量表,对独生子女与非独生子女的乐群性进行了研究。结果表明:"独生子女的乐群性高于非独生子女,达到了统计学的显著水平。这与我们印象中独生子女独来独往,孤僻的看法相反。独生子女更希望和善于与人交往。"⑤

风笑天分别于 1996 年和 1998 年进行的两项对中学生的调查结果表明,"与 20 年前人们的担心和偏见相反,独生子女青少年在社会交往方面不是比同龄的非独生子女青少年要差,而是比他们更好。无论是 1996 年在湖北 5 城市调查的结果,还是 1998 年在全国 14 城市调查的结果,无论是样本的百分比还是统计检验的结果,独生子女在所有指标上都一致地表现出优于非独生子女。特别是统计检验的结果表明:中学阶段的独生子女在新的环境中很快结识新朋友的比例明显高于非独生子女,与人交往的能力明显比非独生子女强,好朋友数目明显多于非独生子女,孤独感明显低于非独生子女。这一结果对社会中流行的独生子

---

① 何蔚.高中生独生子女与非独生子女人格特质的比较研究[J].心理发展与教育,1997(1).
② 陈科文.独生子女与非独生子女行为特点和家庭教育的比较研究[J].社会调查与研究,1985(6).
③ 白乙拉.五至十一、二岁独生子女与非独生子女社会性交往的调查与比较[J].内蒙古师大学报(哲学社会科学版),1992(4).
④ 范存仁.西安市小学生中独生子女与非独生子女个性品质的比较研究[J].心理科学,1994,17(2).
⑤ 景怀斌.独生、非独生子女大学生若干社会性心理品质的比较研究[J].中山大学学报论丛,1997(6).

女'孤僻'、'不合群'、'处处个人中心'、'难以与人交往'的看法给予了否定的回答。"①

5. 独生子女是不是"小皇帝"

"小皇帝"问题所反映的主要是家长对独生子女的溺爱行为及其由这种行为所带来的独生子女被娇惯、被宠坏、养成不良个性特征的现象。尽管独生子女是小皇帝的说法在社会中广为流传,但较多情况下我们所听到和看到的却主要是由各种媒体的记者、文学作家以及教育工作者根据他们对个别对象的采访、对身边个案的观察所作的描述,或者是根据个人经验或认识所发表看法,而采用系统的方法,运用科学的工具进行经验研究得到的结论却并不多见。那么,一代独生子女究竟是不是"小皇帝"呢?

美国学者鲍思顿和范彤尼曾于1987年对长春市1 465名小学生以及他们的家长和教师进行了调查,研究结果"完全没有支持视中国的独生子女为'小皇帝'的观点","综上所述,我们没有找到支持中国和西方新闻报道中越来越普遍地刻画独生子女为骄横的、不易调教的和自私的'小皇帝'的模型。"②

风笑天1988年曾对湖北5个市镇1 293名小学生家长进行调查,并将独生子女父母和非独生子女父母在溺爱孩子方面的表现进行了具体的测量和对比分析,结果发现,除了少数几个涉及"安全性"的指标外,几乎所有的结果都一致地表明,两类家长在溺爱孩子的行为表现上,不存在显著的差异。即不论是在培养孩子的生活自理能力和劳动习惯方面,还是在迁就孩子、尽量满足孩子的物质要求方面,两类家长的表现并不存在明显的统计差异性。研究结果对广为流行的"小皇帝"观点提出了质疑。笔者依据研究的结果得出结论:现实生活中溺爱孩子的,并不只有独生子女家长,同时也有非独生子女家长。另一方面,在独生子女家长中,溺爱孩子的只是极少的一部分,并不是所有的独生子女家长都溺爱孩子。实际上,现实社会生活中的确有被父母娇惯坏了的"小皇帝",但他们只是少年儿童中的很少一部分,并且他们中既有独生子女,也有非独生子女。③

与此同时,美国学者范彤尼和鲍思顿又利用1990年中美合作课题组对北京、甘肃、湖南、安徽4省市4 000名小学生及其家长的大规模调查资料,从智力、体质、个性特征三个方面对独生子女和非独生子女的状况进行了比较分析,其研究结果也表明,"中国的独生子女政策并不导致一代'小皇帝'。"并且,他们进一步指出:"独生子女缺少兄弟姐妹与独生子女不正常发展之间没有必然的联系。"④

6. 独生子女与非独生子女有没有差别

独生子女的特点以及独生子女与非独生子女间的差异性问题,是独生子女出现在中国社会以来学术界讨论得最多的问题之一。因为如果没有非独生子女作为一种参考框架,我们就无法对独生子女的发展状况进行衡量和评价。究竟独生子女与非独生子女之间存不存在着差别呢?目前,学术界对这一问题并没有形成统一的答案。众多不同的研究结果为我们所描绘的也是一幅杂乱的画面。

早期比较多的研究认为,独生子女具有与非独生子女不同的特点,这些特点既表现在身

---

① 风笑天.独生子女青少年的社会化过程及其结果[J].中国社会科学,2000(6).
② 鲍思顿,范彤妮,杜芳兰.中国独生子女与非独生子女的学习成绩和个性特征分析——根据吉林省长春市1987年调查资料[J].西北人口,1989(4).
③ 风笑天.独生子女——他们的家庭、教育和未来[M].北京:社会科学文献出版社,1992.
④ 范丹妮,鲍思顿.中国独生子女在德、智、体方面的表现[M]//范丹妮.中国独生子女研究.上海:华东师范大学出版社,1996.

体状况、智力水平方面,也表现在个性品质、行为习惯等方面。一种比较普遍的结论是:独生子女在身体状况、智力水平方面优于非独生子女,而在个性品质和行为习惯方面则不如非独生子女。而20世纪80年代中后期和90年代的多数研究则认为,"独生子女与非独生子女在个性心理和行为上并不存在像人们普遍担心的那种差异","从各类样本的比较来看,独生子女与非独生子女大体差不多","在个性表现方面,独生子女与非独生子女没有什么差别","独生子女与非独生子女个性特征无显著差异"[①]。

实际上,独生子女是一个具有时间性、地域性特征的整体概念,独生子女与非独生子女之间的差异随着年龄和社区的不同而有所不同。具体说来,在3~18岁这一年龄段中,二者之间的差异大体上呈现出"年龄越小两类儿童之间的差异越大"的趋势;这种"差异越大",既包括不同的方面越多,也包括不同的程度越大。而在城市和农村这两种不同的社区中,则呈现出"农村两类儿童之间的差异比城市两类儿童之间的差异更大"这样的特点。

当然,不同研究的样本不同、测量的变量不同、所采用的操作化指标不同、测量的工具不同等,也可能成为两类儿童调查结果不同的原因。

7. 大学独生子女的状况与特点

随着独生子女年龄的增长,大学中的独生子女也越来越多。在20世纪90年代至新世纪初的10年中,对大学中的独生子女研究也形成了一个小小的高潮。研究者几乎无一例外地采取了对大学中的独生子女与非独生子女进行比较研究的方式,研究的内容仍然主要集中在心理和教育两大方面,且主要集中在对他们的性格、心理、学校生活适应性、学习状况等内容进行描述和分析上。

景怀斌对两类大学生的社会性心理品质进行了研究,结果表明,独生子女在乐群性、竞争性、智力自我评价等方面明显强于非独生子女,在生活自理能力评价方面弱于非独生子女。在成就自我评价、成就期望水平、心理健康素质、责任感、创造性等方面则与非独生子女没有差别[②]。

段鑫星等人采用量表测量的方法,从悦纳自我、对他人和社会的评价客观、有良好而深厚的人际关系、适应性强等方面,对1 500名大学生进行了心理健康状况的测验。结果表明,独生子女大学生的心理素质和心理健康状况明显好于非独生子女大学生[③]。

李志等人对独生与非独生子女大学生学校生活的适应状况以及职业价值观进行了比较研究。调查结果表明,独生子女大学生的学习适应能力普遍较高,学习上的适应性问题较少,但在学习方法和对待考试上表现出较非独生子女更不适应的特点;独生子女大学生的生活期望值较高,对友情和爱护的依恋尤为强烈;对交往的自信心也明显较强,但他们更多的感到生活不如意,挫折承受能力比非独生子女差;独生子女大学生的经济依赖思想普遍较重,对就业的途径、方向较非独生子女更为乐观,专业信心较强,对未来职业选择的担忧

[①] 陈科文.独生子女与非独生子女行为特点和家庭教育的比较研究[J].社会调查与研究,1985(6);刘云德.独生子女与非独生子女比较研究调查报告[J].人口学刊,1988(3);鲍思顿,范彤妮,杜芳兰.中国独生子女与非独生子女的学习成绩和个性特征分析——根据吉林省长春市1987年调查资料[J].西北人口,1989(4);黄鹏.独生子女与非独生子女个性特征无显著差异[J].安徽大学学报,1994(3).

[②] 景怀斌.独生、非独生子女大学生若干社会性心理品质的比较研究[J].中山大学学报论丛,1997(6).

[③] 段鑫星,池忠军,张利先,等.独生子女大学生心理健康状况的调查分析[J].青年研究,1997(2).

较少①。

但也有研究认为,适应性差是独生子女大学生的普遍弱点,具体表现在独立生活能力差、社会交往能力弱、学习能力不强、依赖性太强等方面。此外,独生子女大学生的"唯我"意识相对浓烈,心理承受能力弱、体质状况差等也是其不及非独生子女大学生的方面②。

许克毅等人集中对独生子女与非独生子女大学生的人格特征进行了比较研究,结果表明,独生子女在乐群性、聪慧性、恃强性、兴奋性、敢为性方面略高于非独生子女,而在实验性方面低于非独生子女③。李志对城市独生子女大学生的调查结果则表明,独生子女在乐群性、恃强性、幻想性、世故性、实验性等方面均高于非独生子女,而在忧虑性方面低于非独生子女④。

8. 独生子女社会化的发展状况

社会化问题与独生子女的成长和发展密切相关,这方面的研究主要是由社会学者进行的,且研究主要集中在90年代。这部分研究中,既有理论的探讨,也有经验的分析。

风笑天等人从家庭环境、文化环境、社区环境三个大的方面,分析了独生子女青少年在其社会化过程中所面临的新的、特定的环境。作者指出,家庭规模的缩小,家长角色的变化,学校教育方向的偏离,大众传媒影响力的增强,人们居住条件的改善,社会交往方式的变迁,都从不同的方面、在不同的程度上对独生子女青少年的社会化过程产生影响⑤。

关颖在分析了受化者与施化者互动频率提高,受化者的中心地位得到增强,施化者的心理及行为负担增大的种种表现后指出,目前在家庭范围中,独生子女家长作为施化者普遍存在几种认识上和行为上的偏颇,即"在对独生子女的认识上偏重依赖性忽视独立性;在对独生子女的教育中偏重情感忽视理性;在独生子女的培养目标上偏重当前忽视长远。"⑥

风笑天、郝玉章等人还通过对中学生及其家长的问卷调查,较为详细地描述了独生子女青少年的社会化现状,并经验地比较了独生子女与非独生子女青少年在社会化发展过程中的特点和差异,同时对家庭、大众传媒等社会化机构的影响进行了分析。研究者主要结论是,一代独生子女青少年的社会化发展是基本正常的,虽然存在着一定的问题,但他们并不是"问题儿童"。随着年龄的增加,两类青少年的社会化发展状况逐渐趋于相似,不同社会化机构的影响力也不断发生变化⑦。

9. 独生子女家庭

作为一种新的家庭类型,独生子女家庭主要受到了社会学者的关注。他们对独生子女家庭的研究主要集中在家庭结构、家庭关系、家庭生活方式、父母生育意愿、家庭养老、家庭对独生子女教育或社会化的影响等方面。

---

① 李志,吴绍琪,张旭东.独生子女与非独生子女大学生学校生活适应状况的比较研究[J].青年研究,1998(4);李志.独生子女与非独生子女大学生职业价值观的比较研究[J].青年研究,1997(3).
② 叶松庆.第一代独生子女大学生的生活状况与特点[J].青年研究,1998(6).
③ 许克毅,宋宝萍.独生子女与非独生子女大学生人格比较研究[J].当代青年研究,1996(4).
④ 李志.城市独生子女大学生人格特征的调查研究[J].青年研究,1998(9).
⑤ 风笑天,张小天.论独生子女社会化的特定环境[J].社会科学辑刊,1992(5).
⑥ 关颖.论独生子女社会化的家庭因素[J].天津社会科学,1996(5).
⑦ 风笑天.独生子女青少年的社会化过程及其结果[J].中国社会科学,2000(6);郝玉章,风笑天.中学独生子女社会化的现状[J].青年研究,1997(8);郝玉章,风笑天.家庭与中学独生子女社会化[J].青年研究,1998(1);郝玉章,风笑天.大众传播媒介与中学独生子女社会化[J].青年研究,1997(1).

边燕杰根据其在天津城乡对 1 000 多户独生子女家庭所做的调查,分析了独生子女家庭生活方式的基本特征,作者指出:"独生子女家庭具有较高而且稳定增长的经济水平,子女抚育费提高,在消费模式和余暇时间的支配上均偏重子女。"论文还对由于独生子女家庭的增加所带来的家庭结构和家庭关系的简化、生育观、家庭观的变化、子女教育、人口流动、老人照料等问题进行了一定的探讨①。

同样围绕着独生子女家庭的生活方式问题,风笑天分析了这种新的社会细胞所具有的一些特征,指出,三口之家是独生子女家庭在规模上的主要特征,这种"三个人的世界"包含了绝大部分独生子女家庭在生活方式上的各种特征的内涵,也是形成和决定其他各种生活方式特征的根本因素和内在条件。而与祖辈分而不离、子女成为家庭中心、亲子关系日趋平等,则是独生子女家庭在家庭关系方面的几大特点。此外,集体化的闲暇和娱乐、潮流化、智力化的子女消费也是独生子女家庭在生活方式上的明显特征②。

桂世勋利用上海市的统计资料,对独生子女父母年老后的生活照顾问题进行了分析。作者认为,随着人口老龄化的发展,独生子女的父母这一老年群体特别值得注意。由于他们只有一个孩子,因而当他们年老时,将会有一半左右的人身边无子女一起居住。如何妥善解决好他们的生活照顾问题,是我们现在就应该着手考虑的重要问题。他提出,要以家庭养老为主,社会养老为辅;在社会养老中,又应以各种支持老人在家养老的基层社区服务为主,老人入院服务为辅③。

10. 独生子女与社会发展

许多学者还从社会学、人口学、体育学等学科的角度探讨了独生子女人口发展所带来的人口结构的变化及其对家庭结构、养老方式、婚姻结构、军队建设、体育运动的影响。其中,较重要的研究结果有以下几个。

刘鸿雁等人利用全国第四次人口普查数据带资料,对北京、上海两个区的独生子女率及其对未来婚姻结构的影响所进行的分析。其研究结果表明,到 2030 年,在 1981—1985 年出生的人口中,独生子女与独生子女通婚的比例将会高达 60% 左右;而到了 2035 年,在 1986—1990 年出生的人口中,由独生子女与独生子女通婚建立的家庭的比例将会高达 70% 以上。因此,大多数独生子女家庭将会面临一个严峻的赡养老人的问题。随着时间的推移,这一问题将会越发突出④。

杨书章等人依据统计资料分析了中国独生子女的数量以及城乡分布的状况,并分别采用婚配概率法和政策生育率仿真法计算了"独生子女生育两个孩子"所可能引起的政策生育率波动范围。计算结果表明,"随着独生子女逐步进入育龄期,我国未来政策生育率将有所升高,2010 年前后城市政策生育率将可能超过农村,在未来 15 年,政策生育率最大可能增加近 0.2。2015 年政策生育率最高可达 1.74 左右。"在此基础上,作者结合中国人口发展目标讨论了它的影响,指出,未来 10 年内,"独生子女生育二孩"将可能使政策生育率稍有回升,但幅度不大,我国既定的人口发展战略目标还是可以实现的⑤。

---

① 边燕杰.试析我国独生子女家庭生活方式的基本特征[J].中国社会科学,1986(1).
② 风笑天.独生子女家庭:一种新的生活方式[J].社会科学辑刊,1994(5).
③ 桂世勋.银色浪潮中的一个重大社会问题[J].社会科学,1992(2).
④ 刘鸿雁,柳玉芝.独生子女及其未来婚姻结构[J].中国人口科学,1996(3).
⑤ 杨书章,郭震威.中国独生子女现状及其对未来人口发展的影响[J].市场与人口分析,2000(4).

宋健则针对人们关注的"四二一"结构的问题,从定义、形成的条件、在全国发生的概率、对养老产生的影响等方面展开分析和探讨。作者认为,"四二一"结构指的是在广义的家庭形式下三代共存的现象,强调的是代际关系,应该至少涉及两代独生子女。因此,这一结构形式的形成需要满足三个条件:三代共存、一对独生子女之间的婚配以及连续两代独生子女。在对影响"四二一"结构形成的主要因素进行简略分析的基础上,作者得出结论认为:由于严格意义的"四二一"结构的出现取决于很多因素,因此其实现的可能性也许并没有人们想象的那么大[①]。

三、对研究现状的评价

1. 主要特征

概括地说,20多年来我国的独生子女研究表现出以下几个主要特征。

(1) 在研究的主题上,独生子女的心理和教育一直是这一领域中最重要的论题,这方面的研究成果也最多。全部论文中的三分之二都集中在这两个方面,特别是有关独生子女教育问题的论文更是超过了全部论文的40%。

(2) 在研究对象上,则表现出20世纪80年代初期以学龄前幼儿为主、80年代中后期以学龄儿童为主、90年代以中学生为主、而90年代后期及21世纪初则以大学生和在职青年为主的特点,即独生子女的研究基本上是伴随着独生子女人口的成长进行的。

(3) 在经验研究方法上,采用定量的、以问卷、量表为工具的调查方法进行的占了绝大部分,以观察、实验等方法进行的也占有一定比例,而将独生子女与非独生子女进行对比则是众多研究在方法上的一个共同特点。

2. 目前研究存在的主要问题

(1) 同一内容、同一角度、同一层次的重复研究较多,不同视角、多重视角的研究较少;尤其是在教育领域,这种现象比较普遍。比如,像"浅谈独生子女的教育问题""论独生子女的心理特点及教育""独生子女教育之我见"这样的论文就有几十篇之多。

(2) 理论性的研究中,一般化的、个别的、空洞的、泛泛的、心得体会式的主观议论十分普遍,而有新意的、有深度的、有经验数据支持的理论分析较少。

(3) 经验研究中,单纯描述现象的研究较多,特别是各种不系统、不规范的"独生子女状况调查"比较普遍。这些调查所得到的往往是零星的、存在较大偏差的、非常简单的数据结果;而精心设计的、客观的、针对性较强的解释性研究较少,特别是着重于现象间关系的深入探讨的研究较少。因而,经验性研究的理论色彩不浓。

(4) 经验性研究在方法上还存在较多问题。主要表现在研究设计的简单化、资料分析的表面化、数据表达的百分比化,还有抽样不科学,忽视样本与总体间的推论条件,缺乏对结果的统计检验等;有相当多的结果是在对象选择、样本抽取、概念操作化、变量测量、统计分析等研究方法方面存在着许多问题的情况下得到的。特别是样本的规模过小且非随机的抽取方式,加上过于简单且常常缺乏检验的统计分析,很容易使所得到的结论形成某种偏误。

(5) 对青年期普通独生子女的研究不够,对大学独生子女的研究中,存在着一种明显的

---

① 宋健."四二一"结构:形成及其发展[J].中国人口科学,2000(2).

偏差,即没有对客观上存在着巨大影响的城乡变量、家庭背景变量等进行控制,从而将实际上属于城乡变量或家庭背景变量所造成的差异和所形成的影响,误以为是独生子女与非独生子女的身份所造成的差异和所形成的影响。

(6)学科探讨的分布不尽合理,社会学、人口学学科的探讨相对较少,特别是对于与一代独生子女的成长和未来密切相关的社会性问题、宏观性问题、潜在性问题、未来性问题的探讨相对薄弱。

四、值得重视和加强探讨的领域

在新的世纪中,随着独生子女人口进一步扩大,特别是随着独生子女人口越来越多地作为社会成员进入社会生活,独生子女的研究领域将进一步拓宽,研究的主题和内容将会有新的拓展,与独生子女自身相关的问题以及独生子女人口与社会发展相关的问题将越来越多,与社会政策的关联性也将越来越强。其中,下列几个方面特别值得关注。

首先是青年独生子女的社会适应问题。到目前为止的独生子女研究基本上是将研究对象集中在少年儿童身上,只有极个别的研究探讨了青年期独生子女的发展问题。但是,应该看到,随着一代独生子女的主体进入青年期,他们作为社会成员、作为物质与精神产品生产者所将面临的职业选择、职业适应、职业流动、社会参与、人际交往等问题将会逐渐突出出来,而他们在这些方面的表现将是对前20年中人们对独生子女社会化发展、个性特征、社会交往能力等所作研究和所得结论的最好检验。从未成年向成年的转变,从受教育者向生产者的转变,从父母家庭向自身家庭的转变等,都将对这一代独生子女的发展形成一定的冲击。

其次是青年独生子女的婚姻与家庭问题。成家立业是人们在青年期所要面临和处理的两件最重要的事情。作为产生于特定的历史时期、生活于特定的社会与家庭环境中的特定人口,一代独生子女的婚姻与家庭问题又将会形成什么样的特点、出现什么样的难题呢?特别是当我们把我国从1979年开始实行的新的计划生育政策与这一代青年相联系时,值得认真探讨的问题就显得更为突出了。无论是这一代独生子女青年的择偶标准、择偶方式,还是他们的生育意愿、婚姻观念、家庭观念以及他们的家庭结构和家庭关系,都可能形成和产生一些与目前的情形有所不同的特点和规律,以及带来一些新的问题。

再次是与独生子女家庭有关的问题。现有研究的一个普遍结论是,独生子女家庭的家庭结构以三口之家为主,其比例大约占到70%。而与这一特定家庭结构密切相关的将会是空巢家庭的增多、家庭社会支持网络的弱化、家庭养老面临更大困难以及老年社会保障问题的进一步突出等。20多年前人们关于独生子女家庭老年保障的众多话题都将在今后的几十年中逐一变成现实,20多年前人们的众多担忧也将在这些年中逐一接受挑战。探索适合中国国情的解决办法,无疑是最近一个时期该领域中的一大焦点。与此相关的还有家庭亲属网络的缩小和简化所带来的影响。正如美国人口咨询局早在1981年所指出的"谁也难以逆料,一个如此珍爱儿子,又这样以家庭亲属'网络'做靠山的国家,一旦许多家庭只有一个女儿,或者一旦叔、舅、婶、姨和表兄弟、表姐妹都成为人口学上罕见的名词,这个社会将会发生什么情况呢?"①

最后是独生子女人口对整个社会生活的影响问题。这是一个范围更广、同时也更为复杂的问题领域。当与改革开放同时成长的这一代特定人口逐步成为社会的主力军时,他们不可避免地会将自己的价值观念、行为方式、追求目标带到社会生活中来,在他们参与社会生活的过程中影响到整个社会的社会规范、社会关系和社会心理,影响到社会生活的方方面面,就像美国"生育高峰一代"对整个美国社会的影响一样。因此,我们既要深入地研究这一代特定人口在未来的日子里所要面临的各种新的社会问题和新的挑战,同时也要深入地探讨和研究他们在未来的日子里将会带给整个中国社会的新的问题和挑战。

---

① 美国人口咨询局.中国"独生子女"人口的未来[J].编译参考,1992(8).

附录三 调查研究方案实例

城市居民社会保障状况调查方案

一、调查目的与内容(略)

二、调查总体、样本和资料收集与分析方法

本次调查的总体为6个城市中所有18岁以上的居民(包括外来人口,但不包括因年龄太大等生理原因不能接受调查者)。

本次调查的样本规模为:每个城市成功调查500位居民。6个城市总共成功调查3 000位居民。

本次调查的分析单位为个人。

调查资料的收集方法为入户结构式访问。资料分析主要包括单变量描述统计、单因方差分析、双变量相关分析以及因子分析和多元回归分析等。

三、抽样程序

样本抽取采用多阶段随机抽样方法进行。

1. 从每一城市所有城区中各抽取5个城区。
2. 从每个抽中的城区中各抽取2个街道办事处(或社区),这样,每个城市总共抽取10个街道办事处(或社区)。
3. 从每个抽中的街道办事处(或社区)中各抽取2个居委会。(如果居委会规模较大,比如说超过1 000户,就从居委会中再抽取居民小组。)这样,每个城市中总共抽取20个居委会(或居民小组)。
4. 从每个抽中的居委会中各抽取25户居民家庭。
5. 从每户抽中的家庭中抽取一个18岁以上的成员。

四、抽样的具体步骤与方法

第一阶段:从城市中抽取城区。

采用简单随机抽样的方法,列出全市所有城区的名单,顺序编号,用写小纸条抽签的方法抽出5个城区。假设某市共有7个城区,编为1~7号,写7张小纸条,也是1~7号,将每张小纸条叠起来,放进口袋里混合,从中摸出5张,这5张小纸条上面的号码所对应的城区就是所抽取的样本城区。

第二阶段:从城区中抽取街道办事处(社区)。

采用简单随机抽样的方法,列出每个城区中的全部街道办事处(社区)的名单,顺序编号,同样用上述写小纸条抽签的方法抽出2个街道办事处(社区)。假设某城区共有9个街道办事处(社区),编为1~9号,写9张小纸条,也是1~9号,将小纸条叠起来,放进口袋里混合,从中摸出两张。这两张小纸条上的号码所对应的街道办事处(社区)就是所抽取的样本街道办事处(社区)。

第三阶段:从街道办事处(社区)中抽取居委会。

采用系统随机抽样的方法,先列出每个街道办事处(社区)中全部居委会的名单,顺序编号,然后计算抽样间隔,即:抽样间隔=居委会总数/2。假定某街道办事处共有 23 个居委会,那么,23/2=11.5,间隔应为整数,即 12;然后,将 1～12 号分别写到 12 张小纸条上,将小纸条叠好,放在口袋里混合,随机抽出一张,假定小纸条上的号码是 4,那么,这就是第一个抽中的居委会号码;第二个抽取的居委会号码应为 4+12=16。(如果第一次抽到的号码是 12,那么,12+12=24,则第 1 号居委会为抽中的第二个居委会。如果居委会的规模很大,再从抽中的居委会中按简单随机抽样的方法抽取一个居民小组。)

第四阶段:从居委会中抽居民户。

事先应与居委会负责人联系,讲明调查目的、性质、内容和方法,请他们提供居委会所辖全部家庭户的名单。获得名单后,先将名单顺序编号,然后采用间隔随机抽样的方法抽取样本居民户的名单。(考虑到实际调查中可能出现的拒访、搬迁、无人在家等各种实际情况,抽样的规模按样本实际比例的两倍来抽,即每个居委会抽出 50 户居民家庭。)假设某居委会中共有 336 户居民,先将他们编上序号。然后计算抽样间隔,即抽样间隔=居民户总数/50=336/50=6.7,取整数为 7;然后,将 1～7 分别写在 7 张小纸条上,将小纸条叠好,放在口袋里混合,从中抽出一张。假定小纸条上的号码是 3,那么,从 3 开始,每隔 7 户抽一户。这样,最终可以抽出第 3,10,17,24,31,…,325,332 号总共 47 户居民,再加上第 2 户、第 9 户以及第 16 户总共 50 户的居民户。

第五阶段:从居民户中抽被调查人。

这是抽样的关键。首先,需要了解抽中的户中 18 岁以上人口的数目;然后询问他们每人的生日是几月几号;最后,抽取其中生日距 8 月 1 号最近的那个人作为调查对象。(如果此人当时不在家,则约好时间再次上门访问。)比如,某户家庭共有 5 口人,老年夫妇两人,青年夫妇两人,一个上小学的儿童。通过询问,4 个成年人的生日分别为老头子 2 月 9 日、老太太 9 月 27 日、年轻丈夫 6 月 18 日、年轻妻子 5 月 6 日。那么,就应该把年轻丈夫作为调查对象。

每个城市抽样完成后,应有一份全市所有城区、所抽城区中所有街道办事处(社区)、所抽取街道办事处(社区)中所有居委会的名单,以供复查使用。每位调查对象在问卷调查结束后应问其家庭的电话号码。

五、调查实施

1. 挑选调查员——每个城市的调查员队伍最好由 20～25 名高年级大学生或者研究生组成,男女生比例最好相当。调查员应具有诚实、认真、吃苦、耐劳的品质,以及较强的与人交往能力、口头表达能力、自我保护能力。

2. 培训调查员——调查员必须经过短期专门培训,培训内容包括了解调查项目、调查要求、访问技巧、熟悉问卷、做试访问、分组和管理要求等。正式调查前,每个调查员必须完成一份试调查,经过集体总结后才能正式开展调查。

3. 联系调查——通过市、区的民政部门介绍(包括开介绍信、打电话等),与各街道办事处和居委会联系。努力争取街道与居委会的支持与配合。这一点对于调查的顺利进行,特别是对于减少调查过程中的阻碍、取得被调查者的信任和节省调查时间具有十分重要的作用。

4. 保证调查质量——建议将调查员分为几组,每组 4～5 名调查员。调查最好在双休日进行,以避免工作日大部分调查对象上班外出不在家的情况发生。建议每组每天集中调查一个居委会,完成20~25户(平均每人4~5户)。每天调查结束后,有人专门负责检查,及时发现问题,及时补救。每份问卷上需要有调查员和审核员的签名。

5. 调查员报酬——为保证调查员的工作质量和相应的劳动所得,按每份问卷20元给予调查员调查报酬(不包括市内交通费、饮料费等);同时,为了保证被调查者的利益和便于调查的开展,给予每一位被调查对象价值10元左右的纪念品。

6. 注意调查员的人身安全——采取切实可行的措施,保证调查员的人身安全。最好在双休日白天进行调查,晚上调查必须两人一组进行,男女搭配,不能单独行动,21时前必须返回。

六、进度安排

1. 准备阶段:4月1日—5月30日。

具体工作为设计调查问卷、组织调查员队伍、各城市抽取城区、街道、居委会(若条件许可,抽到居民户)、联系街道和居委会、调查员培训、试调查。

2. 调查实施阶段:6月1日—6月30日。

具体工作为按调查计划安排,将调查员分组,进入样本街道和居委会开展调查;实地抽取居民户以及户中抽人;以结构式访问的方式完成调查问卷。

每天实地审核调查问卷,发现问题及时处理和开展补充调查。

3. 资料整理阶段:7月1日—7月31日。

为保证资料质量,各地调查问卷统一通过邮局于7月5日前寄往南京调查点,由南京调查点集中编码和录入。南京调查点组织专门人员依据编码手册对问卷进行编码和录入。建议编码者和录入者为同一组人,编码和录入前一定要进行专门培训,强调认真仔细,切忌马虎。编码和录入时先慢后快,以便于减少录入中的错误。数据录入完毕后,经过计算机处理,于7月底以前将数据分别用电子邮件传给各个城市调查人员。

4. 分析资料和撰写研究报告阶段:8月1日—12月31日

各城市研究人员利用所在城市的调查数据完成本城市居民社会保障状况的调查报告一份,专题论文若干篇。课题组利用六城市数据完成课题总报告一份,并为编辑成果出版做准备。

附录四 常用数表

1. 随 机 数 表

10 09 73 25 33	76 52 01 35 86	34 67 35 48 76	80 95 90 91 17	39 29 27 49 45
37 54 20 48 05	64 89 47 42 96	24 80 52 40 37	20 63 61 04 02	00 82 29 16 65
08 42 26 89 53	19 64 50 93 03	23 20 90 25 60	15 95 33 47 64	35 08 03 36 06
99 01 90 25 29	09 37 67 07 15	38 31 13 11 65	88 67 67 43 97	04 43 62 76 59
12 80 79 99 70	80 15 73 61 47	64 03 23 66 53	98 95 11 68 77	12 17 17 68 33
66 06 57 47 17	34 07 27 68 50	36 69 73 61 70	65 81 33 98 85	11 19 92 91 70
31 06 01 08 05	45 57 18 24 06	35 30 34 26 14	86 79 99 74 39	23 40 30 97 32
85 26 97 76 02	02 05 16 56 92	68 66 57 48 18	73 05 38 52 47	18 62 38 85 79
63 57 33 21 35	05 32 54 70 48	90 55 35 75 48	28 46 82 87 09	83 49 12 56 24
73 79 64 57 53	03 52 96 47 78	35 80 83 42 82	60 93 52 03 44	35 27 38 84 35
98 52 01 77 67	14 90 56 86 07	22 10 94 05 58	60 97 09 34 33	50 50 07 39 98
11 80 50 54 31	39 80 82 77 32	50 72 56 32 48	29 40 52 42 01	52 77 56 78 51
83 45 29 96 34	06 28 89 80 83	13 74 67 00 78	18 47 54 06 10	68 71 17 78 17
88 68 54 02 00	86 50 75 34 01	36 76 66 79 51	90 36 47 64 93	29 60 91 10 62
99 59 46 73 48	37 51 76 49 69	91 82 60 89 28	93 78 56 13 68	23 47 83 41 13
65 48 11 76 74	17 46 85 09 50	58 04 77 69 74	73 03 95 71 86	40 21 81 65 44
80 12 43 56 35	17 72 70 80 15	45 31 32 23 74	21 11 57 82 53	14 38 55 37 63
74 35 09 98 17	77 40 27 72 14	43 23 60 02 10	45 52 16 42 37	96 28 60 26 55
69 91 62 68 03	66 25 22 91 48	36 93 68 72 03	76 62 11 39 90	94 40 05 64 18
09 89 32 05 05	14 22 56 85 14	46 42 75 67 88	96 29 77 88 22	54 38 21 45 98
91 49 91 45 23	68 47 92 76 86	46 16 23 35 54	94 75 08 99 23	37 03 92 00 48
80 33 69 45 98	26 94 03 63 58	70 29 73 41 35	53 14 03 33 40	42 05 08 23 41
44 10 48 19 49	85 15 74 79 54	32 97 92 65 75	57 60 04 08 81	22 22 20 64 13
12 55 07 37 42	11 10 00 20 40	12 86 07 46 97	96 64 48 94 39	28 70 72 58 15
63 60 64 93 29	16 50 53 44 84	40 21 95 25 63	43 65 17 70 82	07 20 73 17 90
07 63 87 79 29	03 06 11 80 72	96 20 74 41 56	23 82 19 95 38	04 71 36 69 94
60 52 88 34 41	07 95 41 98 14	59 17 52 06 95	05 53 35 21 39	61 21 20 64 55
83 59 63 56 55	06 95 89 29 83	05 12 80 97 19	77 43 35 37 83	92 30 15 04 98
10 85 06 27 46	99 59 91 05 07	13 49 90 63 19	53 07 57 18 39	06 41 01 93 62
39 82 09 89 52	43 62 26 31 47	64 42 18 08 14	43 80 00 93 51	31 02 47 31 67
59 58 00 64 78	75 56 97 88 00	88 83 55 44 86	23 76 80 61 56	04 11 10 84 08
38 50 80 73 41	23 79 34 87 63	90 82 29 70 22	17 71 90 42 07	95 95 44 99 53
30 69 27 06 68	94 68 81 61 27	56 19 68 00 91	82 06 76 34 00	05 46 26 92 00
65 44 39 56 59	18 28 82 74 37	49 63 22 40 41	08 33 76 56 76	96 29 99 08 36
27 26 75 02 64	13 19 27 22 94	07 47 74 45 06	17 98 54 89 11	97 34 13 03 58
91 30 70 69 91	19 07 22 42 10	36 69 95 37 28	28 82 53 57 93	28 97 66 62 52
68 43 49 46 88	84 47 31 36 22	62 12 69 84 08	12 84 38 25 90	09 81 59 31 46
48 90 81 58 77	54 74 52 45 91	35 70 00 47 54	83 82 45 26 92	54 13 05 51 60
06 91 34 51 97	42 67 27 86 01	11 88 30 95 28	63 01 19 89 01	14 97 44 03 44
10 45 51 60 19	14 21 03 37 12	91 34 23 78 21	88 32 58 08 51	43 66 77 08 83
12 88 39 73 43	65 02 76 11 84	04 28 50 13 92	17 97 41 50 77	90 71 22 67 69
21 77 83 09 76	38 80 73 69 61	31 64 94 20 96	63 28 10 20 23	08 81 64 74 49
19 52 35 95 15	65 12 25 96 59	86 28 36 82 58	69 57 21 37 98	16 43 59 15 29
67 24 55 26 70	35 58 31 65 63	79 24 68 66 86	76 46 33 42 22	26 65 59 08 02
60 58 44 73 77	07 50 03 79 92	45 13 42 65 29	26 76 08 36 37	41 32 64 43 44

续表

```
53 85 34 13 77    36 06 69 48 50    58 83 87 38 59    49 36 47 33 31    96 24 04 36 42
24 63 73 87 36    74 38 48 93 42    52 62 30 79 92    12 36 91 86 01    03 74 28 38 73
83 08 01 24 51    38 99 22 28 15    07 75 95 17 77    97 37 72 75 85    51 97 23 78 67
16 44 42 43 34    36 15 19 90 73    27 49 37 09 39    85 13 03 25 52    54 84 65 47 59
60 79 01 81 57    57 17 86 57 62    11 16 17 85 76    45 81 95 29 79    65 13 00 48 60

03 99 11 04 61    93 71 61 68 94    66 08 32 46 53    84 60 95 82 32    88 61 81 91 61
38 55 59 55 54    32 88 65 97 80    08 35 56 08 60    29 73 54 77 62    71 29 92 38 53
17 54 67 37 04    92 05 24 62 15    55 12 12 92 81    59 07 60 79 36    27 95 45 89 09
32 64 35 28 61    95 81 90 68 31    00 91 19 89 36    76 35 59 37 79    80 86 30 05 14
69 57 26 87 77    39 51 03 59 05    14 06 04 06 19    29 54 96 96 16    33 56 46 07 80

24 12 26 65 91    27 69 90 64 94    14 84 54 66 72    61 95 87 71 00    90 89 97 57 54
61 19 63 02 31    92 96 26 17 73    41 83 95 53 82    17 26 77 09 43    78 03 87 02 67
30 53 22 17 04    10 27 41 22 02    39 68 52 3 09     10 06 16 88 29    55 98 66 64 85
03 78 89 75 99    75 86 72 07 17    74 41 65 31 66    35 20 83 33 74    87 53 90 88 23
48 22 86 33 79    85 78 34 76 19    53 15 26 74 33    35 66 35 29 72    16 81 86 03 11

60 36 59 46 53    35 07 53 39 49    42 61 42 92 97    01 91 82 83 16    98 95 37 32 31
83 79 94 24 02    56 62 33 44 42    34 99 44 13 74    70 07 11 47 36    09 95 81 80 65
32 96 00 74 05    36 40 98 32 32    99 38 54 16 00    11 13 30 75 86    15 91 70 62 53
19 32 25 38 45    57 62 05 26 06    66 49 76 86 46    78 13 86 65 59    19 64 09 94 13
11 22 09 47 47    07 39 93 74 08    48 50 92 39 29    27 48 24 54 76    85 24 43 51 59

31 75 15 72 60    68 98 00 53 39    15 47 04 83 55    88 65 12 25 96    03 15 21 92 21
88 49 29 93 82    14 45 40 45 04    20 09 49 89 77    74 84 39 34 13    22 10 97 85 08
30 93 44 77 44    07 48 18 38 28    73 78 80 65 33    28 59 72 04 05    94 20 52 03 80
22 88 84 88 93    27 49 99 87 48    60 53 04 51 28    74 02 28 46 17    82 03 71 02 68
78 21 21 69 93    35 90 29 13 86    44 37 21 54 86    65 74 11 40 14    87 48 13 72 20

41 84 98 45 47    46 85 05 23 26    34 67 75 83 00    74 91 06 43 45    19 32 58 15 49
46 35 23 30 49    69 24 89 34 60    45 30 50 75 21    61 31 83 18 55    14 41 34 09 51
11 08 79 62 94    14 01 33 17 92    59 74 76 72 77    76 50 33 45 13    39 66 37 75 44
52 70 10 83 37    56 30 38 73 15    16 52 06 96 76    11 65 49 98 93    02 18 16 81 61
57 27 53 68 98    81 30 44 85 85    68 65 22 73 76    92 85 25 58 66    88 44 80 35 84

20 85 77 31 56    70 28 42 43 26    79 37 59 52 20    01 15 96 32 67    10 62 24 83 91
15 63 38 49 24    90 41 59 36 14    33 52 12 66 65    55 82 34 76 41    86 22 53 17 04
92 69 44 82 97    39 90 40 21 15    59 58 94 90 67    66 82 14 15 75    49 76 70 40 37
77 61 31 90 19    88 15 20 00 80    20 55 49 14 09    96 27 74 82 57    50 81 69 76 16
38 68 83 24 86    45 13 46 35 45    59 40 47 20 59    43 94 75 16 80    43 85 25 96 93

25 16 30 18 89    70 01 41 50 21    41 29 06 73 12    71 85 71 59 57    68 97 11 14 03
65 25 10 76 29    37 23 93 32 95    05 87 00 11 19    92 78 42 63 40    18 47 76 56 22
36 81 54 36 25    18 63 73 75 09    82 44 49 90 05    04 92 17 37 01    14 70 79 39 97
64 39 71 16 92    05 32 78 21 62    20 24 78 17 59    45 19 72 53 32    83 74 52 25 67
04 51 52 56 24    95 09 66 79 46    48 46 08 55 58    15 19 11 87 82    16 93 03 33 61

83 76 16 08 73    43 25 38 41 45    60 83 32 59 83    01 29 14 13 49    20 36 80 71 26
14 38 70 63 45    80 85 40 92 79    43 52 90 63 18    38 38 47 47 61    41 19 63 74 80
51 32 19 22 46    80 08 87 70 74    88 72 25 67 36    66 16 44 94 31    66 91 93 16 78
72 47 20 00 08    80 89 01 80 02    94 81 33 19 00    54 15 58 34 36    35 35 25 41 31
05 46 65 53 06    93 12 81 84 64    74 45 79 05 61    72 84 81 18 34    79 98 26 84 16

39 52 87 24 84    82 47 42 55 93    48 54 53 52 47    18 61 91 36 74    18 61 11 92 41
81 61 61 87 11    53 34 24 42 76    75 12 21 17 24    74 62 77 37 07    58 31 91 59 97
07 58 61 61 20    82 64 12 28 20    92 90 41 31 41    32 39 21 97 63    11 69 96 79 40
90 76 70 42 35    13 57 41 72 00    69 90 26 37 42    78 26 42 25 01    18 62 79 08 72
40 18 82 81 93    29 59 38 86 27    94 97 21 15 98    62 09 53 67 87    00 44 15 89 97

34 41 48 21 57    86 88 75 50 87    19 15 20 00 23    12 30 28 07 83    32 62 46 86 91
63 43 97 53 63    44 98 91 68 22    36 02 40 09 67    76 37 84 16 05    65 96 17 34 88
67 04 90 90 70    93 39 94 55 47    94 45 87 42 84    05 04 14 98 07    20 28 83 40 60
79 49 50 41 46    52 16 29 02 86    54 15 83 42 43    46 97 83 54 82    59 36 29 59 38
91 70 43 05 52    04 73 72 10 31    75 05 19 30 29    47 66 56 43 82    99 78 29 34 78
```

取自:The Rand Corporation. A Million Random Digits[M]. Glencoe:Free Press,1995.

2. χ^2 分布表

df	$p=0.30$	0.20	0.10	0.05	0.02	0.01	0.001
1	1.074	1.642	2.706	3.841	5.412	6.635	10.827
2	2.408	3.219	4.605	5.991	7.824	9.210	13.815
3	3.665	4.642	6.251	7.815	9.837	11.345	16.268
4	4.878	5.989	7.779	9.488	11.668	13.277	18.465
5	6.064	7.289	9.236	11.070	13.388	15.086	20.517
6	7.231	8.558	10.645	12.592	15.033	16.812	22.457
7	8.383	9.803	12.017	14.067	16.622	18.475	24.322
8	9.524	11.030	13.362	15.507	18.168	20.090	26.125
9	10.656	12.242	14.684	16.919	19.679	21.666	27.877
10	11.781	13.442	15.987	18.307	21.161	23.209	29.588
11	12.899	14.631	17.275	19.675	22.618	24.725	31.264
12	14.011	15.812	18.549	21.026	24.054	26.217	32.909
13	15.119	16.985	19.812	22.362	25.472	27.688	34.528
14	16.222	18.151	21.064	23.685	26.873	29.141	36.123
15	17.322	19.311	22.307	24.996	28.259	30.578	37.697
16	18.418	20.465	23.542	26.296	29.633	32.000	39.252
17	19.511	21.615	24.769	27.587	30.995	33.409	40.790
18	20.601	22.760	25.989	28.869	32.346	34.805	42.312
19	21.689	23.900	27.204	30.144	33.687	36.191	43.820
20	22.775	25.038	28.412	31.410	35.020	37.566	45.315
21	23.858	26.171	29.615	32.671	36.343	38.932	46.797
22	24.939	27.301	30.813	33.924	37.659	40.289	48.268
23	26.018	28.429	32.007	35.172	38.968	41.638	49.728
24	27.096	29.553	33.196	36.415	40.270	42.980	51.179
25	28.172	30.675	34.382	37.652	41.566	44.314	52.620
26	29.246	31.795	35.563	38.885	42.856	45.642	54.052
27	30.319	32.912	36.741	40.113	44.140	46.963	55.476
28	31.391	34.027	37.916	41.337	45.419	48.278	56.893
29	32.461	35.139	39.087	42.557	46.693	49.588	58.302
30	33.530	36.250	40.256	43.773	47.962	50.892	59.703

取自：FISHER R A, YATES F. Statistical Tables for Biological, Agricultural and Medical Research[M]. Edinburgh: Oliver and Boyd, 1948.

3. Z 检验表

$p \leqslant$	$\|Z\| \geqslant$	
	一端	二端
0.10	1.29	1.65
0.05	1.65	1.96
0.02	2.06	2.33
0.01	2.33	2.58
0.005	2.58	2.81
0.001	3.09	3.30

取自:李沛良.社会研究的统计分析[M].武汉:湖北人民出版社,1987:326.

4. F 分布表

$p = 0.05$

df_1 / df_2	1	2	3	4	5	6	8	12	24	∞
1	161.4	199.5	215.7	224.6	230.2	234.0	238.9	243.9	249.0	254.3
2	18.51	19.00	19.16	19.25	19.30	19.33	19.37	19.41	19.45	19.50
3	10.13	9.55	9.28	9.12	9.01	8.94	8.84	8.74	8.64	8.53
4	7.71	6.94	6.59	6.39	6.26	6.16	6.04	5.91	5.77	5.63
5	6.61	5.79	5.41	5.19	5.05	4.95	4.82	4.68	4.53	4.36
6	5.99	5.14	4.76	4.53	4.39	4.28	4.15	4.00	3.84	3.67
7	5.59	4.74	4.35	4.12	3.97	3.87	3.73	3.57	3.41	3.23
8	5.32	4.46	4.07	3.84	3.69	3.58	3.44	3.28	3.12	2.93
9	5.12	4.26	3.86	3.63	3.48	3.37	3.23	3.07	2.90	2.71
10	4.96	4.10	3.71	3.48	3.33	3.22	3.07	2.91	2.74	2.54
11	4.84	3.98	3.59	3.36	3.20	3.09	2.95	2.79	2.61	2.40
12	4.75	3.88	3.49	3.26	3.11	3.00	2.85	2.69	2.50	2.30
13	4.67	3.80	3.41	3.18	3.02	2.92	2.77	2.60	2.42	2.21
14	4.60	3.74	3.34	3.11	2.96	2.85	2.70	2.53	2.35	2.13
15	4.54	3.68	3.29	3.06	2.90	2.79	2.64	2.48	2.29	2.07
16	4.49	3.63	3.24	3.01	2.85	2.74	2.59	2.42	2.24	2.01
17	4.45	3.59	3.20	2.96	2.81	2.70	2.55	2.38	2.19	1.96
18	4.41	3.55	3.16	2.93	2.77	2.66	2.51	2.34	2.15	1.92
19	4.38	3.52	3.13	2.90	2.74	2.63	2.48	2.31	2.11	1.88
20	4.35	3.49	3.10	2.87	2.71	2.60	2.45	2.28	2.08	1.84
21	4.32	3.47	3.07	2.84	2.68	2.57	2.42	2.25	2.05	1.81
22	4.30	3.44	3.05	2.82	2.66	2.55	2.40	2.23	2.03	1.78
23	4.28	3.42	3.03	2.80	2.64	2.53	2.38	2.20	2.00	1.76
24	4.26	3.40	3.01	2.78	2.62	2.51	2.36	2.18	1.98	1.73
25	4.24	3.38	2.99	2.76	2.60	2.49	2.34	2.16	1.96	1.71
26	4.22	3.37	2.98	2.74	2.59	2.47	2.32	2.15	1.95	1.69
27	4.21	3.35	2.96	2.73	2.57	2.46	2.30	2.13	1.93	1.67
28	4.20	3.34	2.95	2.71	2.56	2.44	2.29	2.12	1.91	1.65
29	4.18	3.33	2.93	2.70	2.54	2.43	2.28	2.10	1.90	1.64
30	4.17	3.32	2.92	2.69	2.53	2.42	2.27	2.09	1.89	1.62
40	4.08	3.23	2.84	2.61	2.45	2.34	2.18	2.00	1.79	1.51
60	4.00	3.15	2.76	2.52	2.37	2.25	2.10	1.92	1.70	1.39
120	3.92	3.07	2.68	2.45	2.29	2.17	2.02	1.83	1.61	1.25
∞	3.84	2.99	2.60	2.37	2.21	2.09	1.94	1.75	1.52	1.00

续表

$p = 0.01$

df_2 \ df_1	1	2	3	4	5	6	8	12	24	∞
1	4 052	4 999	5 403	5 625	5 764	5 859	5 981	6 106	6 234	6 366
2	98.49	99.01	99.17	99.25	99.30	99.33	99.36	99.42	99.46	99.50
3	34.12	30.81	29.46	28.71	28.24	27.91	27.49	27.05	26.60	26.12
4	21.20	18.00	16.69	15.98	15.52	15.21	14.80	14.37	13.93	13.46
5	16.26	13.27	12.06	11.39	10.97	10.67	10.27	9.89	9.47	9.02
6	13.74	10.92	9.78	9.15	8.75	8.47	8.10	7.72	7.31	6.88
7	12.25	9.55	8.45	7.85	7.46	7.19	6.84	6.47	6.07	5.65
8	11.26	8.65	7.59	7.01	6.63	6.37	6.03	5.67	5.28	4.86
9	10.56	8.02	6.99	6.42	6.06	5.80	5.47	5.11	4.73	4.31
10	10.04	7.56	6.55	5.99	5.64	5.39	5.06	4.71	4.33	3.91
11	9.65	7.20	6.22	5.67	5.32	5.07	4.74	4.40	4.02	3.60
12	9.33	6.93	5.95	5.41	5.06	4.82	4.50	4.16	3.78	3.36
13	9.07	6.70	5.74	5.20	4.86	4.62	4.30	3.96	3.59	3.16
14	8.86	6.51	5.56	5.03	4.69	4.46	4.14	3.80	3.43	3.00
15	8.68	6.36	5.42	4.89	4.56	4.32	4.00	3.67	3.29	2.87
16	8.53	6.23	5.29	4.77	4.44	4.20	3.89	3.55	3.18	2.75
17	8.40	6.11	5.18	4.67	4.34	4.10	3.79	3.45	3.08	2.65
18	8.28	6.01	5.09	4.58	4.25	4.01	3.71	3.37	3.00	2.57
19	8.18	5.93	5.01	4.50	4.17	3.94	3.63	3.30	2.92	2.49
20	8.10	5.85	4.94	4.43	4.10	3.87	3.56	3.23	2.86	2.42
21	8.02	5.78	4.87	4.37	4.04	3.81	3.51	3.17	2.80	2.36
22	7.94	5.72	4.82	4.31	3.99	3.76	3.45	3.12	2.75	2.31
23	7.88	5.66	4.76	4.26	3.94	3.71	3.41	3.07	2.70	2.26
24	7.82	5.61	4.72	4.22	3.90	3.67	3.36	3.03	2.66	2.21
25	7.77	5.57	4.68	4.18	3.86	3.63	3.32	2.99	2.62	2.17
26	7.72	5.53	4.64	4.14	3.82	3.59	3.29	2.96	2.58	2.13
27	7.68	5.49	4.60	4.11	3.78	3.56	3.26	2.93	2.55	2.10
28	7.64	5.45	4.57	4.07	3.75	3.53	3.23	2.90	2.52	2.06
29	7.60	5.42	4.54	4.04	3.73	3.50	3.20	2.87	2.49	2.03
30	7.56	5.39	4.51	4.02	3.70	3.47	3.17	2.84	2.47	2.01
40	7.31	5.18	4.31	3.83	3.51	3.29	2.99	2.66	2.29	1.80
60	7.08	4.98	4.13	3.65	3.34	3.12	2.82	2.50	2.12	1.60
120	6.85	4.79	3.95	3.48	3.17	2.96	2.66	2.34	1.95	1.38
∞	6.64	4.60	3.78	3.32	3.02	2.80	2.51	2.18	1.79	1.00

$p = 0.001$ 续表

df_2 \ df_1	1	2	3	4	5	6	8	12	24	∞
1	405 284	500 000	540 379	562 500	576 405	585 937	598 144	610 667	623 497	636 619
2	998.5	999.0	999.2	999.2	999.3	999.3	999.4	999.4	999.5	999.5
3	167.5	148.5	141.1	137.1	134.6	132.8	130.6	128.3	125.9	123.5
4	74.14	61.25	56.18	53.44	51.71	50.53	49.00	47.41	45.77	44.05
5	47.04	36.61	33.20	31.09	29.75	28.84	27.64	26.42	25.14	23.78
6	35.51	27.00	23.70	21.90	20.81	20.03	19.03	17.99	16.89	15.75
7	29.22	21.69	18.77	17.19	16.21	15.52	14.63	13.71	12.73	11.69
8	25.42	18.49	15.83	14.39	13.49	12.86	12.04	11.19	10.30	9.34
9	22.86	16.39	13.90	12.56	11.71	11.13	10.37	9.57	8.72	7.81
10	21.04	14.91	12.55	11.28	10.48	9.92	9.20	8.45	7.64	6.76
11	19.69	13.81	11.56	10.35	9.58	9.05	8.35	7.63	6.85	6.00
12	18.64	12.97	10.80	9.63	8.89	8.38	7.71	7.00	6.25	5.42
13	17.81	12.31	10.21	9.07	8.35	7.86	7.21	6.52	5.78	4.97
14	17.14	11.78	9.73	8.62	7.92	7.43	6.80	6.13	5.41	4.60
15	16.59	11.34	9.34	8.25	7.57	7.09	6.47	5.81	5.10	4.31
16	16.12	10.97	9.00	7.94	7.27	6.81	6.19	5.55	4.85	4.06
17	15.72	10.66	8.73	7.68	7.02	6.56	5.96	5.32	4.63	3.85
18	15.38	10.39	8.49	7.46	6.81	6.35	5.76	5.13	4.45	3.67
19	15.08	10.16	8.28	7.26	6.61	6.18	5.59	4.97	4.29	3.52
20	14.82	9.95	8.10	7.10	6.46	6.02	5.44	4.82	4.15	3.38
21	14.59	9.77	7.94	6.95	6.32	5.88	5.31	4.70	4.03	3.26
22	14.38	9.61	7.80	6.81	6.19	5.76	5.19	4.58	3.92	3.15
23	14.19	9.47	7.67	6.69	6.08	5.65	5.09	4.48	3.82	3.05
24	14.03	9.34	7.55	6.59	5.98	5.55	4.99	4.39	3.74	2.97
25	13.88	9.22	7.45	6.49	5.88	5.46	4.91	4.31	3.66	2.89
26	13.74	9.12	7.36	6.41	5.80	5.38	4.83	4.24	3.59	2.82
27	13.61	9.02	7.27	6.33	5.73	5.31	4.76	4.17	3.52	2.75
28	13.50	8.93	7.19	6.25	5.66	5.24	4.69	4.11	3.46	2.70
29	13.39	8.85	7.12	6.19	5.59	5.18	4.64	4.05	3.41	2.64
30	13.29	8.77	7.05	6.12	5.58	5.12	4.58	4.00	3.36	2.59
40	12.61	8.25	6.60	5.70	5.13	4.73	4.21	3.64	3.01	2.23
60	11.97	7.76	6.17	5.31	4.76	4.37	3.87	3.31	2.69	1.90
120	11.38	7.31	5.79	4.95	4.42	4.04	3.55	3.02	2.40	1.56
∞	10.83	6.91	5.42	4.62	4.10	3.74	3.27	2.74	2.13	1.00

取自:FISHER R A, YATES F. Statistical Tables for Biological, Agricultural and Medical Research[M]. Edinburgh:Oliver & Boyd, 1948.

5. t 分布表

df	p(一端检定)					
	0.10	0.05	0.025	0.01	0.005	0.0005
	p(二端检定)					
	0.20	0.10	0.05	0.02	0.01	0.001
1	3.078	6.314	12.706	31.821	63.657	636.619
2	1.886	2.920	4.303	6.965	6.925	31.598
3	1.638	2.353	3.182	4.541	5.841	12.941
4	1.533	2.132	2.776	3.747	4.604	8.610
5	1.476	2.015	2.571	3.365	4.032	6.859
6	1.440	1.943	2.447	3.143	3.707	5.959
7	1.415	1.895	2.365	2.998	3.499	5.405
8	1.397	1.860	2.306	2.896	3.355	5.041
9	1.383	1.833	2.262	2.821	3.250	4.781
10	1.372	1.812	2.228	2.764	3.169	4.587
11	1.363	1.796	2.201	2.718	3.106	4.437
12	1.356	1.782	2.179	2.681	3.055	4.318
13	1.350	1.771	2.160	2.650	3.012	4.221
14	1.345	1.761	2.145	2.624	2.977	4.140
15	1.341	1.753	2.131	2.602	2.947	4.073
16	1.337	1.746	2.120	2.583	2.921	4.015
17	1.333	1.740	2.110	2.567	2.898	3.965
18	1.330	1.734	2.101	2.552	2.878	3.922
19	1.328	1.729	2.093	2.539	2.861	3.883
20	1.325	1.725	2.086	2.528	2.845	3.850
21	1.323	1.721	2.080	2.518	2.831	3.819
22	1.321	1.717	2.074	2.508	2.819	3.792
23	1.319	1.714	2.069	2.500	2.807	3.767
24	1.318	1.711	2.064	2.492	2.797	3.745
25	1.316	1.708	2.060	2.485	2.787	3.725
26	1.315	1.706	2.056	2.479	2.779	3.707
27	1.314	1.703	2.052	2.473	2.771	3.690
28	1.313	1.701	2.048	2.467	2.763	3.674
29	1.311	1.699	2.045	2.462	2.756	3.659
30	1.310	1.697	2.042	2.457	2.750	3.646
40	1.303	1.684	2.021	2.423	2.704	3.551
60	1.296	1.671	2.000	2.390	2.660	3.460
120	1.289	1.658	1.980	2.358	2.617	3.373
∞	1.282	1.645	1.960	2.326	2.576	3.291

取自:FISHER R A,YATES F. Statistical Tables for Biological, Agricultural and Medical Research[M]. Edinburgh: Oliver and Boyd, 1948.

6. 正态曲线下的面积

(Z = 标准值)

Z	0.00	0.01	0.02	0.03	0.04	0.05	0.06	0.07	0.08	0.09
0.0	0.000 0	0.004 0	0.008 0	0.012 0	0.015 9	0.019 9	0.023 9	0.027 9	0.031 9	0.035 9
0.1	0.039 8	0.043 8	0.047 8	0.051 7	0.055 7	0.059 6	0.063 6	0.067 5	0.071 4	0.075 3
0.2	0.079 3	0.083 2	0.087 1	0.091 0	0.094 8	0.098 7	0.102 6	0.106 4	0.110 3	0.114 1
0.3	0.117 9	0.121 7	0.125 5	0.129 3	0.133 1	0.136 8	0.140 6	0.144 3	0.148 0	0.151 7
0.4	0.155 4	0.159 1	0.162 8	0.166 4	0.170 0	0.173 6	0.177 2	0.180 8	0.184 4	0.187 9
0.5	0.191 5	0.195 0	0.198 5	0.201 9	0.205 4	0.208 8	0.212 3	0.215 7	0.219 0	0.222 4
0.6	0.225 7	0.229 1	0.232 4	0.235 7	0.238 9	0.242 2	0.245 4	0.248 6	0.251 8	0.254 9
0.7	0.258 0	0.261 2	0.264 2	0.267 3	0.270 4	0.273 4	0.276 4	0.279 4	0.282 3	0.285 2
0.8	0.283 1	0.291 0	0.293 9	0.296 7	0.299 5	0.302 3	0.305 1	0.307 8	0.310 6	0.313 3
0.9	0.315 9	0.318 6	0.321 2	0.323 8	0.326 4	0.328 9	0.331 5	0.334 0	0.336 5	0.338 9
1.0	0.341 3	0.343 8	0.346 1	0.348 5	0.350 8	0.353 1	0.355 4	0.357 7	0.359 9	0.362 1
1.1	0.364 3	0.366 5	0.368 6	0.371 8	0.372 9	0.374 9	0.377 0	0.379 0	0.381 0	0.383 0
1.2	0.384 9	0.386 9	0.388 8	0.390 7	0.392 5	0.394 4	0.396 2	0.398 0	0.399 7	0.401 5
1.3	0.403 2	0.404 9	0.406 6	0.408 3	0.409 9	0.411 5	0.413 1	0.414 7	0.416 2	0.417 7
1.4	0.419 2	0.420 7	0.422 2	0.423 6	0.425 1	0.426 5	0.427 9	0.429 2	0.430 6	0.431 9
1.5	0.433 2	0.434 5	0.435 7	0.437 0	0.438 2	0.439 4	0.440 6	0.441 8	0.443 0	0.444 1
1.6	0.445 2	0.446 3	0.447 4	0.448 5	0.449 5	0.450 5	0.451 5	0.452 5	0.453 5	0.454 5
1.7	0.455 4	0.456 4	0.457 3	0.458 2	0.459 1	0.459 9	0.460 8	0.461 6	0.462 5	0.463 3
1.8	0.464 1	0.464 9	0.465 6	0.466 4	0.467 1	0.467 8	0.468 6	0.469 3	0.469 9	0.470 6
1.9	0.471 3	0.471 9	0.472 6	0.473 2	0.473 8	0.474 4	0.475 0	0.475 8	0.476 2	0.476 7
2.0	0.477 2	0.477 8	0.478 3	0.478 8	0.479 3	0.479 8	0.480 3	0.480 8	0.481 2	0.481 7
2.1	0.482 1	0.482 6	0.483 0	0.483 4	0.483 8	0.484 2	0.484 6	0.485 0	0.485 4	0.485 7
2.2	0.486 1	0.486 5	0.486 8	0.487 1	0.487 5	0.487 8	0.488 1	0.488 4	0.488 7	0.489 0
2.3	0.489 3	0.489 6	0.489 8	0.490 1	0.490 4	0.490 6	0.490 9	0.491 1	0.491 3	0.491 6
2.4	0.491 8	0.492 0	0.492 2	0.492 5	0.492 7	0.492 9	0.493 1	0.493 2	0.493 4	0.493 6
2.5	0.493 8	0.494 0	0.494 1	0.494 3	0.494 5	0.494 6	0.494 8	0.494 9	0.495 1	0.495 2
2.6	0.495 3	0.495 5	0.495 6	0.495 7	0.495 9	0.496 0	0.496 1	0.496 2	0.496 3	0.496 4
2.7	0.496 5	0.496 6	0.496 7	0.496 8	0.496 9	0.497 0	0.497 1	0.497 2	0.497 3	0.497 4
2.8	0.497 4	0.497 5	0.497 6	0.497 7	0.497 7	0.497 8	0.497 9	0.498 0	0.498 0	0.498 1
2.9	0.498 1	0.498 2	0.498 3	0.498 4	0.498 4	0.498 4	0.498 5	0.498 5	0.498 6	0.498 6
3.0	0.498 65	0.498 7	0.498 7	0.498 8	0.498 8	0.498 8	0.498 9	0.498 9	0.498 9	0.499 0
3.1	0.499 03	0.499 1	0.499 1	0.499 1	0.499 2	0.499 2	0.499 2	0.499 2	0.499 3	0.499 3
4.0	0.499 97									

取自:ARKIN H,COLTON R R. Tables for Statisticians[M]. 2nd ed. Harper & Row,1963.

附录五　基本概念

第一章　社会调查概述

实验研究（experiment research）　指的是一种经过精心的设计，并在高度控制的条件下，研究者通过操纵某些因素，来研究变量之间因果关系的方法。

实地研究（field research）　是一种深入到研究对象的生活背景中，以参与观察和无结构访谈的方式收集资料，并通过对这些资料的定性分析来理解和解释社会现象的社会研究方式。

文献研究（document research）　是一种通过收集和分析现存的、以文字、数字、符号、画面等信息形式出现的文献资料，来探讨和分析各种社会行为、社会关系及其他社会现象的研究方式。

社会调查（survey research）　指的是一种采用自填式问卷或结构式访问的方法，系统地、直接地从一个取自总体的样本那里收集量化资料，并通过对这些资料的统计分析来认识社会现象及其规律的社会研究方式。

市场调查（market research）　即为拓展商品的销路，以便更好地为企业的生产和销售服务，而围绕某类产品或某种商品的市场占有率、顾客的购买情况、产品广告的宣传效果等所进行的调查。

民意调查（public opinion survey）　也称为民意测验（poll）或舆论调查，即围绕某些社会舆论的热点问题对社会中民众的意见、态度、意识等主观意向进行的调查。

普遍调查（entire population survey）　通常简称为普查，指的是对构成总体的所有个体无一例外地逐个进行调查。

抽样调查（sampling survey）　就是从所研究的总体中，按照一定的方式选取一部分个体进行调查，并将在这部分个体中所得到的调查结果推广到总体中去。

第二章　选择调查课题

理论性课题（theoretical problem）　指的是那些侧重于发展有关社会世界基本知识，特别是侧重于建立或检验各种理论假设的课题。

应用性课题（applied problem）　指的是那些侧重于了解、描述和探讨某种社会现实问题或者针对某类具体社会现象的课题。

课题的创造性（creativity or innovation）　也可以称为创新性或独特性，它指的是调查课题应该具有某种新的东西，具有某种与众不同的地方，具有自己独特的特点。

课题的可行性（feasibility）　指的是研究者是否具备进行或完成某一调查课题的主、客观条件。

课题的明确化（focus the problem）　指的是通过对调查课题进行某种界定，给予明确的陈述，将最初比较含糊的想法变成清楚明确的调查主题，将最初比较笼统、比较宽泛的研究范围或领域变成特定领域中的特定现象或特定问题。

第三章 调查设计

调查设计（survey design） 就是根据调查目标，对整个调查研究工作的内容、方法、程序等进行规划，包括制定探讨和回答调查问题的策略，确定调查的最佳途径，选择恰当的调查方法，以及制定具体的操作步骤和实施方案等。

研究计划书（research proposal） 以文字的形式将调查研究设计的各种考虑和细节安排有条理地总结出来。

描述性调查（descriptive surveys） 以描述总体在某些特征上的分布状况为目的的调查。

解释性调查（explanatory surveys） 以回答社会生活中许多为什么为目的的调查，常常用来说明现象发生的原因，以及解释社会现象之间的关系。

分析单位（units of analysis） 社会调查中所研究的对象。

层次谬误（ecological fallacy） 又称为区群谬误、生态谬误或体系错误，指的是在社会调查中，研究者用一种比较大的集群的分析单位做研究，而用另一种比较小的或非集群的分析单位做结论的现象。

第四章 抽样

总体（population） 构成它的所有元素的集合。

元素（element） 构成总体的最基本单位。

样本（sample） 从总体中按一定方式抽取出的一部分元素的集合。

抽样（sampling） 从组成某个总体的所有元素的集合中按一定的方式选择或抽取一部分元素的过程。或者说，抽样是从总体中按一定方式抽取样本的过程。

抽样单位（sampling unit） 一次直接的抽样所使用的基本单位。

抽样框（sampling frame） 抽样框又称为抽样范围，指的是一次直接抽样时总体中所有元素的名单。

参数值（parameter） 参数值也称为总体值，它是关于总体中某一变量的综合描述，或者说是总体中所有元素的某种特征的综合数量表现。

统计值（statistic） 统计值也称为样本值，它是关于样本中某一变量的综合描述，或者说是样本中所有元素的某种特征的综合数量表现。

置信水平（confidence level） 置信水平又称为置信度，它指的是总体参数值落在样本统计值某一区间内的概率，或者说，是总体参数值落在样本统计值某一区间中的把握性程度。

置信区间（confidence interval） 指在一定的置信水平下，样本统计值与总体参数值之间的误差范围。

简单随机抽样（simple random sampling） 又称为纯随机抽样，是概率抽样的最基本形式。它是按等概率原则直接从含有 N 个元素的总体中抽取 n 个元素组成样本（$N > n$）。

系统抽样(systematic sampling)　又称为等距抽样或间隔抽样。它是把总体的元素进行编号排序,再计算出某种间隔,然后按这一固定的间隔抽取元素来组成样本的方法。

分层抽样(stratified sampling)　又称为类型抽样,它是先将总体中的所有元素按某种特征或标志划分成若干类型或层次,然后再在各个类型或层次中采用简单随机抽样或系统抽样的办法抽取一个子样本,最后,将这些子样本合起来构成总的样本的方法。

整群抽样(cluster sampling)　是从总体中随机抽取一些小的群体,然后由所抽出的若干个小群体内的所有元素构成调查样本的方法。

多段抽样(multistage sampling)　又称为多级抽样或分段抽样,它是按抽样元素的隶属关系或层次关系,把抽样过程分为几个阶段进行。

PPS抽样(sampling with probability proportional to size)　即"概率与元素的规模大小成比例的抽样"。其原理可以通俗地理解成以通过阶段性的(或暂时的)不等概率抽样(按元素规模的大小)换取最终的、总体的等概率抽样的方法。

户内抽样(sampling within household)　从所抽中的每户家庭中抽取一个成年人,以构成访谈对象的抽样过程。

偶遇抽样(accidental or convenience sampling)　又称为方便抽样或自然抽样,是指研究者根据现实情况,以自己方便的形式抽取偶然遇到的人,或者仅仅选择那些离得最近的、最容易找到的人作为调查对象的方法。

判断抽样(judgmental or purposive sampling)　又称为立意抽样,它是调查者根据研究的目标和自己主观的分析来选择和确定调查对象的方法。

定额抽样(quota sampling)　又称为配额抽样,它是依据那些有可能影响研究变量的各种因素对总体分层,并找出具有各种不同特征的元素在总体中所占的比例,然后依据这种划分以及各类成员的比例去选择符合要求的对象的方法。

雪球抽样(snowball sampling)　当无法了解总体情况时,可以从总体中少数成员入手,向他们询问其他符合条件的人,再去找那些人并再询问他们知道的人如同滚雪球一样。

样本规模(sample size)　又称为样本容量,它指的是样本中所含元素的多少。

抽样误差(sampling error)　就是样本的统计值与总体的参数值之间的误差。

第五章　测　　量

测量(measurement)　根据一定的法则,将某种物体或现象所具有的属性或特征用数字或符号表示出来的过程。

定类测量(nominal measures)　也称为类别测量或定名测量,它在本质上是一种分类体系。即将对象的不同属性或特征加以区分,标以不同的名称或符号,以确定其类别。

定序测量(ordinal measures)　也称为等级测量或顺序测量。它可以按照某种逻辑顺序将对象排列出高低或大小,确定其等级及次序。

定距测量(interval measures)　也称为间距测量或区间测量。它不仅能够将现象或事物区分为不同的类别、不同的等级,而且可以确定它们相互之间的间隔距离和数量差别。

定比测量(ratio measures)　也称为等比测量或比例测量。定比测量除了具有其他层次测量的全部性质之外,还具有一个绝对的零点(有实际意义的零),所以,它测量所得到的数据既能进行加减运算,又能进行乘除运算。

概念(concepts)　概念是对现象的抽象,它是一类事物的属性在人们主观上的反映。

变量(variable)　包括若干个范畴、值或亚概念的概念。

指标(indicators)　表示一个概念或变量含义的一组可观察到的事物。

操作化(operationalization)　就是将抽象的概念转化为可观察的具体指标的过程,或者说是对那些抽象层次较高的概念进行具体测量时所采用的程序、步骤、方法、手段的详细说明。

量表(scales)　用来测量人们的态度、看法、意见、性格等内容的一种量化工具。

总加量表(summated rating scales)　也称为总和量表或总合评量,它由一组反映人们对事物的态度或看法的陈述构成,根据回答者同意或不同意记分,将回答者在全部陈述上的得分加起来,就得到了该回答者对这一事物或现象的态度得分。得分的高低就代表了回答者个人在态度量表上的位置。

李克特量表(Likert scaling)　是总加量表的一种特定形式。它是由美国社会心理学家李克特(R. A. Likert)于1932年在原有的总加量表基础上改进而成的。李克特量表也由一组对某事物的态度或看法的陈述组成,回答者对这些陈述的回答分成"非常同意""同意""中立""不同意""非常不同意"五类,或者"赞成""比较赞成""无所谓""比较反对""反对"五类。分别记1~5分。由于答案类型的增多,人们在态度上的差别就能更清楚地反映出来。

语义差异量表(semantic differential)　也称为语义分化量表,主要用来研究概念对于不同的人所具有的不同含义。其形式由处于两端的两组意义相反的形容词构成,中间分为7个等级,分别为1~7分。调查时要求被调查者根据自己的感觉在每一对反义词中的适当位置画记号。研究者通过对这些记号所代表的分数的统计和计算,来研究人们对某一概念或事物的看法或态度,或者进行个人或团体间的比较分析。

信度(reliability)　即可靠性,指的是采取同样的方法对同一对象重复进行测量时,其所得结果相一致的程度。换句话说,信度是指测量结果的一致性或稳定性,即测量工具能否稳定地测量所测的事物或变量。

再测信度(test retest reliability)　对同一群对象采用同一种测量,在不同的时间点先后测量两次,根据两次测量的结果计算出相关系数,这种相关系数就叫作再测信度。

复本信度(parallel forms reliability)　根据同一群研究对象同时接受两个或两个以上复本测量所得的分数来计算其相关系数,就是复本信度。

折半信度(split half reliability)　将研究对象在一次测量中所得的结果,按测量项目的单双号分为两组,计算这两组分数之间的相关系数,这种相关系数就叫作折半信度。

效度(validity)　也称为测量的有效度或准确度,指的是测量工具或测量手段能够准确测出所要测量的变量的程度,或者说能够准确、真实地度量事物属性的程度。

表面效度(face validity)　表面效度也称为内容效度或逻辑效度,指的是测量内容或测量指标与测量目标之间的适合性和逻辑相符性。

准则效度(criterion validity)　准则效度也称为实用效度、预测效度或共变效度,指的是用一种不同以往的测量方式或指标对同一事物或变量进行测量时,将原有的一种测量方式或指标作为准则进行比较所得到的效度。

第六章 问卷设计

问卷(questionnaires) 社会调查中用来收集资料的一种工具。问卷在形式上是一份精心设计的问题表格,其用途是用来测量人们的行为、态度和社会特征。

封面信(cover letter) 即一封致被调查者的短信。它的作用在于向被调查者介绍和说明调查的目的、调查单位或调查者的身份、调查的大概内容、调查对象的选取方法和对结果保密的措施等。

开放式问题(open-ended question) 就是那种只提出问题,但不为回答者提供具体答案,由回答者根据自己的情况自由填答的问题。

封闭式问题(closed-ended question) 就是那种在提出问题的同时还给出若干个答案,要求回答者根据实际情况进行选择回答的问题。

编码(coding) 就是赋予每一个问题及其答案一个数字作为它的代码。

预编码(precoding) 指在问卷设计的同时就设计好编码。

后编码(postcoding) 指调查资料收集完成后再进行编码。

第七章 资料收集

自填问卷法(self administered questionnaires) 指的是调查员将问卷表发送(或者邮寄)给被调查者,由被调查者自己阅读和填答,然后再由调查员收回(或邮寄回)的资料收集方法。可以进一步划分为个别发送法、集中填答法和邮寄填答法。

结构访问法(structured interview) 是指调查员依据事先设计好的调查问卷,采取口头询问和交谈的方式,向被调查者了解社会情况、收集有关社会现象资料的方法。可以进一步划分为当面访问法与电话访问法。

电话访问(telephone interview) 是指调查员通过打电话的方式与被调查者联系,并在电话中对被调查者进行调查访问的方法。

第九章 资料的统计分析(Ⅰ)——单变量分析

频数分布(frequency distribution) 一组数据中不同取值的个案的次数分布情况。

频率分布(percentages distribution) 一组数据中不同取值的频数相对于总数的比率分布情况,这种比率在社会调查中经常以百分比的形式来表达。

集中趋势分析(central tendency analysis) 指的是用一个典型值或代表值来反映一组数据的一般水平,或者说反映这组数据向这个典型值集中的情况。最常见的集中趋势分析包括计算平均数、众数和中位数。

平均数(mean) 总体各单位数值之和除以总体单位数目所得之商。

众数(mode) 一组数据中出现次数最多(即频数最高)的那个数值。

中位数(median) 把一组数据按值的大小顺序排列起来,处于中央位置的那个数值就叫作中位数。

离散趋势分析(dispersion tendency analysis) 指的是用一个特别的数值来反映一组数据相互之间的离散程度。它与集中趋势分析一起,分别从两个不同的侧面描述和揭示一组数据的分布情况,共同反映出资料分布的全面特征。

全距(range) 又叫极差,它是一组数据中最大值与最小值之差。

标准差(standard deviation) 一组数据对其平均数的偏差平方的算术平均数的平方根。

异众比率(variation ratio) 一组数据中非众数的次数相对于总体全部单位的比率。

四分位差(interquartile range) 先将一组数据按大小排列成序,然后将其4等分,去掉序列中最高的1/4和最低的1/4后,中间的一半数值之间的全距。

离散系数(coefficient of variation) 也称变差系数。是标准差与平均数的比值,用百分比表示。它是一种相对的离散趋势统计量。

区间估计(interval estimation) 是在一定的可信度(置信度)下,用样本统计值的某个范围(置信区间)来估计总体的参数值。

第十章 资料的统计分析(Ⅱ)——双变量分析

相关(correlation) 指的是当一个变量发生变化时(或取值不同时),另一个变量也随之发生变化(取值也不同),反过来也一样。

交互分类(cross classification) 将一组数据按照两个变量进行综合的分类。其结果通常以交互分类表(又称列联表)的形式反映出来。

消减误差比例(proportionate reduction in error,简称PRE) 指的是两个有关系的变量 X 与 Y,当知道 X 的值来预测 Y 值时所减少的误差与总误差的比。

回归分析(regression analysis) 是对有相关关系的现象,根据其关系的形态找出一个合适的数学模型,即建立回归方程,来近似地表达变量间的平均变化关系,以便依据回归方程对未知的情况进行估计和预测。

第十一章 SPSS软件基本应用

SPSS(statistical package for social sciences,社会科学统计软件包) 是目前在社会调查和其他社会研究中广泛应用的专门的统计分析软件。

第十二章 撰写调查报告

调查研究报告(survey reseach report) 是反映社会调查成果的一种书面报告,它以文字、图表等形式将调查研究的过程、方法和结果表现出来。

后　记

如果说一本著作的出版可以看成是一个研究者在一段时期学术小结的话，那么，这本著作的出版就是我十几年来学习、实践、讲授和研究社会调查方法的一个小结。感谢华中理工大学出版社给我做这个小结的机会。

从1982年初我大学毕业留校工作后所进行的第一次社会调查，到1985年我考入北京大学社会学系读研究生开始的第一次系统学习；从1986年我发表的第一组有关社会调查方法的论文，以及给北大社会学系本科生所讲授的第一节社会调查方法课程，到1990年出版的第一本有关社会调查方法的专著……14年的实践和探索，最终凝结成这本小小的著作。

在本书的写作过程中，我着重注意了以下三个方面。

(1)在基本概念和体系上，力求做到科学规范。

(2)在基本内容安排和所用材料上，力求做到精心取舍。

(3)在全书的语言风格和表达方式上，尽量做到简明易懂。

之所以强调上述三点，也许与我在大学本科读数学系时的某种感受有关。"高等数学"是理工科学生的重要基础课之一，这方面的著作、教材种类繁多。然而，凡是学习这门课程的人，几乎没有不知道樊映川等撰写的《高等数学讲义》的，也几乎没有不认为这本书是同类著作中最好的一本的。而这本书给我留下的最深刻的印象，正是上述三个方面。

经过整整8个月紧张的写作，终于在我42岁生日的当天完成了全部书稿。尽管我已竭尽全力，反复推敲，但由于各种原因，书中仍难免会存在一些缺陷，真诚地欢迎广大读者及时指正，以便将来不断修订提高。

在本书出版之际，我首先要向华中理工大学出版社的领导表示深深的谢意，感谢他们对人文社会科学学科发展的理解与支持！也感谢我的妻子张慧源在承担繁重家务的同时，抽空帮我打印书稿。正是由于他们的支持和帮助，本书才得以顺利出版。

最后，我愿以此书来答谢教导过我的各位师长，答谢给予我热情帮助的众多同行，并将它奉献给热心社会调查事业、渴望学习和运用社会调查知识的广大年轻的和已不太年轻的、专业的和业余的、我所认识的和不认识的读者朋友！

风笑天

于华中理工大学社会学系

1996年7月22日

与本书配套的二维码资源使用说明

《现代社会调查方法》是风笑天教授 40 年来学习、研究、讲授和实践社会调查方法的成果,自 1996 年出版以来,因其概念体系的科学性、内容材料的精心取舍和语言表达的简明易懂深受广大读者的欢迎。目前已出 6 版,发行 60 多万册,先后被列为教育部"面向 21 世纪课程教材""普通高等教育'十一五'国家级规划教材"和"'十三五'江苏省高等学校重点教材",为普及社会调查方法、提高社会调查方法质量做出了重大贡献。

为满足广大读者学习的需求,风笑天教授在第六版修订时,每章都增加了"小测验"和"阅读材料"。为了节省纸质图书的篇幅,出版社以二维码的形式呈现这些内容。

二维码使用方法如下:

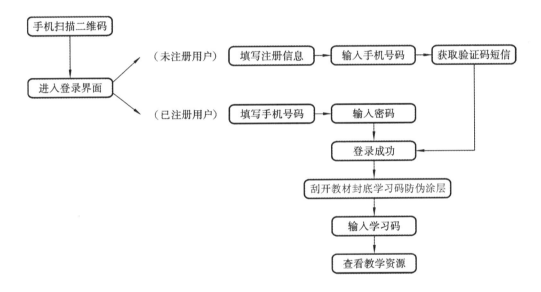

《现代社会调查方法(第六版)》有配套的课件,使用本教材的授课教师若需要,请与冯老师联系:QQ515039724。

感谢您选用本教材!

华中科技大学出版社
2021 年 1 月